U0793285

21世纪高等院校旅游管理精品教材

FINANCIAL MANAGEMENT OF TOURISM ENTERPRISES

4th edition

旅游企业财务管理

第4版

徐虹 梁燕 编著

东北财经大学出版社 大连
Dongbei University of Finance & Economics Press

图书在版编目（CIP）数据

旅游企业财务管理 / 徐虹，梁燕编著．—4版．—大连：东北财经大学出版社，2024.12．—（21世纪高等院校旅游管理精品教材）．—ISBN 978-7-5654-5533-9

Ⅰ．F590.66

中国国家版本馆CIP数据核字第2024CB6118号

东北财经大学出版社出版

（大连市黑石礁尖山街217号　邮政编码　116025）

网　　址：http://www.dufep.cn

读者信箱：dufep@dufe.edu.cn

大连东泰彩印技术开发有限公司印刷　东北财经大学出版社发行

幅面尺寸：185mm×260mm　　字数：432千字　　印张：18.5

2024年12月第4版　　2024年12月第1次印刷

责任编辑：孙　平　　责任校对：一　心

封面设计：原　皓　　版式设计：原　皓

定价：48.00元

教学支持　售后服务　　联系电话：（0411）84710309

版权所有　侵权必究　　举报电话：（0411）84710523

如有印装质量问题，请联系营销部：（0411）84710711

第四版前言

包括旅游企业在内的任何一个企业存在于社会上的主要价值就在于其盈利性，这是它区别于其他组织的一个显著特征，也是我们判断企业经营成功与否的一个重要标准。虽然随着社会的进步和对企业要求的不断提高，盈利性不再是唯一的标准，但不可否认现阶段它仍是不可替代的最重要标准之一。

围绕实现盈利性目标而展开的一系列管理实践活动都与财务管理密不可分，甚至可以说，最终各项管理工作都可以归结为理财工作，因为财务管理的对象就是企业运行中的资金运动及其在运动中体现的各种财务关系，而旅游企业各项经营管理决策的作出、实施及改进都要通过各部门的具体活动来完成，各部门在设计提供各类服务过程中不仅仅要考虑服务的优质化问题，还必须考虑在满足顾客需要的前提下如何实现部门或企业盈利的问题。这就产生了一个问题，即各部门仅是提供服务的部门还是创造利润的部门？理财是财务部门的事还是各个部门共有的职责？如果是前者，就可能忽略理财职能，不计收入和成本，视财务管理为财务部门的职能，与本部门无关；如果是后者，就必须承担理财职能，就必须做好成本控制工作，就必须推行全员理财理念。坦率地说，我国旅游企业中仍有不少企业持有前者的认识，它们理财意识淡薄，理财观念落后，没有建立起全员理财系统，管理水平还有待提高。

本人曾做过不少企业理财方面的培训，印象比较深刻的是管理人员一听是做财务管理方面的培训，就毫不犹豫地命令财务部门的人员都要来，而其他部门甚至高层管理人员则可以不接受培训。这让我很不解，以这样的认识来管理企业，怎能有盈利？现实告诉我们，就距离真正有效的财务管理要求来说，我们的企业还有一段路要走。但正是由于存在着差距，也才存在着努力的方向和提高的希望。在校的大学生们要为改变和扭转这种错误认识做好准备，就必须认真修读财务管理课程，树立正确的财务意识，提高理财修养和能力。而处于实践前沿的实业界人士，也需要通过不断自修理财知识，结合理论体悟实践中存在的问题，寻求解决的方案。为理论学习和实践探索服务正是本教材编写的初衷，虽然限于本教材编写人员水平和经验，未必能达到理想的效果，但是其中也不乏我们的一点研究心得或体会，希望能够与各位读者分享，并能启发读者做更深入的探索和研究。

本教材的结构安排是按照企业资金运动循环顺序编排设计的，分为5篇13章：

第1篇为绪论，概括介绍旅游企业财务管理的基本含义、管理对象、管理方法、管理原则及理财中必须掌握的两个基本概念，即资金的时间价值与投资的风险价值，以便为学习后面其他章节奠定基础。

第2篇主要讲解企业有关筹资与投资管理内容，这些问题是企业资金运动的起点，也是影响企业理财绩效的基本问题。对我国旅游企业来讲，盲目筹资、无序投资的现象反映出企业缺乏理财的计划性和风险控制性，也映射出我们财务控制的不完整性。筹资的时候要有时间价值观，这样才有助于合理安排筹资结构，降低筹资成本；投资的时候要有风险价值观，这样才有助于慎重决策投资项目，增大投资效益。

第3篇主要论述投资后形成的各类资产的管理问题，各类资产组合比例不合理会降低资产运营效率，而各类资产日常管理不到位同样会增加不必要的成本，降低资产盈利率。流动资产管理一向是资产管理的重点，因为它的运行质量和周转速度直接影响企业总资产的周转率和利润率，旅游企业应收账款不断攀升、存货不断增加都必然会降低流动资产获利能力，对经营国际旅游业务的企业来讲，外汇资金管理及风险防范是不容忽视的大问题；固定资产资金占用额巨大而周转速度较慢，一旦发生问题影响将是巨大的和长期的。折旧政策的选择与折旧额高低、固定资产维修保养与完好率高低、新建投资和更改投资的选择与资金成本高低等都是固定资产管理中的主要问题；无形资产是旅游企业盈利的关键因素之一，它虽无形却比有形威力更大、效益更高，风险也更大。虽然目前尚未有普遍接受的方法核算无形资产，但努力探索无形资产管理与盈利模式还是大有可为的。

第4篇主要阐释资产运用后带来的后果问题。运用资产提供服务必然会形成收入，转变收入最大化认识误区，提高有效收入最大化就不得不关注定价问题、收益管理问题、结算方式管理问题。提供对客服务就必然会发生各种耗费，形成成本与费用，扭转财务的成本控制观，树立正确的成本控制观会产生非同寻常的效果，是走出目前成本控制恶性循环的关键。运用保本点分析法和量本利分析法，将预算管理转化为各岗位的目标管理是有效贯彻全员理财的重要环节，全过程、全员、全方位成本控制是提高经营效益的必然选择。成本费用耗费是为了取得利润，这个过程中要处理好税收筹划的问题，既尽到旅游企业应尽的纳税义务，又要充分享受纳税人的合法权利，就必须掌握税收管理中的税收筹划原理和基本技巧，为企业谋求合法前提下的最大利益。企业不仅要上税，还要给投资者分红，因此就要进行利润管理和分析，找出影响利润目标实现的不良因素，提出改进的对策。

第5篇主要阐述实现以上管理目标的预算管理系统及其绩效分析问题。“凡事预则立，不预则废”很好地道出了预算的妙用。预算管理是现代企业财务管理的重要手段，谁来编制预算、如何编制预算、编制何种预算、怎样分析预算执行情况等都是需要解决的问题。预算执行结果如何离不开绩效分析，传统绩效分析只关心财务绩效，而实际上财务绩效只是结果，导致结果的过程同样是重要的。对服务企业来说，也许过程是更为重要的，因此建立全面评价体系，并将企业战略转化为日常运营管理指标就需要全面分析经营绩效，如平衡计分卡评价体系，不仅使我们对财务绩效结果的来龙去脉有更清楚的认识，同时也使全员理财系统的建立有更充分的管理依据。

本教材的编写主要想体现以下几个特点：第一，内容安排具有逻辑性，体现了资金运动的客观过程和内在联系；第二，行文言简意赅，体现了财务语言的简洁概括和通俗易懂；第三，体例编排富有实用性，体现了方便学习的原理概括和案例剖析。这些特点在一定程度上会帮助读者更好地理解有关原理，同时又引导读者开拓思维，通过实例、案例及相关链接等栏目的设置启发读者做更广阔、更多样的思考，从而达到活学活用的目的。

自本教材第三版出版以来，不仅旅游企业理财实践水平有所提高，而且旅游管理相关的规章制度及旅游企业管理的有关规定也发生了一些变化，因此，本次教材修订在保留原有的章节内容基础上，对发生变化的地方做了修改完善。这些地方主要体现在以下方面：第一，根据需要和变化更新了案例，提高了时效性，补充了一些新的案例实践；第二，结合税制改革情况对“旅游企业利税管理”一章的内容进行了较大的变更；第三，对一些过时的数据和缺失的公式进行了完善更新。

本教材的编写是合作的结果。首先，合作体现在编写者与出版社和责任编辑之间，正是我们彼此间的信任、理解、支持与合作，才会有本书的出版。因此，在这里首先要感谢东北财经大学出版社对我们的信任，感谢责任编辑对我们的理解和为本书付出的努力。其次，合作体现在编写者之间，虽然本次修订原来的合作者康晓梅老师没有参加编写，但是她的努力奠定了此书的基础，在此对康晓梅老师的付出表示感谢！此次修订新的合作者是天津商业大学管理学院的梁燕博士，感谢她在时间紧的情况下克服困难全力投入，使修订工作得以顺利完成！在此祝愿她工作和生活一切顺利！

徐　虹
2024年10月
于南开园

目　录

第1篇　旅游企业财务管理绪论

第2篇　旅游企业筹投资管理

第3篇 旅游企业资产管理

第4篇 旅游企业收入、成本及利润管理

第1篇　旅游企业财务管理绪论

引爆文旅消费热潮背后的“财会经”

“旅游+”融合引爆了“超长黄金周”文旅消费市场。经文化和旅游部数据中心测算，2023年中秋节、国庆节假期8天，国内旅游出游人数8.26亿人次，按可比口径同比增长71.3%，按可比口径较2019年增长4.1%；实现国内旅游收入7 534.3亿元，按可比口径同比增长129.5%，按可比口径较2019年增长1.5%。

双节期间，文旅行业恢复势头强劲有迹可循。2023年9月27日，国务院办公厅印发《关于释放旅游消费潜力推动旅游业高质量发展的若干措施》（以下简称《措施》），提出加大优质旅游产品和服务供给、激发旅游消费需求、加强入境旅游工作等举措。在这些举措背后，不难寻觅财会的身影。

《措施》提出：“加大优质旅游产品和服务供给，推进文化和旅游深度融合发展。”

“旅游+”融合不仅是引导相关业态健康发展的必要举措，而且满足了游客旅游多样性和个性化的需求。

四川省旅游投资集团有限责任公司（以下简称四川旅投）财务资金部负责人表示，文化和旅游的深度融合发展，实现了文化的升华与转化，使自然资源迸发文化的生机和灵气。同时，人文资源文化价值的挖掘能够对当地城市文化产生深刻影响，拉长旅游产业链条，实现文化保护和产业开发双赢。

在他看来，文旅深度融合与“业财融合”有异曲同工之妙。“如同结合旅游资源挖掘人文价值，企业财务融入业务前端，开展项目财务管理，前置财务服务等方式，为业务人员搭建获取财务服务的桥梁，为财务人员提供掌握业务信息的渠道，为企业科学决策提供有效支撑。”

同时，四川旅投财务精细化管理使财务与业务管理融合在一起，围绕集团的效益目标，挖掘投资价值，激发创新潜能。

“《措施》为全面推进旅游业高质量发展提供了政策支持，同样为旅投企业未来发展指明了方向。”河北经贸大学副教授邸丛枝建议，旅投企业在探索文旅深度融合时，要优化和盘活现有的闲置旅游项目和资产，通过多种方式吸引金融机构和社会资本参与投资、建设和运营，提升旅游项目和资产的质量和收益。对新开发旅游项目，要以满足人民多元化的需求为目标、以高质量发展为中心，科学进行项目评估和决策，积极运用财政资金和多元化的工具进行融资。

“旅游项目在投资和融资的过程中，要重视事前规划，明确项目定位，综合运用大数据等信息化和数字化技术，运用模型预测和评估项目投资的收益和风险，注重提供优质产品和服务，实现内涵式发展，实现经济、社会和环境效益的全面增长。”邸丛枝说。

资料来源　李嘉亮.引爆文旅消费热潮背后的“财会经”[N]. 中国会计报，2023-10-13.

第1章

旅游企业财务管理的原则及方法

学习目标

通过本章的学习，明确旅游企业财务管理的概念，了解财务管理在旅游企业管理中的地位和作用，掌握财务管理的主要内容和基本原则，理解财务管理的主要方法；能够利用对财务管理内涵的理解，指导旅游企业财务管理实践活动，发挥财务管理在旅游企业管理中的核心作用，灵活运用财务管理基本原则和主要方法指导旅游企业经营管理活动。

聚焦党的二十大

党的二十大报告指出，未来五年是全面建设社会主义现代化国家开局起步的关键时期，主要目标任务是：经济高质量发展取得新突破，科技自立自强能力显著提升，构建新发展格局和建设现代化经济体系取得重大进展；改革开放迈出新步伐，国家治理体系和治理能力现代化深入推进，社会主义市场经济体制更加完善，更高水平开放型经济新体制基本形成；全过程人民民主制度化、规范化、程序化水平进一步提高，中国特色社会主义法治体系更加完善；人民精神文化生活更加丰富，中华民族凝聚力和中华文化影响力不断增强；居民收入增长和经济增长基本同步，劳动报酬提高与劳动生产率提高基本同步，基本公共服务均等化水平明显提升，多层次社会保障体系更加健全；城乡人居环境明显改善，美丽中国建设成效显著；国家安全更为巩固，建军一百年奋斗目标如期实现，平安中国建设扎实推进；中国国际地位和影响进一步提高，在全球治理中发挥更大作用。

请结合本章内容思考：在全面建设社会主义现代化国家开局起步的关键时期，旅游企业财务管理应当采取哪些措施，适应新的发展目标，以实现企业、行业和国家的共同发展？

● 1.1 旅游企业财务管理的内涵

1.1.1 旅游企业的含义

旅游企业是构成旅游业的基本组成单位，但由于旅游业的产业边界具有模糊性和交叉性，因此旅游业的构成问题目前尚未有定论。到目前为止，有关旅游业构成的学说中以密德尔敦（Middleton）的观点最为流行。密德尔敦认为，就一个国家或地区而言，旅游业主要由旅游业务组织部门、住宿部门、交通运输部门、游览场所经营部门和目的地旅游组织部门五大部门组成。[①]这五大部门之间存在着共同的目标和不可分割的相互联系，即通过吸引、招徕和接待旅游者，促进旅游目的地的经济发展。而世界贸易组织（WTO）在对服务部门的分类中，在旅游部门下共设立了四个分部门，它们是饭店与餐馆（含饮食）、旅行社和旅游经营者服务、导游服务和其他。就这两种分类而言，饭店（住宿部门）和旅行社（旅游业务组织部门）是得到二者公认的两个部门，而且也是人们普遍认为最具典型意义的旅游企业。本书论述的旅游企业主要指饭店和旅行社两类典型旅游企业。

1.1.2 旅游企业财务与财务管理

1）旅游企业财务

旅游企业财务就是指旅游企业再生产过程中的资金运动，任何企业的再生产过程都具有两重性：既是使用价值的生产和交换过程，又是价值的形成和实现过程。旅游企业生产的产品是劳务产品，虽然不像制造业那样提供的是有形的物质产品，但是无形的服务同样能满足人们的特定消费需求，并在满足需求的过程中实现价值增值，因而旅游企业提供的服务同样具有使用价值和价值。

旅游企业在提供服务满足游客需要的过程中伴随着资金的筹集、投放、耗费、回收及分配等资金运动过程，这一系列资金运动过程构成了旅游企业的财务活动内容，具体来说主要包括：

（1）资金筹集

旅游企业的经营活动离不开资金支持，如果从资金的来源性质上理解资金的话，可以将资金分为两类：一类是债务性质的资金即负债；另一类是属于所有者的资金即所有者权益。前者代表着旅游企业与债权人之间的一种借贷关系，旅游企业必须按期还本付息；后者代表旅游企业投资人所拥有的利益或权利。

旅游企业必须选择合适的筹资渠道，处理好筹资中两类资金的比例关系，以较低的筹资成本筹资和以适当的还款方式偿债。

（2）资金投放

旅游企业筹集来的资金需要通过投放转化为各类有用的资产，如果从资金投放的结果来看，可以将资金分为两类：一类是有形资产即各种有形的生产资料、原材料和货币资产；另一类是无形资产即知识产权、专有技术、品牌和商誉等。

旅游企业必须处理好投放在各类资产上的比例关系，以形成适当的资产结构。21世纪是知识经济时代，旅游企业尤其需要处理好在无形资产上的投资决策问题，以避免重有形轻无形的投资误区。

（3）资金耗费

旅游企业在服务提供中，会耗费各种材料，损耗固定资产，支付员工工资及其他费用，各种生产耗费的货币表现就构成了服务产品的成本。成本是旅游企业生产经营过程中的资金耗费。

伴随着资金耗费，旅游企业在为消费者提供服务效用的同时，也创造出新的价值，其

① 密德尔敦认为，旅游业务组织部门包括旅游经营商、旅游批发商/中间商、旅游零售代理商、会议组织者、预订代办处（如住宿预订）和奖励旅游组织者。住宿部门包括饭店/汽车旅馆、家庭旅店/住宿加早餐式旅店、农舍、公寓房屋/别墅、公寓大厦/分时度假区、度假村/度假中心、会议/展览中心、固定的和流动的活动房车/宿营地以及小游艇船坞。游览场所经营部门包括主题公园、博物馆和美术馆、国家公园、野生动物园、花园、历史文化遗址和历史文化中心、运动/活动中心。交通运输部门包括航空公司、轮船/渡船公司、铁路公司、公共汽车/客车经营商、租赁汽车经营商。目的地旅游组织部门包括国家旅游局、地区/州旅游局、地方旅游局和旅游协会。

中除补偿员工为自己劳动创造的价值以外，还包括为社会劳动创造的价值。旅游企业必须控制好资金耗费过程，也即控制好成本，才能最大限度地创造利润。

（4）资金回收

旅游企业在为消费者提供服务以后，便可按一定价格实现一定量的货币收入，由此实现了资金回收。回收的方式不同，会产生现收收入和应收收入。

旅游企业必须密切关注资金回收量的多少和回收时间的长短，才能确保实现资金回收目标，为此必须制定合理的价格，选择适当的结算方式。

（5）资金分配

旅游企业取得的货币收入要用于弥补各项耗费，要向国家缴纳各项税金，要向债权人还本付息，要向投资者分红等，由此实现资金的分配过程。

旅游企业必须处理好分配中的各种关系，只有利益关系协调好了，才能为旅游企业持续经营创造良好的内外部条件。

2）旅游企业财务关系

旅游企业在以上论述的资金运动中，不可避免地会与各方面利益主体发生各种经济上的联系，这种联系形成的关系就是财务关系，主要包括：

（1）旅游企业与投资者、受资者的财务关系

无论是旅游企业从各种投资者那里筹集资金，还是旅游企业向其他单位投资，都会形成投资方与受资方的关系，受资方应当向投资方分配投资收益。这种关系在性质上属于所有权关系。双方必须承担各自的责任和享受各自的权益。

（2）旅游企业与债权人、债务人的财务关系

旅游企业在购销活动中会与有关单位发生货款收支结算关系，也会由于资金周转的需要与有关单位发生资金借贷关系。这种关系在性质上属于债权债务关系、合同关系。双方同样要保证各自的权利和义务按合同规定落实到位。

（3）旅游企业与税务机关的财务关系

税务机关以社会管理者的身份与旅游企业发生征缴税款的财务关系，旅游企业必须依法足额按时缴纳各项税金，履行应尽的义务。

（4）旅游企业与客人的财务关系

旅游企业由于向客人提供了服务产品而享有获得收入的权利，结算方式不同，会形成现收收入和赊收收入，如何实现收入安全回收，是旅游企业财务管理的重要内容。

（5）旅游企业内部的财务关系

旅游企业在取得收入后，要向员工支付工资、津贴和奖金等，这种财务关系体现了个人和集体在劳动成果上的分配关系，要按有关分配政策协调好这种关系。

旅游企业上述的各种财务关系是在从事生产经营，进行资金的筹集、投放、耗费、回收和分配等财务工作中产生的。它是伴随着财务活动必然产生的一种经济现象，离开了这些财务关系，旅游企业的资金运动就缺乏效率和动力。由此可见，旅游企业财务就其本质而言，是指其经营过程中的资金运动及其所体现的财务关系。由财务的这种本质不难发现旅游企业财务管理的对象是旅游企业的资金运动。

3）旅游企业财务管理的内涵

综上所述，旅游企业财务管理是指旅游企业利用货币形式，根据国家政策法规和资金

运动规律，组织财务活动和处理财务关系所进行的一种全面的价值管理活动。通过对资金的运动过程实施管理与控制，达到实现财务控制、促进经营发展、提高经营效益的目的。

[相关链接1-1] **一分钱的妙用**

做好财务管理要记住三句话：一分钱要当两分钱花（杜绝浪费）；一分钱要做两元钱生意（加速资金周转）；自己出一分钱，设法让人家（社会）出两元钱、三元钱（利用社会资金）。

理解财务管理的含义要注意以下几点：

（1）财务管理的依据是国家政策法规和资金运动规律。既然资金运动是财务管理的对象，那么财务管理就必然要遵循资金运动的规律，违背规律势必会受到规律的惩罚。财务管理涉及利益关系的协调，必须遵循国家政策法规的要求，否则违法也要受到惩罚。

（2）财务管理的对象是资金运动，也就是财务活动及其体现的财务关系。财务管理不同于其他管理活动，它是对资金流的一种管理，因此资金运动成为它关注的核心。

（3）财务管理的性质是一种全面的价值管理。旅游企业各方面生产经营活动的质量和效果，大都可以从资金运动中综合反映出来，而资金是一种价值表现形态，因此它是一种全面的价值管理活动，这是它区别于其他管理的特点所在。

（4）财务管理的主体应是全员，尤其是各级管理者。旅游企业只有建立全员理财系统，才能有效地实现财务管理目标，为此，必须将财务管理与会计核算区分开来，走出财务管理由财务部门或会计部门来做的认识误区。其实旅游企业各级管理人员在经营管理过程中都涉及不同的财务问题，见表1-1（以饭店为例）。

表1-1 **饭店决策者关于财务管理方面的一些观点**

饭店职能	财务管理方面或工具	财务管理方面或工具的重要性
总经理	一个总经理需要了解主要财务报表的性质和用途。许多总经理错误地相信资产负债表上记录的资产价值代表着所有资产的价值	连锁集团内的高级经理正日益热衷于树立饭店绩效标杆。如果用不同时期购买的饭店资产价值进行分析的话，需要考虑房地产的通胀率，这是因为资产负债表记录的是历史成本而不是资产的现值
	没受过会计培训的高级经理有时也会错误地相信资产负债表上的留存盈余账户代表了能被使用的现金	留存盈余常常是资产负债表中的大账户，它代表了饭店从开业起所有再投资利润的累积。如果高级经理相信它代表现金的话，就会产生低劣的现金计划
客房部经理	客房部经理能够利用本-量-利分析来确定实现保本点所需要的出租率水平	认识保本点的动态性将有助于客房部经理采取措施以确保销售额不跌落至保本点以下
	当研究预算与实际绩效间的差异时，差异分析是有助于包括客房部经理在内的各级经理的一个重要工具	评价如客房清洁等活动的效益是管理活动的一个十分重要且正在进行的方面，差异分析是帮助经理确定引起客房清洁成本高于或低于预算的原因的重要工具

续表

饭店职能	财务管理方面或工具	财务管理方面或工具的重要性
餐饮经理	应该使用哪类库存记录系统	如果库存损失是餐饮中的问题的话，那么永久性的库存记录系统将比周期性的系统更为合理
	适当地使用成本信息支持决策的制定，如是否外包	饭店外包活动正日益增加，经理需要了解进行决策时如何正确地利用成本数据
人力资源经理	根据预算销售水平确定员工需求量	考虑到饭店的波动性，将劳动力供应与饭店经营活动相匹配是人力资源管理的重要方面
财务经理	利用债务融资以获取股东回报的杠杆利益	适当地利用债务融资可以对股东回报产生重要影响
	当决定是否接受供应商因早付款而给予的折扣时应进行适当的财务分析	许多供应商为早日获得货款而提供折扣，考虑到这一点，适时通知应付账款部门何时还款将十分重要
销售和营销经理	在定价中收益管理的运用	需求的波动性凸显了销售人员将房价的变化作为利润最大化战略一部分的重要性
工程部经理	投资计划的财务分析	在设备投资决策中，工程部经理是关键人物。适当的投资分析是十分重要的，因为这些决策常常涉及大量的货币

资料来源 GUILDING C. Financial management for hospitality decision makers [M]. 5th ed. Oxford: Butterworth Heinemann, 2010.

4）旅游企业财务管理的地位

按照系统论的观点，旅游企业是一个由众多子系统构成的大系统，简单来说这个大系统是由以下众多子系统构成的：战略管理系统、组织设计与运作管理系统、人力资源管理系统、市场营销管理系统、服务管理系统、生产管理系统、质量管理系统、财务管理系统、工程与安全管理系统、科学管理运作系统等。其中财务管理系统处于核心地位，原因是：首先，旅游企业存在于社会上的价值是能够创造利润，而利润是财务管理的重要目标之一，最大化地创造利润是企业的核心任务；其次，旅游企业各个子系统的运行过程及其结果最终都会反映在价值变化上，如果说各个子系统只反映旅游企业运行的某个方面的话，那么财务管理系统则涵盖了旅游企业运行的方方面面，因为它是一种价值管理，价值无所不在、无所不有，其变化状况是各方面绩效的综合反映；最后，各子系统都有自身的运行目标，但最终都会归结到财务成果最大化上，无论是旅游企业生存、发展、扩张，还是各方面利益关系协调，财务成果目标都是基本的、起决定作用的。

确定旅游企业财务管理的核心地位并不是要否认其他系统的重要性，只是提醒我们必须重视财务管理的重要性，掌握财务管理基本知识，学会在旅游企业经营中从财务视角去考虑问题和制定政策，以有利于更快地提高我国旅游企业经营管理水平。

1.2 旅游企业财务管理的目标、任务、原则和方法

1.2.1 旅游企业财务管理的目标

旅游企业财务管理目标是指旅游企业财务活动所要达到的目的，它决定着旅游企业财务管理的基本方向。财务管理目标要体现旅游企业经营管理的目标要求，即以尽可能少的劳动消耗创造尽可能多的经济效益。虽然关于财务管理目标如何表述有不同的观点，如利润最大化、资本利润率最大化、每股利润最大化、股东财富最大化、企业价值最大化等，但我们认为作为一个目标来讲，既是理财努力的方向，又是衡量理财效果的标准，因此应该由数量指标和质量指标两方面组合而成，综合各方面的观点和我国旅游企业理财环境，旅游企业财务管理目标应该是：投资利润率最大化和现金流量最佳化的组合。其中投资利润率最大化反映的是经济效益的数量指标，现金流量最佳化反映的是经济效益的质量指标，两者缺一不可，相辅相成。

[相关链接1-2] **理财要有目标**

有的人在攀登人生阶梯的过程中，费尽心机，使尽浑身解数，到了梯子顶端一看，发现自己爬错了梯子。

目标是行动的目的，它必须具备明确的方向。

企业理财又何尝不是这样呢？

1.2.2 旅游企业财务管理的任务

旅游企业财务管理的主要任务是围绕旅游企业经营目标，保证旅游企业在经营活动中制定好财务决策、搞好财务控制和实施好财务监督。

1）制定好财务决策

财务决策是旅游企业经营决策的核心内容。因为旅游企业任何经营决策的根本目的在于扩大销售，减少开支，增加收入，提高效益，而这些都依赖于资金的支持和运营，即依赖于资金决策的优劣。资金决策恰是财务决策的中心内容。资金决策的中心内容主要包括筹集资金与投放资金两个方面，这是财务管理的两大基本功能。旅游企业做好财务决策需要做好以下两方面工作：以经营活动为中心，及时筹措资金，做好财务预算，满足业务经营活动的需要；合理配置资金，降低成本，增加盈利，提高资金使用效果。

2）搞好财务控制

为更好地实现财务决策所确定的目标，旅游企业必须采取各项管理措施对财务活动进行经常、系统的控制。要保证旅游企业的资金投放能获得一定的收益，必须加强经济核算，严格财务控制，努力增收节支，增大利润，保证财务成果的实现。要按国家有关法规制度的规定，正确执行成本开支范围及费用开支标准，及时缴纳各项税金。按规定的顺序合理地分配旅游企业的盈利，处理好各种财务关系。

3）实施好财务监督

财务监督是旅游企业财务管理的一个重要方面，它是通过控制财务收支和分析检查财务指标来进行的。旅游企业的各项经营活动最终都会反映在财务收支上，通过合理地控制财务收支，可以及时发现不合理的财务行为并加以纠正，以保证财务收支的正确性，同时

通过检查分析财务指标可以发现各部门的经营状况及资金使用状况，以便及时纠正不合理现象。财务指标的建立是通过加强财务核算获得的，因此必须建立健全财务核算制度，使财务管理的监督保证作用得以发挥。

1.2.3 旅游企业财务管理的原则

财务管理原则是旅游企业组织财务活动、处理财务关系的准则，是对财务管理原则的基本要求。具体来说，财务管理的基本原则可以概括为以下几方面：

1）资金合理配置原则

所谓资金合理配置原则就是通过对资金运动的组织和调节来保证各项资源具有最优化的结构比例关系。从资金来源来说，合理配置自有资金与负债资金的比例关系，构建良好的资金结构，是保证财务稳定性的重要前提；从资金占用来说，合理配置各类资产间的比例关系，保证资金运动的继起和各种形态资金占用的适度，是保证旅游企业整体服务质量的资源基础。

2）收支积极平衡原则

我国西汉时的思想家桑弘羊曾提出“计委量入”的理财思想，主张“量出为入”。这一思想与现代企业融资观念可以说是不谋而合。

所谓收支积极平衡原则就是努力创造条件去实现经营过程中对资金收支的正常需要。从收支平衡来讲，有消极的方式，也有积极的方式，传统上的“量入为出”虽然稳妥，但比较消极；现代经济社会发展变化速度很快，机会也是稍纵即逝，要抓住有利时机满足经营扩张的需要，必须具备“量出为入”的积极收支平衡观，对一些关键性的生产经营支出要开辟财源予以支持，这种理财观是一种积极的、动态的收支平衡观，也是促使旅游企业迅速发展壮大的一种理财原则。

3）成本效益均衡原则

所谓成本效益均衡原则就是要对旅游企业经营活动的所费与所得进行相互联系的思考，离开效益去谈成本是无目标的，离开成本去谈效益也是缺乏基础的。要注意区分有效成本（有助于效益取得的成本）和无效成本（无助于效益取得的成本），对前者要想尽办法大力支持，对后者要严格控制。对旅游企业来说，要特别注意服务无形性特点对效益表现形式的影响，处理好有形效益与无形效益、长期效益与短期效益的关系。认清成本与效益的对立统一关系尤为重要。

4）收益风险均衡原则

所谓收益风险均衡原则就是要求旅游企业要全面客观地认识到，任何财务决策都具有两面性，从而做到决策中要趋利避害，控制风险，提高收益。这里的风险是指获得预期财务成果的不确定性。旅游企业要想获得收益，就不能回避风险，而且通常风险越大的项目收益越高。旅游企业在财务决策与财务活动中，要将收益动机与风险意识结合起来，客观进行评价和分析，以求在控制财务风险的同时争取获得较多的收益。

5）分级分权管理原则

所谓分级分权管理原则就是要求按照管理物资同管理资金相结合、使用资金同管理资金相结合、管理责任同管理权限相结合的要求，合理安排旅游企业内部各部门管理上的权责关系。要在加强财务部门集中统一管理的同时，实行各职能部门的分工管理，从而调动各部门管理财务活动的积极性和主动性，为实行全员财务管理奠定一个制度基础。

[相关链接1-3] **掌握集分权的“度”是大事**

集权可以保持统一意志，但不能调动大家的积极性；分权可以保持个体的主动性和创造性，但容易涣散无力。集权与分权不应该是固定不变的，要根据情况不断调整。

理财中要处理好老总“一支笔”管理与分权管理的关系，重在掌握集权与分权的“度”。

从另一个角度来看，分级分权管理也体现了理财的全面性原则，即全员性理财、全过程理财、全环节理财，从而形成纵横交错的全面理财网络，使理财的责、权、利真正落到实处。

6）利益关系协调原则

所谓利益关系协调原则就是要求旅游企业在进行利益分配时，必须兼顾各方面的利益要求，尽可能地做到分配公平合理，使各方面的利益要求均得到一定体现，为旅游企业更有效地开展经营活动创造良好的关系环境，有助于各利益主体更加关心支持旅游企业的经营活动。旅游企业经营活动的开展，离不开各方面的支持与配合，各方面利益关系的协调最终就是财务关系的协调，旅游企业理财活动中必须合理配置财务资源于各个方面，形成和谐共处的生态经营环境。

1.2.4 旅游企业财务管理的方法

每一个以亿为单位的数字的背后，除了艰辛的创业史外，还有自成体系的理财方式。其实世界上没有传奇，只有不为传奇而努力；其实赚一亿并不难，难的是让理财方式适合自己。

——萧伯纳

旅游企业财务管理方法就是用来组织、指挥、监督和控制财务活动，正确处理财务关系，以实现财务管理目标的手段，概括来说主要有财务预测、财务决策、财务预算、财务控制、财务分析和财务检查等。

1）进行财务预测

财务预测是根据财务活动的历史资料，考虑现实的要求和条件，对旅游企业未来的财务活动和财务成果进行的预计和测算。通过进行财务预测，一方面可以为计划管理提供信息，另一方面可以为财务决策提供依据。

进行财务预测的一般步骤是：首先，确定预测的目的和对象。预测的目的和对象不同，资料的搜集、方法的选择等也就不同。其次，搜集和整理资料。根据预测的目的和对象，广泛搜集各种有关资料并对资料进行分类汇总，使它们符合财务预测的需要。再次，确定计算的方法。选择适当的预测模型进行计算，常见的财务预测的方法包括时间序列分析法、回归直线法、量本利分析法、投资回收期预测法、现金流量法等，此外还要采用一些定性分析法。最后，确定最佳方案。将制订的各种预测方案，进行对比分析研究，确定一个最佳方案，为今后的财务预测工作奠定基础。

2）制定财务决策

所谓财务决策是指为实现一定财务目标，从两种以上财务可行方案中选择最佳方案的分析判断过程，主要包括筹资决策、投资决策、成本费用决策、利润分配决策等。一般来说，制定财务决策的基本程序包括：选择决策目标、拟订多种可行方案、评价优选最佳方案。

对于决策目标来说要符合针对性、明确性、全面系统性和可行性的要求，否则制定的财务决策就有可能偏离正确方向。对于最佳方案的筛选则要在实现目标的可达性与实现目标的代价性之间进行权衡，从而实现以最小代价实现决策目标的目的。

3）编制财务预算

所谓财务预算是指旅游企业利用货币量度对某个时期的全部经济活动正式计划的数量反映。财务预算一般包括销售预算、成本费用预算、利润预算、现金预算、预计资产负债表等。

旅游企业要实现预定的目标，离不开各部门的密切配合和协调工作，财务预算的编制就是要使各职能部门的员工都清楚地了解，在预算期间应该做些什么，怎样去做，从而保证旅游企业整体运作的协调性和完整性。财务预算是在预测基础上通过预算草案的编制及反复不断修正后才得以确定的，这样才能作为考核的依据和衡量的标准。

4）组织财务控制

所谓财务控制就是以财务预算指标和各项定额为依据，对资金的收入、支出、占用、耗费等进行计算和审核，找出差异，采取措施，以保证预算指标实现的一系列活动。

做好财务控制，第一要制定控制标准，制定出成本费用定额和资金定额，实行定额管理，结合各项定额将财务预算指标分解落实到各部门、班组直至个人；第二要执行标准，按照标准控制投放量；第三要寻找差异，将标准与实际发生额进行对比，找出差异，对不符合标准的支出予以限制；第四要消除差异，对不利的因素采取措施予以消除；第五要实施奖惩，区分不同的责任中心，对预算完成优秀的部门或个人予以奖励，对在可控范围内没有完成预算标准的部门或个人予以处罚。

[相关链接1-4]　落实各岗位OEC管理

所谓OEC管理即overall every control and clear管理，其含义是：

O——overall（全方位）；E——everyone and everything and everyday（每人、每件事、每天）；C——control（控制）；C——clear（清理）。

OEC管理法也可以表述为：日事日毕，日清日高。每天完成当天的工作，每天的工作要清理并要每天有所提高。该方法由目标体系、日清体系、激励机制三个体系构成。

5）开展财务分析

所谓财务分析就是以会计核算资料为主要依据，对旅游企业财务活动的过程和结果进行分析对比，对预算完成情况及财务状况作出评价，提出改进的措施。

通过财务分析，一方面可以掌握财务预算的完成情况，发现影响财务成果实现的因素及影响程度；另一方面可以总结经验，发现问题，为下一轮财务预算工作的改善提供依据。

6）实行财务检查

所谓财务检查就是以核算资料为主要依据，对旅游企业经济活动和财务收支的合理性、合法性、有效性进行检查，这是实现财务监督的主要手段之一。要将财务检查持久化和制度化，要教育财务管理人员遵纪守法，在合法的前提下谋求利润最大化，降低财务损失程度。

[相关链接1-5] 互联网“十变”财务管理

会计功能扩大化；数据搜集分散化，管理集中化；财务信息搜集处理动态化、实时化；财务信息无纸化；结算支付电子化；财务与其他业务协同化；决策支持群体化；财务工作方式网络化；财务部门扁平化；财务工具Web化。

本章小结

旅游企业财务管理是指旅游企业利用货币形式，根据国家政策法规和资金运动规律，组织财务活动和处理财务关系所进行的一种全面的价值管理活动。财务管理的依据是国家政策法规和资金运动规律，财务管理的对象是资金运动，也就是财务活动及其体现的财务关系，财务管理的性质是一种全面的价值管理，财务管理的主体应是全员，尤其是各级管理者。旅游企业只有建立全员理财系统，才能有效地实现财务管理目标。

按照系统论的观点，旅游企业是一个由众多子系统构成的大系统，其中财务管理系统处于核心的地位，无论是旅游企业生存、发展、扩张，还是各方面利益关系协调，财务成果目标都是基本的、起决定作用的。

旅游企业财务管理目标是指旅游企业财务活动所要达到的目的，它决定着旅游企业财务管理的基本方向。综合各方面的观点和我国旅游企业理财环境，旅游企业财务管理目标应该是：投资利润率最大化和现金流量最佳化的组合。其中投资利润率最大化反映的是经济效益的数量指标，现金流量最佳化反映的是经济效益的质量指标，两者缺一不可，相辅相成。

旅游企业财务管理的主要任务是围绕旅游企业经营目标，保证旅游企业在经营活动中制定好财务决策、搞好财务控制和实施好财务监督。

为更好地实现财务管理目标，旅游企业必须遵循一系列财务管理原则，这些原则主要包括资金合理配置原则、收支积极平衡原则、成本效益均衡原则、收益风险均衡原则、分级分权管理原则、利益关系协调原则。

要实现旅游企业财务管理目标，必须在坚持理财原则的基础上，采用正确的理财方法，如进行财务预测、制定财务决策、编制财务预算、组织财务控制、开展财务分析、实行财务检查等。

关键概念

财务管理　财务管理目标　财务管理原则　财务管理方法

基本训练

□案例分析题

1.案例基本情况

“票中票”“圈地收费”？景区创收不能只靠门票

有游客反映滕王阁景区门票“五花八门”，光是夜游就分出“畅园夜游”“夜登滕王阁”“寻梦滕王阁”等多个种类。受到质疑的主要是39.9元的“畅园夜游”。说是“畅游”，却不能进入滕王阁主景区，要想登阁，还得补票。

面对游客质疑，滕王阁景区迅速回应并及时调整票价，说明景区高度关注游客体验，充分接纳游客建议，得到了游客的点赞。滕王阁曾在2013年因推出背诵《滕王阁序》免门票活动而成功“出圈”。景区深知，在新媒体时代，口碑才是最大竞争力。景区正视问题，知错能改，广泛听取群众意见，不断改进服务，相信会赢得更多游客的到来。

当然，门票争议所反映出的景区收费政策混乱需要高度关注。例如，一些景区在实行免门票政策的同时，悄然提高了缆车、摆渡车等费用，再加上饱受争议的“票中票”“围墙遮景”“圈地收费”等乱象，都严重影响游客体验，引发游客不满。

门票定价不仅是景区的经营策略，也关乎消费者的知情权、选择权。相关部门要尽快制定方法，明晰标准，公开透明，坚守诚信，防止五花八门的门票沦为消费陷阱，还游客一个安心、舒心、放心的游览体验。

门票争议仍然是景区“门票思维”的延续。在旅游业最艰难的时期，全国有近1000家景区实行了不同程度的门票免费、折扣政策，为的是尽快引流，刺激消费。如今，随着旅游市场加快复苏，居民出游意愿增加、出游需求充分释放，一些景区又来拿门票做文章。看来，真正摆脱门票经济，关键还要强化创新意识、提高创新能力。

短期看，景区摆脱门票经济必然会经历一次阵痛。取消门票或门票降价会导致游客数量激增，如果配套设施、服务质量和旅游体验跟不上，那么反而影响了游客体验。另外，景区运营需要成本，长期实施免票或门票大力度折扣，有些景区未必吃得消。门票降价背后的系列难题不仅需要景区自身破解，也需要当地政府给予关注和帮扶。

长远看，景区生意何止一张门票？由“门票经济”向“综合消费经济”转变必将获得长期利好。统计表明，旅游产业链效益约为门票价值的7倍。门票收入在旅游经济中的比重在降低，二次消费带来的综合收益在提升。这方面，杭州西湖的例子最具说服力。据杭州相关部门统计，只要每个游客在杭州多留24小时，杭州市的年旅游综合收入便会增加百亿元。景区一旦突破“门票思维”，创新天地无比广阔。用发展的眼光看，做大景区IP，远比一张门票所产生的综合效益更大，更可持续。

国家发展改革委最近公布“恢复和扩大消费二十条措施”，鼓励各地制定实施景区门票减免、淡季免费、一票多次等措施。新形势下，旅游企业应该顺势而为，用创新思维把“好风景”讲成“好故事”，以开阔胸襟广迎天下客，推动文旅产业复苏重振跑出“加速度”。

资料来源 姜天骄．“票中票”“圈地收费”？景区创收不能只靠门票！［N］．经济日报，2023-08-05.

2.案例分析要求

（1）如果你是滕王阁景区所在地的地方政府部门官员，你将如何认识滕王阁景区门票经济背后的系列难题的？出于当地居民增收和财政收入增加的考虑，你是否会同意门票提价的请求？出于快速吸引游客的考虑，你是否会同意免门票的请求？为什么？

（2）如果你是滕王阁景区的投资者，你会如何处理定价决策？采用什么样的定价策略才能使项目投资回报最大化和持久化？

（3）如果你是滕王阁景区所在地社区的一分子，你是赞成低价扩大销售量还是高价限制销售量？你更关心的利益点在哪里？

3.提出问题

（1）在景区所在地投资项目的理财过程中，如何处理好各利益主体之间的利益关系？

（2）门票提价真能带来经济效益提升吗？

□实践单元

1. 寻找不同案例，用正反两方面实例说明理财中协调好各方面财务关系的重要性。

2. 结合旅游企业实际，分析旅游企业财务管理中哪些行为是违背理财基本原则的，带来的危害是什么?

□思考题

1. 如何理解旅游企业财务管理的基本内涵?

2. 为何协调好旅游企业财务关系如此重要？处理不好各种财务关系会产生什么后果?

3. 结合旅游企业经营特点，谈谈你对全员理财系统建设重要性的认识。

4. 如何理解旅游企业财务管理的目标?

5. 旅游企业财务管理的主要任务是什么？如何实现这一任务?

6. 结合旅游企业经营活动实践，谈谈如何运用财务管理原则指导旅游企业经营管理水平的提高。

第 2 章

旅游企业财务管理的两个重要概念

学习目标

通过本章的学习，掌握资金时间价值和投资风险价值的基本含义及表现形式；掌握资金时间价值的单利和复利计算方法，掌握投资风险价值的计算方法；能够运用资金时间价值原理和投资风险价值原理进行有关的财务分析与财务决策。

资金时间价值和投资风险价值是财务管理中两个重要的基础性概念，对于筹资管理、投资管理、成本及收益管理都有十分重要的影响，在学习中必须予以高度重视和深入体会。

聚焦党的二十大

党的二十大报告指出，深化金融体制改革，建设现代中央银行制度，加强和完善现代金融监管，强化金融稳定保障体系，依法将各类金融活动全部纳入监管，守住不发生系统性风险底线。

请结合本章内容思考：在旅游企业投资管理中，应该如何防范金融风险？

● 2.1 资金时间价值

2.1.1 资金时间价值的概念

资金作为从事经营活动的物质条件的货币表现，会由于时间的推移在周转使用中发生价值上的变化，这一差额价值就是资金的时间价值。资金时间价值是资金在周转使用中产生的，是资金所有者让渡资金使用权而参与社会财富分配的一种形式。资金时间价值可从两个方面加以衡量：理论上，资金时间价值相当于没有风险、没有通货膨胀条件下的社会平均利润率。实际上，当通货膨胀很低的情况下，可以用政府债券利率来表示资金时间价值。如果考虑了风险，增加的价值就包括两部分，即无风险情况下的价值和冒风险后多出来的价值。

资金时间价值产生的前提是商品经济的高度发达和借贷关系的普遍存在，是货币资金在价值运动中形成的一种客观属性。任何社会，只要存在着货币资金所有权与使用权分离的现象，即存在借贷关系的话，就必然存在时间价值及在各种决策中不同时点上资金的换算需求，因而它也成为在旅游企业财务管理中必不可少的计量手段。

资金时间价值的表现方式既可以是绝对值（利息），也可以是相对值（利息率），通常以相对值表示时间价值的高低。经营者用从资本所有者那里获得的资金进行生产经营活动，获得了利润，需要从中分一部分给资本所有者作为报酬，资本借用时间越长，付出的报酬就越多，这种报酬就是利息。利息率则是一定时间内利息量与借贷资本量的比率。

[实例2-1] 时间价值的意义

在这个竞争的时代，没有什么东西是稀缺的，除了时间。而时间分别属于我们每一个人，任何人无权随意乱用或者剥夺它。强迫我们排队的商家实际上是在剥夺我们的时间，而它们这样做，仅仅是为了使它们的利益最大化。所以，我们自然选择抛弃它们。这个实例说明，在强调时间和速度的时代，任何能够帮助人们节省时间的商业创意都会受到人们欢迎，也是商家赢得商机和战胜对手的利器。

英国沃维克大学（Warwick University）的扬·沃克（Ian Walker）教授推导出一个时间的价值公式为：

$$V=\{W[(100-t)/100]\}/C$$

其中：V——每小时的价值；W——每小时工资；t——税率；C——当地生活开销。

这个公式是一个非常实用的工具，沃克教授由此计算出英国男人的时间价值为每分钟10便士，而英国女人的时间价值为每分钟8便士。

按照这个公式，就意味着一个英国男人1小时的工作收入是9美元，一个英国女人1小时的工作收入是7.2美元。该研究还发现，英国人自己准备晚餐的成本（包括时间价值和各种原料）如下：男人自己动手的成本是15.72美元，女人自己动手的成本是14.3美元。而通过外卖的方式获得晚餐的成本是：男人7.31美元，女人7.24美元。通过这个公式，人们可以核算自己的每一项活动的价值以及机会成本。

随着时间价值上升，人们更愿意通过购买的方式来满足自己的部分需求，并由此节约宝贵的时间。我们也可以理解，为什么越来越多的公司高管和白领选择聘请保姆或者钟点工来帮助他们收拾家务，照看小孩。

一般说来，如果你的工作技术含量比较低，你每小时的价值也会较低，选择自己做饭和坐公交车就比较合适。时间可以作为商品出售的事实，在经济发达的今天已是人之共识，在占各经济发达国家经济半壁河山乃至大部分的第三产业领域，出售的就是时间。"时间就是金钱"的说法直接道出了时间作为商品的含义。既然是商品，就一定具有因人而异的价值特性，时间恰恰是如此——每个人的单位生命时间是不等价的。人与人之间的时间价值不等价就会产生机会成本，而机会成本的存在就是人与人之间进行交易的前提条件。正因为每个人的时间是不等价的，所以，一些人情愿用别人的时间和自己的时间作交换，请人来帮助自己做某些事情以腾出时间来做自己的事情。如果大家在任何事情上所花的时间都是相等的，也就是说是完全等价的，就不可能产生"钟点工""保姆""秘书""咨询公司"之类的服务岗位和行业了。

时间就是金钱，时间造就财富。曾几何时，中国人不知要花多少时间排队交费——每月都要抽出一天甚至更多的时间去缴纳电费、水费、电话费、手机费、上网费、煤气费……许多人甚至把宝贵的工作时间用来完成这些琐碎的小事。其实，缴纳这些费用根本不需要客户东奔西走、排队等候，银行完全可以凭借先进的网络技术以及整合相关资源为客户服务。现在，各家银行都推出了便民服务措施，由此帮助客户节省时间，在这场竞争中，那些最善于整合资源的银行将最终胜出。

实际上，我们已经步入一个节约时间的文化氛围之中，我们已经走入一个节约时间的时代。行要快，火车速度越提越快，汽车速度越来越快，飞机是超音速或者是亚音速的。

吃要快，于是，快餐面盛行，快速食品好卖，快餐店遍布大街小巷。倡导快餐的美式麦当劳和肯德基横扫中国市场，流行全世界。甚至连谈恋爱搞对象也讲求一个“快”字，出现男女“电视速配”，一个30分钟的节目就使一对对青年男女配对成功。在这个快速变化的时代，时间就是金钱。不仅经济学要研究如何节约时间，企业家也要研究如何帮助人们节约时间，政府部门更要千方百计节约人们的时间，提高办事效率。这都是人们认识到了时间价值的结果。

问题：1.如何在理财中运用时间价值的思想，合理作出资金收支的期限决策？

2.旅游企业筹资中的“短款长用”策略是怎样体现资金时间价值观念的？

扫描下方二维码查看“分析提示”。

2.1.2 资金时间价值的计算

由于资金具有时间价值，一定量的资金必须赋予相应的时间，才能表达其确切的量的概念。两笔金额相同的资金，由于发生在不同时间，其价值是不相等的。为了便于分析和比较，需要把不同时点发生的金额换算成同一时点的金额。把将来某一时点的金额换算成与现在时点相等值的金额，这一换算过程叫“折现”，折现到现在时点的资金的价值称为“现值”。与现值等价的未来某时点的资金的价值称为“终值”。

资金时间价值从计算方法上分单利计算和复利计算；从计算目的上分为现值计算和终值计算；从计算的资金类型上分为一次性资金投放或产出与年金投放与产出。由于单利计算比较简单，这里只概括介绍，而重点是将终值与现值计算以及一次性资金与年金分别组合起来进行阐述。

1）按单利计算

这是一种只按本金计算利息，每期利息并不加入本金中增算利息的计算方法。

设S——终值，即本利和；PV——现值，即本金；I——利息；i——利率；n——计息期数。

则　单利=本金×利率×计息期数

即　$I = PV \cdot i \cdot n$

终值=本金+利息

即　$S = PV + I = PV(1 + i \cdot n)$

【例2-1】某旅行社存入银行周转性资金5万元，年利率为4%，问2年后这笔资金的终值是多少？

$$S = PV(1 + i \cdot n)$$
$$= 5 \times (1 + 4\% \times 2)$$
$$= 5.4（万元）$$

5万元存入银行2年后的终值是5.4万元。

2）按复利计算

这是一种将每期利息并入次期本金中增算利息，逐期滚算、利上加利的计算方法。按复利计算可以分为复利终值的计算和复利现值的计算。

（1）复利终值的计算

①一次性投入资金的复利终值。复利终值也是本利和，由于复利是以上一年度的本利和作为下一年度的本金，因此计算终值可以用下式：

第一年本利和　$S_1 = PV(1+i)$

第二年本利和　$S_2 = PV(1+i)(1+i) = PV(1+i)^2$

第三年本利和　$S_3 = PV(1+i)^2(1+i) = PV(1+i)^3$

第 n 年本利和　$S_n = PV(1+i)^{n-1}(1+i) = PV(1+i)^n$

所以按复利计算终值的公式为：

$$S_n = PV(1+i)^n$$

上式是指复利次数为一年一次，若一年不止复利一次，而是复利 m 次，则复利终值为：

$$S_n = PV \cdot \left(1 + \frac{i}{m}\right)^{m \cdot n}$$

公式中的 $(1+i)^n$ 为1元的复利终值系数，实际计算时可查1元复利终值表。

【例2-2】某饭店将闲置货币资金20万元存入银行，利率为8%，计算一年复利一次和一季度复利一次的3年后的终值是多少？

一年复利一次，则：

$S_3 = PV(1+i)^n = 20 \times (1+8\%)^3 = 25.2$（万元）

查表方法：通过终值表先找到相同的利率（此例为8%），再找到相同的期限（此例为3年），横行的利率与纵列的期限交会处的数值即为复利终值系数（此例为1.26）。

一季复利一次，则：

$$\begin{aligned} S_3 &= PV\left(1 + \frac{i}{m}\right)^{m \cdot n} \\ &= 20 \times \left(1 + \frac{8\%}{4}\right)^{4 \times 3} \\ &= 20 \times 1.268 \\ &= 25.36\text{（万元）} \end{aligned}$$

通过计算可以看出，复利次数越多，资金的终值越大。

②年金的复利终值。年金指在一个特定的时期内，每隔一段相同的时间，收入或支出相等金额的款项。现实经济生活中，折旧、租金、利息、保险金、养老金等通常都采取年金的形式。

年金按其收支的时间不同可分为普通年金、预付年金、递延年金和永续年金。常见的是普通年金和预付年金。普通年金也叫后付年金，指每期期末支出或收入的年金；预付年金也叫先付年金，指每期期初收入或支出的年金。由于在投资效果评价中，现金流入量的计算都在期末累计，所以下面重点介绍普通年金的计算。

年金终值是一定时期内每期期末收付款项的复利终值之和，它恰似定额零存整取的本利和。假定每年年末定期存入银行1 000元，年利率为8%，经过3年，年金终值为：

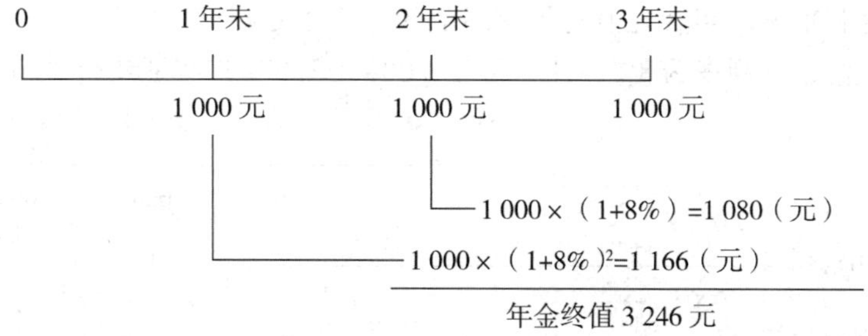

设S_A——年金终值；R——每期的年金；i——利率；n——年金的计息期数。

则 $S_A = R + R(1+i) + R(1+i)^2 + \cdots + R(1+i)^{n-1}$

$$= R \times [1 + (1+i) + (1+i)^2 + \cdots + (1+i)^{n-1}]$$

$$= R \cdot \frac{(1+i)^n - 1}{i}$$

公式中$\frac{(1+i)^n - 1}{i}$为年金终值系数，计算时可查年金终值系数表。

$$S_A = 1\,000 \times \frac{(1+8\%)^3 - 1}{8\%}$$

=1 000×3.246

=3 246（元）

由年金终值公式可推导出求年金的公式为：

$$R = \frac{S_A}{\frac{(1+i)^n - 1}{i}} = \frac{年金终值}{年金终值系数}$$

（2）复利现值的计算

①一次性投入资金的复利现值。复利现值与终值的计算正好相反，它是以后年份收到或付出资金的现在价值。用来计算现值的利率称为“折现率”，由于影响时间价值的两个基本因素是时间和利率，因而折现期的延长及折现率的提高都是对未来货币额变现的减少因素。复利现值的计算公式可由终值公式推导出来。

由$S_n = PV(1+i)^n$得：

$$PV = S_n \cdot \frac{1}{(1+i)^n}$$

$$= S_n \cdot (1+i)^{-n}$$

公式中$\frac{1}{(1+i)^n}$为复利现值系数，计算时可查复利现值表。查表方法同复利终值表查表方法相同。

【例2-3】长虹饭店想在10年后得到一笔5万元的资金，按年利率8%计算，则现在需一次存入银行多少钱？

$$PV = S_n \cdot \frac{1}{(1+i)^n}$$

$$= 5 \times \frac{1}{(1+8\%)^{10}}$$

$$= 5 \times 0.463$$

$$= 2.315（万元）$$

该饭店若想在10年后得到一笔5万元的资金，现在需一次存入银行2.315万元。

②年金的复利现值。年金现值与年金终值的计算正好相反，它是每期等额款项收付的复利现值之和。假设年利率为8%，计算每年1 000元的3年期普通年金现值为：

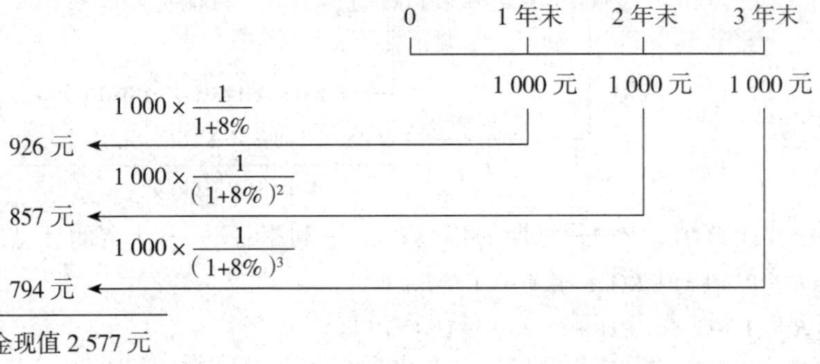

$$PV_A = R(1+i)^{-1} + R(1+i)^{-2} + \cdots + R(1+i)^{-n}$$
$$= R\left[\frac{1}{(1+i)} + \frac{1}{(1+i)^2} + \cdots + \frac{1}{(1+i)^n}\right]$$
$$= R\left[\frac{1-(1+i)^{-n}}{i}\right]$$

公式中的$\frac{1-(1+i)^{-n}}{i}$是年金现值系数，可查年金现值系数表获得。

$$PV_A = 1\ 000 \times \frac{1-(1+8\%)^{-3}}{8\%}$$
$$=1\ 000 \times 2.577$$
$$=2\ 577（元）$$

同样道理由年金现值公式可推导出年金的计算公式为：

$$R = \frac{PV_A}{\frac{1-(1+i)^{-n}}{i}} = \frac{年金现值}{年金现值系数}$$

学习资金时间价值不仅要理解概念和计算，更重要的是学会运用它帮助旅游企业作出正确的经营决策，如在筹资、投资、收入获取和成本支付中采用何种方式和途径更有利于旅游企业财务收益的最大化，具体如何运用将在后面各章中介绍。

[实例2-2]　　酒店3～4年就能回本，真有那么容易?

次方点评发布的《中国酒店投资洞察分析及AC指数报告》显示，大部分投资人理想的酒店投资回报周期为3～4年，这是在酒店的筹建和经营比较顺畅的前提下。实际上，在次方点评采访的投资人案例中，能做到3～4年就回本的酒店并没有那么多。2023年新开业酒店预计平均投资回报周期约为5.1年，受宏观环境、物业成本、运营成本等因素影响，酒店投资整体回报周期被拉长。不少投资人甚至表示酒店已开业五六年，回本还遥遥无期。

资料来源　[1] SOSO.酒店3～4年就能回本，真有那么容易？[EB/OL].[2023-11-30]. https://mp.weixin.qq.com/s/nve2llpFjKRfm5A0YAn3Gw. [2] 次方点评. 2023—2024中国酒店投资人研测分析及投资趋势报告，重磅发布！[EB/OL].[2024-01-19]. https://mp.weixin.qq.com/s/br4Ozw8bzMzvmXCXqBtgBA.

2.2 投资风险价值

资金时间价值代表着无风险的社会平均资金利润率，是衡量资金运用是否合理的一个重要依据。然而，在旅游企业财务活动中风险是客观存在的，因此理财中还必须考虑当面临风险投资时旅游企业是否能获得额外收益的问题，故要对风险价值有所了解。

2.2.1 投资风险价值的概念

投资风险价值又称投资风险收益、投资风险报酬，是指投资者由于冒风险进行投资而获得的超过资金时间价值的额外收益。

投资风险价值有两种表示方式，即绝对值（风险收益额）和相对值（风险收益率）。前者是指投资者由于冒着风险进行投资而获得的超过资金时间价值的额外收益，而风险收益额与投资额的比率则称为风险收益率。通常以相对值进行风险计量。

在不考虑通货膨胀的情况下，投资收益率（投资收益额与投资额的比率）包括两部分：无风险投资收益率（即资金时间价值）和风险投资收益率（风险价值）。

投资收益率=无风险投资收益率+风险投资收益率

2.2.2 投资风险价值的计算

由于风险具有不确定性和不易计量性的特点，因此要计算风险投资收益必须运用概率论的方法，按未来年度预期收益的平均偏离程度进行衡量，具体步骤包括：

1）确定概率分布

所谓概率是指某一事件的某种后果可能发生的机会，如某一旅行社一项投资的收益率为11%的概率为0.5，就意味着该旅行社获得11%的投资收益率的可能性是50%。若将所有可能发生的结果列示在一起，就构成了概率分布。

如果以P_i表示概率，以n表示可能出现的所有结果的个数的话，则任何概率分布都必须满足以下两个条件：

①$0 \leq P_i \leq 1$

该条件表明所有的概率都在0与1之间。

②$\sum_{i=1}^{n} P_i = 1$

该条件表示所有结果的概率之和应等于1。

2）计算预期收益率

所谓预期收益率是指各种可能的结果按其各自的概率进行加权平均得到的平均收益率，是反映集中趋势的一种量度，计算公式为：

$$\dot{K} = \sum_{i=1}^{n} K_i P_i$$

其中：$\dot{K}$——预期收益率；K_i——第i种可能结果的预期收益率；P_i——第i种可能结果发生的概率；n——可能结果的个数。

【例2-4】某饭店有甲、乙两项投资项目，它们可能的概率和相应的收益率如表2-1所示，分别计算两个项目的预期收益率。

表2-1 **甲、乙两项投资项目投资收益率的概率分布**

经济情况	发生的概率	收益率（%）	
		甲项目	乙项目
繁荣	0.3	21	25
一般	0.5	16	15
衰退	0.2	9	3

甲项目：

$$\dot{K}_{甲}=21\%\times0.3+16\%\times0.5+9\%\times0.2$$
$$=16.1\%$$

乙项目：

$$\dot{K}_{乙}=25\%\times0.3+15\%\times0.5+3\%\times0.2$$
$$=15.6\%$$

3）计算标准离差

所谓标准离差是指各种可能的收益率偏离预期收益率的综合差异，是反映离散程度的一种量度。标准离差越大，投资收益变动就越大，投资的风险也就越大，因此可以将标准离差的大小看作投资风险大小的具体标志。标准离差的计算公式如下：

$$\delta = \sqrt{\sum_{i=1}^{n}(K_i - \dot{K})^2 \cdot P_i}$$

其中：δ——标准离差；K_i——第i种可能结果的预期收益率；$\dot{K}$——预期收益率，是平均数；P_i——第i种可能结果发生的概率；n——可能结果的个数。

在例2-4中：

甲项目：

$$\delta_{甲} = \sqrt{(21\% - 16.1\%)^2 \times 0.3 + (16\% - 16.1\%)^2 \times 0.5 + (9\% - 16.1\%)^2 \times 0.2}$$
$$= 4.16\%$$

乙项目：

$$\delta_{乙} = \sqrt{(25\% - 15.6\%)^2 \times 0.3 + (15\% - 15.6\%)^2 \times 0.5 + (3\% - 15.6\%)^2 \times 0.2}$$
$$= 7.64\%$$

由计算可知，甲项目的投资风险比乙项目要小。

4）计算标准离差率

标准离差虽然可以说明投资风险的大小，但是对于预期收益率较为悬殊的投资风险却难以比较，因此有必要通过标准离差率的计算来进行衡量。所谓标准离差率是指标准离差与预期收益率的比值，又称标准差系数或变异系数，其计算公式为：

$$V = \frac{\delta}{\dot{K}} \times 100\%$$

标准离差率越大，投资收益变动就越大，投资的风险也就越大；反之亦然。仍以例2-4来计算：

甲项目：

$$V_{甲}=\frac{\delta_{甲}}{\dot{K}_{甲}}\times 100\%$$

$$=\frac{4.16\%}{16.1\%}\times 100\%=25.84\%$$

乙项目：

$$V_{乙}=\frac{\delta_{乙}}{\dot{K}_{乙}}\times 100\%$$

$$=\frac{7.64\%}{15.6\%}\times 100\%=48.97\%$$

由计算可知，甲项目的投资风险比乙项目要小。

5）计算风险收益率

用标准离差率虽然可以评价投资风险的大小，但是它毕竟不是风险收益率。要计算风险收益率，必须首先确定风险价值系数，它是将标准离差率转换为风险收益率的一种系数或倍数，其大小的确定通常有以下几种方法：第一种方法是由投资者根据以往的同类项目加以确定；第二种方法是由旅游企业领导或有关专家根据主观经验加以确定；第三种方法是由国家组织有关专家确定各行业的风险价值系数。

风险价值系数的高低与决策者对风险的认识和承受风险的能力有密切关系。一般来说，收益与风险是成正比关系的，那些敢于冒风险的旅游企业，为了追求更高的投资收益，往往将风险价值系数定得较低，相反则定得较高。

风险收益率的计算公式如下：

风险收益率=风险价值系数×标准离差率

即 $R_R=b\cdot V$

其中：R_R——风险收益率；b——风险价值系数；V——标准离差率。

投资收益率为：

$K=R_F+R_R=R_F+b\cdot V$

其中：K——投资收益率；R_F——无风险投资收益率；R_R——风险投资收益率。

6）计算预测的投资收益率，以权衡投资方案是否可取

为了判断某一投资方案的优劣，可以将预测风险收益率与计算的应得风险收益率进行比较。由于无风险收益率（资金时间价值）是已知的，根据无风险收益率和预测投资收益率，就可求得预测风险收益率：

预测风险收益率=预测投资收益率-无风险投资收益率

对投资者来说，预测风险收益率越大越好，它说明该投资方案所冒的风险小，符合投资原则，可行。

在实际经营过程中，如果旅游企业要在多个方案中进行选择的话，则应该在投资收益率越高越好，风险程度越低越好的原则下进行决策。例如，如果两个或多个方案的预期收益率基本相同，那么就要考虑选择标准离差率较低的那个方案，反之亦然；如果某个方案预期收益率在高于其他方案的同时，其标准离差率低于其他方案，那就应选择该方案；而如果两者（预期收益率和标准离差率）的方向相同，则要具体结合投资者的态度以及两者差额的程度来决定。正如上面所说的那样，对愿意冒风险的投资者来说，可能会选择两者都较高的项目，反之会选择两者都较低的项目。

[实例2-3] 接连破产 A级景区好看不好干

国内旅游业即将迎来复苏曙光，却难以阻挡景区破产倒闭的步伐。位于河南的养子沟景区以及身处河北保定的狼牙山景区，皆因负债累累、深陷破产风波而在旅游圈中刷了屏。在此之前，龙潭大峡谷曾成为国内首个破产的5A级景区。自然资源曾是这些景区先天的光环，但定位不清、盲目举债投资且内部管理混乱，却将它们推向了破产的悬崖。

2020年5月11日，北京商报记者获悉，位于河南省洛阳市栾川县的4A级景区养子沟已向当地法院申请破产，而破产的原因是前任经营者大量借款用于景区发展等，令企业背负巨额债务，最终难以偿还。

曾有着“中国最佳休闲度假胜地”称号的养子沟景区，头顶国家4A级景区光环，2003年7月建成营业，是伏牛山世界地质公园的重要组成部分。然而，日前有网友爆料称，洛阳市栾川县人民法院已在该景区门口张贴公告表示，已经受理了养子沟景区经营方栾川养子沟旅游休闲度假有限公司（以下简称“养子沟旅游公司”）破产清算一案。而且，根据这份公告，第一次债权人会议将于6月12日召开。

有知情人士告诉北京商报记者，导致养子沟景区走到破产结局的重要原因就是养子沟旅游公司身上背负着大量无法偿还的欠债。景区破产清算管理人相关工作人员表示，目前仅已知债务就高达1亿多元，其中主要是银行贷款，同时还有一定比例的民间借贷。

无独有偶，徘徊在破产边缘的狼牙山景区经营方河北易县狼牙山中凯大酒店集团有限公司（以下简称“中凯集团”）也同样是被巨额债务所压垮。公开信息显示，狼牙山位于河北省保定市易县，现为国家4A级景区，也是国家级森林公园。近日，有多位网友在社交平台发布消息称，中凯集团拖欠债务不偿还，和债权人已“拉扯”半年之久。同时，业内还有消息称，中凯集团仅民间借贷金额就已达上亿元。

对此，易县县委宣传部也发布公告指出，近年来，中凯集团在快速扩张发展过程中，因自有发展资金不足，除以本集团资产做抵押从金融机构贷款外，也从易县县内、县外等地区筹措了较大数额的民间借贷。受近年来民营企业民间借贷问题频发影响，自2019年8月开始，部分民间借贷人从该企业撤资，引起持续集中挤兑，导致中凯集团资金链断裂，形成企业债务危机。2019年10月中旬，该企业停止支付民间借贷本息，引发了民间借贷人恐慌。

此外，天眼查信息也显示，2019年中凯集团确实因民间借贷纠纷多次被告上法庭，其中有案件涉及借款额高达1 000万元。而且，中凯集团法定代表人目前还被冻结了1 600余万元的股权。

无论是养子沟还是狼牙山，抑或是此前没能逃离破产命运的河南龙潭大峡谷、山东大乳山、重庆龙门阵……这些景区本身都有着不俗的自然资源或游客量优势，而最终将它们推向破产悬崖边的，似乎都是那只名为“盲目借贷开发投资”的无形的手。

上述知情人士表示，养子沟景区不仅拥有唐贞观年间名将樊梨花安营扎寨的遗址，还有三清殿等人文景观，可谓当地具有代表性的景区之一，年游客接待量、门票收入都还算可观，每逢节假日还能迎来客流高峰。“不过，在当前法人接手景区前，前任企业负责人就已在外大量借款，用于景区修缮、设施添置、员工工资及保险发放等，导致景区出现入不敷出的情况。”上述养子沟景区破产清算管理人工作人员表示。

而在狼牙山景区微信公众号发布的一份公告中，中凯集团也承认，近些年，公司确实投入了大量资金，先后合作经营狼牙山核心景区，开发建设运营牡丹园、玫瑰园、龙门湖欢乐世界、滑雪场、中凯大酒店等项目。

然而，随着狼牙山旅游项目不断升级，中凯集团逐渐暴露出在管理体制机制等诸多方面存在问题，尤其是在近年来快速扩张发展过程中，企业对发展前景、企业承受力、预期收益等未能作出科学精准的研判，过于乐观、盲目扩张，以资产抵押申请大量贷款，以较高利息从民间吸收大量借款，用于项目开发建设。就此，易县县委宣传部也表示，中凯集团确实存在管理粗放、发展严重失衡等问题，2019年8月起被持续挤兑。

实际上，早在2017年龙潭大峡谷破产消息四起之时，该景区的借贷问题就曾为国内旅游界敲响了警钟。据悉，龙潭大峡谷破产前夕，每年都背负着大量的高利贷，有时一年仅利息就要支付5 000多万元，基本将当年门票收入全部蚕食殆尽。

同年底，经历停业整顿两年、被摘牌4A后，投资16亿元打造的重庆龙门阵景区，也走向了申请破产重整的结局。彼时，业界就有消息称，该景区曾大量引入民间借贷，最终滚出9.7亿元的债务雪球。

2019年，作为山东威海市招牌旅游目的地的大乳山景区，坐拥极佳的地理位置、丰富的旅游资源、一日万余人的游客量，却因欠款近20亿元（非银行借款的债务9.5亿元），被业界称为“借钱建成的4A级景区”。

资料来源　蒋梦惟.接连破产 A级景区好看不好干［N］.北京商报，2020-05-12.

问题：1.请从资金时间价值和投资风险价值的角度分析“借钱建景区”的优缺点。

2.你认为企业如何在实际运营旅游项目过程中规避投资风险。

本章小结

一定量的货币资金在不同的时点上具有不同的价值。资金作为从事经营活动的物质条件的货币表现，会由于时间的推移在周转使用中发生价值上的变化，这一差额价值就是资金的时间价值。任何社会，只要存在着货币资金所有权与使用权分离的现象，即存在借贷关系的话，就必然存在时间价值及在各种决策中不同时点上资金的换算需求，因而它也成为在旅游企业财务管理中必不可少的计量手段。

资金时间价值的表现方式既可以是绝对值（利息），也可以是相对值（利息率），通常以相对值表示时间价值的高低。

资金时间价值从计算方法上分单利计算和复利计算；从计算目的上分为现值计算和终值计算；从计算的资金类型上分为一次性资金投放或产出与年金投放与产出。按单利计算是一种只按本金计算利息，每期利息并不加入本金中增算利息的计算方法。按复利计算是一种将每期利息并入次期本金中增算利息，逐期滚算、利上加利的计算方法。按复利计算可以分为复利终值的计算和复利现值的计算。

投资风险价值又称投资风险收益、投资风险报酬，是指投资者由于冒风险进行投资而获得的超过资金时间价值的额外收益。投资风险价值有两种表示方式，即绝对值（风险收益额）和相对值（风险收益率）。前者是指投资者由于冒着风险进行投资而获得的超过资金时间价值的额外收益，而风险收益额与投资额的比率则称为风险收益率。通常以相对值进行风险计量。

由于风险具有不确定性和不易计量性的特点，因此要计算风险投资收益必须运用概率论的方法，按未来年度预期收益的平均偏离程度进行衡量，具体步骤包括：确定概率分布；计算预期收益率；计算标准离差；计算标准离差率；计算风险收益率；计算预测的投资收益率，以权衡投资方案是否可取。对投资者来说，预测风险收益率越大越好，它说明该投资方案所冒的风险小，符合投资原则，可行。

关键概念

资金时间价值　终值　现值　投资风险价值　风险

基本训练

□案例分析题

1.案例基本情况

北方某旅游集团新产品开发风险评估

某旅游集团公司由于金融危机陷入经营困境，原有下属食品公司因市场竞争激烈、消费者喜好产生变化等出现产品滞销。为改变产品结构，开拓新的市场领域，拟开发两种新产品。

（1）开发纯净水

集团公司开发部经过市场调研认为纯净水将更多地进入百姓的日常生活，市场前景看好，有关预测资料见表2-2。

表2-2　开发纯净水有关市场预测资料

市场销路	概率（%）	预计年利润（万元）
好	60	150
一般	20	60
差	20	-10

经过专家测算该项目的风险系数为0.5。

（2）开发消渴啤酒

北方人豪爽、好客，喜畅饮，亲朋好友聚会的机会日益增多；北方气温大幅度升高，并且气候干燥；北方人的收入明显增多，生活水平日益提高。集团公司开发部据此提出开发消渴啤酒方案，有关市场预测资料见表2-3。

表2-3　开发消渴啤酒有关市场预测资料

市场销路	概率（%）	预计年利润（万元）
好	50	180
一般	20	85
差	30	-25

据专家测算该项目的风险系数为0.7。

2.案例分析要求

（1）对两个产品开发方案的收益与风险予以计量。

（2）进行两个方案的投资评价。

3.提出问题

（1）产生财务管理风险的原因是什么？

（2）如何理解风险收益均衡原理？

□实践单元

1.结合对某一旅游企业的调查资料，多角度分析造成旅游企业忽略资金时间价值，致使资金周转速度下降、资金成本上升的内外部原因，并提出改善的对策。

2.我国旅游企业投资盲目性较大，风险控制意识不强，你能否举出实践中的案例加以证明？

□思考题

1.如何理解资金时间价值的含义？为什么资金时间价值对旅游企业财务管理水平的提高来说十分重要？

2.在财务管理中，为什么常常运用现值计算法帮助作出经营决策？

3.举例说明资金时间价值概念在旅游企业管理中发挥了哪些方面的作用。

4.为什么投资行为会产生风险？如何衡量投资的风险价值大小？

5.旅游企业在作出投资决策时，依据什么衡量决策是否正确？

第2篇　旅游企业筹投资管理

2023全球旅游业投资报告出炉：谁在投资，投向哪里？

9月14日，联合国世界旅游组织（UNWTO）与《金融时报》旗下的FDI Intelligence联合发布了一份最新的2023年全球旅游业投资报告。这份报告对2018—2023年全球旅游业的绿地投资做了一个全面概述。报告显示，随着国际游客的稳步回升，全球旅游业获得的投资也已经从新冠大流行的影响中触底反弹。

（1）旅游业投资已强势复苏。

报告显示，新冠疫情不仅重创了全球旅游业，也让全球旅游业的投资在2020年跌到了历史新低。2020年全球旅游业的FDI项目[①]下降到了312个，同比下降了59%，而旅游业的资本投资也从609亿美元下降到了182亿美元，同比降幅达70%，触及了历史最低点。

从2022年起，全球旅游接待和旅游业的投资状况从整体上看都在向好发展。从2021年到2022年，全球的国际游客数量翻了一番多，国际游客抵达人数达到9.63亿人次，恢复到了疫情前的63%。从2023年第一季度的情况看，国际旅游业的复苏势头进一步加快。2023年第一季度，全球国际游客人数恢复到了疫情前的80%。

在国际游客人数迅猛回升的大背景下，全球旅游业的投资也随之回暖。2018—2022年，外国投资者共宣布了2 415个关于旅游产业的绿地投资[②]项目，涉及的总投资额高达1 755亿美元，并创造了约38.8万个就业岗位。在经历了新冠大流行的冲击后，国际旅游业在持续反弹复苏。与此同时，全球旅游产业的绿地投资项目也在经历过2020年和2021的连续下跌后，从2022年起快速回升。

2022年，全球旅游业的FDI项目总数从2021年的286个增长到了352个，增幅为23%。而旅游业投资所带来的新增就业岗位的数量也在增长。2022年，全球旅游业由FDI新增的就业岗位预计达到3.64万个，同比涨幅也是23%。

（2）旅游业投资者青睐全球哪些区域？

报告总结了2018—2022年这5年间亚太地区、欧洲地区、北美地区、拉美和加勒比地区、中东和非洲地区五大区域的旅游业整体投资状况。

2018—2022年，全球最受旅游业投资者青睐的十大国家依次是：美国、英国、西班

---

①　FDI即“外商直接投资”，是资本国际化的主要形式之一。按照国际货币基金组织的定义，FDI是指一国的投资者将资本用于他国的生产或经营，并掌握一定经营控制权的投资行为。

②　绿地投资是跨国投资的一种形式，是跨国公司在投资目的地国家或地区直接新建一个子公司，从零开始建设项目设施，也叫新建投资。绿地投资能够直接导致投资东道国或地区的生产能力、产出和就业的增长，是在衡量一个国家或地区吸引外资的工作成果时最被看重的投资。此外，跨国投资形式还有联合经营和跨国并购等。

牙、德国、阿联酋、墨西哥、法国、中国、葡萄牙、日本。

从投资额维度看，这5年间全球旅游业的投资总额达到了1 755亿美元。西班牙以194亿美元的投资额位居第一名，紧随其后的是中国（115亿美元）和菲律宾（111亿美元）。

从新建的旅游业FDI项目的数量看，美国以198个项目排名全球首位；中国以79个项目位居全球第八名，是亚太地区的第一名，占到了亚太市场份额的15%。

从投资所带来的就业岗位的数量看，墨西哥以3.1万个工作岗位名列全球第一名。中国紧随其后，共创造了2.213万个工作岗位。西班牙排第三名，共创造了2.059万个工作岗位。

2018—2022年，亚太地区总共吸收了517个新的旅游业FDI项目，投资额达到651亿美元，创造了超过10.56万个就业岗位。全球旅游业FDI投资给亚太地区新增的就业岗位在2018年达到巅峰，共49 000多个岗位，但是在2021年下跌到了4 300个岗位。其中的原因不言而喻。

在这5年间，亚太地区接受旅游产业投资项目最多的10个国家依次是：中国（79）、日本（57）、印度（51）、澳大利亚（49）、新加坡（40）、越南（37）、泰国（36）、印度尼西亚（29）、菲律宾（26）、马来西亚（22）。

仅在2019年这一年，我国就宣布了30个新的旅游业FDI投资项目，创造了历史高点。然而从那以后，我国吸引到的旅游业外商投资就开启了持续下降模式。2022年的旅游业投资项目与2019年相比下降了60%。

联合国世界旅游组织秘书长Zurab Pololikashvili指出：随着全球新冠大流行的结束，旅游业表现出了非凡的韧性。2023年第一季度，全球国际游客人数已经达到疫情前水平的80%。尽管旅游业显现出积极的复苏趋势，但旅游行业仍面临经济和地缘政治的多种不利因素，当务之急是要有果断的政策和措施来刺激全球旅游业的投资。为了加快经济的复苏，确保旅游业价值链的长期可持续性，需要采取协调一致的政策和行动来吸引并促进外国直接投资流入到旅游产业。

资料来源 逸尘在旅途. 2023全球旅游业投资报告出炉：谁在投资，投向哪里？［EB/OL］.［2023-09-25］. https://mp.weixin.qq.com/s/cTkayB9PRHZo8f531ehlRg. 有删减。

第3章

旅游企业筹资管理

学习目标

通过本章的学习，明确旅游企业筹资的必要性，掌握筹资的基本含义和基本分类，掌握筹资中的基本原则，理解不同筹资来源和渠道的基本方式，掌握筹资成本概念及计算，理解筹资结构及其筹资风险；能够运用筹资基本原则指导旅游企业作出适当的筹资决策，能够对不同筹资方式进行比较分析，以作出正确的筹资结构决策，能够对筹资风险进行判断分析。

筹集资金是旅游企业的基本财务活动，旅游企业处于经营发展的不同阶段，不仅对资金需要数量及结构有不同的需求，而且内外部市场能否满足这种需求，以及自身是否有能力实现这种需求，都需要进行科学有效的管理，因此有必要了解筹资管理的有关内容。

聚焦党的二十大

党的二十大报告指出，健全资本市场功能，提高直接融资比重。加强反垄断和反不正当竞争，破除地方保护和行政性垄断，依法规范和引导资本健康发展。

请结合本章内容思考：旅游企业该如何正确分配直接融资和间接融资的比重？

3.1　旅游企业筹资概述

3.1.1　旅游企业筹资的必要性

金钱实际上属于使用它并使它增值的人，而不论它在名义上属于谁。企业家应该把银行的钱、他人的钱为自己所用，否则他就是不懂得理财。善借钱的人自己不必有钱就可以经营自己的企业。

——马克斯·韦尔

巴菲特——美国股市之王，1956年以100美元入市，在之后的几十年里创造了数百亿美元的财富。在这一惊人的业绩背后，他却告诉你，他没从股市的差价中赚到过什么钱，全部秘诀在于一个“稳”字。正如巴菲特一样，旅游企业在财务管理中要注意未雨绸缪，筹集资金对于旅游企业来说既是基本的财务活动，也是可持续发展中必经的阶段。

任何一个旅游企业，无论其经营的产品形态有何不同，但是作为一个企业来说都不可避免地需要一定量的资金用于筹建、运营、扩张和发展。旅游企业在创建期间需要筹集大量资金，这些资金从来源上来说无外乎两种，即自有资金和借入资金。按照我国财务制度规定，新建企业必须有法定资本金，且法定资本金数目不得低于国家规定的最低限额。对旅行社来说，法定资本金为不少于30万元；对旅游饭店来说，由于星级不同，需要投资额差别很大，不过目前存在的一种趋势是投资档次越来越高，相应的投资额也越来越大，从而所需自有资金也随之增加。一般来说，除了投资者的自有资金以外，企业都不可避免地要有一定比例的负债资金，因为现代社会负债经营已成为企业资金运营的一种普遍形态。

旅游企业创建后投入运营仍离不开资金的筹集活动，尤其是旅游企业经营大多具有季节性特点，旺季到来时需要大量的资金补充经营需要；另外，旅游企业经营活动中难免会遇到经营不善、资金周转不畅的情况，这时就需要通过筹资活动以渡过难关。

随着旅游企业经营的成功，也会产生对外扩张和发展的需要，这时就要追加投资，或随着发展需要改善资金结构，由此必然引发对筹集资金的需求。总之，旅游企业在成长过程的不同阶段，有不同的筹资需求，对此要区分不同情况，采取相应的筹资行为，满足经营活动对资金的各种需要。

3.1.2 旅游企业筹资的概念与分类

所谓筹资就是旅游企业根据生产经营活动的不同需要，通过筹资渠道和资金市场，运用一定筹资方式，经济有效地筹集资金的一种财务活动。

正确认识筹资活动需要了解筹资活动的不同分类，概括来说可以从以下角度进行分类：

1）按所筹资金的性质分类，可分为自有资金和借入资金

前者指旅游企业投资者投入并拥有所有权的那部分资金，包括资本金、资本公积、留存收益；后者指由旅游企业债权人拥有所有权的那部分资金，包括长期负债和短期负债。合理安排两者之间的比例关系，是筹资管理的一个核心问题。

2）按所筹资金的占用时间分类，可分为长期资金和短期资金

前者占用时间在一年以上，主要包括资本金、资本公积、留存收益以及长期负债等；后者指占用时间在一年以内，主要来源是流动负债。合理安排资金的期限结构，有利于实现旅游企业资金的最佳配置和筹资组合。

3）按所筹资金的来源分类，可分为外部筹资和内部筹资

前者指从金融市场、银行或非银行金融机构及其他单位筹集资金；后者指通过企业留存收益转增资本、折旧及内部职工入股等形式筹集资金。合理安排内外部筹资比例，有利于控制资金成本。

4）按所筹资金是否以金融机构为媒介分类，可分为直接筹资和间接筹资

前者指不经过银行等金融机构，直接与资金供应者协商借贷；后者指借助银行等金融机构而开展的筹资活动。合理安排两者间的比例关系，有助于旅游企业合理利用金融机构服务，控制筹资风险。

3.1.3 旅游企业筹资的基本原则

1）数量适度性

旅游企业要结合经营波动性特点，适度安排筹资数量在不同季节的分布。资金筹集不足会影响经营活动正常开展，资金筹集过度又会造成资金浪费，因此要适度控制筹资数量。

2）结构合理性

资金来源渠道不同，采用的筹资方式不同，会形成不同的筹资结构，由此会形成不同的筹资风险，也会产生不同的筹资收益，要实现风险与收益的均衡就必须形成合理的筹资结构。

3）成本经济性

无论筹集的是自有资金还是负债资金，都涉及资金成本的高低问题。筹资中不仅要按时按量地保证资金供应，更要注意寻求资金成本的合理化，因为它是影响旅游企业盈利水平高低的重要因素，因此筹资成本高低也就成为衡量筹资决策是否有效的一个主要参考标准。

4）使用效益性

任何资金筹集都是为了不同的用途，虽然筹资是投资前的行为，但是要不要筹资却必须在投资项目或用途可行的基础上进行。要注意避免筹资时不考虑偿还的需要而盲目借贷的行为，只有建立在效益基础上的筹资才能保证按期偿还，进而树立良好的筹资信誉。

5）偿还及时性

任何筹资行为都不是一次性的，旅游企业要树立持续经营的观念，就必须及时履行筹资时的承诺，争取按期及时偿还债务。这不仅反映了一个企业在资金市场上的信誉，而且会直接影响旅游企业今后再融资的能力，从而影响到旅游企业的危机处理能力。

● 3.2 旅游企业筹资渠道与方式

3.2.1 筹资渠道与筹资方式的含义

筹资渠道是指企业取得资金的来源，筹资方式是指企业取得资金的具体形式。一般来说，同一渠道的资金往往可以采用不同的方式取得，同一筹资方式也可以适用于不同的资金渠道。

随着我国市场经济的日益发展，旅游企业筹资渠道会越来越丰富，但不论如何，总可以将旅游企业资金来源分为两类，即自有资金和借入资金，两者比例关系对旅游企业稳定经营会产生很大的影响。构成两类资金来源的具体形式各不相同，正确认识它们各自的优势，有利于旅游企业选择和组合有利的筹资方式。

3.2.2 旅游企业自有资金的筹集

1）自有资金的含义

自有资金是指投资者投入企业的资本金及经营中形成的积累，反映了所有者的权益，因而也称为主权资金。自有资金主要包括资本金、资本公积和留存收益。

2）资本金

(1) 资本金的含义

资本金是投资者作为生产经营的“本钱”投入企业并在市场监督管理部门登记的注册资金，是旅游企业进行生产经营活动的必要条件，是所有者权益的基本组成部分。

(2) 资本金制度

资本金制度指国家围绕资本金的筹集、管理及投资者责、权、利等方面所作的法律规范。建立资本金制度是我国资本金管理体制的重大变革，对资本确定、资本充实、资本不变、资本保值增值原则的贯彻落实具有重要意义，具体来说，资本金制度主要包括资本金筹集制度和资本金管理制度。

①资本金筹集制度。关于注册资本数额问题：《中华人民共和国公司法》（简称《公司法》）及其他有关法律对不同行业法定资本金数额做了明确规定，并对注册资本中不同投资人的出资数额也有明确规定。

关于出资形式问题：《公司法》规定，企业吸收投资者的出资的方式可以是吸收现金投资和非现金投资（包括实物资产投资，即以房屋、建筑物、设备等固定资产和材料、燃料和产品等流动资产投资；无形资产投资，即以专利权、商标权、商誉、非专利技术、土地使用权等无形资产作价投资）。若以无形资产投资，则无形资产所占比例不得超过旅游企业注册资金的20%，特殊情况需超过的应当经市场监督管理机关审查批准，但最高不得超过30%。

关于资本金的构成问题：若采取吸收直接投资方式筹集资本金，则按照投资主体的不同，资本金由国家资本金、法人资本金、个人资本金和外商资本金构成；若采取发行股票方式筹集资本金，则资本金由普通股和优先股构成。

关于资本金筹集期限问题：应按有关规定一次或分批筹集，若是一次筹集的，则需在营业执照签发之日起6个月内筹足；若是分批筹集的，则第一次筹集的资金不得低于投资者认缴额的15%，并在营业执照签发之日起3个月内缴齐，最后一期出资应在营业执照签发之后3年内缴清；股份公司发行股票筹资的期限为90天。

关于资本金验资程序问题：旅游企业必须聘请在我国登记注册的注册会计师进行验资并出具验资报告，才能根据验资报告签发出资证明书，以保证投入资金的合理性和合法性。对投资人未按合同、协议或公司章程的约定履行出资义务的，则要承担违约责任。

②资本金管理制度。资本保全是指资本得到维护或成本得到回收后才能确定收益，也就是说，要求旅游企业的期末总资本额不小于期初总资本额。按照现行企业财务制度对资本保全的要求，除特殊情况外，资本金不得调整或抽回，若发生抽逃出资的，由公司登记机关责令改正并处以抽逃资金额10%以下的罚款，构成犯罪的则依法追究刑事责任；发起人持有的公司股份在公司成立之日起的3年内不得转让，公司董事、监事、经理任职期内不得转让所持有的公司股份。

关于投资者对出资额的权责问题：投资者既有权分享旅游企业的利润，也需分担旅游企业的风险和亏损。

（3）吸收直接投资筹集资本金

这是非股份制旅游企业筹集自有资金的一种基本方式，按投资者主体不同，分为国家资本金、法人资本金、个人资本金和外商资本金；按投资者出资形式不同，分为现金投资和非现金投资。对现金投资，不同国家规定有不同的最低数额，如我国《旅行社管理条例》规定，经营国际旅游业务的旅行社为150万元，经营国内旅游业务的为30万元；对非现金投资，要注意做好资产评估、产权转移及财产验收工作，对无形资产投资则需要注意控制其所占比例，不得超过规定的比例。

（4）发行股票筹集资本金

股份制旅游企业的资本金是通过发行股票筹集的。股票是股份公司为筹集自有资金而发行的一种权益凭证，是用来证明股东是公司投资人并借以取得股息的一种有价证券。股票具有收益性、无期性、风险性、流通性的特征。通过发行股票建立股份公司，是西方企业的典型形态，随着股份制改革的不断深入，我国旅游企业中股份有限公司的比重也在增加。目前主板旅游上市公司有50余家，上市的旅游股份公司已达近30家，基本分为三个板块：饭店板块、旅行社板块和景区景点板块。

[实例3-1] **旅游小公司正在靠AI疯狂融资**

过去两周，七家海外旅游科技初创公司募集了超过1.71亿美元的融资。最让人津津乐道的是美国顶级名媛帕丽斯·希尔顿投资了一个结合AI和社交媒体的新旅行计划工具。这款名为Layla的App被称为新型AI旅行规划工具，宣布获得了330万美元的天使轮融资。钱不算多，但投资阵营非常豪华，包括帕丽斯·希尔顿、Booking.com联合创始人安迪·菲利普斯和Skyscanner（天巡）联合创始人巴里·史密斯。值得一提的是，此轮融资由Lastminute.com联合创始人Hoberman创立的Firstminute资本以及M13基金领投。

这家“圈里人”投出来的公司有何过人之处？

总部位于柏林的Layla公司称，用户可以通过苹果和Android的App或通过向Instagram账户@justasklayla发送消息来访问这款旅行计划聊天机器人。至于提供的服务内容并没有太多新鲜的地方，公司研发的聊天机器人可以根据用户一系列提示和响应提供个性化的旅行计划。AI制作的行程包括相关视频以及有关住宿、航班价格、文化见解和天气的信息，这个App还允许用户通过Skyscanner和Booking.com预订航班和住宿。

Layla公司表示，最大的亮点是聊天机器人的部分信息是基于社交媒体的旅行内容，这是许多年轻旅行者寻求旅行建议的地方。Layla公司创始人Jauncey说：“现在年轻人会从社交媒体上的短视频中获得灵感，但没有办法将这种灵感转化为一次旅行。我们希望通过弥合社交媒体、旅游行前规划和预订之间的差距，帮助用户发现完美的目的地。”

无论是何种呈现形式，当下AI在旅游业的应用大多为行前规划建议，另一家今年募集资金700万美元的AI旅游初创公司MindTrip也是。

这家公司的天使轮由Costanoa Ventures领投，以大型语言模型为基础，旨在帮助旅行者在一个目的地发现、预订和计划旅行。根据MindTrip的说法，可以让游客提出与航班、酒店、目的地、餐厅等任何与旅游相关的问题，同时游客能在该平台上创建和管理行程，该平台的人工智能助手集成了实时旅行数据、地图、照片和建议。MindTrip的创始人安迪·莫斯表示：“ChatGPT仅限于文本建议，而MindTrip则整合了照片、地图、定价和可用性数据，让人们能够利用生成式AI真正规划和预订完整的旅行行程。”值得一提的是，MindTrip平台有望在年底前以测试版形式上线，也就是说产品还没上线已经拿到了700万美元。

问题：请根据日常关注的旅游小公司靠AI融资的新闻及以上消息，分析AI将如何影响未来旅游业，并从财务管理的角度分析AI结合旅游业掀起的融资风浪是否会在不远的未来导致一地鸡毛？

资料来源 Simon skysong. 旅游小公司正在靠AI疯狂融资［EB/OL］.［2023-12-06］. https://mp.weixin.qq.com/s/ny64ZzEKUTRMuf9NOBzXag. 有删减。

股票按照不同的标准可以进行不同的分类，主要分类包括：①按照股东权利和义务的不同分为普通股和优先股。普通股是公司发行的具有管理权而股利不固定的股票，是公司最重要和最基本的股份；优先股是相对于普通股有某些优先权利同时也有一定限制的股票，其优先权利体现为优先获得股利和优先分配剩余财产，但一般来说股利固定且没有表决权。②按股票票面有无记名分为记名股票和无记名股票。记名股票是将股东姓名记载在票面上和公司股东名册上的股票，领取股利时股东必须同时具备股票和股权手册才行，股票转让和继承要办理过户手续；无记名股票则与之相反。我国《公司法》规定，股份公司向发起人、国家授权投资的机构、法人发行的股票，应为记名股票。③按股票票面是否标有金额分为有面额股票和无面额股票。有面额股票就是票面标示有每张股票的金额数量的股票，由此可以确定每一股份在企业资金总额中所占的份额，同时还可表示股东的有限责任限度；无面额股票就是不标明金额，只标明每股占公司资本总额比例的股票，因而也称为比例股。④按股票发行对象和上市地区不同分为A股、B股、H股和N股。A股即境内发行、募集和上市的社会公众股，又称人民币股票，由此设定的公司必须符合《公司法》规定的上市条件；B股即境内发行、境外募集、境内上市的社会公众股，由此设定的公司必须经中央部委或省级人民政府推荐；H股即境内中国公司发行、境外和中国港澳台投资者认购和募集、在中国香港联交所上市的股票；N股即境内中国公司发行、境外和中国港澳台投资者认购和募集、在纽约证券交易所上市的社会公众股。⑤按股票投资主体的不同分为国家股、法人股、个人股和外资股。国家股为有权代表国家投资的部门或机构以国有资产向公司投资形成的股份；法人股为企业法人以其依法可支配的资产向公司投资形成的股份；个人股为社会个人或本公司职工以个人合法财产投入公司形成的股份；外资股为外国和我国港澳台地区投资者以购买人民币特种股票形式向公司投资形成的股份。

股票发行条件、发行程序及其监管必须遵循我国《公司法》《证券法》《股票发行与交易管理暂行规定》及其他有关规定执行。

[相关链接3-1]　股份公司股票发行的资格与条件

我国《股票发行与交易管理暂行条例》规定了股份公司发行股票的条件和资格，概述如下：

1.股票发行人必须是具有股票发行资格的股份有限公司。

2.发行人以募集方式设立股份有限公司发行股票的，必须符合以下条件：

公司生产经营符合国家产业政策。

发起人符合法定人数。

发起人认缴和社会公开募集的股本达到法定资本最低限额。

向社会公众发行的部分不少于公司拟发行股本总额的25%，其中公司职工认购的股本数额不得超过拟向社会公众发行的股本总额的10%，公司拟发行的股本总额超过人民币4亿元的，按照规定可以酌情降低向社会发行部分的比例，但是最低不少于公司拟发行股本总额的10%。

发起人认缴的股本数额不少于公司拟发行股本总额的35%。

发起人在近3年内没有重大的违法行为。

3.原国有企业改组设立股份有限公司，采用募集设立方式发行股票的，在此基础上还应符合以下条件：

发行前1年末，净资产在总资产中所占比例不低于30%，无形资产在净资产中所占比例不高于20%，证券委员会另有规定的除外。

近3年连续盈利。

4.有限责任公司变更为股份有限公司发行股票，应符合规定的股份有限公司的条件，折合的股份总额应等于净资产额。

5.股份有限公司增资发行新股，必须具备以下条件：

前一次发行的股份已募足，并间隔1年以上。

公司在最近3年内连续盈利，并可以向股东支付股利（公司以当年利润分配新股不受此限）。

公司在最近3年内财务会计文件无虚假记录。

公司预期利润率可达同期银行存款利率。

[相关链接3-2] 股票发行程序的相关规定

我国《公司法》规定，公开发行股票应遵循以下基本程序：

1.公司设立时发行股票的程序：

公司作出新股发行决议。

发行新股的准备工作，如详细编写必备的文件，获取有关的证明材料，委托有关机构公证评估。

提出发行股票的申请。

有关机构的审批。

签署承销协议。

公布招股说明书。

按规定认购股份。

认股人缴纳股款。

向认股人交割股票。

召开创立大会，选举董事会、监事会。

2.增资发行新股程序：

由股东大会作出发行新股的决议。

由董事会向国务院授权的部门或省级人民政府申请并经批准，属于向社会公开募集的，应经国务院证券管理部门批准。

公告新股招股说明书、财务报表及其附属明细表，制作认股书，由依法设立的证券经营机构承销，签订承销合同。

招认股份，收缴股款。

改组董事会、监事会，办理变更登记，并向社会公告。

股票发行中需要确立发行价格即股票售价，通常有三种情况：

①等价，即股票发行价与股票面额一致，也称平价发行。以该售价发行股票简便易行，可确保及时足额地募集资本，但是不能得到溢价收入。

②时价，即新股发行价以流通中的股票现行价格为准，也称市价发行。以该售价发行股票，考虑了股票的现行市场价值，可促进股票顺利发行。

③中间价，即股票发行价介于股票面额和市场价格之间，有时是两者的中间值。以该售价发行股票，可能是溢价发行，也可能是折价发行。如果是溢价发行的话，则所获溢价款应列入资本公积。

按照国际惯例，股票发行价格通常是溢价或等价而很少折价发行。我国《公司法》规定，股票发行价格可以溢价或等价，但不能折价。

股票发行价格高低不仅直接影响投资人的未来收益和风险，而且还关系到股票发行的顺利与否，因此发行股票的公司必须谨慎决策，仔细分析各种因素的影响程度，一般来说，在确定股票发行价格时要考虑的主要因素有：

①市盈率：是指每股市价与每股盈利的比率，是进行股票估价的重要参数。一般来说，可以按每股盈利与市盈率的乘积作为股票发行价格。

②每股净值：是指股票的每一股份所代表的公司净资产数额，通常情况下它与发行价格成正比关系。

③证券市场的供求关系：一般来说，股票供不应求时发行价格较高；反之亦然。

④国家相关政策：如我国规定股票不得折价发行，因此在确定发行价格时必须了解国家有关政策。

［实例3-2］ **蜂窝再融资，投资方看上了什么？**

2023年2月15日，马蜂窝宣布完成新一轮的融资。此轮融资由贵州省创新赋能大数据投资基金、贵阳创投、贵阳观山湖现代服务业投资基金等机构联合投资。这个消息给正在复苏中的旅游行业带来欣喜的同时，也让业界产生了诸多好奇。投资方为何来自贵州，马蜂窝为什么会在此时被投资方看好，马蜂窝有何新计划？

马蜂窝与贵州是一场双向奔赴。“细数马蜂窝在贵州的布局，就会发现，这笔融资来得水到渠成。”有业者分析，马蜂窝创始人陈罡是贵州人，他曾多次在公开场合表示要为家乡贵州的旅游产业化贡献一份力量。从2017年马蜂窝在贵州设立分公司开始，过去5年，其诸多新的业务探索都将贵州作为一个重要落点。

中国旅游报记者梳理发现，2012年1月，国务院出台《关于进一步促进贵州经济社会又好又快发展的若干意见》，赋予贵州文化旅游发展创新区的战略定位，此后贵州旅游业进入“狂飙”状态，招商引资，求“企”若渴。2017年，马蜂窝成为贵州引入的首家旅游互联网企业。2022年，马蜂窝将国内总部落地贵州，其优势资源开始向贵州高度倾斜。

“马蜂窝这笔融资，对企业来说肯定是一件好事，尤其是在旅游业复苏阶段正需要资金的时候，这也是投资方对旅游行业前景的一种认可。”北京联合大学旅游学院在线旅游研究中心主任杨彦峰分析道。此外，马蜂窝深耕贵州也可能出于多重考量，比如，地方的税收扶持、上市绿色通道等对企业来说具有很大的吸引力。

在南开大学旅游与服务学院教授马晓龙看来，马蜂窝在发展遇到瓶颈时，用空间换取更多机会也不失为一种经营策略。

从2010年马蜂窝开始公司化运营以来，前后经历了6轮融资。在起起伏伏的互联网大潮中，马蜂窝算得上是一家韧性十足的企业。基于业务核心旅游攻略，马蜂窝曾作过多次变现尝试，但内容变现这条商业路径并不好走。

2015年，马蜂窝从自由行品类切入，开始尝试打造从社区到电商、从内容到交易的完整商业闭环。而此时，包括携程和飞猪在内的诸多旅游交易类互联网平台开始发力攻略内容业务，并且将其视为新的业绩突破口。

疫情期间，各大流量平台纷纷入局旅游内容赛道，在影响年轻人旅游消费决策方面的能力越来越突出。马蜂窝不得不开始回头对其内容板块进行加固，2020年年底，马蜂窝推出了全新的攻略产品“北极星攻略”，整合官方权威信息渠道和行中旅行者实时分享，将内容攻略服务从行前延伸至行中，试图补齐行中短板，为游客出行提供全程攻略服务。

2021年起，受疫情影响，周边游和本地游成为焦点，以露营、骑行等为代表的户外休闲活动以及基于兴趣和社交的玩乐体验走入大众视野。在对年轻人消费需求变化进行分析后，马蜂窝推出了“基于价值观和兴趣聚合”的本地玩乐社区品牌“周末请上车”。这也是马蜂窝内容变现的一种新尝试。其间，马蜂窝将“周末请上车”品牌落地贵阳，打造了露营普拉斯、飞盘、桨板、徒步、滑翔伞、银河派对等20余个潮流新玩法，为贵州旅游市场带来更多新意。

一直以来，从内容到交易的转变几乎是所有以内容起家的互联网企业面临的瓶颈，尤其是像马蜂窝这样重度垂直的内容变现似乎更不容易。那么，马蜂窝下一步计划如何，其创始人、首席执行官陈罡的一次表态透露了一些信息。在谈到新融资的用途时，陈罡说：“我们将把这笔资金用到内容体系建设和新型供应链重塑中，在为更多年轻用户提供随需应变的旅行决策服务的同时，也会通过数字化工具为旅游目的地和各类旅游业态赋能。”

“马蜂窝深耕旅游类攻略这么多年，积累的优质创作者及从内容到销售闭环的合规变现，是新兴的平台短期内无法超越的。”有业者分析，“但如何将基于周边游市场及本地生活的‘周末请上车’产品规模化，使之更具操作性，也是马蜂窝急需考虑的。”

“马蜂窝还是有机会的。”杨彦锋判断，马蜂窝在出境游市场曾经一度领先，如今面临着抖音、快手、小红书这样全品类内容流量巨头的挑战，但这种垂直类的UGC（用户原创内容）社交平台，活跃的内容创造、分享和社群引流的能力并不是有钱就能做好的，还需要长期积累。

问题：旅游企业如何做才能保持住再融资的能力和资格？

扫描下方二维码查看“分析提示”。

资料来源　张宇.马蜂窝融资 攻略型平台价值在哪？[N]. 中国旅游报，2023-02-26.

发行股票筹集资金具有许多优点：首先，发行股票筹集的资金是主权资金，不仅可以增强公司信誉，为筹集债务资金奠定基础，而且作为永久性资金不需要偿还，能保障持续经营对资金的需要；其次，没有固定的股利负担，风险较小。但是，这种筹资方式也存在一定的缺点：首先是资金成本较高，一方面是发行成本高，另一方面由于股利是用税后利润支付的，因而分配成本高；其次是可能会分散公司的控制权。但无论如何，随着股份制改革的推进，这种筹集资金的方式会越来越普遍，因此要给予足够的关注。

3）资本公积

资本公积金是指旅游企业在筹集资本金及生产经营过程中形成的属于投资者的资本准备金，包括资本溢价、股本溢价、法定财产重估增值、接受捐赠的实物资产价值等。必要时资本公积金可以转增资本金。

（1）资本溢价：指企业在重组并有新投资者加入时，为了维护原有投资者的权益，新加入的投资者出资额超过其认缴资本金的差额。

（2）股本溢价：指按溢价发行股票时，超出面值部分的差额，其中面值部分记入“实收资本”账户，溢价部分记入“资本公积”账户。

（3）法定财产重估增值：指旅游企业按国家法规重估财产时，重估价值与账面净值之差额。

（4）接受捐赠的实物资产价值：按规定记入“资本公积”账户。

4）留存收益

留存收益是指旅游企业从历年实现利润中提取或形成的留存于企业内部的积累，包括提取的盈余公积和未分配利润。

（1）盈余公积：是从税后利润中按一定比例提取的，分为法定盈余公积金和任意盈余公积金。前者是国家规定必须提取的，比例为税后利润的10%，当其累积额已达注册资本的50%时可以不再提取；后者是由企业决定是否提取及提取比例。企业可以将盈余公积金用于弥补企业亏损或转增资本，但转增资本后剩余的盈余公积金额不得少于转增前注册资本的25%。

（2）未分配利润：是旅游企业留待以后年度进行分配的结存利润，也可以转增资本金。

3.2.3 旅游企业借入资金的筹集

借入资金是指旅游企业向银行、其他金融机构、其他企业单位等吸收的资金，又称为负债资金。一般来说，可以通过银行借款、商业信用、发行债券、融资租赁等方式筹集借入资金。

1）银行借款

银行借款是指旅游企业通过与银行签订借款合同而借入的需要还本付息的款项，按照借款期限的长短不同，分为短期借款和长期借款。

（1）银行借款的种类

①短期银行借款。短期银行借款是指旅游企业向银行借入的偿还期在一年以内的借款。按借款目的和用途分类，包括经营周转性借款、结算借款、各种临时借款；按偿还方式分类，包括一次性偿还借款和分期偿还借款；按利息支付方式分类，包括收款法借款、贴现法借款和加息法借款。

这里需要注意两个问题，即票据贴现和抵押担保借款问题。票据贴现是指持票人把未到期的应收票据转让给银行，在贴付一定利息的前提下取得银行资金的一种借贷行为。这种方式既给予了购买单位临时的资金融通，又在自身需要资金时可以获得银行资金支持，因此灵活性较强。

要进行票据贴现，必须确定以下几个概念：

贴现期限：从贴现之日起到汇票到期日为止的期间长度。

贴现息：是根据汇票金额、贴现期限和贴现率计算的应付利息额。贴现率由人民银行统一规定。

实收贴现金额：是票面金额扣除贴现息后的余额。

具体计算公式如下：

贴现息=贴现票面额×贴现日数×（月贴现率÷30）

实收贴现金额=贴现票面额-贴现息

【例3-1】某饭店持有一张经承兑的商业汇票，票面额为10万元，期限为4个月，20天后因急于用款，向开户银行申请贴现，月贴现率为9‰，计算该饭店实收贴现金额为多少?

$$贴现息 = 100\,000 \times (120 - 20) \times \frac{9‰}{30} = 3\,000(元)$$

实收贴现金额=100 000-3 000=97 000（元）

结果表明该饭店由于提前100天支取该笔资金而只能得到97 000元。上面是不带息的汇票，如果是带息票据进行贴现，则公式中的票面额须用票据的本利和代替。若该票据票面利率为月利8‰，则：

$$票据利息 = 100\,000 \times \frac{8‰}{30} \times 120 = 3\,200(元)$$

票据本利和=100 000+3 200=103 200（元）

$$贴现息 = 103\,200 \times (120 - 20) \times \frac{9‰}{30} = 3\,095(元)$$

贴现后净额=103 200-3 095=100 105（元）

票据贴现实际上是饭店向银行的一种短期借款，其贴现息与流动负债的应计利息一样，计入饭店的财务费用。

关于抵押担保借款问题要注意：抵押之物一定要拥有所有权。如果旅游企业到期不能偿还借款本息，银行有权处理担保品，并以处理所得抵还借款本息，因此旅游企业必须充分论证，降低抵押担保借款风险。另外，由于抵押品种类不同，涉及对抵押品的作价评估问题，对此也需慎重对待和处理，争取以有利的条件获得所需要的资金。

②长期银行借款。长期银行借款是指旅游企业向银行借入的偿还期在一年以上的借款。按借款用途分类，包括固定资产投资借款、更新改造借款、科研开发借款；按提供借款的机构分类，包括政策性银行贷款、商业银行贷款、保险公司贷款；按有无担保分类，包括信用贷款和抵押贷款。

（2）银行借款信用条件

①补偿性余额：是银行要求借款企业在银行中保留的一定数额的存款余额，约为借款的10%～20%。设立补偿性余额的目的是降低银行贷款风险。

②信用额度：是银行给予旅游企业在贷款期限内借款的最高限额。一般来说，在正式协议下旅游企业可在信用额度内随时支用借款，但在非正式协议下，银行并不承担按最高借款额保证贷款的法律义务。

③周转信用协议（revolving credit agreement）：也叫循环使用的信用额度，即在规定期限内可以循环使用的某一信用额度。与一般信用额度不同，银行对周转信用协议额度负有必须履行的法律义务，因此银行除向旅游企业收取利息以外，还要按信用额度的一定比例（一般为0.2%）向旅游企业收取一定的承诺费用。

（3）借款利率的确定

确定借款利率一般有三种方法：固定利率、优惠利率、非优惠利率。利率的浮动幅度取决于借款的旅游企业的信誉及旅游企业与银行的往来关系。

（4）借款利息支付方式

①收款法：指由借款企业在借款到期时一次性向银行支付利息的方式，这种方式最为

常用。

②贴现法：指在取得贷款时就从企业应得贷款额中先扣除应付利息的支付方式，由于这种方式是在使用资金前扣除利息，因此其实际利率要高于名义利率。

③加息法：指银行在向旅游企业发放分次等额偿还的贷款时，按照名义利率计算出贷款的全部本息和，并要求旅游企业在贷款期内分次等额偿还本息和的付息方式。

（5）办理借款的基本程序

①旅游企业提出申请，银行进行审查。银行长期借款申请书的内容主要包括借款用途、金额、分期借款还款计划、项目的经济效益、借款的抵押品、担保单位、信贷人员的审查意见、银行的审批意见等；银行短期借款应在批准的流动资金计划占用额范围内，按生产经营需要逐笔提出申请。银行对长期借款申请主要审查企业基本情况及投资项目的经济效益情况；银行对短期借款申请的审查主要集中于：借款用途和原因，以便决定是否给予贷款；产品供销情况，以便决定贷款的规模；资金周转情况，以便决定贷款的期限。

②签订借款合同和协议书。借款合同主要包括信用借款合同、担保借款合同、抵押借款合同。为确保各方权利和义务得到贯彻，通常在合同之外还要签订借款协议书，一式四份（借贷双方、担保单位、公证单位各一份），主要包括借还款计划、利息计算方法、借款延期手续、抵押品情况、担保人责任、违约的处理办法等。

③支取使用借款。

④归还借款。借款企业应按期还款。若不能按期还款，则应在到期日前若干天内提出展期申请，经银行批准只可展期一次，还不能归还的，银行可以没收抵押品或要求担保单位归还。

（6）借款筹资的优缺点

借款筹资的优点有：筹资速度快；借款利息率较低，且不需支付大量发行费用；弹性较大；有可能发挥财务杠杆作用。借款筹资的缺点主要体现为：筹资风险较大；限制条件较多，且筹资数量受到局限。

2）商业信用

商业信用是指在商品或服务交易中以延期付款或预收款进行购销活动而形成的借贷关系，是企业之间的一种直接信用关系。

（1）商业信用的种类

①应付账款。应付账款是旅游企业由于赊购商品或服务而形成的一种买方信用，对旅游企业而言，相当于向卖方借用资金来购买商品或服务，因而在赊购期内可以满足对资金的占用需要。一般来说，应付账款可以分为免费信用（买方在规定的折扣期内享受折扣而获得的信用）、有代价信用（买方放弃折扣付出代价而获得的信用）和展期信用（买方超过规定的信用期推迟付款而强制获得的信用）。

一般来说，为促使买方能够尽早付款，卖方通常会规定一些信用条件如“2/10，*N*/30”，即买方若于10日内付款，可以享受应付账款的2%现金折扣，若在10日后至30日内付款，则无法享受这笔折扣。

②应付票据。应付票据是旅游企业进行延期付款商品或服务交易时开具的反映债权债务关系的票据。从种类上来说，由于承兑人的不同，应付票据分为商业承兑汇票和银行承兑汇票；由于是否附带利息的不同，应付票据分为带息票据和不带息票据。应付票据的期

限一般不超过6个月，利率一般比银行借款利率低，但若延期则要交纳罚金，因此应做好日常记录，按期兑现承诺。

③预收款。预收款是卖方企业在交付商品或服务之前向买方预先收取部分或全部款项的信用形式，相当于卖方向买方取得一笔短期借款，然后用商品或服务抵偿。一般来说，生产周期长、单位价值高或供不应求的商品或服务常采用此种方式。

（2）商业信用筹资的优缺点

由于商业信用筹资是伴随着商品或服务交易而形成的一种自然筹资行为，只要交易双方认可接受就可实行，因而简便易行，筹资成本较低，一般为无息或低息。但在决策是否接受折扣时若决策失误，也可能出现资金成本较高的情况。另外，这种形式的筹资的使用期限都较短。

【例3-2】某旅游企业按“2/10，N/30”的信用条件购买一批材料，若不接受现金折扣的话，则资金成本可按下式计算：

$$\text{放弃现金折扣的资金成本}=\frac{2\%}{1-2\%}\times\frac{360}{30-10}\times 100\%=36.73\%$$

如果旅游企业可以承担这样的成本，或者无法从其他途径取得资金成本低于36.73%的资金，就值得放弃现金折扣，否则最好在10日内付清款项，以取得2%的现金折扣。

3）发行债券

（1）债券的含义

债券是企业为筹集资金而向债权人发行并承诺按期付息还本的书面凭证。构成债券的基本要素包括面值、期限、利率与利息。依据不同的分类标准，债券可分为不同的种类，如按债券上是否记名分为记名债券和不记名债券；按可否转换为公司股票分为可转换债券和不可转换债券；按债权有无担保分为抵押债券和信用债券；按利率是否固定分为固定利率债券和浮动利率债券；按付息方式不同分为附息票式债券和存单式债券；按还本方式的不同分为定期偿还债券和随时偿还债券。

（2）债券的发行

①发行条件。按照我国《公司法》的规定，发行公司债券，必须符合下列条件：股份有限公司的净资产额不低于人民币3 000万元，有限责任公司的净资产额不低于人民币6 000万元；累计债券总额不得超过公司净资产额的40%；最近3年平均可分配利润足以支付公司债券1年的利息；筹集的资金投向符合国家产业政策；国务院规定的其他条件。

②发行价格的确定。发行价格是债券发行时使用的价格，亦即投资者购买债券时所支付的价格，通常有三种发行价格：溢价、平价和折价。溢价是指高于债券票面金额的价格，平价是指与债券票面金额相等的价格，折价是指低于债券票面金额的价格。之所以会出现不同的价格，主要原因是债券票面利率与市场利率的一致程度不同：当票面利率高于市场利率时，则会出现溢价发行，相反会出现折价发行，当两者相一致时，会出现平价发行。在按年支付利息的情况下，可以用下述公式计算债券发行价格：

$$\text{债券发行价格}=\frac{\text{票面金额}}{(1+\text{市场利率})^n}+\sum_{t=1}^{n}\frac{\text{票面金额}\times\text{票面利率}}{(1+\text{市场利率})^t}$$

其中：n——债券期限；t——付息期数。

③债券的发行方式。债券的发行方式通常有公募发行和私募发行。公募发行是指以不

特定的多数投资者为募集对象所进行的债券发行方式，由于其社会影响面大，因而各国都有严格的公募发行条件规定。私募发行是指以特定的少数投资者为募集对象所进行的债券发行，如旅游企业职工或机构投资者等。

［实例 3-3］ **央行：加大对符合条件的文化和旅游企业发行债券的支持力度**

为深入贯彻党中央、国务院关于统筹推进新冠疫情防控和经济社会发展的决策部署，认真落实《国务院关于印发扎实稳住经济一揽子政策措施的通知》（国发〔2022〕12号）的要求，人民银行、文化和旅游部联合印发《关于金融支持文化和旅游行业恢复发展的通知》（以下简称《通知》），以发挥多方力量，促进文化和旅游行业恢复发展。

《通知》提出，要进一步拓宽文化和旅游企业的融资渠道，加大对符合条件的文化和旅游企业发行债券的支持力度。探索建立文化和旅游企业资产及产品评估体系，支持盘活文化和旅游企业资产。鼓励采取多种措施稳定文化和旅游行业从业人员队伍，改善对文化和旅游行业从业人员的征信服务。

资料来源 中国人民银行，文化和旅游部. 中国人民银行 文化和旅游部关于金融支持文化和旅游行业恢复发展的通知［EB/OL］.［2022-07-21］. https://zwgk.mct.gov.cn/zfxxgkml/cyfz/202207/t20220725_934923.html.

问题：你认为旅游企业发行的债券适合哪种类型的投资者？企业发行债券成功的原因可能有哪些？国家鼓励文旅企业发行债券会带来什么影响？

（3）发行债券筹集资金的优缺点

通过发行长期债券筹集资金可以最大限度地利用社会闲散资金，在短期内为旅游企业筹集到数额较大的、可长期使用的资金，并且能给股东带来财务杠杆利益，因而是筹集长期资金的有效方式。但这种方式缺乏财务灵活性，利息必须定期支付，成为旅游企业一个固定的财务负担，如果旅游企业现金流转发生阻碍，势必会造成其财务困难，严重的话可能使旅游企业破产。所以，利用这种方式筹集资金必须考虑旅游企业的经营状况及偿债能力，避免陷入债务危机。

4）融资租赁

（1）融资租赁的含义

融资租赁是20世纪50年代始于美国的一种融通资金的方式，在西方发达国家融资租赁是仅次于银行信贷的金融工具，目前全球近1/3的投资是通过这种方式完成的。融资租赁在我国则始于20世纪80年代初，1981年在荣毅仁先生的倡导下，中国东方国际租赁有限公司和中国租赁有限公司相继成立，标志着我国融资租赁业开始起步，现已成为筹集资金的一种重要方式。所谓融资租赁是指由租赁公司按承租单位要求出资购买设备，在较长的契约或合同期内提供给承租单位使用的信用业务，是一种以融通资金为主要目的的租赁。它与常见的经营租赁存在较多的不同，见表3-1。

表3-1 **融资租赁与经营租赁的比较**

租赁类型	融资租赁	经营租赁
租赁目的	筹措资金，添置设备，长期使用	短期临时使用
租赁物件的选择	承租人向生产厂家选定	在出租人现货中选择

续表

租赁类型	融资租赁	经营租赁
租赁物件的使用	承租人当作自己的东西使用	对承租人使用有一定的限制
承租人	特定的一个承租人	不特定的多个承租人
承租期限	时间较长，一般为设备使用寿命的一半以上	期限较短，一般不超过一年
租赁合同的履行	合同履约过程中一般不可以解约	可以与出租人协商后解约
租赁物件的维修和保养	由承租人负责	由出租人负责
租赁物件折旧的提取	由承租人计提折旧	由出租人计提折旧
租赁期满后物件的归属	一般为承租人所有	归出租人所有

一般来说，融资租赁的种类主要包括：直接租赁、转手租赁（即再出租）、回租租赁（即售后租回）和杠杆租赁（即代偿贷款租赁）。其中杠杆租赁是国际上比较流行的一种融资租赁方式，这种方式一般涉及承租人、出租人和资金出借者三方当事人。这里出租人的身份是双重的：一方面他是承租方的出租人，另一方面他又是资金出借方的借资人。出租人只需投资租赁设备购置款的20% ~ 40%的金额，就可在法律上拥有该设备的所有权，余款可以该资产为担保向出借方借资，若出租人不能按期偿还借款，则资产所有权就将转归出借人。对出租人而言，由于租赁收益大于借款成本支出，因而出租人可获得财务杠杆利益，故名杠杆租赁。

（2）融资租赁的租金

融资租赁的租金一般包括：设备的购置成本（设备价款、合同公证费、关税、途中保险费和运杂费）、利息费用（出租人为购买租赁财产所筹集资金的利息、税收和适当的风险利差）、手续费（因出租人购进设备而付出一定劳务所收取的费用，如办公费、差旅费、通信费、银行费用、工资和税金以及必要的盈利，一般控制在1%~3%）。

租金的收取可按月或按季进行。租赁期限一般接近设备的寿命期，至少不能低于寿命期的一半。

（3）融资租赁筹资的优缺点

融资租赁筹资的优点主要体现为：可以较少资金解决设备使用问题，迅速形成经营能力；手续相对简便，限制较少；由于租金可在税前列支，因此可获得减税效应；由于不增加负债，因此可不改变旅游企业的资本结构，有利于保障和扩大旅游企业举借新债的能力。

融资租赁筹资的缺点主要体现为：从租金上说，固定的租金支付会加重财务困难时的企业负担，且由于租金总额高于设备买价，因而相对于自行购买而言，取得成本过高；从处置权来说，受到一定局限；如不能享受设备残值，则也是承租企业的一种损失。

● 3.3 资金成本

3.3.1 资金成本的含义

无论是自有资金还是借入资金都需要付出代价才能使用。资金成本就是旅游企业筹集和使用资金而支付的各种费用，包括资金筹集费用和资金占用费用。资金筹集费用是指筹资过程中支付的各项费用，如发行股票、债券支付的印刷费、手续费、律师费、广告费、管理费等。筹资费的支付通常是一次性的，且在取得所筹资金时便被扣除。资金占用费用是指占用资金支付的费用，如股息、利息等。占用费一般在使用中分期支付，其多少与资金占用额和占用期有直接联系，因而可视为变动费用。

为便于分析比较，资金成本通常用相对值即资金成本率的方式来表达，资金成本率是指资金占用费用与所筹资金净额的比率，用公式表示则为：

$$K=\frac{D}{P-f}$$

由于筹资费常以筹资费率形式表达，所以资金成本率的计算公式还可以表示为：

$$K=\frac{D}{P(1-F)}$$

其中：K——资金成本率；D——资金占用费；P——筹资总额；F——筹资费率。

3.3.2 资金成本的作用

1）资金成本是选择资金来源、确定筹资方案的依据

以最低的代价取得所需资金是筹资中的基本要求，旅游企业从不同渠道、以不同方式筹集资金，其资金成本是不同的，在选择资金来源时，资金成本虽然不是唯一但却是重要的依据之一。由不同来源资金构成的资金结构不同，综合资金成本高低不等，旅游企业要结合其他因素选择更为经济的方式筹集资金。

2）资金成本是评价投资项目是否可行的主要经济标准

旅游企业投资项目只有在投资收益率高于资金成本时才是可以接受的，否则将无利可图，因此，资金成本率常被看作企业确定投资项目可否被采用的取舍率（cutoff rate）。

3）资金成本是评价旅游企业经营绩效的最低尺度

任何一项投资的经营绩效只有不低于取得该项目资金的资金成本，才能有所盈利，否则项目投资则不具备经济价值。因此，资金成本率的高低就成为衡量旅游企业经营绩效的最低标准。

3.3.3 资金成本的计算

1）债务资金成本的计算

债务资金成本的计算主要包括长期借款和债券成本的计算。由于借款利息和债券利息都可以在税前列支，因而都能获得减税效应，其计算公式基本相同，计算公式为：

$$K_d=\frac{I(1-T)}{Q(1-f)}$$

其中：K_d——长期借款成本率（或债券资金成本率）；I——长期借款年利息（或债券年利息）；T——所得税税率；Q——长期借款筹资额（或债券发行总金额）；f——筹资

费率。

【例3-3】某旅游企业向银行贷款500万元，期限5年，年利率为8%。每年付息一次，到期一次还本，筹资费率为1%，所得税税率为25%，计算该长期借款的资金成本率。

$$K_d = \frac{500 \times 8\% \times (1 - 25\%)}{500 \times (1 - 1\%)} \times 100\% \approx 6.1\%$$

2）权益资金成本的计算

（1）股票成本的计算

与借款资金成本计算不同的是，股票的资金占用费即股利是税后支付的，因而不具有减税效应。由于优先股与普通股的权利义务不同，资金成本的计算也不同，因而要分别计算。

①优先股资金成本的计算。优先股的股利是固定的，其成本率的计算公式为：

$$K_p = \frac{D_p}{P_p(1 - f)}$$

其中：K_p——优先股成本；D_p——优先股总额的每年股利支出；P_p——优先股股金总额；f——优先股筹资费率。

②普通股资金成本的计算。普通股的股利是不固定的，因而在优先股资金成本计算公式的基础上再加上一个增长率，计算公式为：

$$K_c = \frac{D_c}{P_c(1 - f)} + G$$

其中：K_c——普通股成本；D_c——下一年发放的普通股总额的股利；P_c——普通股股金总额；f——普通股筹资费用率；G——预计普通股股利每年增长率。

（2）留存收益成本的计算

留存收益是普通股股东留在旅游企业内的资金，可用于再投资的这部分资金总要获得适当的报酬，否则股东会将资金投到别处获取利润。因此，留存收益的成本是一种机会成本，其计算方法与普通股基本相同，所不同的是不必考虑筹资费用，计算公式为：

$$K_n = \frac{D_c}{P_c} + G$$

其中：K_n——留存收益成本。

3）加权平均资金成本的计算

以各种筹资方式筹集的资金成本各不相同，成本不同的资金占全部资金的比重不同，从而使旅游企业总资金成本各不相同，要进行正确的筹资决策，就必须计算加权平均资金成本的高低，其计算公式为：

$$K_W = \sum_{j=1}^{n} W_j \cdot K_j$$

其中：K_w——综合资金成本率；K_j——第j种资金来源的资金成本率；W_j——第j种资金来源占全部筹资总额的比率。

主要资金来源的资金成本率会对全部筹资成本率产生较大的影响，次要资金来源的资金成本率对总成本影响较小。筹资成本率越高，表示旅游企业筹资支出越大；反之说明筹资支出越小。旅游企业利用筹资成本率指标可以对不同筹资结构进行优化选择。

【例3-4】某饭店现有资金来源渠道为投入资本金、其他单位投资、银行借款、发行债券。各种筹资渠道的资金成本率已定，在有可能的几组筹资结构中优选最佳方案（见表3–2）。

表3–2 **可供选择的筹资结构（%）**

资金来源	可供选择的筹资结构				年筹资成本率
	A	B	C	D	
资本金	45	50	55	40	8
银行借款	20	25	20	30	12
发行债券	15	15	10	20	16
其他单位投资	20	10	15	10	13

K_A=8%×45%+12%×20%+16%×15%+13%×20%=11%

K_B=8%×50%+12%×25%+16%×15%+13%×10%=10.7%

K_C=8%×55%+12%×20%+16%×10%+13%×15%=10.35%

K_D=8%×40%+12%×30%+16%×20%+13%×10%=11.3%

通过以上计算可以看出，方案C的成本率最低。饭店在进行筹资决策时，要对筹资成本率与预计的资金利润率进行比较。如果筹资成本率大于资金利润率，或者筹资成本率的增长幅度大于资金利润率的增长幅度，则说明饭店的投资决策或筹资决策存在问题。从筹资的角度看，需采取措施，降低成本率，可以考虑改变资金筹集的方式，以降低加权平均资金成本率，如考虑降低各项资金成本，选择利息和费用较低的借款；调整资金来源结构，适当提高成本率较低的资金在全部资金中的比重。在上例中可增大资本金比重，如果不可能，则可增大借款比重，降低债券比重，如将借款比重提高为25%，债券比重降为5%，则总成本率可下降为10.15%。

● 3.4 筹资结构与筹资风险

3.4.1 筹资结构

筹资结构包括短期负债结构和资本结构。短期负债结构是指短期负债额占资产总额的比重。一般来说，短期负债是用来满足企业临时性和季节性流动资产的需要，长期负债是用来满足永久性流动资产和固定资产的需要。由于短期负债资金成本率较低，因而从降低资金成本的角度讲，可以采用“短款长用”的办法决策短期负债结构，但是要注意控制短期债务比例，因为短期负债到期日较短，需要旅游企业资金变现速度快，否则不能按期还款，会增大旅游企业风险。

资本结构是指旅游企业各种长期资金筹集来源的构成和比例关系。一般来说，资本结构是由长期债务资本和权益资本构成的，因而可以说资本结构决策要解决的问题是长期债务资本所占比重的问题。在财务决策上，可以通过比较资本成本法和每股利润分析法来确定最佳资本结构，即使加权平均资本成本最低而企业价值最大的资本结构。

3.4.2 筹资风险

旅游企业通过利用一定比例的负债资金可以获得财务上的利益，如资金成本的降低和财务杠杆利益的实现等。但如果管理得不好也会产生很大的风险，如不能按期偿还债务本息的债务风险、利率波动的成本风险以及银根紧缩的政策风险等。因此，旅游企业必须在追求财务利益与避免财务风险的两难境地中作出选择，即力求实现一种最优的筹资结构，那就是加权平均资金成本最低而企业价值最大的资金结构。

财务杠杆利益是指当债务资金成本率低于息税前投资利润率时，利用债务资金提高自有资金收益率所获取的利益。反映财务杠杆作用大小程度的指标称为财务杠杆系数，计算公式如下：

$$DFL=\frac{\Delta EPS/EPS}{\Delta EBIT/EBIT}$$

其中：DFL——财务杠杆系数；EPS——普通股每股利润；$\Delta EPS/EPS$——普通股每股利润变动率；$EBIT$——息税前利润；$\Delta EBIT/EBIT$——息税前利润变动率。

一般来说，确定最佳资金结构的方法主要有比较资金成本法和每股利润分析法。比较资金成本法是通过计算不同资金结构的加权平均资金成本，并以此为标准相互比较进行筹资结构决策的方法。由于加权平均资金成本计算在前面已有所介绍，这里不再赘述。

每股利润分析法是通过利用每股利润无差别点来进行筹资结构决策的方法。每股利润无差别点是指两种筹资方式下普通股每股利润相等时的经营利润及销售收入点。其计算公式如下：

筹资无差别点经营利润=借入资金成本率×（自有资金+借入资金）

筹资无差别点销售收入=借入资金成本率×（自有资金+借入资金）/（1-销售成本率-销售税率）

由以上公式可以看出，当旅游企业经营资金利润率等于借入资金利润率时，两种筹资方式的筹资效益相等。因此，筹资无差别点就成为筹资结构决策的一个取舍标准：当经营利润超过筹资无差别点时，可增加负债资金；反之，则不宜采用负债筹资方式。

筹资风险的防范是负债经营管理的一项重要内容。虽然降低筹资成本是防范筹资风险的有效途径，但它仅是影响筹资风险的一个因素，因为一般来说，影响旅游企业筹资风险的因素有许多，但归纳起来主要有三个：一是负债比的大小；二是利息率的高低；三是经营利润率的多少。负债比是旅游企业负债资金占全部资金的比重，这一比重过大，超过旅游企业盈利能力和偿还能力，将会由于债务负担过重，无力按期偿还而加大负债风险；利息率作为负债成本的表现形式，其高低将直接影响资金使用效益的大小和债务偿付能力的高低。经营利润率的大小是旅游企业筹集资金的出发点和落脚点，是偿还债务的基础。经营利润率过低会使负债资金的风险加大，如果低于利息率还要使用负债资金，那无异于饮鸩止渴，因此，经营利润率的高低也是能否举借外债的分界线。

为此，旅游企业在筹集资金时，为控制筹资风险，一定要结合其具体情况及当时的市场环境和自身的管理风格，进行认真的分析研究，慎重选择负债比率和负债结构，降低负债成本，当然更为重要的是提高旅游企业经营管理水平，努力提高经营效益，从根本上增加抗风险的能力，获取最佳的财务杠杆利益。

本章小结

旅游企业的资金从来源上来说有两种，即自有资金和借入资金。现代社会负债经营已成为企业资金运营的一种普遍形态，筹资是旅游企业最基本的财务活动之一。

所谓筹资就是旅游企业根据生产经营活动的不同需要，通过筹资渠道和资金市场，运用一定筹资方式，经济有效地筹集资金的一种财务活动。按不同的划分标准可以对筹资活动进行不同的分类。

旅游企业筹资中必须遵循一些基本原则，包括数量适度性原则、结构合理性原则、成本经济性原则、使用效益性原则、偿还及时性原则。

要管理好筹资活动，必须清楚地认识筹资渠道和筹资方式的多样性以及组合的复杂性。筹资渠道是指企业取得资金的来源，筹资方式是指企业取得资金的具体形式。一般来说，同一渠道的资金往往可以采用不同的方式取得，同一筹资方式也可以适用于不同的资金渠道。

自有资金是指投资者投入企业的资本金及经营中形成的积累，反映了所有者的权益，因而也称为主权资金。自有资金主要包括资本金、资本公积和留存收益。借入资金是指旅游企业向银行、其他金融机构、其他企业单位等吸收的资金，又称为负债资金。一般来说，可以通过银行借款、商业信用、发行债券、融资租赁等方式筹集借入资金。

无论是自有资金还是借入资金都需要付出代价才能使用，换句话说，也就是必须关注资金成本的高低，因为资金成本是选择资金来源、确定筹资方案的依据，是评价投资项目是否可行的主要经济标准，是评价旅游企业经营绩效的最低尺度，因此要在筹资中控制资金成本。所谓资金成本就是旅游企业筹集和使用资金而支付的各种费用，包括资金筹集费用和资金占用费用。

以各种筹资方式筹集的资金成本各不相同，成本不同的资金占全部资金的比重不同，从而使旅游企业总资金成本各不相同，要进行正确的筹资决策，就必须计算加权平均资金成本的高低。

要降低加权平均资金成本就必须控制好筹资结构。筹资结构包括短期负债结构和资本结构，短期负债结构是指短期负债额占资产总额的比重，资本结构是指旅游企业各种长期资金筹集来源的构成和比例关系。

旅游企业通过利用一定比例的负债资金可以获得财务上的利益，如资金成本的降低和财务杠杆利益的实现等。但如果管理得不好也会产生很大的风险，如不能按期偿还债务本息的债务风险、利率波动的成本风险以及银根紧缩的政策风险等。因此，旅游企业必须在追求财务利益与避免财务风险的两难境地中作出选择，即力求实现一种最优的筹资结构，那就是加权平均资金成本最低而企业价值最大的资金结构。

财务杠杆利益是指当债务资金成本率低于息税前投资利润率时，利用债务资金提高自有资金收益率所获取的利益。反映财务杠杆作用大小程度的指标称为财务杠杆系数。

一般来说，确定最佳资金结构的方法主要有比较资金成本法和每股利润分析法。比较资金成本法是通过计算不同资金结构的加权平均资金成本，并以此为标准相互比较进行筹资结构决策的方法。每股利润分析法是通过利用每股利润无差别点来进行筹资结构决策的方法。

筹资风险的防范是负债经营管理的一项重要内容。一般来说，影响旅游企业筹资风险的因素有许多，但归纳起来主要有三个：一是负债比的大小；二是利息率的高低；三是经营利润率的多少。旅游企业一定要结合自身情况及当时的市场环境，进行认真的分析研究，慎重选择负债比率和负债结构，降低负债成本，当然更为重要的是提高旅游企业经营管理水平，努力提高经营效益，从根本上增加抗风险的能力，获取最佳的财务杠杆利益。

关键概念

筹资　筹资原则　筹资结构　资金成本　财务杠杆利益

基本训练

□案例分析题

1.案例基本情况

中国民航是如何一年亏掉300亿的？

2022年民航全行业亏损2 174亿元，2023年民航全行业大幅减亏1 872亿元，仍然亏损了300亿元左右。这是个什么概念呢？旅界统计发现，从2004年至今的20年里，除了疫情三年与2008年，其实中国民航业每年还是能实现正向盈利的。

而在旅游业逐步回暖、乍暖还寒的2023年，国内民航业竟然比2008年亏损还要严重，要知道那一年受全球金融危机影响，民航全行业亏损才260亿元。话说回来，虽然包括机场、飞机制造商、配餐公司等在内的民航全行业尚在亏损，但国内主流航空公司表现还行。

从国有三大上市航空公司披露的三季报来看，中国国航、南方航空前三季度同比扭亏，中国东航尚未填补上半年亏损，前三季度整体仍为亏损。从具体数据来看，前三季度南方航空盈利最多，上半年亏损29亿元，三季度赚了42亿元；中国国航上半年净亏35亿元，靠着三季度42.4亿元盈利，实现归母净利润7.9亿元；最惨的东方航空上半年挖的坑太大，亏了62.5亿元，三季度36.4亿元的净利润也填不平。不难发现，三大航空公司都是上半年延续亏损，依靠暑期旺季打了个翻身仗，实现疫情以来难得的盈利。

其他几家发布业绩的上市航空公司里，海南航空的情况类似，上半年亏损16亿元，三季度盈利25亿元，而春秋航空、吉祥航空两家民营航空公司对成本精准控制加上政策助攻，不仅三季度大幅度盈利，上半年也保持正增长，实属出色。

那么，是谁拖了民航业后腿呢？从财务数据来看，国内未上市的中小航空公司、机场和支线航空或是大头。2023年12月份，航空业内媒体民航内参获得了一份涵盖中小航空公司的前三季度盈亏数据，曝光了非上市航空公司的经营情况，其中亏得最多的是青岛航空，前三季度亏损额超过了13亿元。此外，成都航空、幸福航空、奥凯航空、四川航空、多彩贵州航空、天骄航空、龙江航空都没能在前三季度实现盈利。实现盈利的小航空公司只有3家：湖南航空、瑞丽航空和东海航空。

山东航空或是中小航空公司当下窘境的缩影。2023年7月，号称“永不晚点”却三年亏损110亿元的山东航空因近年来在资本市场的持续“晚点”被强制摘牌退市，即使是国航全面控股也无法挽救山东航空命运。与山东航空类似，自救无果之下，中小航空公司大多寻求外部力量支援。有些民营航空公司易主地方国资，如云南瑞丽航空被无锡地方国资控股，更名为苏南瑞丽航空；有些地方航空公司进一步获得当地政府增资，如长龙航空获得浙江省财政厅增资。

与中小航空公司相对应的是那些公益性质较强的中小机场，它们在2023年的日子过得也不容易。据旅界不完全统计，中国内地目前有254个机场，预计到2025年将增至270个，即使同为千万级机场，繁忙程度差异也极大。公开资料显示，2023年中国最繁忙的机场是广州白云机场，客流量高达6 316万人次，接近2019年客流量的86%，但排名第41位的烟台蓬莱机场客流量仅753万人次。值得一提的是，由于机场规模较小，三四线城市居民出行有限，2023年绝大部分中小机场收不抵支，机场业务收入无法覆盖与实现社会效益相关支出在内的全部成本。

基于中小机场突出的社会公益性特征，2024年中央财政对2023年提供民航普遍服务发生的机场亏损予以补贴，补贴对象是年旅客吞吐量在200万人次及以下的中小型民用机场，从补贴数字可以略探中小机场亏损之窘境。公告显示，2024年受补贴机场共161座，中小机场获补贴18.05亿元，补贴最高的为大理机场（2 066万元），最少的为塔什库尔干机场（485万元）。补贴数字不等于亏损，实际情况可能更触目惊心。

事实上，2023年最繁忙的机场也不一定能实现盈利。港股上市的北京首都机场股份上半年亏损10.4亿元，三季度国内航空公司收复失地的时候，首都机场依然稳定地亏损13.4亿元。A股上市的白云机场、海南机场、深圳机场也仅仅实现小幅度盈利，难以冲抵数量庞大的中小机场的累积巨额亏损。

此外，民航局网站发布了关于2024年民航支线航空补贴预算方案。其中，支线航空方面共49家航空公司获补贴14.05亿元，206家通航公司获补贴近6亿元，方案以2022年下半年至2023年上半年民航运输生产统计数据为依据制定，航空公司飞的支线航班越多，获得的补贴越多。支线航线所在区域的经济发展状况、客座率也影响补贴数额。

多重因素影响下，不难得出结论，年景好的时候，民航全行业这口“大锅”里主流航空公司的盈利能覆盖中小航空公司、机场、支线航空的亏损。当“地主”家也没有余粮时，就凸显中小航空公司、中小机场、支线航空“拖后腿”了。

资料来源 heodore熙少．中国民航是如何一年亏掉300亿的？［EB/OL］．［2024-01-10］．https：//mp.weixin.qq.com/s/h9H_GcS54z6Z8Q19mP0tCg.

2.案例分析要求

（1）课下了解2023年国外航空公司的经营状况，和国内情况进行对比，我们有哪些可借鉴的地方？

（2）你认为中小航空公司、机场、支线航空该如何扭亏为盈？民航企业融资规模大，在频繁亏损的情况下，该如何得到资本市场的认可？

扫描下方二维码查看“分析提示”。

3.提出问题

（1）你认为旅游企业在筹资的过程中应该注意哪些问题？应该做好哪些准备工作？

（2）旅游企业面对越来越多的大型投资项目需要大量融资的现实，陷入了一种尴尬的境地：一方面需要筹措大量资金；另一方面借贷能力和实力较弱，很难满足筹资需要。对此，你如何认识？旅游企业如何走出筹资困境？需要做哪些努力？

□实践单元

1.在我国旅行社大量表现为小型企业，它们在筹资中的困难较多，但小型旅行社又是该行业企业规模的普遍形态，结合旅行社分工特点及其未来趋势，谈谈你的认识和走出困境的对策。

2.调查并分析某一饭店企业在筹资中存在的问题，并结合我国现有状况提出解决的对策和思路。

□思考题

1.为什么说筹资是旅游企业最基本的财务活动之一？筹资管理包括哪些关键内容？

2.通过对筹资方式及其组合方面的分析，我们可以了解旅游企业筹资过程中的哪些问题？

3.如何理解和认识筹资活动中必须遵循的基本原则？

4.旅游企业测算筹资成本的意义何在？如何通过筹资成本的高低作出筹资决策？

5.我国旅游企业负债经营中面临的主要问题之一是缺乏弹性的筹资结构，对造成此种情况的原因及改进对策你如何认识？

6.旅游企业在什么情况下才可能获得财务杠杆利益？结合我国旅游企业经营状况，谈谈你对我国旅游企业在财务杠杆利益获取过程中存在的问题的认识。

7.你认为旅游企业如何处理和降低筹资风险。

第4章

旅游企业投资管理

学习目标

通过本章的学习，理解投资活动的内涵与类别，掌握投资管理的原则；理解固定资产投资管理评价方法的基本原理，了解投资决策方法的运用；了解对外投资特征和操作程序，掌握对外直接投资与间接投资的不同方法。

掌握对投资活动分类的不同方法；掌握固定资产投资评价指标的计算方法；掌握旅游企业具体投资决策方法；掌握对外投资的程序；掌握对外直接投资和对外间接投资决策时的评价方法。

能够运用投资管理原则和一些投资评价方法，对旅游企业投资行为进行分析，为作出正确的投资决策奠定基础。

聚焦党的二十大

党的二十大报告指出，依托我国超大规模市场优势，以国内大循环吸引全球资源要素，增强国内国际两个市场两种资源联动效应，提升贸易投资合作质量和水平。

请结合本章内容思考：旅游企业应当如何吸引投资，构建国内国际双循环格局?

如果说筹资管理是旅游企业财务管理基本领域之一的话，那么旅游企业投资管理就是其财务管理中的另一个基本问题。对旅游企业来讲，如何正确高效地运用好筹集来的资金，选择适当的投资领域和方向，评价投资项目的财务可行性，并对投资行为进行动态监管，对于旅游企业增强竞争能力和竞争活力，提高投资运行效益都具有十分重要的意义。

● 4.1 旅游企业投资概述

4.1.1 投资的含义与类别

所谓投资是指投放财力于一定对象，以期望在未来获取收益的经济行为。由于不同的旅游企业会遇到不同的投资类型和投资决策问题，因此要从财务角度进行科学的投资管理，必须分清投资的性质，了解不同的投资类别。

1）从投资与生产经营关系的角度进行投资分类，可以将投资分为直接投资和间接投资

所谓直接投资是指将资金投放于生产经营性资产上以期获得利润的投资；所谓间接投资是指将资金投放于证券等金融资产上，以期获取股利或利息收入的投资，因此间接投资又称为证券投资。我国金融市场逐渐完善，国际交往渠道日益增多，旅游企业应越来越重视间接投资的运用和管理。

2）从投资时间长短的角度进行投资分类，可以将投资分为短期投资和长期投资

所谓短期投资是指拟在一年以内收回的投资，如对现金、应收账款、存货、短期有价证券等流动资产的投资，因此有时也称为流动资产投资；所谓长期投资是指拟在一年以上才能收回的投资，如对固定资产、无形资产及长期有价证券的投资，鉴于长期投资中固定资产的比重较大，因此有时专指固定资产投资。对旅游企业来讲，除固定资产投资（主要指饭店等固定资产比重高的企业）为主外，还需要越来越关注无形资产及长期有价证券的投资管理问题。

3）从投资方向的角度进行投资分类，可以将投资分为对内投资和对外投资

所谓对内投资是指将资金投放于旅游企业内部，购置各种生产经营用资产的投资；所谓对外投资是指旅游企业以现金、实物、无形资产等方式或以购买股票、债券等有价证券方式向其他单位的投资。随着我国金融市场的不断完善和旅游企业实力的不断增强，旅游企业对外投资的重要性将日益突出。

4）从投资在再生产过程中的作用角度进行投资分类，可以将投资分为初创投资和后续投资

所谓初创投资是指新旅游企业建立时进行的各项投资，如筹办工作投资、建筑安装工程投资、设备购置投资以及其他基本建设投资；所谓后续投资是指为巩固和发展旅游企业各项经营所进行的投资，如维持简单再生产所进行的更新性投资、实现扩大再生产所进行的追加性投资以及为调整经营方向所进行的转移性投资等。

这些分类有些是交织在一起的，难以严格地划分开，但为了分析问题时方便清晰，还是可以采用一定的标准进行不同的分类。

[相关链接4-1] **名人看投资**

李嘉诚说，如果一个人从现在开始每年存1.4万元，假设他每年所存下来的钱都投资到股票或房地产，因而获得每年20%的投资回报率，那么40年后，按照财务学计算年金的方式：$14\,000\times(1+20\%)^{40}$，他将成为千万富翁。

李嘉诚认为：投资理财必须花长久的时间，短时间是看不出效果的。理财是马拉松比赛，而不是百米冲刺。当然，储蓄是大部分人传统的理财方式，但长期储蓄回报很低，因为银行存款利率太低，不适于作为长期投资工具，更何况货币价值还有一个隐性杀手——通货膨胀。

“以时间积累财富”同时也是中国台湾著名的投资理财专家黄培源先生的主张，他认为只要经济是正增长，投资股市每年20%的回报率并不是一个天文数字，而是一个可以接受的比较容易实现的比率。所以，理财过程中风险与使用的精力并不是很大，而你的代价也不过是——愿意等待。

4.1.2 旅游企业投资管理原则

[相关链接4-2] **巴菲特的投资理念**

作为美国投资实务界公认最成功的理财投资专家，巴菲特根据多年经验总结出如下投资理念：

1. 成功的投资人往往是有耐心的反市场心理的人。此类投资人仅关注已知的投资标的，在价格便宜时才买进。

2. 成功的投资人往往有正确的态度——重公司营运而不重大盘，有充分资讯才做交易。

3. 成功的投资人在投资前先要有安全边际的心理准备——买有资产或现金作担保、低举债、收益品质佳、有稳定股息、低本益比，且成立已有一段历史的公司的股票。

4. 成功的投资人非常重视投资的公司是由谁管理，是以买整个企业而非只是股票投资人的心态从事投资。有高的产品市场占有率、高毛利率、高投入资本报酬率的公司，是价值型投资人优先买入持有的投资标的。

1）在市场调研基础上进行准确的投资定位

准确的投资定位是确保投资效益取得的前提条件。无论是何种类型的投资，都需要通过投资资金的加速周转赢得投资效益，而要加速资金周转，必须在充分市场调研基础上，进行准确的市场定位，使资金真正投放于市场需要的项目上，使旅游企业真正从事于比竞争对手有更强能力提供的生产经营项目上，从而实现外部环境需要与内部能力供给的有机契合，为投资资金加速周转奠定良好的基础。

2）在投资决策程序基础上进行投资项目的可行性分析

任何一项投资项目决策都要谨慎对待，不能搞一言堂，要建立和完善科学的投资决策程序，要对投资项目技术上的可行性和财务上的有效性进行分析。要在计算一系列财务评价指标的基础上，结合投资决策者的智力判断，作出符合投资决策程序要求的决策意见，力争做到“投资前谨慎分析，投资中迅速实施，投资后经济见效”，避免投资决策失误。

3）在周密筹资计划基础上确保投资项目资金及时足额供应

旅游企业投资所需资金额大，不同时段对资金需要量大小不同，一旦中途出现资金供应短缺问题，很容易由于工期拖延致使先期论证可行的项目变为不可行，因此，必须在投资行为真正启动之前，对资金需要时间和需要数量作出预测，编制出周密的筹资计划，以指导相应的筹资行为，确保投资项目资金的及时（时间上）足额（数量上）供应，防止资金在投资过程中的无效沉淀。

［相关链接4-3］ **速度决定成败**

在作出投资决策以后，实施的速度一定要快。拥有质量之后，速度将改变世界。拿破仑有句名言：“我所以能赢得战争的胜利，是因为每次总比对手早到目的地5分钟。”

在当今争夺市场的竞争中，速度将决定你70%的利润。速度在于企业内部的互动；速度在于缩短投资建设工期。

4）在收益风险均衡基础上控制好投资风险

任何投资都不可避免地面临着风险，投资决策者既不能为躲避风险而不进行投资，也不能不加分析而盲目投资，要对投资项目的收益和风险进行全方位均衡分析，并结合旅游企业自身抗风险能力，在本着收益大风险也大、收益小风险也小的基本认识基础上，作出有利于控制风险而尽可能最大化收益的投资决策。

4.1.3 旅游企业投资管理的基本程序

1）投资项目的提出

根据旅游企业经营战略目标的需要，在全面分析评价内外部经营环境基础上，提出拟需要投资的项目计划。

2）投资项目的评价

对拟建设的投资项目和投资计划从投资的分类、选址的落实、技术与市场的分析、收益性的判断和现金流的预测等多方面进行分析评价，在作出评价的基础上进行项目的排序，上报待批。

3）投资项目的决策

根据不同投资项目类别和内容，由不同的决策者作出可投资、不可投资以及尚须继续论证的决策。

4）投资项目的实施

对决定投资的项目要组织好实施团队，按计划投资阶段和资金预算情况及时保质保量地落实项目各项要求，确保投资项目顺利实施。

5）投资项目的再评价

由于投资需要一定的时间，在实施投资的过程中，有必要对原评价的准确性和新出现的环境变化进行再评价，以调整不适当的决策和作出新的决策，从而使投资项目收益尽可能最大化。

4.2 旅游企业对内投资管理

4.2.1 旅游企业对内投资的主要内容及管理意义

从上述投资分类可以看出，对内投资是指将资金投放于旅游企业内部，购置各种生产经营用资产的投资，因此从内容上来说，对内投资主要指对固定资产的投资。

固定资产投资具有以下几个特点：首先，固定资产投资额较大，占用资金较多；其次，固定资产价值周转所需要的时间较长，在一定时期内，固定资产实物形态和价值形态可以分离，因此在更新固定资产之前，回收的资金可以调配使用；最后，固定资产投资一旦形成，更改起来将非常困难，因此，投资前对固定资产投资进行科学的财务评价是固定资产管理的重要内容，也是旅游企业固定资产投资成功的重要前提和保证。

4.2.2 旅游企业固定资产投资的财务评价

用来对旅游企业固定资产投资进行财务评价的指标主要有投资回收期、投资利润率、投资净现值和内部收益率等。这些指标按是否折现计算分为静态指标和动态指标。

1）静态指标

静态指标是指不考虑货币的时间价值，直接按投资项目形成的现金流量进行计算的指标。

(1) 投资回收期（RPI）

投资回收期（return period of investment）是指以项目的净现金流量抵偿全部投资所需要的时间长度。其计算公式为：

$$投资回收期=\frac{投资总额}{每年净现金流量}$$

现金流量是指一定时期内现金流动的数量。净现金流量作为一项财务指标是旅游企业的现金流入量与现金流出量之差。其计算公式为：

$$\text{净现金流量} = \left(\text{投资所增加的收入} - \text{投资所增加的费用} - \text{投资的折旧}\right) \times \left(1 - \text{所得税税率}\right) + \text{折旧}$$

从上式可以看出，净现金流量也就等于税后利润加上折旧，所以投资回收期公式也可以写成：

$$\text{投资回收期} = \frac{\text{投资总额}}{\text{该项投资每年可获税后利润} + \text{每年提取的折旧}}$$

从上式可以看出，净现金流量越大，投资回收期越短。如果投资回收期短于或等于可以接受的期限（据类似项目的经验得出），那么此项目从财务上就是可接受的。

从投资回收期的计算公式中不难发现，分母部分包括了折旧额。如果折旧额越大，那么投资回收期就越短，不同类型的旅游企业，固定资产所占比重以及由此形成的折旧额高低不等，因此，投资回收期会有较大的差异性。对投资者来说，当然投资回收期越短越好，回收期越短说明其风险越小。但是在测算投资回收期时，资产组合的差异性必须予以考虑。

【例4-1】某旅游饭店欲购置某种设备，价款85万元，运费3 000元，安装费2 000元，预计可用8年，投资后每年增加收入30万元，增加费用15万元，所得税税率25%，预测投资回收期是多少年？

根据上述资料计算如下：

总投资额=850 000+3 000+2 000=855 000（元）

$$\text{年折旧额}=\frac{855\ 000}{8}=106\ 875\text{（元）}$$

净现金流量=（300 000−150 000−106 875）×（1−25%）+106 875=139 218.75（元）

$$\text{投资回收期}=\frac{855\ 000}{139\ 218.75}\approx 6.14\text{（年）}$$

该项投资需要约6.14年收回。

如果是对一项投资方案进行评价，可将计算结果与标准回收期进行比较，小于标准回收期的在财务上就是可以接受的；如果是对多项方案进行比较筛选，那么就选投资回收期最短的方案实施。

如果投资后每年的净现金流量不相等，那么可以用下列公式计算：

$$\text{投资总额} = \sum_{t=1}^{n}\text{净现金流量}_t$$

其中：n——投资回收期；t——投资年份。

这种计算方法是将各年的净现金流量相加，一直加到和投资总额相等为止，算出投资回收期的年限。

【例4-2】有一投资方案投资额为10万元，4年内净现金流量分别为5万元、4万元、3万元和1万元，则：

$$100\ 000 = \sum_{t=1}^{n}\text{净现金流量}_t$$

$$= 50\ 000 + 40\ 000 + \frac{1}{3} \times 30\ 000$$

$$n=1+1+\frac{1}{3}=2\frac{1}{3}\text{（年）}$$

运用投资回收期指标进行财务评价，其优点在于计算简单，反映问题比较直观，能够提供偿还投资的大致情形；其缺点在于没有考虑货币的时间价值，有高估回收期的倾向。此外，它还没有考虑回收期后的现金流入量。如果某旅游饭店有两个投资方案可供选择，两个方案投资额均为40万元，每年的净现金流量不同：方案Ⅰ的净现金流量分别为20万元、10万元、10万元；方案Ⅱ的净现金流量分别为5万元、10万元、25万元，如果用投资回收期衡量，这两个方案都是可行的，因为回收期均为3年。但如果从货币的时间价值来考虑，则方案Ⅰ较好，因为它投资的大部分在近期就能收回，而方案Ⅱ投资的大部分要在后半期才能收回。

（2）投资利润率

投资利润率是指年度利润与投资额的比率，它反映每百元投资每年可创造的利润额。其计算公式为：

$$投资利润率 = \frac{年平均净利润}{总投资额} \times 100\%$$

如果计算出来的投资利润率高于现行资金市场利率，那么此方案就是可行的；反之则是不可行的。

【例4-3】某旅游饭店投资400万元，正常年度销售利润为120万元，如果现行资金市场利率为18%，则：

$$投资利润率 = \frac{1\,200\,000}{4\,000\,000} \times 100\% = 30\%$$

即每百元投资可创造30元的利润，高于现行资金市场利率，该项投资从财务上是可行的。

投资利润率这一指标同样没有考虑货币的时间价值，而且也难以确定具有代表性的正常年份，所以要对投资方案的经济可行性作出正确的评价，还需运用动态指标。

2）动态指标

动态指标是指考虑货币的时间价值，将现金流量统一换算到同一时期再进行计算的指标。通常采用的动态指标主要有净现值和内部收益率两项。

（1）净现值

净现值（net present value，NPV）是指投资项目的未来净现金流入量总现值与现金流出量总现值的差额。该指标是评价投资项目是否可行的重要指标。由于投资项目的支出和收入发生在不同的时间，因此考虑到货币时间价值的因素，需要用一定的折现率（贴现率）将现金流入量与现金流出量都折算成同一时点上的数值，即现值，这样才能准确地将支出与收入进行比较，从而对投资效果进行准确的测算。净现值计算公式为：

$$NPV = \sum_{t=0}^{n}(CI - CO)_t(1 + i)^{-t}$$

其中：CI——现金流入；CO——现金流出；$(CI-CO)_t$——第t年的净现金流量；i——折现率。

净现值的计算步骤为：

①确定投资项目各年的净现金流量。

②选择适当的折现率（一般为资金市场中长期贷款利率），通过查表确定投资项目各年的贴现系数。

③将各年的净现金流量乘以相应的贴现系数求出其现值。

④将各年的净现金流量现值加以汇总，便可得出投资项目的净现值。

计算出来的净现值无非有以下三种结果：

①$NPV=0$，说明该投资方案的盈利率正好等于折现率，从财务上说是“合格”项目，但它是一个边缘项目。

②$NPV>0$，说明该投资方案的盈利率大于折现率，从财务上说是“合格”项目，可以接受此方案。

③$NPV<0$，说明该投资方案的盈利率达不到折现率水平，从财务上说是“不合格”项目，此方案应被舍弃。

由此可见，运用净现值法进行投资项目财务评价时，主要是看净现值的大小。净现值越大，说明收入与支出的差额越大，经济效益越好。如果有若干个方案可供选择，那么应该选择净现值最大的方案。从数量上增加现金的流入量或是从时间上提前实现现金的流入都可以增大净现值。

【例4-4】某旅游饭店准备进行一项投资，投资额为20万元，连续3年的净现金流量分别为8万元、12万元、18万元，贴现率为12%，则净现值为：

$$NPV=\sum_{t=0}^{n}(CI-CO)_t(1+i)^{-t}$$

$$=-20\times(1+12\%)^{0}+8\times(1+12\%)^{-1}+12\times(1+12\%)^{-2}+18\times(1+12\%)^{-3}$$

$$=-20+7.14+9.57+12.81$$

$$=9.52\text{（万元）}$$

该投资方案的净现值为正数，说明投资的可盈利率在12%以上，此方案可以接受。若计算出的净现值为负数，说明投资可盈利率在12%以下，进行投资是不合算的。

净现值只是一个项目净利润绝对值的一个标志，很可能出现这样的情况：净现值大的项目投资支出也大。为此在进行比较选择方案时，我们可以借助于净现值比率这一指标来进行分析。

净现值比率是指投资项目净现值与全部投资额之比，亦即单位投资额能获得的净现值。其计算公式为：

$$\text{净现值比率}=\frac{\text{净现值}}{\text{全部投资额}}$$

【例4-5】有两个不同的投资方案，甲方案投资额为15万元，净现值为10万元，则净现值比率为：

$$\text{净现值比率}=\frac{100\,000}{150\,000}=0.67$$

乙方案投资额为12.5万元，净现值为9万元，则净现值比率为：

$$\text{净现值比率}=\frac{90\,000}{125\,000}=0.72$$

从计算结果可以看出，甲方案净现值绝对额比乙方案大，但同时其投资额也比乙方案大，用净现值比较，毫无疑问应选择甲方案。但如果用收益率来比较的话，则应选择乙方案，因为其净现值比率高于甲方案，说明乙方案每元的净现值产出高于甲方案。由此可见，在投资额不等的情况下，用净现值比率作为分析评价投资项目的补充指标是十分必要的。

净现值指标的优点在于它考虑了货币的时间价值，并且能够反映出投资项目可获得的收益额；其缺点在于不能反映投资利润率的高低，特别是在对投资额不等的几个方案进行比较时，仅看净现值绝对数是很难作出正确评价的，因此必须结合其他方法综合运用。

（2）内部收益率

内部收益率（IRR）就是使投资项目各年净现金流量现值之和等于零的折现率，用公式表示则为：

$$\sum_{t=0}^{n}(CI - CO)_t(1 + IRR)^{-t} = 0$$

内部收益率公式和净现值公式实际上是一样的，但是，使用净现值公式时，折现率是已知的，要求净现值；而使用内部收益率公式时，是令净现值为零，要求使净现值等于零的折现率（即内部收益率）。

计算内部收益率，可以用试算法，即先估算一个折现率，将净现值计算出来。如果该净现值为正值，说明该方案可达到的内部收益率比估计的折现率要大，因此要提高折现率，可以重估一个较高的折现率进行计算；如果净现值为负值，说明该方案可达到的内部收益率比估计的折现率要低，因此要降低折现率，可再估计一个较小的折现率重新计算。这样不断地试算，就可以找出令净现值一个为正值、一个为负值的两个相邻的折现率，然后用插值法计算出一个确切的收益率值。其计算公式为：

$$\text{内部收益率} = \text{估计的较低的折现率} + \left(\text{高低两个折现率的差额}\right) \times \frac{\text{低折现率计算的净现值(正值)}}{\text{高低两个折现率计算的净现值的绝对值之和}}$$

将计算出来的内部收益率与旅游企业的资金成本率进行比较，如果内部收益率高于资金成本率，说明该方案的所得在抵补其资金成本以后还有一定的现金盈余，此方案可以接受；反之，如果内部收益率低于资金成本率，此方案应被否决；如果几个相斥的方案其内部收益率都高于资金成本率，则要选收益率最高的投资方案。

【例4-6】某旅游饭店有一投资方案，其投资额为60万元，各年的净现金流量如表4-1所示，用内部收益率分析一下此方案是否可接受（资金成本率为11%）。

表4-1 **各年净现金流量表** 单位：万元

年　份	1	2	3	4
净现金流量	30	25	15	12

用试算法计算内部收益率，先用15%估算（见表4-2）。

表4-2 **内部收益率为15%时的净现值表**

年　份	净现金流量（万元）	现值系数IRR=15%	现值（万元）
1	30	0.870	26.10
2	25	0.756	18.90
3	15	0.658	9.87
4	12	0.572	6.86
现值总额			61.73
减：投资额			60.00
净现值			1.73

净现值为正值，说明估计的折现率15%偏低，再以18%估算（见表4-3）。

表4-3 内部收益率为18%时的净现值表

年　份	净现金流量（万元）	现值系数IRR=18%	现值（万元）
1	30	0.847	25.41
2	25	0.718	17.95
3	15	0.609	9.14
4	12	0.516	6.19
现值总额			58.69
减：投资额			60
净现值			-1.31

可见，该投资方案的内部收益率应在15%与18%之间，可用插值法计算：

$$内部收益率=15\%+（18\%-15\%）\times\frac{1.73}{1.73+|-1.31|}$$

$$=16.71\%$$

此方案内部收益率高于其资金成本率（11%），说明此投资方案从财务上可以接受。

各年的现金流入量不等时必须用上述试算法计算收益率。如果各年的现金流入量相等，则计算收益率就比较简单了，因为这时可以把各年的现金流入量看作与年金相仿。用年金现值公式求出现值系数，反查年金现值系数表即可求出内部收益率。其计算公式为：

年金的现值=年金×年金现值系数

$$年金现值系数=\frac{年金的现值}{年金}$$

$$=\frac{原始投资额}{每年现金流入量}$$

【例4-7】有一投资方案，原始投资额为15万元，在未来的7年内每年现金流入量为3.29万元，则内部收益率为：

$$年金现值系数=\frac{15}{3.29}=4.559$$

反查年金现值系数表（在年金现值系数表中找到系数为4.559的地方，此点相对应的贴现率便为内部收益率）得$IRR\approx 12\%$。

内部收益率法与净现值法一样，都考虑了货币的时间价值，所不同的是内部收益率能对不同投资规模的项目进行比较，并且能提供收益率大小的信息；缺点是其假设前提与实际不符，即假设每期投入的净现金流量都按内部收益率再投资。所以，比较而言，净现值法运用更为广泛些。

4.2.3 固定资产投资决策方法的运用

1）固定资产更新决策

这类决策的实质就是在继续使用旧设备与购置新设备间进行选择。由于新、旧设备使用年限不同步，无法在投资和运行成本间比较差额，故只有在继续使用旧设备和更新设备的年成本间进行比较，以年成本较低作为决策依据。

【例 4-8】某饭店有一旧空调设备，使用部门提出要进行更新，相关资料如表 4-4 所示。

表 4-4 新、旧空调设备有关资料 单位：元

项　目	旧设备	新设备
原值	3 000	3 500
预计使用年限	4	6
已经使用年限	4	0
最终残值	200	250
变现价值	700	3 500
年运行成本	800	400

在掌握了相关设备资料的情况下，就可以通过计算新、旧设备平均年成本来进行决策的比较分析了。所谓固定资产平均年成本是指由该资产引起的现金流出的年平均值。计算中分两种情况对待：一种情况是考虑货币时间价值因素，计算方法为未来使用年限内的现金流出总现值与年金现值系数之比；另一种情况是不考虑货币时间价值，计算方法为未来使用年限内的现金流出总额与使用年限之比。

在考虑时间价值因素的情况下，假设企业要求的最低报酬率为 12%，将计算的现金流出总现值分摊到每一年，则：

$$\text{旧设备平均年成本}=\frac{700+800\times\left(P/A,12\%,4\right)-200\times\left(P/S,12\%,4\right)}{\left(P/A,12\%,4\right)}$$

$$=988.62\text{（元）}$$

$$\text{新设备平均年成本}=\frac{3500+400\times\left(P/A,12\%,6\right)-250\times\left(P/S,12\%,6\right)}{\left(P/A,12\%,6\right)}$$

$$=1\ 220.49\text{（元）}$$

在不考虑时间价值因素的情况下，则：

$$\text{旧设备平均年成本}=\frac{700+800\times4-200}{4}$$

$$=925\text{（元）}$$

$$\text{新设备平均年成本}=\frac{3\ 500+400\times6-250}{6}$$

$$\approx941.67\text{（元）}$$

通过以上计算结果可知，继续使用旧设备的年平均成本较低，因此暂时不宜进行设备更新。

2）固定资产购买与租赁决策

由于旅游企业经营具有明显季节性，因此有些设备非常年使用，在这种情况下，要考虑是采用租赁设备更经济还是采用自己投资购买更经济。我们借助以下的例子通过净现值法来了解如何进行决策。

【例 4-9】某饭店计划夏季在室外开设一个露天风味食廊，正在考虑对所需设备是购置还是租赁。假设该饭店可以按 10% 利率取得贷款，使用期按 4 年考虑，企业所得税税率为 25%。根据有关数据，购买与租赁的现金流量情况见表 4-5。

表4-5 购买与租赁的现金流量比较表 单位：万元

类别		0年	1年	2年	3年	4年
购买	购买价格	−24				
	维修保养费		−1	−1	−1	−1
	维修保养费税收节约额		0.25	0.25	0.25	0.25
	折旧税收节约额		1.5	1.5	1.5	1.5
	残值					0
	残值税金					0
	净现金流量	−24	0.75	0.75	0.75	0.75
	净现值	−21.49				
租赁	租金	0	−8	−8	−8	−8
	租赁的税收节约额		2	2	2	2
	净现金流量		−6	−6	−6	−6
	净现值	−20.10				

其中：维修保养费税收节约额=1×25%=0.25（万元）

折旧税收节约额=24÷4×25%=1.5（万元）

租赁的税收节约额=8×25%=2（万元）

税后折现率=10%×（1−25%）=7.5%

购买决策的净现值=−24+0.75×（P/A，7.5%，4）≈−21.49（万元）

租赁决策的净现值=−6×（P/A，7.5%，4）≈−20.10（万元）

通过比较以上计算出来的净现值可知，租赁决策带来的税收节约额较高，净现值更为有利，所以应该采用租赁方式。

● 4.3 旅游企业对外投资管理

4.3.1 旅游企业对外投资概念及动因

旅游企业对外投资就是企业以现金、实物、无形资产等方式或者以购买股票、债券等有价证券方式向其他单位进行的投资，以期在未来获得投资收益的经济行为。对外投资可以依据不同的目的作不同分类，这里主要从对外直接投资和对外间接投资两方面进行分析。所谓直接投资又称实物投资，是直接将现金、实物或无形资产投入其他单位，为从事某种生产经营活动创造必要条件，包括对外合作投资、合资投资、购并投资等；所谓间接投资又称证券投资，是通过购买各种证券而进行的投资，包括企业股票投资、企业债券投资等。

旅游企业对外投资动因主要有以下几方面：对内来说，可以使临时闲置的资金充分利用起来，提高资金的利用率和周转率，为增加企业收益创造条件；对外来说，可以抓住有利的市场机会，在组合投资的前提下降低投资风险，为增强外部扩张能力奠定基础。总之，旅游企业对外投资是企业生存的需要，更是企业发展的需要。

4.3.2 旅游企业对外投资特征及操作程序

旅游企业对外投资是一项十分复杂的投资活动，其基本特征是投资对象十分复杂，投资回收期差异较大，投资项目的变现能力各不相同。由于对外投资涉及许多外部变动因素是旅游企业难以控制的，因此对外投资风险较大，当然同时对外投资的收益也较高，这也符合收益与风险相均衡的原理。

由于旅游企业对外投资风险较大，因此必须按照科学的投资管理程序慎重管理，基本程序如表4-6所示。

表4-6 旅游企业对外投资的一般管理程序

参与部门 / 流程	执行委员会（董事局）	投资管理部	中介机构	财务/法务/人力资源部
①投资机会的选择和筛选		负责	提供咨询意见	
②投资决策评估		负责	提供咨询意见	
③立项申请	批准			
④组建项目小组		牵头		根据需要配合
⑤设计投资方案		负责		
⑥方案批准	批准			
⑦谈判		负责	提供相关报告	根据需要配合
⑧达成和签署投资协议	批准			提供法律意见
⑨出资与监管	签署	牵头		
⑩投资总结		负责		

[相关链接4-4] 可供选择的投资饭店方式

1.饭店投资者采用自己经营、管理的方式运营饭店，即作为单体饭店存在。

2.饭店完全由投资者来进行管理和经营，但通过加入一个或几个饭店联盟获得营销和预订方面的支持。

3.投资者选择由独立的饭店管理公司或联号管理公司管理饭店，再加入饭店联盟。

4.饭店投资者可以成为某个饭店联号的特许经营受许方，使用其品牌，但由自己经营管理饭店。

5.饭店投资者可以通过某种一揽子协议，或者在和某个饭店联号签订管理合同的同时又和这家饭店联号签订一份特许经营协议，即一家饭店可以同时接受一家饭店联号提供的两类不同的服务——管理服务和品牌及相关营销服务。

6.选择带资管理合同，饭店管理公司参股饭店，成为联合投资者。

4.3.3 旅游企业对外直接投资管理

1）旅游企业对外直接投资方式

旅游企业对外直接投资的主要方式有对外合资投资、合作投资和购并投资。

合资投资企业是由投资者按照共同投资、共同经营、共享利润、共担风险的原则设立的有限责任公司。“四共”的存在使得合资双方的利益与风险紧密结合在一起，但要想使这种关系保持下去，很重要的前提条件就是合作伙伴的慎重筛选问题。我国旅游企业在成长过程中，对这种投资方式的利用还是比较普遍的。1982年4月，我国第一家中外合资饭店——北京建国饭店建成开业。早期的合资饭店建设和入世后在旅行社业出现的合资企业都对我国旅游业发展起到了重要的推动作用。

合作投资旅游企业是指某旅游企业与其他投资者通过签订合同、协议等形式来规定各方的权责利而形成的企业，包括合作建设、合作技术、合作销售等，如广州的花园酒店、白天鹅宾馆等都属于中外合作饭店。该种投资方式相对于合资企业而言，灵活快捷但缺乏稳定性。这种形式的投资在我国也是比较普遍的投资方式。

[相关链接4-5]　　盲目购并危害大

企业有一点规模或效益，就想把蛋糕做得更大。但扩张前面有雷区，盲目为规模而做大，一不小心就成了“先烈”。

购并投资是通过购并其他企业而进行的对外投资。随着我国经济体制改革的不断深化，产权交易日益成为普遍现象，通过购并投资实现企业扩张也越来越成为旅游企业实现快速成长的重要途径。目前世界十大饭店集团都已进入我国，它们选择适宜的投资地域，以不同方式抢占有利位置，已带动了饭店业购并投资热潮的兴起。

[实例4-1]　　旅游投资“大手笔”为何会沦为“烂尾”项目?

2019年1月25日，央视《焦点访谈》栏目报道了贵州省独山县下司镇在大笔举债大搞旅游项目的过程中出现的问题：一个靠举债近6亿元开发建设的旅游项目，因为资金链断裂，项目开工才5个月就被迫停工。

独山县的旅游项目开发现状，并非个案。总投资24.9亿元的银川西夏区特色小镇项目、投资约20亿元的四川成都龙潭水乡仿古小镇、拔地而起的辽宁抚顺“生命之环”……各地造价过亿的景观建筑层出不穷，竞相攀比“争大”，“豪华景观”事件一度引起社会关注。有网友曾发出感慨：大兴土木者似乎已经忘记了旅游发展和城市建设的初衷是什么。

近年来，旅游市场上的“大手笔”最终变成“大笔债”，这种现象时而有之。数亿元旅游开发项目，为何资金链会断裂而停工？旅游项目投建，如何举债算合理？高额造价项目，是拆是留？

据了解，独山县下司镇的财政收入每年只有2 000余万元，为打造这个投资近6亿元的旅游项目，下司镇使用了一种叫作“投融建”的办法：先找到了施工方，再由施工方介绍认识了资金方，然后再由资金方通过私募基金的方式融资近6亿元。

从下司镇的案例来看，表面上资金链断裂是导致项目停工的关键因素，但是仔细分析，这个项目从立项、融资到建设，很多环节都缺少审核和监管。

北京第二外国语学院中国文化和旅游产业研究院院长邹统钎坦言，盲目上马项目的现象与错误的政绩观有密切关系，一些领导干部过于看重政绩，为了政绩不惜盲目举债建设，导致短期行为、重复建设、寅吃卯粮。“可行性论证是必需的，但没有百分百正确的可行性论证，只有让自负盈亏的企业成为大型旅游项目的开发主体，才能最大限度地减少举债风险。政府的主要职能是承担配套公共服务与基础设施建设。”

“大型文化旅游项目，由于投资额一般非常大以及具有的公共产品特征，举债自然也是重要的融资方式，不过举债的金额以及政府承担的比例需要控制在地方政府财政可以承担的安全范围之内，努力走市场化、社会化之路，节约财务成本，否则会给地方政府财政构成巨大压力。”北京联合大学旅游产业经济研究所所长张金山说。

有专家表示，借来的钱也是钱，背上的债总得还，一定要合法合理地立项，科学专业地举债。有些地方政府不顾自身财力和偿付能力，也不对项目进行科学规划评估，就大笔举债，盲目上项目铺摊子，最后工程烂尾，政府背上巨额债务，这样的教训一定要汲取。

也有业界人士表示，项目上马，历来都有成套、合理合规的流程和审批程序，从立项、可行性研究、设计等到建设实施，参与单位涉及发改、建设规划、土地资源、环境保护等部门。流程、审批程序上已经相对合理地做到了预防和风险控制，但项目上马或落地后出现争论和质疑，从一定角度上说，政府职能发挥得还不够充分。特别是当下一些未批先建的项目，监管部门应该担负一定的责任。当然，业界也需要检视一下，现在的流程和审批程序适不适应当下社会发展的要求，是局部地区存在问题，还是时代发展需要一套更有效的机制。

资料来源　王晓民，曾广超，邢丽涛. 投资“大手笔”为何沦为项目“大笔债”[N]. 中国旅游报，2019-02-22.

问题：你认为当前我国旅游项目的审批程序可能存在哪些问题？为什么旅游项目频繁烂尾？

扫描下方二维码查看“分析提示”。

2）旅游企业对外直接投资决策

作为对外直接投资决策来说，不仅要考虑投资项目本身的可行性问题，还要考虑该项目在整个企业发展中的地位问题，因此从什么角度来进行评价，或者说谁来进行评价就显得十分重要。在前面固定资产投资管理中介绍的决策方法在对外投资中也是适用的，只不过除了进行项目评估以外，旅游企业还必须进行对外投资整体效益的评估，从而更好地把握对外投资的规模和空间分布格局，实现企业整体效益最大化。

[实例 4-2]　　**本土酒店再谋出海 如何从做大转向做强？**

日前，德胧集团注资印度尼西亚酒店管理投资控股平台 Indies Hospitality Investments（以下简称“IHI”），成为 IHI 最大合伙人之一；华住集团则再度调整国际业务 CEO 人选。另有多家酒店集团海外项目不断落地签约，本土酒店集团的全球化布局持续进行。

《中国经营报》记者注意到，东南亚是本土集团出海最为青睐的市场，欧洲、美洲、非洲等地也在目标清单中。从扩张手段上来看，收购仍是主旋律。部分集团已经开始在组织架构、数字化管理、会员体系等方面进行精细化管理。

不过，本土集团的全球化进程仍有很长的路要走。华美酒店顾问机构首席知识官赵焕焱告诉记者，本土酒店集团海外收购标的仍以中端品牌为主，且多为区域酒店集团。在具体的运营中，仍面临着诸多沟通和整合难题，包括对海外市场的法律、文化、规则的认知程度等。另外，国内酒店仍欠缺具有全球影响力的品牌，本土品牌出海仍面临着一些困难。

相关资料显示，IHI 在印度尼西亚拥有两家轻资产酒店运营公司，签约和管理约 212

家酒店和超过2.5万间客房，按物业数量排名是印度尼西亚最大酒店管理投资控股平台。德胧集团将其视作全球化扩张的重要一步，并希望联合对方在亚太地区实现业务扩展。

记者注意到，包括印度尼西亚在内的东南亚是本土酒店集团出海最为青睐的市场之一。锦江、东呈、格林、万达等酒店集团，均在该市场进行布局。

该市场与国人出境游偏好目的地保持一致。携程在“五一”期间发布的出行报告显示，2023年“五一”期间，超过50%的飞行意向集中在东南亚、日韩等亚太地区。

上海星硕酒店管理咨询有限公司首席咨询官袁学娅告诉记者，东南亚市场是中国游客出境游的主要目的地，客群更容易接受本土酒店品牌。酒店集团即便是没有全球预订网络，也可以承接该类游客的接待工作。

除了德胧的上述动作，华住集团对其国际业务高层进行调整，任命子公司德意志酒店集团的CEO Oliver Bonke为华住国际CEO。

记者注意到，华住国际业务CEO更迭颇为频繁，从2019年至今，已经先后委任三个CEO人选。酒店行业资深人士、米森酒店创新实验室发起人朱明生提到，本土酒店集团出海，最大的挑战之一是对国外的法律、文化的认知不够，容易犯错。

除此之外，2023年2月份，万达酒店管理公司披露称，未来五年，公司目标为海外签约及委管酒店30家。而在彼时，其海外委管高端酒店数量为6家。

酒旅行业观察人士张旭云告诉记者，本土酒店集团出海的策略多为收购，部分集团进行委托管理和品牌输出。其间还有一些酒店集团试水外拓，寻求在海外开店，具体表现不一。目前整体的基调是谨慎而理性。

业内普遍将2011年当作本土酒店出海的起点。彼时，锦江酒店与菲律宾上好佳（国际）正式签约，通过授权特许经营的方式，代理锦江之星独立发展直营店或加盟店。东呈酒店集团也在该年将城市便捷品牌开到了马来西亚。自此之后，本土酒店集团开启出海之路。

张旭云将酒店集团出海分为海外投资、品牌收购、特许经营等模式。

其中，海外投资主要集中在2014年至2016年。2014年，中国商务部取消了“中国投资者在对海外进行超过1亿美元投资时，必须获得商务部批准”的限制，大大加速了中国投资者的海外投资审批过程，推动了海外酒店布局升温。

“诸多地产集团的酒店板块在此时获得快速增长，收购很多单体酒店物业。随着房地产企业业务的收缩，该类酒店资产目前也在回缩。”张旭云说。

品牌收购从2015年开始一直持续到现在，大部分酒店集团均采取这种模式。锦江酒店在2015年以124.6亿元收购法国卢浮集团，将酒店业务向海外迅速扩张。此后，其又收购丽笙酒店集团，继续扩大海外市场动作。

2020年1月，华住集团完成对德意志酒店集团100%股权收购。而此次德胧集团对印度尼西亚“IHI”注资，亦属于该类动作。

赵焕焱告诉记者，境外酒店投资的前期审批需考虑多重因素，商业项目开发速度较慢，初期采用并购模式较为容易。

特许经营主要集中在部分酒店集团身上。锦江酒店在2011年与菲律宾的上好佳（国际）正式签约，将锦江之星以品牌输出的方式跨出国门。东呈酒店集团将旗下酒店品牌的海外代理权授予安达瑞酒店管理公司。后来，锦江酒店还与韩国企业“Plateno Korea”签署了区域特许经营协议。

张旭云认为，该模式对于品牌影响力要求很高，本土很多酒店集团不具备相应的号召力，目前并未在行业内大面积铺开。同时，还有很多集团曾尝试走出去，但具体效果并不理想。

记者注意到，目前将全球化写入公司战略的酒店集团包括锦江、华住、尚美等。部分企业在试水之后变得更加理性和慎重。

在朱明生看来，本土集团出海的第一阶段是做大，以规模为主要考量要素。第二阶段是做强，以资源深度整合为主要特点，通过引入外部资源、打造新的商机，促使整个集团精益发展。

相对来讲，锦江酒店和华住集团通过收购进入海外市场，在全球化的道路上走得更快。“当下的海外布局，已经逐渐渗透到经营层面，包括数字化体系、会员系统、团队打造等。”一位长期关注酒店领域的行业人士告诉记者。

资料来源　蒋政.本土酒店再谋出海 如何从做大转向做强？[N]. 中国经营报，2023-07-23.

问题：你认为是什么力量推动中国企业走出去，到海外去经营酒店资产？请结合国内外形势，分析我国酒店海外布局的机遇和挑战。

4.3.4　旅游企业对外间接投资管理

1）旅游企业间接投资的驱动因素及风险识别

旅游企业间接投资又称证券投资，从时间上来看，可以分为短期证券投资和长期证券投资。驱动旅游企业进行短期证券投资的原因主要是对短期闲置资金的充分利用以增加收益，或者是为了预防的需要，防范银行信用短缺现象的出现。驱动旅游企业长期证券投资的原因是为了获得对其他企业的控制权，或者为了获取更多的投资回报。

无论旅游企业证券投资的驱动因素有多少，但最基本的都是为了获得更高的投资报酬。而与投资报酬最大化相联系的是投资风险的增大，因此旅游企业必须努力识别投资风险的来源，这些来源主要包括：违约风险（证券发行人无法按期支付利息或偿还本金的风险）、利息率风险（由于利息率变动而致使投资人遭受损失的风险）、购买力风险（由于通货膨胀而使证券到期或出售所获得的资金的购买力减少的风险）、流动性风险（在需要有价证券变现时不能立即被出售的风险）。

旅游企业通过资信评估机构对证券投资企业的评级或对企业偿债能力的分析，购买质量高的证券来规避风险；通过分散证券的到期日来规避利率风险；通过适当折价出售的方式避免更大的变现力风险。由于不同证券的风险各不相同，有效的方式是采用组合证券投资方式规避风险，如选择不同行业、不同地域、不同市场、不同期限的证券进行组合投资。总之，旅游企业必须针对不同证券及其不同风险来源，采用不同的规避风险的举措。

2）旅游企业债券投资管理

旅游企业债券投资的最大优点是安全性高，收益稳定，变现能力较强。但是相对于股票投资而言，债券投资不能获得经营管理权，且购买力风险比较大。

债券投资的利息一般是按票面固定利率支付的，但市场利率是波动的，因此债券发行价格会有不同的情况。如果是按复利计算的话，则债券的估价模型为：

$$P=\sum_{t=1}^{n}\frac{i\times F}{(1+K)^{t}}+\frac{F}{(1+K)^{n}}=\sum_{t=1}^{n}\frac{I}{(1+K)^{t}}+\frac{F}{(1+K)^{n}}=I\times PVIFA_{K,n}+F\times PVIF_{K,n}$$

其中：P——债券价格；i——债券票面利率；F——债券面值；I——每年利息；K——市场利率或投资人要求的报酬率；n——付息期数。

【例4-10】某旅游企业欲通过债券投资获得10%的投资报酬率。债券面值为500元，票面利率为9%，期限5年。试问该债券价格为多少时才适宜进行投资？

$$P=\sum_{t=1}^{5}\frac{9\%\times 500}{(1+10\%)^t}+\frac{500}{(1+10\%)^5}=\sum_{t=1}^{5}\frac{45}{(1+10\%)^t}+\frac{500}{(1+10\%)^5}=481.04\text{（元）}$$

由计算可知，要想获得10%的投资报酬率，必须在481.04元的价位以下购买债券才是适宜的。

如果是按单利计算的话，则债券估价模型为：

$$P=\frac{F+F\times i\times n}{(1+K)^n}=(F+F\times i\times n)\times PVIF_{K,n}$$

【例4-11】某旅游企业计划购买一种利随本清的票面值为1 000元的债券，期限为5年，该债券票面利率为9%，而市场利率为7%，试问该旅游企业在债券价位为多少时才适宜投资？

根据公式可计算债券价格为：

$$P=\frac{1\,000+1\,000\times 9\%\times 5}{(1+7\%)^5}=(1\,000+1\,000\times 9\%\times 5)\times \mathrm{PVIF}_{7\%,5}=1\,033.83(\text{元})$$

由计算结果可知，该旅游企业只有在债券价格低于1 033.83元时购买才是适宜的。

3）旅游企业股票投资管理

旅游企业进行股票投资的主要目的无外乎两方面：一方面作为短期投资，着眼于股价上涨，以期获得买卖差价收益；另一方面作为长期投资，着眼于通过控股达到控制企业的目的。不同的目的下，权衡股票投资是否有益的判断标准是不同的。

如果旅游企业持有股票只是为了短暂的差价利益，则股票的估价模型为：

$$V=\sum_{t=1}^{n}\frac{d_t}{(1+K)^t}+\frac{V_n}{(1+K)^n}$$

其中：V——股票现在价值；V_n——未来出售时预计的股票价格；K——投资人要求的必要报酬率；d_t——第t期的预期股利；n——预计持有股票的期数。

如果长期持有股票且股利稳定不变，则股票的估价模型为：

$$V=\frac{d}{K}$$

其中：d——每年固定股利。

如果长期持有股票且股利固定增长，则股票的估计模型为：

$$V=\frac{d_0(1+g)}{(1+K)^1}+\frac{d_0(1+g)^2}{(1+K)^2}+\cdots+\frac{d_0(1+g)^n}{(1+K)^n}$$

由于$K>g$，当$n\to\infty$时，则：

$$V=\frac{d_1}{K-g}$$

其中：d_1——第1年的股利。

本章小结

所谓投资是指投放财力于一定对象，以期望在未来获取收益的经济行为。由于不同的旅游企业会遇到不同的投资类型和投资决策问题，因此要从财务角度进行科学的投资管理，必须分清投资的性质，了解不同的投资类别。

投资分类包括：按照投资与生产经营关系的不同，可以将投资分为直接投资和间接投资；按照投资时间长短的不同，可以将投资分为短期投资和长期投资；按照投资方向的不同，可以将投资分为对内投资和对外投资；按照投资在再生产过程中的作用不同，可以将投资分为初创投资和后续投资。

要做好投资管理工作，必须在投资中遵循投资管理的基本原则，包括：在市场调研基础上进行准确的投资定位；在投资决策程序基础上进行投资项目的可行性分析；在周密筹资计划基础上确保投资项目资金及时足额供应；在收益风险均衡基础上控制好投资风险。

在遵循投资管理原则的基础上，必须按投资管理的基本程序操作。基本操作程序包括：投资项目的提出、投资项目的评价、投资项目的决策、投资项目的实施、投资项目的再评价。经过该基本程序的循环，确保投资决策的科学性和适用性。

认识旅游企业投资管理内容可以从对内投资和对外投资来分析。对内投资是指将资金投放于旅游企业内部，购置各种生产经营用资产的投资，因此从内容上来说，对内投资主要指对固定资产的投资。

为确保固定资产投资决策不失误，必须了解固定资产投资的财务评价方法，按照测算指标是否折现，可以将评价指标分为静态指标和动态指标。前者包括投资回收期（是指以项目的净现金流量抵偿全部投资所需要的时间长度）和投资利润率（是指年度利润与投资额的比率）；后者包括净现值（是指投资项目的未来净现金流入量总现值与现金流出量总现值的差额）和内部收益率（是使投资项目各年净现金流量现值之和等于零的折现率）。运用这些方法可以帮助旅游企业作出固定资产更新决策、固定资产购买与租赁决策等。

旅游企业对外投资就是企业以现金、实物、无形资产等方式或者以购买股票、债券等有价证券方式向其他单位进行的投资，以期在未来获得投资收益的经济行为。对外投资可以依据不同的目的作不同分类，这里主要从对外直接投资和对外间接投资两方面进行分析。旅游企业对外直接投资的主要方式有对外合资投资、合作投资和购并投资，对外间接投资的主要方式是证券投资，包括债券投资和股票投资等。

关键概念

投资　投资分类　投资管理原则　对内投资　对外投资

基本训练

□案例分析题

1.案例基本情况

吞金兽北京环球影城：投资500亿元、贷款300亿元，多久能回本?

2021年9月23日，央视报道的“十一期间北京环球影城人均消费或超3 000元”登上微博热搜。作为中国第一座、全球第五座环球影城，北京环球影城以电影场景为核心建立主题公园，天生自带流量。高昂的消费预期，挡不住蜂拥人群。继中秋节期间门票销售一空，北京环球影城国庆首日门票再度售罄。

成为网红经典，耗资不菲。据太平洋证券研报，北京环球影城一期投资达500亿元，三期总投资计划在700亿元至1 000亿元区间。据《北京日报》报道，环球影城项目银团总金额近300亿元。多久回本成为业界关注热点。

从全球行业来看，长期盈利的主题乐园的收入结构普遍较为多元，但目前游客在北京环球影城二次消费的意愿并不高。环球影城的门票价格高，平日价格为638元，特定日更高。9月23日，新浪科技发起环球影城问卷调查。截至发稿，超过77%的用户认为除门票外“千元以下消费才是合理标准”，只有14%的用户可以接受进园后人均消费超过3 000元。

有人说，北京环球影城“含着金汤匙长大”。此话不假，北京环球影城曾以“冰点价”拿下北京当年“地王”。

2016年，北京市国土局挂牌一宗多功能用地，建设用地面积约为207.08万平方米，挂牌出让起始价为87亿元。值得注意的是，项目要求可谓是“定向出让”，参拍条件的营业执照、业务范围、跨国投资运营主题公园的经验门槛都有要求。

根据挂牌公告及出让文件，“013号地块要求竞买方拥有自主品牌的主题公园，或与国际知名品牌主题公园有合作关系，其同一品牌主题公园近3年每年游客接待总量位于世界前五位（由世界主题娱乐协会等权威研究机构统计发布）”。这意味着，排除落地上海的迪士尼乐园后，国际级主题公园只剩2001年就开始筹备的环球影城主题公园。

果然，该地块被北京首寰文化旅游投资有限公司收入麾下，成交价即为起始价87亿元。

北京环球影城隶属北京环球度假区，由北京国际度假区有限公司开发、建设和运营。公司股东为首寰文化旅游投资有限公司（下称“首寰投资”）和康卡斯特NBC环球下属业务板块环球主题公园及度假区，两者分别持股70%、30%。

天眼查显示，首寰投资股东是5家北京市国有企业。其中，北京首旅集团有限责任公司（下称“首旅集团”）持股51.93%。北京国有资本运营管理有限公司、北京北控置业集团有限公司、北京新城投资运营有限公司、北京市文化投资发展集团有限责任公司分别持股25%、10%、8.07%、5%。

环球影城历经13年选址风波，最终落户北京通州。有分析人士认为，此前引进政策风向不明朗，项目推进一度停滞。最后，环球影城落户通州，拿地“开绿灯”一系列动作，透露出北京环球影城成为区域文旅经济重点发展区域的信号。

大项目，需要大资金。2016年，北京环球影城项目中方股东首旅集团及美方股东康卡斯特NBC环球集团对外宣布，农业银行中标该项目231亿元银团贷款牵头行及代理行，贷款金额60亿元，份额占比26%。据媒体报道，截至2021年6月末，农行北京分行对环球影城项目贷款投放已超70亿元。另外，用于环球影城相关配套设施建设的近80亿元审批贷款，目前已基本投放完毕。

然而，北京环球影城“烧金之路”尚未结束。按规划，北京环球影城总共三期，总面积超4平方千米。三期全部建成后，北京环球影城总规模将超奥兰多主题乐园，成为全球最大环球主题乐园。

一期投资达500亿元，三期总投资计划在700亿元至1 000亿元区间。如此巨额投资，环球影城何时才能回本？

北京环球影城门票价格不同，旺季日门票价格为638元，特定日门票价格为748元。

"门票收入对于巨额投资来说只是杯水车薪。主题公园光靠门票吃不饱，进园后的餐饮、纪念品等二次消费才有更大的增长空间。"中国主题公园研究院院长林焕杰曾表示，主题公园投资大、回收慢、风险大。初期投入只是开始，未来还需要长期经营、维护、维修、保养和升级的投入。

从行业普遍特征看，主题公园的收入结构趋于多元化。以迪士尼为例，它的收入主要来自门票、食品饮料和纪念商品销售、酒店、邮轮旅游以及俱乐部的租赁、销售等。

据First Research调查，目前世界上主题公园收入的首要来源是门票，占比50%～60%。其次是停车费和赞助商、园区餐饮、周边商品以及游戏收入。

有分析人士认为，在经典IP提供流量并拉高转化率上，北京环球影城优势明显。北京环球影城可以用纪念品、美食、酒店服务等体验，提高客单价和复购率，进而刺激游客二次消费。

国际市场分析机构Research and Markets提供的数据显示，2020年中国主题公园市场规模（按销售额计）达85亿美元，预计2020年至2027年复合年均增长率（CAGR）达7.2%，2027年市场规模将达138亿美元。

中信建投贺燕青预计，北京环球影城全年将吸引客流600万～700万人次，成熟后年接待游客数量1 500万～2 000万人次，按客单价1 500元进行测算，则成熟后每年产生营业额250亿～300亿元。据此计算，北京环球影城的回本周期在4年左右。

北京环球影城更大的价值在于辐射带动作用。中国旅游研究院院长戴斌近日接受媒体采访时表示，从公开数据来看，环球度假区仅配套投资就达530亿元，按照3倍投资乘数计算，直接间接共拉动投资近2 000亿元，加上园区投资，年均拉动北京市地区生产总值1.02个百分点。根据戴斌测算，正式开园北京环球影城每年将对北京旅游收入产生4.8%的带动作用。

资料来源　郭子硕.吞金兽北京环球影城：投资500亿、贷款300亿，多久能回本？[N].时代周报，2021-09-28.

2.案例分析要求

作为中国第一座、全球第五座环球影城，北京环球影城的机遇和挑战有哪些？其投资和运营过程有哪些风险？

3.提出问题

（1）旅游企业在经营某项产品取得成功以后，急于对外进行跨地域或跨行业的扩张，你认为是否合适？假如你是一位有经验的咨询师，你能给这样的旅游企业以何种忠告？

（2）你认为北京环球影城想要尽快回本，除了案例中所列举的办法外，还可以怎么做？

□实践单元

1.调查你所在地区饭店业发展情况，并就该地区经济型饭店投资的可行性进行财务论证。

2.我国上市旅游企业有较好的筹资外部环境，但是，从上市旅游企业经营业绩来看却不甚理想。请进行一定的市场调查，对上市旅游企业投资业绩进行评价和分析，你认为它们应如何改进投资管理效果？

□思考题

1.对旅游企业投资活动进行不同的分类，其意义何在？

2.饭店固定资产投资额巨大，如何加强固定资产投资管理？如果你是饭店经理，你会如何要求饭店有关人员进行投资决策前的分析？

3.如何理解旅游企业投资管理原则？在贯彻该原则中需要注意什么？

4.各种投资财务评价方法的优缺点是什么？哪项评价指标最常用？为什么？

5.旅游企业对外直接投资中需要注意什么？如何降低对外直接投资风险？

6.旅游企业对外间接投资在我国的发展情况怎样？提高对外间接投资效益需要克服哪些障碍？

7.某饭店有一个投资项目需投资300万元，3年建成，第4年初投产。投产后每年可收回利润和折旧30万元，项目使用寿命为15年，资金市场利率预计为10%。通过计算净现值看此方案在财务上是否可行。

第3篇　旅游企业资产管理

压力之下有的放矢 发力轻资产运营

海昌海洋公园控股有限公司（以下简称“海昌海洋公园”）发布的2021年度财报显示，由于旗下资产出售，2021年度利润大幅增长。出售资产是文旅企业在重压之下的一种求生方式，更重要的是，企业调整战略布局，有的放矢，发力轻资产运营模式，积蓄力量，增强韧性，等待行业回暖复苏。

海昌海洋公园发布2021年度全年业绩报告称，2021年收入为24.6亿元，同比增长110.6%，母公司拥有人应占溢利约8.45亿元。2021年，海昌旗下公园总售票人次及入园人次分别为659.3万人次、989.9万人次，较2020年同期分别增长22.5%和18.9%，恢复至2019年同期的50.2%和60%。

在疫情影响和行业竞争激烈的背景下，文旅企业重资产运营模式已经触及天花板。回顾2020年，海昌海洋公园年内亏损达到14.79亿元。2021年度利润大幅增长的主要原因是在2021财务年度出售4个主题公园公司100%股权的单次及非经常性收益。

2021年10月18日，海昌海洋公园披露重大出售事项称，已于10月13日与私募巨头MBKPartners订立协议，出售包括武汉、成都、天津、青岛共4个已建成的海洋公园100%股权，以及郑州海昌海洋公园66%股权。5个主题公园项目的交易总代价为65.3亿元，几乎接近海昌总市值。

出售公告中，海昌海洋公园表示，自疫情以来，公司一直遭遇高额债务及持续增加的亏损，目前尚能以相对有利的价格出售相关资产从而获取一定的现金流入，在偿还债务降低资产负债率的同时也能维持公司剩余资产的运营。

据了解，截至2021年12月31日，全国共有10家以“海昌”品牌运营的主题公园和1家在建主题公园。近几年来，不断的扩建导致海昌陷入增收不增利的尴尬处境，2017年至2020年海昌海洋公园分别实现营业收入约为16.8亿元、17.9亿元、28.02亿元和11.68亿元，而同期仅实现归母公司净利润分别约为2.8亿元、3 955.8万元、2 508万元和-14.52亿元。

主题公园原本重资产的商业运营模式，有非常高的经营门槛，在疫情防控常态化背景下，现金流吃紧。中国主题公园研究院院长林焕杰认为：“4座正常运营的主题公园作价65.3亿元人民币，价格不高。但海昌海洋公园为保证上海和三亚项目顺利开业投下重金，通过出售资产的方式回笼一大笔钱，除了解决债务危机，也可为企业后续发展规避风险。”

最重要的是，海昌海洋公园在经营压力减少后能够将重心转移到品牌提升和产品打磨上，将上海和三亚项目打造为样本，为其轻资产运营转型提供参照模板。

海昌海洋公园方面称，未来集团将着眼于三大场景，分别为主题乐园/休闲度假文旅场景、休闲娱乐主题消费场景、主题酒店/度假村场景，依托核心资产，聚力轻资产业务，提供文旅休闲服务及解决方案，打造以海洋文化为特色的生活娱乐平台型公司。轻资产业务主要包括对外IP授权业务，整合外部资源输出IP价值，以及提供咨询服务，拓展海洋度假区、海洋特色娱乐馆、主题酒店等系列，推出儿童互动、撸宠、VR体验等模块。财务数据中提及，除了公园运营，海昌海洋公园2021年文旅服务解决方案收入5 181万元，同比增长54.6%。

财务数据显示，2021年海昌海洋公园的门票销售、园内食品饮料消费和货品销售、酒店运营收入等均实现不同程度增长，分别达到了18.24亿元、11.61亿元、4.8亿元、1.06亿元，但租金收入下滑至0.76亿元。接待人次方面，2021年海昌海洋公园总售票人次、总入园人次分别为659万人、989.9万人，已恢复至2019年的50.2%和60%，同比上年则分别增长了22.5%、18.9%。

其中，上海海昌海洋公园的售票人次与入园人次较2020年增长了37.6%、27.8%，已恢复至2019年同期的51.1%、65.1%。值得注意的是，上海海昌海洋公园上年受疫情反复的影响，整体收入仅恢复至2019年的63.3%。

资料来源 曹燕.压力之下有的放矢 发力轻资产运营［N］. 中国旅游报，2022-04-11（3）. 有删减。

第5章

旅游企业流动资产管理

学习目标

通过本章的学习，明确流动资产的含义和内容，掌握流动资产管理目标和要求，掌握货币资产、结算资产和存货资产的管理内容和管理方法，理解对这些资产管理效果进行评价的指标；能够运用各类流动资产管理原理，分析旅游企业流动资产管理中的问题，作出科学的管理决策。

聚焦党的二十大

党的二十大报告指出，有序推进人民币国际化。深度参与全球产业分工和合作，维护多元稳定的国际经济格局和经贸关系。

请结合本章内容思考：在人民币国际化进程中，旅游企业面临哪些机遇和挑战？

5.1 旅游企业流动资产管理概述

5.1.1 旅游企业流动资产的含义及内容

资产是指企业拥有或者控制的能以货币计量的经济资源，包括各种财产、债权和其他权利。如果从资金周转期角度进行划分的话，可以将资产分为流动资产和固定资产。流动资产是指可以在一年内或者超过一年的一个营业周期内变现或运用的资产，主要包括：

1）现金

现金指可以立即用于购买物品、支付各项费用或偿还到期债务的交换媒介或支付手段，包括库存现金和银行存款。现金是流动资产中流动性最强的资产。虽然拥有大量现金可以保证旅游企业偿还到期债务，但持有大量闲置资金会影响企业的收益性，因而要合理控制现金持有量。

2）应收及预付款项

应收及预付款项指在商业信用条件下旅游企业延期收回和预先支付的款项，包括应收账款、应收票据、其他应收款、预付款和待摊费用。虽然在市场经济条件下，出于提升市场竞争力的考虑，彼此给予一定的商业信用是必要的，但拥有大量应收及预付款项会占用过多资金，降低资金周转速度，因而要在保证业务经营需要的前提下，做好定量控制。

3）存货

存货指旅游企业在生产经营过程中为销售或耗用而储存的各种资产，包括原材料、燃料、包装物、低值易耗品、设备零配件、半成品、外购商品等。虽然为保证经营活动不中断，必须保持一定的库存量，但库存过多也会增加消耗和资金占用，影响流动资产周转速度，因而要做好定额控制。

4）短期投资

短期投资指各种能随时变现且持有时间不超过一年的有价证券及其他投资。虽然进行短期投资可以在增加流动性的同时增大收益，但证券投资的风险种类多，处理不好未必能实现投资目标，因而必须进行有效的风险管理。

5.1.2 旅游企业流动资产的特点

1）占用内容的多样性

从流动资产包含的内容上来看，不仅有处于生产领域中的资产占用，而且也有处于流通领域中的资产占用；既有实物资产，又有价值资产；既有原材料，又有半成品和产成品，从而构成了占用内容上的多样性。

2）占用形态的变动性

旅游企业流动资产占用随着服务提供的不同阶段不断变换其存在形态。一般来说，流动资产的循环都要经过采购、生产和销售，相应地，流动资产表现为现金、原材料、商品与服务、应收账款等具体形态。这种变动性过程越顺畅，表明流动资产周转得越快捷。

3）占用数量的波动性

由于旅游企业经营多具有明显的季节性，另外经营管理水平也各不相同，因而流动资产占用数量表现出明显的波动性。这种波动性会产生不同时间筹资需求量的差异。

4）占用效果的时间性

相对于固定资产而言，流动资产占用过多会影响企业的获利性，但过少也会降低变现能力。从对流动资产占用效果的评价来说，必须关注其周转时间的长短，因为旅游企业要通过加速流动资产周转速度来带动总资产周转，进而提高投资利润率。

5.1.3 流动资产管理目标与要求

1）流动资产管理目标

流动资产的管理目标就是要加速流动资产周转速度，以最合理的流动资产占用实现最大的投资效益，具体来说表现在以下两个方面：首先在数量上要降低流动资产占用量。因为流动资产的货币表现是流动资金，降低流动资产占用量也就会降低流动资金占用量，从而可以节约资金投入或降低负债资金比率。其次在结构上要优化各类流动资产占用比例。因为即使总量上得到了控制，但如果结构上失调的话，也会导致有些资产超负荷运转，有些资产闲置性浪费，都不利于流动资产周转效率的提高。

流动资产周转率有两种表示方法，即周转天数和周转次数，其计算公式为：

$$周转天数=\frac{流动资金平均占用额\times 计划期日数}{周转额}$$

其中：计划期日数按年360天计算，季度90天计算，月度30天计算；周转额以计划期内占用一定数量流动资金所完成的销售收入来计算；流动资金平均占用额以期初加期末之和除以期数来计算。

$$周转次数=\frac{周转额}{流动资金平均占用额}$$

周转一次所需天数越少，说明流动资金周转越快，利用效果越好；同样，一定时期内流动资金周转次数越多，说明流动资金周转得越快，利用效果越好。因此，两个指标表达的经济意义是一样的，但由于周转天数表现得更便捷，因而用得更普遍些。

由于提高旅游资金周转效率，必然会带来流动资金的节约，这种节约可以通过绝对节约和相对节约来表现。所谓绝对节约就是在接待任务量不变的情况下减少流动资金占用量，进而从周转中腾出一部分流动资金而形成的节约；所谓相对节约就是以原有的流动资金占用量来完成更多的接待量，从而通过多增加接待量少增加或不增加资金而形成的节约。

【例5-1】某旅行社年销售收入为800万元，流动资金平均占用额为80万元，该旅行社流动资产周转天数和周转次数为：

$$周转次数=\frac{800}{80}=10（次）$$

$$周转天数=\frac{80\times 360}{800}=36（天）$$

如果该旅行社销售收入不变，而流动资金周转次数由1年10次提高到12次，则该旅行社可绝对节约流动资金额为：

$$周转加速后流动资金需要量=\frac{800}{12}=67（万元）$$

流动资金绝对节约额=80-67=13（万元）

如果流动资金占用量不变，而销售收入扩大到1 000万元，则流动资金相对节约额为：

$$周转10次时的流动资金需要量=\frac{1\ 000}{10}=100（万元）$$

$$周转12次时的流动资金需要量=\frac{1\ 000}{12}=83（万元）$$

流动资金相对节约额=100-83=17（万元）

2）流动资产管理要求

（1）从总量上控制流动资产资金占用量，降低无效占用，为提高周转速度奠定基础。为此可用以下方法核定流动资产占用标准：

①周转天数法，即根据某项流动资产平均每日耗用量与周转天数来确定其占用标准的方法，计算公式为：

某项流动资产占用额 = 平均每日耗用量×周转天数

该方法是核定流动资产占用标准的基本方法，适用于原材料、物料用品、低值易耗品、商品等项目的核定。

②二次平均法，即将各年某项流动资产平均占用额进行平均，求出第一次平均值，再将各年平均占用额低于第一次平均值的各占用额与第一次平均值再平均计算，求出第二次平均值，该值即为该项流动资产的占用标准。该方法可用于对应收账款等项目的核定。

③比例计算法，即根据基期某项流动资产占用与营业收入之比和预算期预计营业收入来确定该项流动资产占用标准的一种方法，计算公式为：

$$某项流动资产占用标准=\frac{该项流动资产基期平均占用额}{同期营业收入}\times 预算期营业收入$$

④余额推算法，即以上期某项资产实际余额为基点，考虑预算期发生额和摊销额来确定占用标准的一种方法。该方法适用于占用额较为稳定的项目，如待摊费用，其计算公式为：

某项资产占用标准 = 预算年度期内结余额+预算年度发生额-预算年度摊销额

（2）从结构上协调好各流动资产间的比例关系，重点管理好存货和应收账款等主要流动资产。为此要认真领会资金时间价值，降低对旅游企业流动资产周转速度影响重大的存货与应收账款方面的资金占用量，遵循现金管理的规章制度，在努力降低各类流动资产占用额的基础上，协调好结构方面的比例关系。

5.2 旅游企业货币资产管理

5.2.1 旅游企业货币资产的概念与内容

旅游企业货币资产是指旅游企业经营资金在周转过程中停留在货币形态的部分，表现为一定量的货币资金。货币资金一般包括现金、银行存款和其他货币资金。

现金指库存现金，包括人民币和各种外币。

银行存款指旅游企业存放在银行及其他金融机构的存款，包括人民币及各种外币存款。

其他货币资金指旅游企业的外埠存款、银行汇票存款、银行本票存款和在途货币资金等。外埠存款指旅游企业到外地进行临时或零星采购时汇往采购地银行开立采购专户的款项；银行汇票存款是企业为取得银行汇票，按照规定存入银行的款项；银行本票存款是企业为取得银行本票，按照规定存入银行的款项。

5.2.2 旅游企业货币资产管理的意义

货币资金是旅游企业唯一能直接转化为其他任何资产的资产，伴随着旅游企业经营活动的开展，随时会产生大量现金流入与流出的需要，为满足到期支付及偿还方面的需要，旅游企业必须持有足够的货币资金。同时，持有一定量的货币资金，也能保证旅游企业抓住有利的投资机会。

值得注意的是，持有一定量的货币资金是经营活动正常开展的必要条件，但持有的数量并非越多越好。对货币资产管理的难度就在于数量控制的适度，过多会降低货币资产流动速度，过少会降低支付信誉，因此，适度控制好货币资产占用数量与结构，对确保旅游企业顺利经营和提高货币资金使用效率是极为重要的。

5.2.3 旅游企业现金管理

由于现金具有流动性强、普遍可接受性的特点，因此管理的难度较大。如果缺乏严格的管理措施，极易产生被盗窃、被挪用、短缺或其他不法行为，所以现金管理是旅游企业货币资产管理的重要内容之一。

1）健全现金管理制度，严格执行现金管理各项规定

（1）建立健全现金管理的内部牵制制度，如建立现金收支业务的职责分离制，即出纳管钱不记账，会计记账不管钱；对现金收付必须坚持复核制；出纳人员调换工作，必须严格办理交接手续。

（2）健全现金收支的审批制度，如严格审核现金收付凭证所列单据的合法性、准确性和完备性。

（3）严格执行现金使用范围规定。按照规定，以下各项可用现金直接支付：职工工资及工资性津贴及各种奖金；个人劳务报酬，包括讲课费、稿费及其他专门工作报酬；各种

劳保、福利费以及国家规定的对个人的其他现金支出；收购单位向个人收购农副产品和其他物资支付的款项；出差人员必须随身携带的差旅费；结算起点以下的零星支出；确实需要现金支付的其他支出。

（4）遵守库存现金限额管理制度。持有量一般以满足3~5天的零星开支额为限，当需要增减库存现金限额时，应向开户银行提出申请，核准后方可实行。

（5）不得以白条抵冲库存现金，不准假造用途套取现金。营业收入必须送存银行，不得坐支（即从营业收入的现金中直接支付企业交易款的行为）。

（6）严格对业务周转金的管理规定。业务周转金是旅游企业预付给本单位其他职能部门、营业点收银员和职工用于业务找零、零星开支、零星采购、差旅费等的款项。业务周转金管理方式可以采取定额周转金管理方式（按预先规定的限额预付款项，实际支用后按规定手续报销，补足原来限额）和使用后报销的管理方式（按估计需用数支付，实际支用后一次报销，多退少补）。

2）利用现金收付规律，提高现金使用效率

（1）适度利用浮游量。所谓浮游量是指企业账户上现金余额与银行账户上所示的存款余额之间的差额。因为旅游企业虽已开出支票，但收款人尚未到银行兑现，从而出现短暂的差额可以利用。若要利用这个浮游量，必须正确预测其大小和可利用的时间长短，以达到节约现金的目的。不过利用浮游量有可能会危及供应商的利益，因此要权衡利弊，适度利用。

（2）力争现金收入与现金支付同步。通过使现金流量同步，可以节约旅游企业所持有的交易性现金余额。

3）加强对现金管理效果的考核和分析

一般来说，可以通过现金周转率指标进行考核，其计算公式为：

$$\text{现金周转率}=\frac{\text{计算期营业收入实际回收数额}}{\text{现金平均占用额}}$$

5.2.4 旅游企业银行存款管理

按照财务管理规定，旅游企业经济往来中除规定可以使用现金的部分外，其余都应通过开户银行进行转账结算。对银行存款必须严格管理，具体要注意以下几个方面：

1）熟悉和遵守银行存款管理制度

（1）遵守开立银行存款账户的规定。按国家规定，旅游企业应向当地银行或金融机构申报开立账户，基本程序是：申请填制“开户申请书”，加盖单位公章；将“开户申请书”送有关部门审查，然后出具证明；将这些资料送交开户银行审核，批准后便可登记开户，进行银行存取款。旅游企业在银行开立账户必须有足够资金保证支付，不准签发空头或远期的支付凭证。旅游企业在银行开立的账户，只能供本企业业务经营范围内的资金收付，不准出租、出借或转让给其他单位或个人使用。

（2）遵守银行存款结算方式的规定。根据我国银行结算办法的规定，旅游企业的结算方式主要有以下几种：支票结算、汇兑结算、银行本票结算、银行汇票结算、商业汇票结算、信用证结算、委托收款结算、异地托收承付结算等。旅游企业应选择适合自身的结算方式，提高结算效率。

2）规范银行存款管理的操作程序

在需要办理转账支票的时候，应按规定进行登记，不准签发空头支票和远期支票。要正确使用和审核各种银行结算凭证，及时办理银行存款的收付业务，定期与银行对账单核对，如果银行对账单的存款余额与旅游企业现金日记账中的存款余额不符，就需要编制银行往来调节表，调整未达账项，以利于旅游企业正确了解银行存款余额状况。

［实例5-1］　　**重视银行对账单的作用**

深圳某证券营业部财务部设财务经理、会计及出纳三个岗位，按内部牵制制度的要求对出纳工作进行了规定：出纳负责保管现金、登记现金及银行存款日记账，每月月初到开户银行取回银行对账单。财务经理将银行对账单与银行存款日记账核对后编制银行存款余额调节表。后由于人员调动和工作繁忙，财务经理未对8-11月银行对账单进行核对，出纳趁机挪用营业部资金（以客户提取保证金为名，填写现金支票提现），累计挪用人民币90万元、港币10万元。

问题：为何会出现挪用公款之事？漏洞在哪里？

扫描下方二维码查看“分析提示”。

按照内部牵制制度的管理原则，银行存款管理中应实行钱账分管、章证分管，前者指负责银行存款收付业务的出纳员不得兼做会计核算等工作，后者指旅游企业印章不得交由出纳人员自行使用，也不得放在一起保管。通过分管制在一定程度上可以防止差错和舞弊行为的发生。

3）确定银行存款最佳持有量

一般来说，银行存款的收入额和支出额决定最佳持有量的多少，为保险起见，还要考虑增加一个安全系数，通常其比例为10%~15%，于是银行存款的最佳持有量测算公式为：

银行存款最佳持有量 =（银行存款收入额-银行存款支出额）×（1+安全系数）

另一种核定方法是用银行存款率指标进行最佳持有量的测定。银行存款率的计算公式如下：

$$\text{银行存款率} = \frac{\text{计算期银行存款平均余额}}{\text{计算期营业收入额}} \times 100\%$$

报告期银行存款最佳持有量的计算公式为：

报告期银行存款最佳持有量=报告期预算营业额×基期银行存款率

5.2.5　旅游企业外汇资金管理

1）外汇及其相关概念

（1）外汇的概念及内容

旅游企业作为涉外经营企业，在其运营过程中不可避免地会存在外汇收付及债权债务关系，管理不好，会给旅游企业带来较大损失，因此旅游企业财务管理的重要内容之一便是对外汇资金的管理。

外汇是“国际汇兑”（foreign exchange）的简称，它分为动态和静态两种含义。外汇的动态含义是指将一个国家的货币转换为另一个国家的货币，以适应各种目的的国际支付或清偿的国际性货币兑换行为。外汇的静态含义是指以外国货币表示的用于国际结算的支付手段，我们通常所说的外汇，是就静态含义而言的外汇。

按照我国《外汇管理暂行条例》的规定，外汇包括：外币现钞，包括纸币、铸币等；外币有价证券，包括债券、股票等；外币支付凭证或者支付工具，包括各种票据、银行存款凭证、银行卡等；其他外汇资产，包括除现金以外的其他可用于国际收支的金融资产。

（2）汇率及其表述方式

外汇汇率是指用一个国家的货币单位来表示另一个国家货币单位的价格，或指两国货币之间的比价。通常外汇汇率的表述方式有以下两种：

①直接标价法，也称本币标价法，指以一定单位的外国货币作为标准折算成若干单位的本国货币。这种标价方法的特点是外国货币的数额保持不变，折算本国货币的数额要根据本国和外国货币的币值对比变化而变动。我国即采用这种标价法。

②间接标价法，也叫外币标价法，指以一定单位的本国货币作为标准折算成若干单位的外国货币。如美国就采用这种标价法。这种标价法的特点是本国的货币数量保持不变，外国货币的数量要随本国货币或外国货币的价值变动而变动。

［实例 5-2］ **人民币汇率变动对旅游业的影响**

中国已成为全球增长最快的新兴客源输出国，2019年，中国内地出境旅游人次达15 463.25万人次，出境旅游支出超过1 400亿美元，居世界第一；同年入境旅游14 530.78万人次，旅游外汇收入超过1 300亿美元，排名世界第四位。

经历三年新冠疫情的影响后，2023年3月31日起，中国恢复入境团队旅游和“机票+酒店”业务。然而，入境游复苏尽显乏力疲软态势。中国旅游研究院统计数据显示，2023年上半年全国旅行社入境游接待人次47.78万，仅是2019年同期856.16万人次的15.8%。入境游第一热门城市北京，1—10月共计接待入境游客901 593人次，仅是2019年同期3 203 866人次的28.14%。入境游过往十年持续走低，早已是业内公认事实。2015—2019年，作为入境游引擎的北京，海外游客持续减少，从4 199 625人次减少到3 768 958人次，除了2018年同比出现2%微弱增幅外，其余年份均为负增长，2019年增幅更是达到-5.90%，创下疫情前5年内新低。①

造成这种情况的原因是多方面的，其中很重要的因素之一是汇率的影响。人民币汇率的升值与贬值，对出入境旅游的影响主要体现在价格效应上。最直接的就是本币升值，刺激出境旅游的发展；本币贬值，刺激入境旅游的发展，进而影响旅游外汇收支的平衡。

2023年以来人民币表现较弱，美元指数涨了0.57%，人民币贬值了3%。日本一直采取宽松的货币政策，所以日元贬值幅度最大，高达11.9%。汇率变动带来的入境旅游产品价格波动，对海外游客的旅游消费抉择产生了直接影响。尽管欧洲国家大多为发达国家，人均收入普遍较高，但当地人选择海外旅行目的地和中国人一样，首要考虑因素还是高性价比。

例如，站在一个德国人的视角看，中国和日韩、东南亚诸国本质上没有任何区别，都是距离他十分遥远的一个长线旅游目的地。尤其对于很多首次前往这一区域长线旅行的德

① 陈杰．2024，入境游真正复苏还要跨过几道坎？［EB/OL］．［2023-12-28］．https：//mp.weixin.qq.com/s/y2wzDzXL7iwP7fAADQMeiw.

国人，哪里花钱更少就选哪里。专家指出，同样是星巴克，一个海外游客在北京喝一杯星巴克和在东京喝一杯星巴克，前者比后者会贵10元。当贵出来的这些“10元”们在大交通、酒店、用车、餐饮、休闲等各个环节出现的次数越多时，中国的性价比就越低，入境旅游市场竞争力就越低。[①]

从2019年以来人民币对美元在岸金融汇率和CFETS汇率指数的变化来看，人民币共计出现4次破“7”的情况，分别是2019年8—9月、2020年4—5月、2022年9月以及2023年5月中旬。其中，2023年5月的破“7”是持续时间最长的一次，而前三次时间不长，且都是双向破“7”[②]。人民币短期内大幅度贬值，对于大型出境旅游批发商来说是有损失的。因为为了保持批量的价格优势，大型批发商会在海外进行批量采购，例如，提前预订大量的酒店和机位。批量采购时价格是约定好的，并约定了钱款交割时间，如果约定的时间恰在汇率变动之后，批发商这些批量预订的成本必然会增加。上游的批发环节利润率一般在5%左右，汇率跌1%，在来不及涨价的情况下，意味着批发商的毛利率要降低20%左右。所以，未来如果人民币继续贬值的话，有可能会对出境旅游产品的销售带来影响。

（一）有利影响

1.有利于我国旅游发展模式的转变。过去在外汇短缺的大背景下，我国旅游业始终被委以创汇的重任，过于强调旅游的创汇功能导致对旅游的其他功能重视不够，不利于旅游业的和谐、全面发展。人民币汇率的改革和长期升值趋势的存在，首先会从客观上促使我们改变入境旅游的增长方式，从以流量增长为基础的粗放型向以质量增长为基础的集约型转化，从根本上增强我国旅游的国际竞争力，而不是单纯依靠价格优势来参与国际竞争；其次会促使我们将整个旅游业的增长重点转移到国内市场，加强对国内市场的培育。此外，本币升值还会刺激出境旅游的发展，使出境旅游市场进一步壮大与完善，最终形成入境、国内、出境三大市场协调发展的良好格局和完整的旅游产业体系。

2.有利于我国国际客源结构的调整。由于以前采用的是人民币单一盯住美元的汇率形成机制，使人民币与其他非美元货币间的汇率受美元波动的影响过大，非美元国家游客旅华的不确定因素增多。如今人民币不再单一盯住美元，而是参考一篮子货币进行调节，减少了人民币汇率的波动性，降低了以前非美元国家游客旅华的不确定性，有利于我国国际客源结构的多样化。

3.有利于我国旅游国际竞争力的提升。表面上看，价格优势的减弱会降低我国旅游的国际竞争力，但从长远看，却有利于加快旅游增长方式的转变，促使我国旅游企业在日趋激烈的国际市场竞争中以质量求生存、以创新求发展，不断提高自身素质，从而从根本上增强我国旅游国际竞争力。

4.有利于我国旅游企业跨国经营。跨国经营是建设旅游强国的必由之路。人民币的升值，一方面可以有力推进出境旅游的发展，在不同的目的地国家和地区建立跨国企业，提供强大的市场基础；另一方面，可以使我国旅游企业境外投资成本下降、投资动机和投资能力上升。这两方面都会极大地促进我国旅游企业的跨国经营，加快我国旅游产业的全球

① 陈杰.2024，入境游真正复苏还要跨过几道坎？[EB/OL].[2023-12-28]. https://mp.weixin.qq.com/s/y2wzDzXL7iwP7fAADQMeiw.

② 宏宏.聚焦“中美货币政策周期深度错位下的人民币汇率”，CMF专题报告发布[EB/OL].[2023-12-11]. https://mp.weixin.qq.com/s/thPFe4nujK2C7r1rt7eQUg.

化进程。

（二）不利影响

1.不利于我国国际旅游外汇收支的平衡。人民币的升值，一方面会因价格优势的减弱而导致受价格弹性影响较大的部分国际游客减少，从而使入境旅游外汇收入相对减少；另一方面，由于本国货币购买力增强，出境旅游价格相对降低，会极大地促进出境旅游和境外购物的增长，使旅游外汇支出激增，从而加剧旅游国际收支方面的不平衡。人民币的不断升值，无疑会进一步加深这种矛盾，使我国国际旅游收支平衡的难度进一步加大。

2.不利于我国旅游业吸引国际资本。按照国际金融市场的一般规律，本币贬值有利于吸引国际资本流入；本币升值则会导致国际资本流出。人民币升值后，会相应增加国际资本在我国境内的投资成本，从而降低我国旅游业对国际资本的吸引力，造成旅游业投资强度的减弱。

3.不利于我国扩大内需战略的实施。人民币的升值使其在国际上的购买力相对提高，这将进一步刺激出境旅游的增长和本已经居高不下的境外旅游购物消费水平增长，造成“内需外流”。

问题：人民币如果升值对旅游的发展是否有利？你认为人民币汇率变动对旅游业的影响还表现在哪些方面？

扫描下方二维码查看“分析提示”。

2）旅游企业外汇风险管理

外汇风险管理是有国际业务活动的旅游企业财务管理的一项重要内容。要做好外汇风险管理，必须识别外汇风险种类，做好外汇风险预测，选择适当的规避外汇风险的举措。

（1）外汇风险的种类

外汇风险就是由于外汇汇率变动使旅游企业外汇实际价值发生增减变化可能给其造成的损失。正确认识外汇风险的种类，是进行外汇风险管理的首要条件。对外汇风险种类的划分，通常是以汇率变动后对一项经济活动产生影响的时间快慢和可能性程度为标准来进行的，以此划分可将外汇风险划分为交易风险、会计风险及经济风险。

①交易风险是指某一经济实体在以外币计价的交易中，由于外汇汇率波动而可能使收入或支出发生变动的风险，具体可分为买卖风险与交易结算风险。

买卖风险又称金融性风险，是指在以外币计值的国际借贷业务中，企业在债权债务尚未清偿前由于汇率变动而承担的风险；在远期外汇交易中，合约到期时，由于汇率变动而承担的风险。

交易结算风险又称商业性风险，这种风险是伴随着物资及劳务买卖的外汇交易而发生的。如国际贸易中购买或销售商品或劳务时，从提供商品或劳务到债权债务清偿要经历一段时间，在这段时间里汇率有可能发生变化，从而使未结算金额承担风险。

由于汇率变化给旅游企业带来的交易风险主要体现在以下方面：

首先，当外汇汇率变化时，旅游企业在向国外购买设备、原材料时会使购买成本随之发生变化，由此会给旅游企业带来外汇风险。如当汇率下调，即本国货币贬值，外币升值时，用外汇购买设备或原材料就会增加成本；反之，就会降低成本。

其次，当外汇汇率变化时，会给借入外汇债务的旅游企业在还款时带来风险。因为旅游企业所借外汇债务到期必须偿还外汇，而旅游企业在经营中收到的都是人民币，旅游企业必须将收到的人民币按一定汇率兑换成外汇，如果外汇升值，旅游企业将付出比原来更多的人民币才能偿还原定数额的外汇借款；如果外汇贬值，旅游企业则可以用较少的人民币兑换成外汇，用于偿还债务。

②会计风险又称折算风险、评价风险或转换风险，是指经济主体对资产负债表进行会计处理中，在将功能货币（在具体经济业务中使用的货币）转换成报表货币（编制会计报表所使用的货币）时，因汇率变动而使会计账簿上的有关项目发生变动的风险。当经济主体将其以外币计量的资产、负债、收入、费用等折算成以本币表示的有关项目时，汇率的变动很可能给其造成账面损失，虽然它不影响企业当期的现金流量，但在进行财务分析时，却会使各种财务比率发生变动。

如中国香港某中资集团在内地开设一饭店，若一年盈利200万元人民币，按当时汇率HK$1=RMB0.7021折算，合284.86万港元。但当会计报表报送到该集团时，由于人民币汇率下调，汇率变为HK$1=RMB0.9275，则200万元人民币折合成港币就变为215.63万港元。由于人民币贬值，该饭店账面上出现了69.23万港元的损失，这就是所谓的会计风险。

③经济风险又称经营风险，是指意料之外的因外汇汇率变动引起企业未来一定期间收益或净现金流量变化的一种潜在风险。汇率的变化可能影响到产品的成本、价格以及销售量发生变化，进而影响到收益的多少。收益变化的幅度主要取决于汇率变动对旅游企业产品或服务的销售量、价格和成本等的影响程度。经济风险是一种概率分析，是企业从整体上进行预测、规划和经济分析的一个具体过程。经济风险的分析在很大程度上取决于企业的预测能力。

在我国，饭店尤其是三资饭店对外依赖程度较高，如从国外采购物资、支付外方管理人员工资及利润分配等都须使用外汇，外汇汇率变化后会对其纯利带来不同的影响。通常情况下衡量饭店经营风险的大小，可以由两种汇率下的净现值之差来表示。该净现值之差的大小即表示饭店经营风险的大小。

（2）外汇汇率的预测

既然外汇风险主要是由汇率的变动引起的，那么避免外汇风险的关键就应该是对外汇汇率的变动趋势作出准确的预测。一般来说，影响汇率变动的因素有很多，主要包括：

①国际收支平衡情况，它对一国汇率变动发生直接影响，如果一国国际收支呈现顺差，则外汇供过于求，外汇汇率下降；反之，则外汇汇率上升。

②通货膨胀程度。当一国纸币发行量超过流通中纸币的需要量时，只能通过币值的下降、物价的上涨来恢复货币的供需平衡，在这种情况下，该国货币的汇价就会下跌；反之，则汇价稳定或上升。

③利率水平。国家间利率的差异将引起短期资本在国家间的移动，从而影响外汇的供求变化，进而影响汇率的变动。高利率水平促使国外资本流入，外汇市场上该国货币供不应求，则该国货币汇率上浮；反之亦然。

④其他因素，包括政府干预程度、关税政策、对外贸易政策、外汇市场的投机活动以及国际政治局势的动荡变化等，这些多数是通过国际收支的调节而影响汇率的。

（3）外汇汇率预测方法

①计量经济学法。在计量经济学的基础上通过建立预测模型，将各种因素的预计值代入其中求出汇率的预测数值。

②图表分析法。它是把汇率波动的日、月、年平均值等连成曲线，然后根据各种数值的位置来预测现时汇率趋势，从而确定其变动方向的方法。

③主观分析法。把影响汇率的因素归纳为通货膨胀率的差异、经常收支的动向和内外利差三个主要方面，人们会对上述因素变化产生不同的心理预期，它会作用于外汇市场，从而引起汇率的变动。这种变化是瞬息万变的，有时正规的分析方法难以适应，需要以分析预测者长期积累的经验作出预测。

（4）外汇风险防范对策

①对交易风险的管理。

第一，选择货币法。通常情况下货币的选择需要由双方谈判签订合同来决定。在人民币尚未成为可自由兑换货币的情况下，应争取付汇使用软货币，收汇使用硬货币。所谓软货币（soft currency）是指那种汇率不稳定，而且有下浮趋势的货币；所谓硬货币（hard currency）是指那种汇率比较稳定，且有上浮趋势的货币。当然所谓软硬货币是相对的，为平衡双方利益，采用组合货币法不失为一种可行的选择。

第二，调整价格法，即加价保值或压价保值。如饭店从国外采购物资，付汇采用硬货币结算，这时可将预测的汇价损失从进口物资价格中剔除掉，以转移汇率变动的风险。这时的即期成交计价公式为：

压价后商品单价=原单价×（1-货币升值率）

第三，提前错后法。这种方法是在预测到外汇汇率将要上升，外汇将要升值时，拥有外汇债权的企业延期收汇，拥有外汇债务的企业提前付汇。如某饭店要向日本采购物资，如果预测到日元将升值，就应提前进行采购。

第四，平衡法。它是指在同一时期内创造一个相同货币、相同金额、相同期限的资金反方向运动，以抵消或减轻汇率变动的风险。

第五，外汇交易法。这是国际上普遍采用的防止汇率风险的有效措施，主要是通过外汇市场上的远期外汇买卖、掉期外汇买卖、外汇期货买卖、外汇期权买卖等起到保值作用，从而减少外汇风险。随着我国外汇管理体制改革的不断深入，这种外汇风险的管理方法将会被更多运用。

②对经营风险的管理。随着市场经济体制的不断完善，旅游企业经营管理权不断扩大，筹集资金的渠道和方式越来越多，投资的领域也日益扩大。外汇体制改革后，普遍推行结售汇制，为旅游企业筹资币种的多样化及采购付汇币种的多样化奠定了基础，为各种外币的资产与负债间进行匹配，促使外汇风险相互抵消创造了条件。

③对会计风险的管理。对会计风险的管理，通常是实行资产负债表保值。它要求在资产负债表上使用各种功能货币表示的受险资产与受险负债的数额相等，以使其折算风险头寸（受险资产与受险负债之差）为零。只有这样，汇率变动才不致带来会计折算上的损失。

● 5.3 旅游企业结算资产管理

5.3.1 旅游企业结算资产的概念

结算资产的货币表现是结算资金。结算资金是指旅游企业在结算过程中发生的各种应收及预付款项，如应收账款、应收票据、预付账款及其他应收款等。

应收账款是由于赊销产品或服务而应向客户收取款项的一种短期债权。应收票据是旅游企业在业务经营过程中因赊销产品或服务而发生的有正式书面文件证明的应收款项。

其他应收款是指旅游企业发生的各种赔款、罚款、保证金、应向职工收取的各种垫付款等。

5.3.2 旅游企业应收款项的管理

1）应收账款的功效分析

（1）应收账款的利益分析

在激烈的市场竞争环境中，旅游企业想尽各种方法吸引顾客，其中在结算方面采用的促销手段之一是采用应收账款结算。运用应收账款进行结算，相当于为客户提供一个短期无息贷款，可以起到刺激客户消费的作用，从而为旅游企业增加营业收入奠定基础。

（2）应收账款的成本分析

旅游企业采用应收账款结算会产生一系列成本，这些成本主要有以下几个方面：首先是管理成本，如调研成本、记账成本、催收款成本；其次是机会成本；再次是坏账成本；最后是税收成本及各项隐性成本。

旅游企业在决策是否运用应收账款结账以及应收账款规模大小、期限长短时必须综合平衡利弊得失，以形成正确的决策。

2）应收账款的管理思路

[相关链接5-1] **应收账款的风险防范对策**

1.树立应收账款的时间观念和风险观念。

2.建立风险预警机制，防患于未然，为此要加强对“签单”账目的管理，建立“签单”客户信息档案。

3.选择好银行结算方式，防范信用陷阱。

虽然应收账款结算方式是旅游企业不可缺少的竞争手段，但若管理不好的话，会使成本大于收益，为此必须加大管理力度，实施正确的管理思路，全程监管就是有效的管理思路。

（1）事前筹划——制定周密的信用政策并及时调整信用政策

信用政策是指旅游企业对应收账款容许的最大风险程度、信用期的长短及折扣率等方面所采取的政策，包括信用标准、信用期限、折扣方针和催收款政策等。

①信用标准。它是指旅游企业接受客户赊销条件时，客户必须具备的最低财务能力。降低信用标准会增大赊销规模，也会使坏账损失率增加；提高信用标准会增加营业收入，但相应的成本也会增加。旅游企业在制定信用标准时，需要对客户进行信用评估，评估的内容包括偿债能力（capacity）、信誉（character）、资本（capital）、担保品（collateral）、

其他情况（condition），简称资信调查的“5C”。信用标准通常用预计的坏账损失率来衡量，对由此衡量的不同信用等级的客户采用不同的信用期限及最高信用限额，以确保应收账款及时收回。

[相关链接5-2] **客户永远是上帝吗**

有一句商业格言说得好：客户既是企业最大的财富来源，也是最大的风险来源。只有那些有偿付能力的客户才是重要的客户。在经营活动中，应该对客户进行严格管理，使客户真正成为财富的来源，而不是灾难的来源。

要记住：追讨只是一种事后措施，更重要的是前期预防和中期控制。

②信用期限。它是指旅游企业允许客户推迟付款的时间，如“net 30”就表示客户需要在30天内付款。

③折扣方针。它是指为了鼓励客户尽早付款所采用的让利政策，包括折扣率和折扣期限的确定。如“2/10，net 30”表示客户需要在30天内付款，但若能在10天内付款的话，则可以获得2%的现金折扣。通过这种方式可以刺激客户尽早付款，降低旅游企业资金占用量，减少时间价值损失。

④催收款政策。它是指对过期应收账款进行催收所遵循的原则及采用的方式。采用何种催收款政策需要视旅游企业经营状况的需要和对客户关系管理的需要确定，应以服务为先、制裁为后的原则循序渐进，可采用电话提示、信函催要、上门收账、诉诸法律等步骤，以尽量降低拖欠款损失。

在旅游企业信用政策制定并实施中，要随时根据需要和变化调整信用政策，可根据客户档案中记录的客户还款情况调整赊销额度和赊销期限，以降低应收账款方面的资金占用额，加速流动资金周转速度。

（2）事中监控——进行定期的账龄分析并及时发现拖欠款分布状况

影响应收账款风险高低的重要因素是应收账款期限及其分布，因此，加强对应收账款账龄状况的分析，可以使旅游企业及时掌握在付款期内付款客户的比重、在折扣期内付款客户的比重、超过信用期后付款客户的比重以及呆死账比重，从而及时发现拖欠款苗头，采取措施防患于未然。

旅游企业要结合应收账款预算水平及结构分布计划，针对实际完成情况进行对比分析，从中发现拖欠款的客户及其拖欠比例，决定是否取消其拖欠资格或进行相应的调整，以确保资金占用时间分布上的合理性和计划性。

表5-1为某旅游企业应收账款账龄分布百分比比较表。

表5-1 **某旅游企业应收账款账龄分布百分比比较**

应收账款账龄	预算标准（%）	实际完成情况（%）
0~30天	45	40
31~60天	40	32
61~90天	9	17
90天以上	6	11

由账龄分析表可以看出，该企业账龄分布状况有恶化的趋势，因为账龄长的应收账款所占比重越来越大，说明拖欠款现象在增多。对此必须引起高度重视，仔细分析谁在拖欠、为什么拖欠、拖欠带来的成本是否超过可承受界限，应针对具体原因和情况采取不同对策。

除了定期进行账龄分析以识别危险来源外，还要通过多条途径捕捉一些蛛丝马迹，以帮助作出判断。一般常见的欠款信号有：我公司没有足够的流动资金；我公司的客户欠我的钱还没还，所以无法支付你们的欠款；我公司总经理住院了；你们的服务质量有问题，现在有客户投诉；支票已经寄出了，你们的账号不对；突然变更银行的账号；下期交易额突然增大；在同行中传闻有不利的消息等。

（3）事后弥补——强化既定的催收款方针并及时反馈问题

一旦拖欠款事实已经成立，就必须采取强有力的、有序的收款步骤力争减少不必要的损失。一般来说，催收款力度不够，会使拖欠款时间进一步延长，从而降低资金周转速度；而催收款力度过大，又可能导致与客户关系破裂，影响业务量增长。因此，在收款过程中要以收款成本最小化为原则，有计划、有步骤地实施收款方案。对客户不同情况下的拖欠款要区别对待，对确有困难的客户要适当放宽信用期限，以帮助有困难的客户渡过难关，为形成忠实客户奠定基础；对于故意拖欠款的客户在屡次催要未果的情况下，必须采取严厉措施催收，以保护自身合法利益。

在催款过程中要坚决遵守信用政策中制定的催收款方针和步骤，本着“先礼后兵”的原则，有计划、有步骤、有礼有节地实施催收款，一般来说，按照如下步骤进行：

①信函提示及催要。为体现服务在先的精神，可以在款项快到期限的时候（如还有一周到期）用信函提示对方，做好结账的准备。一旦某款项已经到期，可以发出一封礼貌的催款函。如果在指定的期间仍未支付的话，就要再发出一封言辞比较强硬的催款函。

②电话催要。除书信以外，可以给应付账款的负责人打几次电话。信用经理可以凭借其丰富的业务关系和良好的谈判技巧向对方经理直接催要，一般来说这一方法较为奏效。

③登门拜访催要。这种方法适合于客户与旅游企业在同一城市的情况下，因此有一定局限性。但是这种方法可以有效对付那种谎称“支票正在邮寄中”的骗局，因为收款人亲自前往就免去邮寄的问题，而且频繁登门也能给对方带来一定的压力或产生某种歉意。当然相对来说成本也比前两种要高。

④收款代理催要。越来越多的代理公司专门提供信用管理和催账服务。由于这是一种比较昂贵的收账方式，只有在以上各种方法都不奏效时才被使用。

⑤法律手段催要。此方法可以被看作收账方法中最为极端的一种。这种方式成本较高，并且可能引起客户破产，就算收账成功了，法律手段的采用可能导致与客户关系恶化，也就意味着双方贸易关系的结束。

[相关链接5-3] **催收欠款的十个要点**

1.调整心态，坚定催收欠款信心。

2.做好欠款的风险等级评估。

3.做好催收欠款全面策划。

4.根据欠款户还款情况，把握好催款时间。

5.相时而动。

6. 不能在拿到钱之前谈生意。

7. 时刻关注一切异常情况。

8. 辨明客户各种“借口”的真相。

9. 在催收欠款的过程中还需归纳整理账目，做到胸有成竹。

10. 在收到欠款后，要做到有礼有节。

3）应收账款的坏账准备金管理

无论旅游企业采用何种管理手段，总是无法避免出现到期不还且最终无法收回的款项，这就是所谓的坏账。现行财务管理制度规定，旅游企业必须实行坏账准备金制度，为坏账损失规定一个稳定的资金来源。

（1）坏账损失的确认

一般来说，当发生以下任一情况时，便可确认发生了坏账损失：一是因债务人单位撤销，依法进行清偿后，确实无法追还的部分；二是因债务人死亡，既无遗产可供清偿，又无义务承担人，确实无法收回的部分；三是债务人逾期未履行偿债义务超过3年，确实不能收回的部分。

（2）坏账损失的核算方法

对坏账的核算一般有直接核销法和备抵法两种。直接核销法是当坏账发生时，将损失直接从应收账款中转销。备抵法是按期估计坏账损失，转作费用，记入“坏账准备”账户，待坏账发生时，冲减坏账准备金。采用备抵法来估算坏账损失可以有三种方法，即销售百分比法、账龄分析法、应收账款余额百分比法。我国分行业财务制度规定，采用应收账款余额百分比法时，按年末应收账款余额的3‰~5‰计提坏账准备金。如果当年发生的坏账损失超过上一年计提的坏账准备金部分，则计入管理费用；少于上一年计提的坏账准备金部分，则冲减管理费用。收回已核销的坏账，增加坏账准备金。对于不计提坏账准备金的旅游企业，当发生坏账损失时，可计入管理费用。

4）旅游企业应收票据的管理

票据是出票人自己承诺或委托付款人在见票时或指定日期无条件支付一定金额、可以流通转让的有价证券，包括汇票和期票。

（1）汇票

汇票是出票人（旅游企业）签发、由付款人（客户）按约定的付款期限，对指定的收款人无条件支付一定金额的票据。汇票有商业汇票和银行汇票两种。当旅游企业持有的汇票未到期时，则构成旅游企业的应收票据。

旅游企业签发使用汇票时必须坚持以下原则：

①使用汇票的单位必须在银行开立有账户。

②签发汇票必须以产品或劳务交易行为作为基础。

③所签发的汇票必须记明签发日期、金额、付款人名称和账号、付款人开户银行名称及行号、收款人名称及账号、收款人开户银行名称及行号、汇票到期日、交易合同号码、签发人印章。

④汇票可以背书转让或贴现。

旅游企业应设置专门的应收票据登记簿，以方便分项管理；旅游企业应学会利用背书方式支付应付款项，以节约资金，转让风险；旅游企业对未到期票据进行贴现时，要考核其成本与收益，注意区分名义利率与实际利率。

（2）期票

期票是由客户签发并承诺在指定日期无条件支付一定金额给收款人或持票人（旅游企业）的票据。对旅游企业而言，该票据就是一种应收票据，分带息期票和不带息期票两种。

5）旅游企业应收账款管理效果评价

对旅游企业应收账款管理效果的评价可以通过应收账款周转率指标进行，该指标表明在一定时期内（通常指1年）应收账款转变为现金的次数。其计算公式为：

$$应收账款周转率=\frac{赊销收入净额}{应收账款平均余额}\times 100\%$$

其中：赊销收入净额 = 营业收入-现销收入

$$应收账款平均余额=\frac{期初应收账款余额+期末应收账款余额}{2}$$

实际工作中经常运用应收账款平均收账期反映应收账款周转速度，所谓平均收账期是指1年内应收账款平均收回的时间。其计算公式为：

$$应收账款平均收款期=\frac{平均应收账款}{销售额}\times 365$$

应收账款周转速度越快，平均收账期越短，说明应收账款回收管理越有效。一般来说，应收账款平均收账期为30天比较合适，不过不同旅游企业经营状况不一，也不可一概而论。

● 5.4 旅游企业存货资产管理

5.4.1 旅游企业存货资产管理概述

1）旅游企业存货资产的概念

存货是指旅游企业在生产经营过程中为销售或者耗用而储备的物资，包括各种原材料、燃料、物料用品、低值易耗品、商品等。

原材料主要包括食品原材料，即食品原料、调料、配料等；汽车零配件；各种维修材料，如水暖电器照明、电机的维修材料，建筑物维修的材料、涂料，小五金等日常消耗材料。

燃料指旅游企业消耗的各种液体、固体、气体燃料的储备。

物料用品指旅游企业用于服务、办公及日常管理等方面的日常用品，包括为旅游者备用的物品、各种办公用品、营业部门的日常用品、针棉织品、包装物品、其他物品。

低值易耗品指旅游企业内不够固定资产标准的各种工具、用品等，如家具用品、办公用具、工具、劳保用品、仪器仪表、金属餐具、玻璃器皿、摆设挂饰等。

商品指商品部销售的商品储备。

2）旅游企业存货的功效分析

（1）旅游企业持有存货的利益分析

旅游企业在经营过程中必须保持一定的存货数量，通过储存一定量存货可以获得以下利益：首先可以确保经营活动的连续性，防止由于缺货而产生的潜在利润损失或商誉损失；其次可以获得批量采购的成本优惠，为降低生产成本奠定基础；最后有可能获得升值利益。

（2）旅游企业存货资产的成本分析

旅游企业耗费在存货资产上的成本主要包括以下几部分：

①存货的采购成本。它指旅游企业为采购存货而发生的买价和运杂费等，其大小取决于存货的采购数量和单位价格。

②订货费用。它指为订货而发生的各种费用，包括固定订货费用和变动订货费用。前者如采购人员的工资，采购部的办公费、水电费、折旧费等；后者如订货的验收费用。

③储存费用。它指因储存存货而发生的各种费用，包括固定储存费用和变动储存费用。前者如库房的折旧费、库管人员的工资等；后者指占用资金而应计的利息、保险费、损耗等。

3）旅游企业存货管理的目标与内容

旅游企业存货资产管理的目标是在保证企业正常经营需要的前提下，降低存货资产管理总成本。

旅游企业存货资产管理的内容主要包括：合理核定存货资金占用额，以提高存货资金周转率；合理确定存货订货点和存货经济订货量，以降低存货资金成本；合理核算存货发出成本，以核定生产成本和控制纳税额；合理安排存货摆放位置，以降低存货损耗。

[实例 5-3]　　酒店里有好茶吗？

说到酒店的茶，可能大家的第一反应都是茶包：连锁酒店的立顿是抹不去的印记；而五星级酒店用的基本都是TWG、Ronnefeldt、Dilmah等国外品牌。中国自古以来作为影响力深厚的茶文化大国，竟然鲜少能在酒店茶市场中抢占些许份额。

中国自古以来就是产茶大国，在国内，茶叶零售是个高达3 000亿元规模的市场。但与国际成熟市场相比，中国茶叶消费仍有4～5倍的增长空间。不同于国外已经出现立顿、TWG、Mariage Freres等大型茶品牌，国内茶企难以打出知名度：茶叶产地分散，制茶工艺还停留在较为原始阶段，再加上“画盘圈地”现象严重，难以实现规模扩张，但其实主要还是因为普遍缺乏品牌塑造意识。

近十年间，酒店茶包市场也已经开始悄然转变，比如新兴品牌CHALI的出现。虽然茶包更为方便、快捷，同时成本更低，更能适应酒店的经营需要，但茶包的口感，一直以来却也广为爱茶人士诟病。同时由于国外大牌茶包在酒店行业几乎是处于垄断地位，因此国内的传统茶在酒店中鲜有身影。

十年前，悦榕庄就已经开始建立自有茶品牌。2012年，悦榕庄茶品牌正式创立。悦榕庄，字义简单，其中却蕴含着创立者最初的期望：悦榕庄的茶，能“悦人”亦能“悦己”；喝过这茶的人能像榕树的寓意那般平安健康、吉祥长寿；对茶怀揣热情的人能凝聚在一方院落里共同畅想未来。始终坚持传统手工制茶技艺，遵循自然、有机、健康的制茶理念，用心做好每一款茶。

“自然、有机、健康”，对悦榕庄来说是最重要的三个标准，也是品牌一直以来践行的事。为了做到这三个标准，悦榕庄的创立者将目光放在了茶叶发源地之一的武夷山，将武夷山的红茶与岩茶作为茶文化传播的重要阵地。

同样在做酒店自有茶的还有后起之秀——亚朵。与悦榕庄的目标不同，除了让中国茶

“走出去”，亚朵还想让怒江贫困山区的人们能先“走出来”。

始于扶贫，终于共富裕。在亚朵集团的大力帮扶下，“亚朵村的茶”品牌也逐渐打响。自2018年亚朵茶叶种植农民专业合作社成立以来，亚朵集团共向亚朵村采购成品茶总金额超过400万元，参与合作社的农户也由原来的34户增加到320户。“亚朵村的茶”通过亚朵，于深山中递出缕缕芳香。

但在传统茶文化的推广上，目前来看，国内的民宿以及地方特色单体酒店，可能还是走在高端酒店前面。高端酒店如何利用自己的品牌效应、服务优势以及体验空间，更好地融合所在地的茶文化，是值得思考的问题。

在这一点上，香格里拉或许能够给出一些参考。

Dilmah茶品牌是香格里拉的“心头好”，好茶的客人随时都可以在房间找到酒店备好的茶包；如果是套房级别，酒店准备的茶品也会升级到更好的Dilmah铁罐装t系列，还会增加伯爵和铁观音。

除此之外，步入任何一家香格里拉，都会感受不同的民俗风韵。这是因为几乎每一家香格里拉酒店都提供饱含所在地本土文化的茶叶：从东北长春香格里拉的人参茶到海南三亚香格里拉的白沙绿茶，从长江入海口上海浦东香格里拉的桂花茶到高原之巅拉萨香格里拉的酥油茶……

入住过香格里拉的客人们，可能都会记得进房间那一刻，映入眼帘的就是桌上精美的保温藤编茶篮，中国风的花布，包裹着依旧温热的茶壶和配套的搪瓷杯，暖暖一杯下肚后，便能一扫旅行或是长途飞行的疲倦，让人忘情享受香格里拉时区。

当高端酒店在茶包上花样百出，充分利用中华源远流长的茶文化装点自身的品格时，中低档酒店却深受茶包采购的困扰。在中低档酒店，提起茶包，顾客纷纷敬而远之：“煮茶壶我都不敢碰，哪敢碰茶包？”酒店也深感无奈：“摆普通红茶绿茶茶包，客人嫌不干净、档次低，很少消费，导致茶品过期，浪费成本。摆放太高档的茶包，成本又太高。但是不摆放茶包，显得酒店档次低，没有体验感，没有内涵。”

问题：1.服务品质和规格如何靠旅游企业的采购来实现？

2.旅游企业在进行采购的过程中，除了考虑成本要素之外是否还可兼顾下其他要素？如何在节约成本和保证品质之间达到均衡？

资料来源 君故.酒店里有好茶吗？[EB/OL].[2022-06-30]. https://mp.weixin.qq.com/s/luhBGKMjG5ATrFO4yf6GIw.有删改。

5.4.2 存货资金定额的核定

存货是旅游企业流动资产中的主要组成部分，对存货资产管理效果的影响重大。必须对存货资金定额严加控制，以节约资金占用额，提高存货资金周转率。

存货资金定额核定方法一般有定额日数法、因素分析法、比例计算法、余额计算法。

1）定额日数法

它也叫周转期计算法，是根据旅游企业各种存货平均每天的周转额和存货的周转日数确定存货资金占用额的一种方法。其计算公式为：

存货资金占用额 = 每日平均周转额×资金定额日数

其中：定额日数——资金完成一次循环所需要的天数，包括在途日数、验收整理日数、供应间隔日数、保险日数；每日平均周转额——每日平均资金占用额，它是日平均占用量与单价的乘积。

该方法是核定资金定额的基本方法，适用于原材料、燃料等存货资金定额的核定。

2）因素分析法

它是以上一年存货实际平均占用额为基础，根据对预算年度各项变动因素的分析，并剔除不合理占用部分，从而确定定额水平的方法。其计算公式为：

$$\text{存货资金占用额}=(\text{上年度存货实际平均占用额}-\text{不合理占用额})\times(1\pm\text{预算年度接待量变动量})\times(1-\text{预算年度存货资金周转加速率})$$

该方法既可用于核定个别存货项目，也可用来推算部门或整个旅游企业的存货定额。

3）比例计算法

它是根据资金占用量及有关因素之间的比例关系来确定存货定额的方法。其计算公式为：

$$\text{存货资金占用额}=\text{预算年度某项指标}\times\frac{\text{上年资金实际平均占用额}-\text{不合理占用额}}{\text{上年有关因素实际数}}\times(1-\text{预算年度资金周转加速率})$$

该方法适用于燃料、低值易耗品等项目的资金核定。

4）余额计算法

它是以上年末结转的余额为基础，根据预算年度发生额、摊销额来计算存货资金定额的方法。其计算公式为：

存货资金占用额=预算年度期初存货结余额+预算年度存货发生额-预算年度存货摊销额

该方法适合于低值易耗品、待摊费用等占用额较稳定的存货项目。

5.4.3 旅游企业存货管理的模式

1）ABC法

ABC法是意大利经济学家巴雷特于19世纪首创的，后经不断发展，现已广泛用于存货管理。该方法的核心思想是抓住重点，带动一般，具体来说就是将旅游企业品种繁多的各种物资划分为A、B、C三类，对不同类物资采用不同控制措施的一种管理方法。

该方法的基本步骤是：

（1）计算每一种存货在一定时间内的资金占用额；

（2）确定并排序每种资金占用额占全部资金占用额的百分比；

（3）依据重要程度、消耗数量、价值大小、资金占用等情况对存货进行分类，A类物资需重点管理，B类物资次重点管理，C类物资一般管理。

这种对物资实行区别对待、重点管理的方法，可以使管理者的主要精力从烦琐的工作中解脱出来，因此ABC分析法是合乎经济原则的。

2）订货点法

订货点是指某项物资在一定日期必须进行订货的存货数量，即存货量达到此点就要订货。一般来说，确定订货点时需要考虑以下因素：

（1）平均每天的正常耗用量。

（2）预计每天最大耗用量。

（3）订货提前时间量，即从发出订单到货物验收完毕所用的时间。

（4）预计最长提前时间。

（5）保险储量，即为防止耗用量突然增大或交货误期所必需的储备量。

在综合考虑以上因素的情况下，订货点公式为：

订货点量 =（预计每天最大耗用量×预计最长提前时间−平均每天正常耗用量×提前时间量）÷2

【例5−2】某饭店餐饮部正常情况下每天耗用某种原料为10听，订货的提前时间为1天，预计高峰期最大耗用量为13听，最长提前期为1.5天，则：

订货点量=（13×1.5−10×1）÷2

= 4.75（听）

该饭店在该类原料方面控制的订货点约为5听。

3）经济订货量法

经济订货量是指使旅游企业在存货上所花费的总费用为最低的每次订货量。总费用由订货费用和储存费用组成。订货费用主要包括物资的运杂费和到货的检验费、采购人员的差旅费和办公费等；储存费用主要包括库房建筑物及设备的折旧、修理费、库存物资的保险费、仓库职工的工资及办公费、库存物资的合理损耗、库存物资占用资金的利息等。订货费用与订货次数成正比，储存费用则与订货次数成反比。如果每次订货量越大，则1年内订货次数就越少，储存量就越多，从而订货费用降低，而储存费用提高；反之，如果每次订货量越小，则1年内订货次数就越多，储存量就越少，从而订货费用增加，储存费用减少。将两者综合考虑，令两者之和为最低的采购批量即为经济订货量。

经济订货量（最佳订货量）计算公式为：

$$Q=\sqrt{\frac{2HS}{C}}$$

其中：H——全年订货量；Q——每次订货量；S——每次订货费用；C——单位商品储存费用。

$$\text{经济批次}=\frac{H}{Q}=\sqrt{\frac{HC}{2S}}$$

$$\text{最低年成本合计}=\sqrt{2HSC}$$

【例5−3】某饭店有客房200间，计划年出租率80%，每间客房每天配备小香皂2块，每次订货费用为120元，年平均储存费用为0.25元，求最佳订货量和经济批次。

$$Q=\sqrt{\frac{2HS}{C}}=\sqrt{\frac{2\times 200\times 80\%\times 360\times 2\times 120}{0.25}}=10\,516(\text{块})$$

$$\text{经济批次}=\frac{H}{Q}$$

$$=\frac{200\times 80\%\times 360\times 2}{10\,516}$$

$$=11(\text{次})$$

$$\text{最低年成本合计}=\sqrt{2HSC}=\sqrt{2\times 200\times 80\%\times 360\times 2\times 120\times 0.25}\approx 2\,629\text{（元）}$$

经计算求得该例中经济订货量为每次10 516块，1年经济采购批次为11次，年最低成本合计为2 629元。

在上述最佳订货量模式的介绍中，没有考虑到缺货成本、数量折扣及物价变动等因素，但在实际工作中，经常会遇到这些问题，现简略介绍一下。

（1）缺货成本。缺货成本是指由于存货供应中断而给旅游企业造成的损失，包括由于因缺货而造成的经营活动的中断或销售机会的丧失所带来的利润的减少，以及因无法满足游客正常需要所带来的商誉损失等。缺货成本具有很大的不确定性，其数量大小也难以准确估计，但在经营中它时刻困扰着管理者，尤其在餐饮原材料库存方面表现更突出。为此必须密切注意游客消费需求的动态变化，提高对存货水平预测的能力，以降低缺货成本。

（2）数量折扣。数量折扣是指每次订购某种物资的数量达到或超过某一限度后所享受的价格上的优惠。

接受供应商的数量折扣，对旅游企业来讲利弊共存。从利上说接受数量折扣可以降低买价，并使订货费用降低；从弊上说接受数量折扣会使资金占用量增加，储存费用也会随着订货量的增加而增加。正因为如此，旅游企业是否接受数量折扣就要看存货上所花费的总成本孰高孰低了，总成本最低的便是最佳方案。这里总成本是由三部分组成的：买价、订货费用、储存费用。现举例说明如下：

【例5-4】某饭店全年需用软饮料2 000箱，每箱购买价为75元，每次订货费用为40元，每箱饮料年储存费用为8元，供应商提出，若饭店每次订购数量为500箱时，可给予2%的价格优惠，试分析该饭店是否应接受数量折扣。

①不接受数量折扣所花费的存货总成本：

$$Q=\sqrt{\frac{2HS}{C}}=\sqrt{\frac{2\times 2\,000\times 40}{8}}=141(\text{箱})$$

购买价=2 000×75=150 000（元）

订货费用=订货次数×每次订货费用=$\frac{2\,000}{141}\times 40=567$（元）

储存费用=平均储存量×每单位储存费用=$\frac{141}{2}\times 8=564$（元）

在存货上花费的总成本=购买价+订货费用+储存费用=150 000+567+564=151 131（元）

②接受数量折扣所花费的存货总成本：

购买价=2 000×［75×（1-2%）］=147 000（元）

订货费用 $=\frac{2\,000}{500}\times 40=160$（元）

储存费用=$\frac{500}{2}\times 8=2\,000$（元）

在存货上花费的总成本=147 000+160+2 000=149 160（元）

从上述计算可以看出，接受数量折扣的存货总成本低于不接受数量折扣的存货总成本，所以还是接受数量折扣为好。除了从成本高低上进行比较外，还要考虑资金的时间价值、该种存货的市场状况及其本身的物理属性和保质期限等。

（3）物价变动。物价变动对存货的储备水平及资金占用都有重要的影响，尤其是饭店食品原材料存货受保质期影响不能储存过多，需要经常订购，因此其成本起伏较大。在通货膨胀比较严重的时候，对存货的影响就更大，通常情况下，购买心理是买涨不买跌，因此，预计物价有上涨的趋势时就要多买些，相反就少买些。当然买多与买少还要结合旅游企业对该物资消耗情况、该物资储存难易程度、该物资消耗时长、企业资金状况及利息高低等多种因素综合考虑。

5.4.4 存货的收发核算管理

1）接收存货的价值核算

存货的计价是以实际成本为依据的。对于不同来源的存货，由于实际成本不同，因而计价也就不同：

（1）对于购入的各类存货（除商品外），按原始进价加上旅游企业可直接认定的运杂费和缴纳的税金等计价。

（2）对从国内购进的商品按购进商品原价计价，对从国外购进的商品按进价加进口税金、购进外汇价差和支付委托外贸部门代理进口的手续费计价。

（3）对自制的存货，按制造过程中各项实际支出计价。

（4）对投资者投入的存货，按评估价值或协议规定计价。

（5）对盘盈的存货，可按市价计价。

2）发出存货的价值核算

发出存货的价值核算方法有多种，不同的方法选择会对旅游企业当期成本高低以及当期应纳税额多少产生不同影响，因此旅游企业必须严格管理，一旦选择某种计价方法，不能随意变动，要保持一定时期的稳定性，以便向不同利益主体传递相同的财务信息。

常用的发货的计价方式主要有先进先出法、加权平均法、移动平均法等。

（1）先进先出法是假定先购入的材料物资先发出，即日常发出存货的实际成本是按存货中最先购入的那批单价计算发出存货的成本。在物价上涨期间，采用此法的期末存货成本高于平均成本法的成本，而发出的存货成本则较低。结果是当期成本低，利润高，上缴所得税高。

（2）加权平均法是以存货的成本除以其数量，得到加权平均单位成本，用来计算期末存货的成本。应用此法反映的成本比较正确，但期末存货不能反映当时价格。

（3）移动平均法是在每次收到货物后，立即对存货算出新的单位平均成本，作为发货的成本。应用这种方法可避免单位成本的剧烈变动，但是期末存货不能反映当时价格。

5.4.5 存货的日常管理

1）完善存货采购申报制度，按核定的资金定额控制采购资金占用量

在常规采购系统正常运转情况下，依据接待量的波动规律和库存物资实有数量的变化，灵活调整采购数量及采购频率，以形成基于常规采购系统的动态采购模式。为此必须做到：

（1）采购申报制度化。

（2）采购人员轮岗化。

（3）采购数量灵活化。

（4）采购规格统一化。

（5）采购价格协商化。

（6）采购评价整体化。

2）认真做好存货验收入库工作

坚持验收原则，实行存货验收一票否决制，对验收合格的物资尽快归入不同的货架，依据不同物资的保管要求，做到：

一全：相关制度健全。

二有：有岗位责任、有存货定额。

三化：仓库环境整洁化、材料堆放有序化、材料收发规范化。

四符：账、卡、物、种相符。

五防：防火、防盗、防潮、防霉、防过期。

3）严格执行存货领发料制度

避免无凭据的口头领料，避免领料时间混乱导致管理效率低下，避免一些物料随包装物退出时流失，防止发料中出现数量不等、规格不符、责任不清、时间不一等混乱现象，为此必须坚持做到六化：

（1）领发料依据表单化。

（2）领发料签字责任化。

（3）领发料时间统一化。

（4）领发料顺序有序化。

（5）领发料计价稳定化。

（6）领发料检查仔细化。

4）坚持完善月末存货盘点制

盘点方法既可以账面数字核对实物，也可以实盘数核对账目，前者对账内品种不易漏掉，但对账外品种容易漏盘；后者虽盘点比较全面彻底，但在与账面核对时较为麻烦。对盘点结果要编制盘点报告单，对盘盈的存货可冲减管理费用；对盘亏和毁损的存货在扣除过失人及保险公司赔款和残料价值之后，可计入管理费用；对由于非常原因造成的毁损部分，在扣除保险公司赔款和残料价值之后，可计入营业外支出。为此必须做到：

（1）盘点人员多元化。

（2）盘点时间定期化。

（3）盘点项目细分化。

（4）盘点核算定量化。

（5）盘点处理及时化。

本章小结

流动资产是指可以在1年内或者超过1年的一个营业周期内变现或运用的资产，主要包括现金、应收及预付款项、存货、短期投资等。

全面认识旅游企业流动资产的特点可以帮助我们更好地管理流动资产。流动资产的特点包括：占用内容的多样性、占用形态的变动性、占用数量的波动性、占用效果的时间性。

提高流动资产管理效果必须明确流动资产管理目标与要求。流动资产管理目标就是要加速流动资产周转速度，以最合理的流动资产占用实现最大的投资效益，具体来说表现在以下两个方面：首先在数量上要降低流动资产占用量；其次在结构上要优化各类流动资产占用比例。流动资产管理要求有：从总量上控制流动资产资金占用量，降低无效占用，为提高周转速度奠定基础；从结构上协调好各流动资产间的比例关系，重点管理好存货和应收账款等主要流动资产。

从旅游企业流动资产包括的内容来看，可以分为货币资产、结算资产和存货资产，因此对流动资产的管理需要对这三类资产分别论述。旅游企业货币资产是指旅游企业经营资金在周转过程中停留在货币形态的部分，表现为一定量的货币资金。货币资金一般包括现金、银行存款和其他货币资金。

旅游企业作为涉外经营企业，在其运营过程中不可避免地会存在外汇收付及债权债务关系，管理不好，会给旅游企业带来较大损失，因此旅游企业财务管理的重要内容之一便是对外汇资金的管理。外汇是“国际汇兑”的简称，它分为动态和静态两种含义。外汇的静态含义是指以外国货币表示的用于国际结算的支付手段，我们通常所说的外汇，是就静态含义而言的外汇。旅游企业要做好外汇风险管理，必须识别外汇风险种类，做好外汇风险预测，选择适当的规避外汇风险的举措。如果以汇率变动后对一项经济活动产生影响的时间快慢和可能性程度为标准来进行外汇风险划分的话，那么可以将外汇风险划分为交易风险、会计风险及经济风险。

既然外汇风险主要是由汇率的变动引起的，那么避免外汇风险的关键就应该是对外汇汇率的变动趋势作出准确的预测。一般来说，影响汇率变动的因素主要包括国际收支平衡情况、通货膨胀程度、利率水平和其他因素，包括政府干预力度、关税政策、对外贸易政策、外汇市场的投机活动以及国际政治局势的动荡变化等。旅游企业必须加强对外汇汇率变动的预测，以增强防范外汇风险的能力。

对交易风险的管理主要可采用选择货币法、调整价格法、提前错后法、平衡法、外汇交易法。对会计风险的管理，通常是实行资产负债表保值，即在资产负债表上使用各种功能货币表示的受险资产与受险负债的数额相等，以使其折算风险头寸（受险资产与受险负债之差）为零。

旅游企业结算资产的货币表现是结算资金。结算资金是指旅游企业在结算过程中发生的各种应收及预付款项，如应收账款、应收票据、待摊费用、预付账款及其他应收款等。其中影响结算资产运营效果的最重要资产是应收账款。

存货资产是旅游企业尤其是饭店企业的重要流动资产形式。所谓存货是指旅游企业在生产经营过程中为销售或者耗用而储备的物资，包括各种原材料、燃料、物料用品、低值易耗品、商品等。旅游企业存货管理的目标是在保证企业正常经营需要的前提下，降低存货资产管理总成本。

旅游企业存货资产管理的内容主要包括：合理核定存货资金占用额，以提高存货资金周转率；合理确定存货订货点和存货经济订货量，以降低存货资金成本；合理核算存货发出成本，以核定生产成本和控制纳税额；合理安排存货摆放位置，以降低存货损耗。旅游企业存货管理的模式主要包括ABC法、订货点法、经济订货量法。对存货资产的日常管理需要把握以下几点：完善存货采购申报制度，按核定的资金定额控制采购资金占用量；认真做好存货验收入库工作，坚持验收原则，实行存货验收一票否决制；严格执行存货领发料制度，避免无凭据的口头领料，避免领料时间混乱导致管理效率低下，避免一些物料随包装物退出时流失，防止发料中出现数量不等、规格不符、责任不清、时间不一等混乱现象；坚持完善月末存货盘点制，对盘点结果及时作出处理。

关键概念

流动资产　货币资产　结算资产　存货资产　外汇资金

基本训练

□案例分析题

1.案例基本情况

投资20亿元的大庸古城，正在拖累年营收5亿元的张家界？

2023年，国内头部景区大多业绩强势反弹，扭亏为盈甚至创下新高。唯有张家界，虽实现客流量与营收翻倍却未能扭亏。

受到大庸古城折旧摊销及财务费用拖累，张家界持续处于亏损状态。2023年前三季度，张家界营收同比增长202.45%，但归母净利润-119万元，扣非净利润-270万元。

大庸古城项目给张家界带来了巨大的资金负担。在对深交所针对2022年年报问询函的回复中，张家界表示，大庸古城每年的资产折旧摊销、财务费用等成本费用，两年合计超2亿元，硬性成本数额巨大，严重拖累公司利润。

作为一个投资累计超25亿元的重头项目，其盈利能力目前也难言乐观。2022年，大庸古城营收仅417.36万元，其中占比最大的是停车场服务收入192.25万元，数倍于门票、游船、演艺剧场与飞行影院门票、商铺租金等"理论上起核心创收作用"的项目收入。2023年上半年，大庸古城的业绩也并未水涨船高。购票人数1.27万人，营业收入254.20万元，同比仅实现微增，难以产生质变。

为何张家界会被大庸古城拖累至此？有两点原因：一是未进行保护性开发，富有文化气息的老旧建筑全部拆迁，导致资金投入过大且缺乏文化特色，与其他古城千篇一律。二是项目当初未经过严格市场论证，发展路径不明晰。相关人士曾对新旅界指出，开发古镇并非企业决策，行政决策大于市场性质，以至于后期出现一系列问题。

现阶段，张家界正加速推进大庸古城的招商和运营。2023年4月还与大连万达签署战略合作协议，拟围绕大庸古城项目开展合作。但万达是否会真正参与项目运作，运作的具体成效如何，仍待时间验证。

资料来源 姚竹君.2024年，文旅企业如何解难？[EB/OL].[2024-01-01]. https://mp.weixin.qq.com/s/h4ZIzPz8IjSo58312YEwFA.有删减。

2.案例分析要求

张家界投资大庸古城失败的原因是什么？旅游重资产项目投资应该注意些什么？目前文旅投资仍然是国内投资热门，上马的项目也比较多，在消费大环境不是很景气的情况下，文旅企业如何规避张家界投资大庸古城的失败？

□实践单元

1.选择一家西式快餐店进行调查，了解它是如何进行流动资产管理的。与中式快餐店进行比较，从中我们可以借鉴什么，又不能照搬什么，为什么？

2.如果你是一家旅游企业的经理，结合各家企业的不同做法，你如何建立企业的流动资产管理规章制度？你又如何能让你的员工坚决执行这些制度呢？

□思考题

1.旅游企业流动资产的含义是什么？如何理解流动资产分类方法及其重要意义？

2.现金管理的重要性有哪些？你认为现金管理中最重要的环节是什么？

3.如何做好银行存款的管理工作？为什么要定期进行银行存款对账单的核对工作？

4. 外汇的两种含义是什么？最常用的是哪种含义？

5. 旅游企业外汇风险体现在哪些方面？我国加入世贸组织后，旅游企业面临的外汇风险增加了吗？为什么？

6. 旅游企业如何应对和规避外汇风险对其带来的负面影响？你认为我国旅游企业规避外汇风险举措的落实还有哪些障碍？

7. 运用成本效益相均衡的原理，分析旅游企业存货管理的重要性和必要性。

8. 存货管理的几种模式中，哪种是对采购时机的管理方法？

9. 经济订货量模型还有哪些不足之处？

10. 旅游企业如何建立动态存货管理系统？

11. 旅游企业应收账款管理为何重要？如何对旅游企业应收账款进行有效的管理？

12. 我国旅游企业应收账款管理存在什么问题？你认为形成这些问题的主观原因是什么？

第6章

旅游企业固定资产管理

学习目标

通过本章的学习，理解固定资产及其分类和计价的基本含义，掌握固定资产折旧方法，了解固定资产日常管理内容，明确固定资产分析内容，能够结合不同旅游企业的特征形成不同的固定资产管理决策。

聚焦党的二十大

党的二十大报告指出，必须坚持问题导向。问题是时代的声音，回答并指导解决问题是理论的根本任务。今天我们所面临问题的复杂程度、解决问题的艰巨程度明显加大，给理论创新提出了全新要求。我们要增强问题意识，聚焦实践遇到的新问题、改革发展稳定存在的深层次问题、人民群众急难愁盼问题、国际变局中的重大问题、党的建设面临的突出问题，不断提出真正解决问题的新理念新思路新办法。

请结合本章内容思考：在旅游企业固定资产管理中，如何运用“问题导向”思维提高工作效率？

● 6.1　旅游企业固定资产管理概述

6.1.1　旅游企业固定资产的概念

旅游企业固定资产是指企业为生产产品、提供劳务、出租或者经营管理而持有的、使用年限超过12个月的非货币性资产，包括房屋、建筑物、机器、机械、运输工具和其他与生产经营有关的设备、器具、工具等。

与制造业相比，旅游企业固定资产既具有一般固定资产特点，又具有自身独特性，理解旅游企业固定资产的概念时，需要认识到其具有的不同特点。

1）固定资产的一般特征

从存在目的上说是企业的劳动工具或手段，而非其出售的产品；从实物形态上说保留时间长，作为劳动资料，固定资产会在较长的使用期限中保留原来的实物形态；从价值形态上说回收速度慢，在一定时期内其价值随磨损逐渐转移。

2）旅游企业固定资产的特殊性

从固定资产消耗主体来说，更多地表现为顾客使用固定资产或顾客与员工共同使用固定资产。一般制造业是员工消耗固定资产，生产出有形产品供顾客消费，而旅游企业提供的是服务产品，员工的生产过程就是顾客的消费过程，因此固定资产数量能否满足顾客需要、档次能否适应顾客需求、固定资产维修保养及完好性如何，都直接影响到顾客对服务产品质量感知的高低，进而影响到旅游企业在市场上的经营信誉和经营能力。因此，旅游企业在固定资产管理上必须注意把握更新速度和顾客需求变化趋势，区分好固定资产维护责任，提高固定资产服务能力。

从固定资产种类上说，表现为品种繁多，且处于不同的经营场所内。这种繁杂性和分散性增加了固定资产管理和考核的难度。因此，旅游企业在固定资产管理上必须注意制定明确的管理制度，实行谁用谁管、谁管谁负责的归口分级管理制。

6.1.2 旅游企业固定资产的分类

1）旅游企业固定资产分类方法

固定资产分类，就是按照一定的标准，将固定资产划分为若干类别，以便于固定资产的管理。由于划分的标准不同，固定资产可以有不同的分类。

（1）按经营用途划分，可分为营业用固定资产和非营业用固定资产

营业用固定资产是指旅游企业直接或间接地服务于游客的固定资产，如客房，餐厅，商场，厨房，各种健身娱乐设施，各类库房，各种供电、供水、供热设施及运输设备等；非营业用固定资产是指不是用于服务于游客的固定资产，如职工食堂、医务室、职工浴室等用于旅游企业职工生活和福利的设备、设施。

（2）按使用情况划分，可分为在用固定资产、未使用固定资产和不需用固定资产

在用固定资产是指正在使用的营业用和非营业用固定资产，由于季节性或修理原因暂时不用的固定资产如冬天闲置的供冷空调器等也是在用固定资产。未使用固定资产是指尚未投入使用的新增固定资产和停止使用的固定资产，如尚未安装调配好的固定资产、由于改扩建在一段时期内不使用的固定资产等。不需用固定资产是指不适于本企业使用或多余的等待处理的固定资产。

（3）按所属关系划分，可分为自有固定资产、外单位投入固定资产和租入固定资产

自有固定资产是指用资本金或其他自有资金购建的归企业长期支配使用的各项固定资产。外单位投入固定资产指企业与其他单位联合经营，由其他单位投资转入的固定资产。租入固定资产是指由企业向外单位或个人租入的支付租金的固定资产，只有使用权，而无所有权。这里还有一种属于融资租赁的固定资产，指企业向经营租赁业务的公司租入的固定资产，租赁期满，租赁费用付清，资产所有权即转归企业所有。

（4）按实物形态划分，可分为七大类，即房屋及建筑物、机器设备、交通运输工具、家具设备、电器及影视设备、文体娱乐设备、其他设备

房屋及建筑物包括营业用房、非营业用房、简易房。机器设备包括供电系统设备、供热系统设备、中央空调设备、通信设备、洗涤设备、维修设备、厨房用具设备、电子计算机系统设备、电梯、相片冲印设备、复印打字设备、其他机器设备。交通运输工具包括各类客车、行李车、货车、摩托车。家具设备包括营业用家具设备、办公用家具设备、各类地毯。电器及影视设备包括闭路电视播放设备、音响设备、电视机、电冰箱、空调器、电影放映机及幻灯机、照相机、其他电器设备。文体娱乐设备包括高级乐器、游乐场设备、健身房设备。其他设备包括工艺摆设、消防设备。

2）固定资产分类方法的意义

运用结构比率的分析方法，可以对不同分类下的固定资产进行分析，以发现固定资产

管理结构方面存在的问题：

对按经营用途划分的固定资产进行分析，可以了解经营用固定资产的比重情况，为不断降低非经营用固定资产占用资金指明方向，为促使旅游企业真正回归企业本质奠定基础。

对按使用情况划分的固定资产进行分析，一方面可以发现固定资产无效占用情况，及时将不需用固定资产处理掉，提高无效固定资产变现速度；另一方面可以明确固定资产计提折旧的范围，正确核算折旧量。

对按所属关系划分的固定资产进行分析，可以反映企业固定资产的来源情况，划分计提折旧的界限，考核固定资产的使用效果。

对按实物形态划分的固定资产进行分析，可以反映企业各类不同的固定资产类别，并为确定不同类别的固定资产的折旧年限奠定了基础。

6.1.3 旅游企业固定资产的计价

固定资产的计价是以货币为计量单价来计算固定资产价值的大小，它是真实反映旅游企业财产状况的必要条件，也是计提折旧的重要前提。固定资产计价通常有以下三种方式：

1）按原始价值计价

原始价值也称原价或原始成本，是指旅游企业购建固定资产时所发生的全部货币支出，包括买价、运杂费、保险费等。由于固定资产来源不同，原始价值的确定也有所不同，新增固定资产按下列规定计价：

（1）新购置的固定资产，以买价加支付的运输费、途中保险费、包装费和安装成本及缴纳的税金等计价。

（2）旅游企业的在建工程按下列原则计价：

①工程用材料，以取得时的各项实际支出计价；工程管理费，按照实际发生的各项管理费用计价。

②出包工程，按应支付的工程价款及所分摊的工程管理费等计价。

③设备安装工程，按所安装设备的原价、工程安装费用、工程试运转支出以及所分摊的工程管理费等计价。

④虽已交付使用但尚未办理竣工决算的工程，自交付使用之日起，按工程预算、造价或工程成本等资料，估价转入固定资产，竣工决算办理完毕后，再按决算数调整原估价。

⑤在建工程的计价处理：在建工程发生报废或者毁损，将扣除残料价值和过失人或保险公司等赔偿后的净损失，计入施工工程成本；由于非常原因造成的报废或者毁损，其净损失在筹建期间计入开办费，在投入生产经营以后计入营业外支出。工程交付使用前因试营业发生的支出，不得计入工程成本，发生的收入不得冲减工程成本，收入减支出后的净额计入当期损益。

（3）在原有固定资产基础上进行改造、扩建的，按原固定资产价值，加上由于改造、扩建而发生的支出，减去改造、扩建中发生的变价收入后的余额计价。

（4）自制自建的固定资产，按在建造过程中实际发生的全部支出计价。

（5）投资者投入的固定资产，按评估确认的价值或合同协议约定的价格计价。

（6）融资租入的固定资产，按租赁协议或合同确定的价款加运输费、途中保险费、安装调试费等计价。

（7）接受捐赠的固定资产，按发票账单或资产验收清单所列金额加上由旅游企业负担的运输、保险、安装等费用计价。

这种计价方式可以反映出对固定资产的原始投资规模和经营能力，也是计提折旧的重要依据，如果把它与企业财务成果进行比较的话，还可以分析考核固定资产的投资效果和利用效率。

2）按折余价值计价

折余价值又称净值，是指固定资产原始价值减去已提折旧累计额后的净额。这种计价方式可以反映企业当前固定资产实际占用资金水平，通过折余价值与原始价值的对比，还可以了解固定资产的新旧程度，为合理安排固定资产的使用和更新打下基础。

3）按重置完全价值计价

重置完全价值又称重估价值，是指按当前生产条件和价格标准，重新购置固定资产所需的全部支出。对于企业来讲，以下几种情况可以使用重置完全价值计价：

（1）原始价值记录不全、不准，无法正确反映实际情况的固定资产。

（2）现有固定资产经改造、扩建后，如果实际价值与原来账面价值相差太远，经批准可以采用重置完全价值计价。

（3）盘盈固定资产可以按重置完全价值计价，接受捐赠的固定资产也可按重置完全价值计价。

这种计价方式，可以在统一价格的基础上综合反映固定资产的投资规模，考察企业各个时期固定资产的装备水平。

● 6.2 旅游企业固定资产折旧管理

6.2.1 固定资产折旧的概念

固定资产在使用中会发生损耗，形成损耗的原因有两类：一类是有形损耗，原因是使用中的物质磨损和自然力的作用而引起的磨损；另一类是无形损耗，原因是技术进步和劳动生产率提高而引起价值上的损失。

固定资产折旧是指固定资产在使用过程中，由于损耗而转移到费用中去的那部分价值。这部分价值通过提供服务，从取得的营业收入中得到补偿，为今后固定资产的更新筹集资金。

固定资产折旧额的大小取决于固定资产原值和残值的高低及折旧年限的长短。在前者一定的情况下，折旧年限越长，折旧额就越低。而确定折旧年限时不仅要考虑有形损耗所决定的自然使用年限，还要考虑到无形损耗所决定的经济使用年限，这样才能使固定资产的所有损耗都能得到适当的补偿，尤其是在技术进步和顾客需求变化日益加快的环境下，必须高度重视无形损耗的影响，因此，理解有形损耗与无形损耗对折旧年限的科学确定具有重要意义。

6.2.2 固定资产折旧的计提范围

根据《中华人民共和国企业所得税法》（2018年12月29日第二次修订）的规定，除以下情况外，企业应对所有固定资产计提折旧：

（1）房屋、建筑物以外未投入使用的固定资产。

（2）以经营租赁方式租入的固定资产。

（3）以融资租赁方式租出的固定资产。

（4）已足额提取折旧仍继续使用的固定资产。

（5）与经营活动无关的固定资产。

（6）单独估价作为固定资产入账的土地。

（7）其他不得计算折旧扣除的固定资产。

6.2.3 固定资产折旧的计提时间

固定资产折旧按月初固定资产的账面数额提取，也就是说凡在月中使用的固定资产当月不提折旧，从下月起计提折旧；月中停止使用的固定资产，当月仍计提折旧，从下月起停提折旧。

企业应当根据固定资产的性质和使用情况，合理确定固定资产的预计净残值。固定资产的预计净残值一经确定，不得变更。

除国务院财政、税务主管部门另有规定外，固定资产计算折旧的最低年限如下：

（1）房屋、建筑物，为20年。

（2）飞机、火车、轮船、机器、机械和其他生产设备，为10年。

（3）与生产经营活动有关的器具、工具、家具等，为5年。

（4）飞机、火车、轮船以外的运输工具，为4年。

（5）电子设备，为3年。

6.2.4 固定资产折旧的计算

固定资产折旧的计算有两类方法：一类为直线法，包括平均年限法和工作量法；另一类为加速折旧法，包括双倍余额递减法和年数总和法。

1）直线折旧法

（1）平均年限法

平均年限法是指根据固定资产预计使用年限（折旧年限）和预计净残值，按年均等计算、提取折旧的方法。采用这种方法，各个计算期的折旧额是相等的，在直角坐标系内表现为一条直线，故而称为“直线法”。使用平均年限法计提折旧的计算公式如下：

$$\text{年折旧额} = \frac{\text{固定资产原值} - \text{净残值}}{\text{规定的折旧年限}}$$

$$\text{净残值} = \text{预计残值} - \text{预计清理费用}$$

$$\text{月折旧额} = \text{年折旧额} \div 12$$

固定资产原始价值是指旅游企业在取得固定资产时按实际支出记入固定资产账户的原始价值。固定资产残值是指固定资产失去使用价值以后经过清理所得到的变价收入，它不需要以折旧的方式来补偿，所以应从原值中减去。固定资产清理费用是指对报废的固定资产进行拆除和搬运所发生的费用，它是因清理固定资产而发生的费用，所以应从折旧中得到补偿。固定资产净残值是固定资产残值减去固定资产清理费用后的余额。

【例6-1】某饭店有批电脑，原始价值15万元，预计使用期限5年，净残值3万元，用平均年限法计算，每月折旧额是多少？

$$年折旧额=\frac{150\ 000-30\ 000}{5}=24\ 000（元）$$

月折旧额=24 000÷12=2 000（元）

如果用固定资产净残值除以固定资产原始价值便可以得到固定资产净残值率。按照旅游企业财务制度的规定，固定资产净残值率一般按照固定资产原值的3%~5%确定。在这种情况下，固定资产折旧额还可采用以下公式计算：

$$年折旧率=\frac{1-预计净残值率}{规定的折旧年限}$$

$$月折旧率=\frac{年折旧率}{12}$$

月折旧额=固定资产原值×月折旧率

【例6-2】某饭店一固定资产原始价值13万元，净残值率5%，预计可使用5年，则：

$$年折旧率=\frac{1-5\%}{5}=19\%$$

月折旧率=19%÷12=1.58%

月折旧额=130 000×1.58%=2 054（元）

平均年限法是在使用期限内平均分摊折旧的方法，凡是在1年中均衡使用或者说基本上均衡使用，各期磨损程度相似的固定资产都可以采用这种方法。

（2）工作量法

工作量法是根据固定资产在使用期间预计的工作量平均分摊折旧总额的方法。该方法用每单位相同的折旧额乘以一定时期内的工作量，求出此时期应提折旧额，其计算公式为：

$$每单位(工作小时、行驶里程等)提取折旧额=\frac{原值\times(1-预计净残值率)}{预计总工作量}$$

月折旧额=每单位计提折旧额×每月工作量

【例6-3】某饭店拥有小型运输车一部，原值10万元，预计总行驶里程50万千米，净残值2万元，则该车行驶20万千米时应提折旧额是多少？

$$单位折旧额=\frac{100\ 000-20\ 000}{50}=1\ 600（元）$$

行驶20万千米时应提折旧：

20×1 600=32 000（元）

这种折旧额的计算方法，主要适用于磨损程度与工作量有密切关系的固定资产。这样计算，便于折旧与收入相互衔接，保持费用的合理性。

上述两种折旧方法是我国目前普遍采用的方法。对于旅游企业来说，考虑到它特殊的服务对象以及要达到的服务标准，其设备、设施的使用期限不可能太长，也就是说旅游企业固定资产无形磨损大，要求更新期限短。为此，部分设备经批准后可采用加速折旧的方法计提折旧。这种折旧法的最大特点是在固定资产有效使用年限的前期计提较多的折旧，在后期则计提较少的折旧，从而相对加快了折旧的速度。下面介绍两种允许采用的加速折旧法。

2）加速折旧法

（1）财政部、国家税务总局关于完善固定资产加速折旧企业所得税政策的规定（财税〔2014〕75号）

2014年，为贯彻落实国务院完善固定资产加速折旧政策精神，财政部、国家税务总局就有关固定资产加速折旧企业所得税政策发布通知：财政部、国家税务总局关于完善固定资产加速折旧企业所得税政策的规定（财税〔2014〕75号）。通知内容如下：

①对生物药品制造业，专用设备制造业，铁路、船舶、航空航天和其他运输设备制造业，计算机、通信和其他电子设备制造业，仪器仪表制造业，信息传输、软件和信息技术服务业等6个行业的企业2014年1月1日后新购进的固定资产，可缩短折旧年限或采取加速折旧的方法。对上述6个行业的小型微利企业2014年1月1日后新购进的研发和生产经营共用的仪器、设备，单位价值不超过100万元的，允许一次性计入当期成本费用在计算应纳税所得额时扣除，不再分年度计算折旧；单位价值超过100万元的，可缩短折旧年限或采取加速折旧的方法。

②对所有行业企业2014年1月1日后新购进的专门用于研发的仪器、设备，单位价值不超过100万元的，允许一次性计入当期成本费用在计算应纳税所得额时扣除，不再分年度计算折旧；单位价值超过100万元的，可缩短折旧年限或采取加速折旧的方法。

③对所有行业企业持有的单位价值不超过5 000元的固定资产，允许一次性计入当期成本费用在计算应纳税所得额时扣除，不再分年度计算折旧。

④企业按本通知第一条、第二条规定缩短折旧年限的，最低折旧年限不得低于企业所得税法实施条例第六十条规定折旧年限的60%；采取加速折旧方法的，可采取双倍余额递减法或者年数总和法。本通知第一至三条规定之外的企业固定资产加速折旧所得税处理问题，继续按照企业所得税法及其实施条例和现行税收政策规定执行。

随后几年里，国家及地方采取了一系列措施以完善固定资产加速折旧。

2015年，财政部、国家税务总局再次发布《财政部 国家税务总局关于进一步完善固定资产加速折旧企业所得税政策的通知》（财税〔2015〕106号），规定轻工、纺织、机械、汽车等四个领域重点行业的企业2015年1月1日后新购进的固定资产的加速折旧政策。

2018年，为引导企业加大设备、器具投资力度，财政部、国家税务总局发布《财政部 税务总局关于设备、器具扣除有关企业所得税政策的通知》（财税〔2018〕54号），调整企业所得税中有关固定资产的政策，规定企业在2018年1月1日至2020年12月31日期间新购进的设备、器具，单位价值不超过500万元的，允许一次性计入当期成本费用在计算应纳税所得额时扣除，不再分年度计算折旧；单位价值超过500万元的，仍按照之前的法律规定进行。该项优惠政策先后于2021年和2023年进行了两次延期，现行规定将优惠期限设置为2024年1月1日至2027年12月31日。

2019年，财政部、税务总局公告2019年第66号《财政部 税务总局关于扩大固定资产加速折旧优惠政策适用范围的公告》将固定资产加速折旧优惠政策扩大至全部制造业。公告规定：自2019年1月1日起，适用财税〔2014〕75号和财税〔2015〕106号规定固定资产加速折旧优惠的行业范围，扩大至全部制造业领域。

（2）双倍余额递减法（double declining balance method，DDB）

双倍余额递减法是在不考虑固定资产残值的情况下，以平均年限法折旧率的2倍为折旧率，再乘以固定资产在每一会计期初的账面净值，计算每期折旧额的一种方法。账面净值是固定资产原值扣除累计折旧额的余额。由于该方法不从原值中扣减估计残值，所以将固定资产原值作为100%，除以折旧年限，便可得直线折旧率，再乘以2即为双倍折旧率。具体计算公式如下：

$$折旧率 = \frac{100\%}{折旧年限} \times 2$$

年折旧额=年初折余价值×折旧率

【例6-4】某饭店一台设备原值为8万元，预计净残值为2 000元，预计使用年限5年，则：

$$折旧率=\frac{100\%}{5}\times2=40\%$$

该设备各年折旧额如表6-1所示。

表6-1 该设备各年折旧额 单位：元

年　限	折旧额	累计折旧	账面净值（折余价值）
1	32 000	32 000	48 000
2	19 200	51 200	28 800
3	11 520	62 720	17 280
4	7 640	70 360	9 640
5	7 640	78 000	2 000

采用双倍余额递减法，由于净值逐年递减，在折旧率不变的情况下，净值永远无法摊完，所以计算中如果该期应计折旧额小于用平均年限法计算的折旧额，可以从该期开始，改用平均年限法计算折旧，使固定资产使用期满时，其账面净值与预计残值相等。在例6-4中，第4年用双倍余额递减法计算折旧额为6 912元，而用平均年限法计算的折旧额为7 640元，所以从第4年开始改用平均年限法，则第4年和第5年折旧额为：

$$第4年和第5年折旧额=\frac{17\ 280-2\ 000}{2}=7\ 640（元）$$

有时为简化核算过程，可以在折旧年限到期前2年改用直线法计提折旧。此外，还有一种简便易行的处理办法，那就是始终用双倍余额递减法计提折旧，到最后一年剩多少提多少。

（3）年数总和法（sum of the years' digits method，SYD）

它是以固定资产原值扣除净残值后的余额与一个逐年变动的折旧率相乘来计算各年折旧额的一种方法。由于折旧率是逐年变动的，因此该方法也被称为变率递减法，其计算公式为：

$$固定资产年折旧额=(固定资产原值-净残值)\times 当年的折旧率$$

$$当年折旧率=\frac{尚可使用年数}{年数总和}$$

该折旧率是将使用年限的序数之和作为分母，假设使用年限为n年，则分母可以通过

$\frac{n(n+1)}{2}$的公式来计算。以例6-4来说明：

$$年数总和 = \frac{5 \times (5+1)}{2} = 15$$

从第1年开始尚可使用的年数分别为5、4、3、2、1，折旧率分别为5/15、4/15、3/15、2/15、1/15。该设备各年折旧额的计算如表6-2所示。

表6-2　该设备各年的折旧额　单位：元

年　份	原值-净残值	尚可使用年数	折旧率	折旧额	累计折旧	账面价值
1	78 000	5	5/15	26 000	26 000	54 000
2	78 000	4	4/15	20 800	46 800	33 200
3	78 000	3	3/15	15 600	62 400	17 600
4	78 000	2	2/15	10 400	72 800	7 200
5	78 000	1	1/15	5 200	78 000	2 000（残值）
15				78 000		

这里折旧额每年递减额为一个常数，为5 200元，即折旧总额78 000元的1/15，5年折旧额相加为78 000元，再加上净残值2 000元，与原投资额8万元正好相等。

3）两种折旧方法的比较

无论是采用直线法折旧，还是采用加速折旧法折旧，在固定资产有效使用年限内计提的折旧总额是一样的。但采用加速折旧法由于在前期计提较多的折旧费，可以使投资的大部分尽早收回，减少投资风险，满足货币时间价值的要求，同时由于多提折旧，费用增大，利润减少，从而可以少缴所得税。比较而言，直线折旧法各期摊提的折旧均匀，虽不能像加速折旧法一样获得节税效应，但是也不会大幅降低利润，绩效比较均匀，与费用的匹配比较均衡。

● 6.3　固定资产的日常管理与分析

6.3.1　固定资产的日常管理

[相关链接6-1]　　**实施设备综合管理**

设备是旅游企业获取市场的重要物质资源和保障，也是服务质量高低的决定性因素之一。设备综合管理实施对策：

①建立强调设备综合管理的文化氛围。通过多种方式培训教育，增强全体员工对设备综合管理的重视程度。

②健全设备全过程管理流程。从设备的规划选型、采购、安装调试、日常管理和维修、技术改造和更新等全过程对设备实施管理。

③建立设备全员管理系统。将设备管理与全员岗位责任制挂钩，完善设备操作流程。

④建立跨部门的设备管理团队，实现部门间的高效协作。设备管理部门负责制定有关设备使用和维修的全套管理制度和规范；设备维修部门从技术上参与设备的维修；设备使

用部门按照操作规程操作设备，并积极参与到设备的日常维护和计划检修中。

⑤明确目标，建立设备管理综合指标体系。在设备综合管理中，追求设备寿命周期费用的经济性和综合效率最高这两个直接目标，最终目标是实现企业服务的高质量和理想的经济效益。

旅游企业固定资产管理目标主要有两个方面：一方面要保证固定资产完整无损，运转良好，满足顾客正常消费需要；另一方面要加速固定资产周转速度，提高效能，满足企业效益最大化需要。因此，必须做好以下几点：

1）完善固定资产管理责任制，实行归口分级管理

旅游企业固定资产量大、分布广，管理中必须坚持责权利到位，使用部门和财务部门分清职责。

（1）使用部门对固定资产负有管、用、养、修的职责；应配有专职或兼职人员对固定资产进行记录、编号、核卡等；每个人和每个班组都要对固定资产的管理承担一定责任，并对职责完成情况进行定期的岗位考核；使用部门要参与定期的资产核查工作，并与财务部门核对资产使用情况。

（2）财务部门对固定资产负有制定管理规则、组织资产核查、实施价值核算、落实增减变动手续等职责；对新增固定资产要进行数量、质量和造价方面的验收工作，对调出的固定资产要落实移交手续的办理，对报废的固定资产要参加鉴定清理工作，对核查的固定资产要坚持现场查点实物。

总之，要坚持实物管理和价值管理两条线有机融合的原则，对固定资产实施全面有效的管理。只有该谁的责任谁负，该谁的权利谁用，该谁的利益谁得，才能调动全员理财的积极性，提高固定资产管理效率。

2）做好固定资产的维修保养，提高固定资产的完好率和利用率

旅游企业固定资产是顾客消费中不可缺少的凭借物，管理中必须坚持维修保养在先、完好率第一的原则，为此，必须更新资产管理观念，从财务资源配置上和服务操作规范上落实好维修保养制度，避免过多的顾客请修现象的出现，以完好的设备、设施提高旅游企业市场形象，最大化地满足顾客消费需要。因此，必须强化全员参与固定资产管理责任制，加强员工主人翁意识和责任意识教育，加强操作维护培训，不断提高员工使用与维护能力，确保正确使用和爱护使用，以达到降低经营成本的目的。

[实例6-1] **重视装修改造的全程成本管理**

除租金和人工成本之外，酒店装修维修折旧成本是酒店投资经营过程中不可规避的成本，但这里面有很大的优化空间。洞察其中可改进的内容，丽柏酒店提供了针对性的解决方案。

针对长期困扰酒店行业的卫生间墙面容易发霉渗水问题，丽柏酒店自研了航空吸音板有效阻隔水分渗透。丽柏酒店还自研了专利防水复合地板，不仅确保脚感温润，无损体验，而且造价成本更低。更为重要的是，耐磨阻燃和无惧湿水的特性能有效延长地板的使用寿命，降低维修成本。此外，丽柏酒店客房内的所有木制品底部均采用2厘米雾面金属悬空设计，既提升质感，也能隔绝水分，实现防潮。通过由内而外材料的重新设计与打造，丽柏酒店产品的耐用性可以做到“10年不必大翻新”，以更负责任的方式保障投资人的利益。

“得供应链者得天下”已逐步成为当下企业的共识。得益于强大的全球采购平台优势，丽柏酒店为投资人提前实现全国比价，争取在每一细项都做到同等质量下价格最低，拒绝华而不实，在大范围使用常见材料的基础上，通过精妙的设计、巧妙的搭配，呈现产品应有的质感。

以盥洗区为例，除了与皮肤直接接触的淋浴区需要采用高级石材，卫生间的地面和墙面，只需精选高级色调的普通水泥灰砖进行搭配铺贴。在保证视觉效果的同时，成本仅为每平方米50元。对于马桶等卫浴产品，丽柏酒店更是另辟蹊径，找到国际高端品牌的源头代工厂，定制生产同样品质的产品，在保证使用体验的同时，大幅降低了采购成本。由此，丽柏酒店的单房套内造价低至8.3万元，既做到了关键体验品质的提升，也实现了整体造价的下降，展现了令人惊叹的质价比。

以天津空港滨海国际机场丽柏酒店为样本，130间体量的项目，在不含土建（但含卫生间砌墙），不含所有公区硬装、软装费用、弱电系统、消防系统、室内外广告VI系统、中央空调及新风系统、冷热水系统、暖气系统的情况下，单房套内造价为82 746.4元。

通过重新分配成本投入，丽柏酒店有效达成了消费者高品质体验和投资人低成本投入的双向奔赴。

资料来源　邱娟.酒店业的10倍好藏在每个精细化动作中［EB/OL］.［2023-05-23］. https://mp.weixin.qq.com/s/6pwGqTsVg7UaF-wM9ZlgMA.有删减。

问题：你认为良好的固定资产维护保养是怎样为降低运行成本作贡献的。更新改造缺乏计划，哪坏修哪，能省则省的做法对吗？如果不对，错在哪里？如何能实现提高顾客体验和降低成本的双向奔赴？

扫描下方二维码查看“分析提示”。

3）健全定期盘点清查制度，提高固定资产在用率

在用的固定资产才能为旅游企业创造效益，管理中必须及时掌握固定资产在用情况，为此，必须遵循资金运动规律，将资金时间价值运用到资产管理中，对于不需要的固定资产和未使用的固定资产各部门要及时上报，财务部门要从账目上及时处理掉，以降低无效资金的占用，提高固定资产变现能力。

健全定期盘点清查制度，以保证账账相符、账卡相符、账物相符。一般应采用“账账核对”“账物核对”的办法进行清查，对清查出来的盘盈、盘亏及毁损，要查明原因，及时处理：盘盈的固定资产，按其原价减估计折旧的差额计入营业外收入；盘亏及毁损的固定资产按照原价扣除累计折旧、过失人及保险公司赔款后的差额计入营业外支出；企业在工程施工中发生的固定资产清理净损失，计入有关工程成本；筹建期间发生的与工程不直接有关的固定资产盘盈、盘亏和清理净损益，以及由于非常原因而造成的固定资产清理净损失，计入开办费。

企业对于出售或清理报废固定资产所获得的变价净收入（变价收入、残料价值减清理费用后的净额）与固定资产净值（原始价值减累计折旧）的差额，计入营业外收入或营业

外支出。

6.3.2 固定资产管理效果分析

1）固定资产构成分析

固定资产构成是指旅游企业所拥有的各类固定资产在全部固定资产中所占的比重。对其进行分析可以用下面一般公式进行：

$$某类固定资产构成比率=\frac{该类固定资产原值}{全部固定资产原值}\times 100\%$$

根据前面对固定资产在用情况进行的分类，可以分析固定资产在用率和闲置率指标，其计算公式为：

$$固定资产在用率=\frac{在用固定资产平均占用额}{全部固定资产平均占用额}\times 100\%$$

$$固定资产闲置率=\frac{不需要及未使用固定资产平均占用额}{全部固定资产平均占用额}\times 100\%$$

固定资产构成状况如何直接影响到固定资产效能的发挥，而固定资产在用比例的高低，在某种程度上反映了旅游企业对资产本质的认识程度和资产管理水平的高低。旅游企业作为营利性组织必须注意保持较高的固定资产在用率，降低闲置率，为增加固定资产盈利性奠定基础。

此外，旅游企业还可以从不同分类角度对固定资产构成状况进行分析，保持各类资产间的比例协调，以共同满足游客的消费需要。某旅游企业固定资产构成变动情况如表6-3所示。

表6-3 某旅游企业固定资产构成变动表

项　目	比重（%）	
	第1年年末	第2年年末
在用固定资产（营业用、非营业用）	82	90
未使用固定资产	10	3
不需用固定资产	8	7
合计	100	100

从表6-3可以看出该企业固定资产构成状况是向好的方向发展，在用固定资产在增加，但尚需进一步分析营业用和非营业用固定资产的变化比例，否则仅在用固定资产增加仍可能存在问题；未使用固定资产比例在下降，变化较大；不需用固定资产虽然也呈下降趋势，但下降速度较慢，说明企业在处理不需用固定资产上还须加强工作，采取更有效的措施减少这部分资产所占的比重。

2）固定资产增减变动分析

旅游企业固定资产的数量随着经营的发展而不断变化。要了解固定资产的变动状况，可以通过以下指标计算：

$$固定资产增长率=\frac{本期固定资产原值增加数-本期固定资产原值减少数}{期初固定资产原值}\times 100\%$$

$$固定资产退废率 = \frac{本期报废的固定资产原值}{期初固定资产原值} \times 100\%$$

通过对这两项指标的分析，可以了解旅游企业固定资产的变动状况和日常管理水平，若是固定资产退废率较高，则要引起高度重视，要进一步分析是何原因造成的，如果因为保养不善、管理不严，导致较多的提前报损，则需从完善内部管理制度入手，同时加强对员工的培训和教育；如果是因为顾客消费行为不良导致报损较多，则需要重新考虑目标市场定位策略及促销手段，防止片面追求出租率而置设备、设施的正常使用于不顾的情况发生。

3）固定资产新旧程度分析

固定资产的新旧程度反映了固定资产的现状及其对更新改造资金的需求强度，现行制度规定，折旧资金可以在更新改造前纳入经营活动中持续使用，这固然增强了旅游企业资金使用的自主权和灵活性，但它同时也要求旅游企业必须做好固定资产更新改造计划，随时了解固定资产的新旧程度，以防需要更新改造时缺乏资金，进而影响正常经营活动的开展。分析固定资产新旧程度可以运用以下两项指标：

$$固定资产净值率 = \frac{固定资产净值}{固定资产原值} \times 100\%$$

$$固定资产折旧程度 = \frac{固定资产累计折旧额}{固定资产原值} \times 100\%$$

固定资产净值率是从固定资产剩余价值的角度分析其新旧程度的，而固定资产折旧程度是从已提折旧多少的角度分析其新旧程度的，两者之和应该等于1。

4）固定资产周转率分析

固定资产周转率指一定时期内旅游企业营业收入总额与固定资产平均占用额之比，其计算公式为：

固定资产周转率=营业收入÷固定资产平均占用额

其中：固定资产平均占用额为不同计算期资产占用额总和除以计算期的期数，如月平均占用额是月初加月末占用额再除以2，季度平均占用额是季度内各月平均占用额之和除以3，年度平均占用额是年度内各季度平均占用额之和除以4。

固定资产周转率指标还可以周转天数的形式来表示，其计算公式为：

固定资产周转天数=360÷固定资产周转率

无论固定资产周转率以何种方式计算或表示，都是对固定资产营运效率高低的一种反映。周转率越快、周转天数越短，则营运效率就越高。而提高营运效率的关键是提高营业收入或节约地、合理地占用固定资产，强化对固定资产从投资决策、配置比例到使用合理、保养到位、报损及时等全过程的管理。

5）固定资产利润率分析

固定资产利润率反映旅游企业一定时期内占用百元固定资产创造的利润高低，其计算公式如下：

$$固定资产利润率=\frac{利润总额}{固定资产平均占用额}\times 100\%$$

该指标反映了旅游企业固定资产的盈利能力，该指标越高，说明固定资产盈利能力越强，说明固定资产投资决策正确，满足顾客需要的能力较强，也从最终结果上反映了固定资产各方面的管理水平。通过将该指标与其他同类企业指标进行比较，也可以帮助旅游企业发现管理中的不足，促进旅游企业不断提高固定资产管理水平。

本章小结

与制造业相比，旅游企业固定资产既具有一般固定资产的特点，又具有自身的独特性。固定资产的一般特征表现在：其存在目的是企业的劳动工具或手段，而非出售的产品；从实物形态上说保留时间长，作为劳动资料，固定资产会在较长的使用期限中保留原来的实物形态；从价值形态上说回收速度慢，在一定时期内其价值随磨损逐渐转移。旅游企业固定资产的特殊性表现在：从固定资产消耗主体来说，更多地表现为顾客使用固定资产或顾客与员工共同使用固定资产。因此，旅游企业在固定资产管理上必须注意把握更新速度和顾客需求变化趋势，区分好固定资产维护责任，提高固定资产服务能力。从固定资产种类上说，表现为品种繁多，且处于不同的经营场所内。因此，旅游企业在固定资产管理上必须注意制定明确的管理制度，实行谁用谁管、谁管谁负责的归口分级管理制。

固定资产分类，就是按照一定的标准，将固定资产划分为若干类别，以便于固定资产的管理。由于划分的标准不同，固定资产可以有不同的分类：按经营用途划分，可分为营业用固定资产和非营业用固定资产；按使用情况划分，可分为在用固定资产、未使用固定资产和不需用固定资产；按所属关系划分，可分为自有固定资产、外单位投入固定资产和租入固定资产；按实物形态划分，可分为七大类，即房屋及建筑物、机器设备、交通运输工具、家具设备、电器及影视设备、文体娱乐设备、其他设备。

固定资产的计价是以货币为计量单价来计算固定资产价值的大小，它是真实反映旅游企业财产状况的必要条件，也是计提折旧的重要前提。固定资产计价的方式有三种，即按原始价值计价、按折余价值计价和按重置完全价值计价。

固定资产折旧是指固定资产在使用过程中，由于损耗而转移到费用中去的那部分价值。这里的损耗包括有形损耗和无形损耗两种。确定折旧年限时不仅要考虑有形损耗所决定的自然使用年限，还要考虑到无形损耗所决定的经济使用年限，这样才能使固定资产的所有损耗都能得到适当的补偿。

旅游企业固定资产折旧的计提有一定的范围规定；折旧的计提一般按月初固定资产的账面数额提取。固定资产折旧的计提方法包括直线法和加速折旧法，前者包括平均年限法和工作量法；后者包括双倍余额递减法和年数总和法。无论采用何种方法计提折旧，在固定资产有效使用年限内计提的折旧总额是一样的，所不同的是计提折旧总额的数量分布不同，直线折旧法分布均匀，而加速折旧法前期提的折旧多，后期提的折旧少。

旅游企业固定资产管理的目标主要有两个方面：一方面要保证固定资产完整无损，运转良好，满足顾客正常消费需要；另一方面要加速固定资产周转速度，提高效能，满足企业效益最大化需要。为此，必须做好以下几点：完善固定资产管理责任制，实行归口分级管理；做好固定资产的维修保养，提高固定资产的完好率和利用率；健全定期盘点清查制度，提高固定资产在用率。

对旅游企业固定资产管理效果进行分析是固定资产管理的重要内容。分析的基本内容包括：固定资产构成分析、固定资产增减变动分析、固定资产新旧程度分析、固定资产周转率分析和固定资产利润率分析。

关键概念

固定资产　分类与计价　固定资产折旧　固定资产管理效果分析

基本训练

□案例分析题

1.案例基本情况

有效盘活闲置旅游项目 提升旅游资产利用率

国务院办公厅2023年9月印发的《关于释放旅游消费潜力推动旅游业高质量发展的若干措施》（以下简称《若干措施》），在加大优质旅游产品和服务供给方面提出，盘活闲置旅游项目，包括优化完善盘活方式，根据项目情况分类采取盘活措施，用好各类财政、金融、投资政策，支持旅游企业盘活存量旅游项目与存量旅游资产等措施。

经过多年的投资建设，各地形成了一批旅游项目，有力推动了旅游业发展。与此同时，由于各种原因，部分旅游项目也存在着闲置、低效甚至荒废等问题，资源闲置和浪费成为制约区域旅游经济发展的一个不可忽视的因素。贯彻落实《若干措施》提出的有效盘活闲置旅游项目措施，需要摸清家底、创新方法、用好政策、多方协同，进而推动形成存量资产和新增投资良性循环，有效提升旅游资产利用率和竞争力。

摸清家底可以更好地了解闲置旅游项目情况，从而更好地开发闲置旅游项目。文化和旅游部先后于2022年5月和2023年2月在全国范围内开展了两轮旅游存量项目摸排工作，为分类施策推动闲置项目盘活利用打下了良好基础，各地也要及时摸查和厘清当地闲置旅游项目，为盘活存量资产掌握第一手资料。

闲置旅游项目的类型很多，一些常见的类型包括酒店、度假村、景区、旅行社、主题公园等，这些资产中有固定资产、无形资产、可流动资产。在闲置旅游项目中，有些是由于经营不善或者市场需求变化导致的，对于这些项目需要进行重新规划和开发；有些则是由于企业扩张过度或者投资失误导致的，对于这些项目需要进行清理和处理。

闲置旅游项目的开发、利用和盘活是一个长期且持续的过程，需要时刻关注市场动态，定期进行风险评估和价值预测。只有通过科学的方法和策略，才能确保闲置旅游项目得到合理的利用和保护，避免成为财务负担。

盘活闲置旅游项目，需要进一步解放思想、创新思路和优化路径。

在创新思路方面，可以通过互联网平台，将闲置旅游项目信息和相关服务进行整合，将旅游项目与旅游需求进行有效对接，提高旅游资产的利用率。要转换思考角度，从不同角度看待闲置项目，进而发现新的使用价值。鼓励发展共享经济模式，通过创新开放型、共享型合作模式，如共享旅游空间、旅游产品、旅游住宿、旅游交通等，让人们更加便捷地选择所需的旅游体验方式，有效降低旅游项目的闲置率。

在优化路径方面具体可以从6个方面重点关注：

一是建立旅游资产信息共享平台，将各类存量旅游项目和资产进行整合和分类，提供更加全面和准确的信息。

二是推动资产重组和改造，创造新的产业价值。通过对闲置旅游项目进行资产重组、企业兼并、产业升级、技术改造等，使闲置项目焕发新的生机。

三是创新金融手段，如通过资产证券化、融资租赁等方式将闲置项目转化为现金流；又如，创新融资方式，吸引社会资本对闲置项目进行再开发。

四是创新管理模式，通过引入现代化的管理理念和技术手段，建立科学合理的闲置旅游项目管理模式，进一步提高闲置旅游项目管理效率和使用价值。

五是引入新技术，拓宽闲置旅游项目的应用场景，满足人们对旅游空间、旅游产品、项目内容和沉浸情景的新需求。

六是拓展闲置旅游项目的销售渠道，增加其曝光率和知名度。一方面，可以通过短视频社交平台、融媒体平台、OTA等渠道进行推广和销售；另一方面，可以与景区、酒店、旅行社等企业合作，开发特色旅游产品和服务，线上线下共同发力，提高目标客户群体对旅游项目和资产的认可度与选择度。

一些省份在这方面发力较早，如贵州省将盘活闲置低效旅游项目作为全省推进旅游产业化"四大行动"之一，截至2022年11月底，全省已经实现盘活闲置低效旅游项目实际投资660.83亿元。

对于闲置旅游项目，仅靠市场调节往往无法有效地解决问题。因此，需要政府出台相关政策进行干预。政策引导和扶持可以弥补市场调节的不足，为闲置旅游项目带来新的发展机遇。

首先，优化政策环境，政府可制定有利于旅游业发展的政策措施，如财政贴息、税收优惠、贷款扶持、专项资金支持等，以吸引更多的投资和开发力量。

其次，引导社会资本进入，为闲置旅游项目提供充足的资金支持，有效解决资金短缺问题，推动项目的重启和升级。

再次，推动创新发展，鼓励企业进行创新，如发展特色旅游、体验式旅游等新模式，以适应市场的变化，提高闲置旅游项目利用率。

最后，加强区域合作，政府可以推动不同地区之间的旅游合作，实现资源共享和优势互补。这不仅可以提高闲置旅游项目的利用率，还可以为旅游业发展注入新的活力。

近年来，为支持旅游存量资产盘活，国家多个部门相继出台了多项政策措施。例如，国务院办公厅印发《关于进一步盘活存量资产扩大有效投资的意见》，明确将旅游列为盘活存量资产重点领域；国家发展改革委发布《关于进一步做好基础设施领域不动产投资信托基金（REITs）试点工作的通知》，将部分旅游基础设施纳入REITs试点范围；中国人民银行设立2 000亿元设备更新改造专项再贷款，配套财政贴息政策，专项支持文旅体育等10个重点领域的设备更新改造项目。这些政策措施有力支持了旅游业发展。

随着经济社会的发展和人民生活水平的提高，人们的旅游需求更加多种类、多层次，通过盘活闲置旅游项目，可以提供更加丰富的旅游产品，完善多层次的优质产品体系，进而实现旅游资源的有效利用和经济社会的繁荣，推动旅游业持续健康发展。

资料来源　王昆欣. 有效盘活闲置旅游项目 提升旅游资产利用率［N］. 中国旅游报，2024-01-02.

2. 案例分析要求

（1）为什么会出现大量"闲置旅游资产"？

（2）闲置旅游项目的存在对企业、产业和国家有哪些影响？

3. 提出问题

（1）你认为在我国旅游企业固定资产管理过程中，政府和企业分别应该扮演什么角色？

（2）你认为我国旅游企业固定资产管理还需要哪些改进？

□实践单元

1.结合我国酒店业经营实际的调查，你认为它们在固定资产管理方面存在哪些严重问题。这些问题纠正起来容易吗？如何纠正？

2.结合一家具体的酒店，尝试为该酒店构建一套固定资产管理制度。

□思考题

1.旅游企业固定资产的含义和特点是什么？

2.对固定资产进行分类可以为旅游企业管理好固定资产起到什么作用？如何对固定资产进行分类？

3.旅游企业对固定资产进行计价的方法有几种？分别如何进行计价？

4.为什么要对固定资产计提折旧？不计提折旧行不行？为什么？

5.不同的固定资产折旧方法会产生什么样的后果？你认为旅游企业为什么更愿意采用加速折旧法计提折旧？

6.为什么旅游企业遵守有关固定资产计提折旧范围的规定非常重要？如果超范围计提折旧会影响哪些利益主体的利益？

7.如何对旅游企业固定资产进行日常管理？

8.反映旅游企业固定资产管理效果的评价指标有哪些？通过对这些指标的计算和分析，可以反映哪些问题？

第7章

旅游企业其他资产管理

学习目标

通过本章的学习，了解其他资产包括的主要内容、特点和分类，掌握日常管理中的要点；能够运用无形资产和递延资产的特征，正确认识该类资产在旅游企业经营过程中的地位，科学地对该类资产进行管理。

聚焦党的二十大

党的二十大报告指出，必须坚持系统观念。万事万物是相互联系、相互依存的。只有用普遍联系的、全面系统的、发展变化的观点观察事物，才能把握事物发展规律……我们要善于通过历史看现实、透过现象看本质，把握好全局和局部、当前和长远、宏观和微观、主要矛盾和次要矛盾、特殊和一般的关系，不断提高战略思维、历史思维、辩证思维、系统思维、创新思维、法治思维、底线思维能力，为前瞻性思考、全局性谋划、整体性推进党和国家各项事业提供科学思想方法。

请结合本章内容思考：如何利用系统观念正确认识其他资产在旅游企业经营过程中的地位和作用？

● 7.1 旅游企业其他资产概述

7.1.1 旅游企业其他资产的概念

旅游企业资产表现形态丰富多样，除前面论述的流动资产、固定资产以外，还包括无形资产、递延资产等资产类型，这两类资产就是本章要论述的其他资产的内容。

无形资产是旅游企业长期使用但没有实物形态的资产，代表企业在较长时期内可以享受的法定权利或利益，包括专利权、商标权、著作权、土地使用权、非专利技术、特许经营权和商誉等。

递延资产也叫递延费用或递延支出，是指旅游企业在筹办和生产经营期间内发生的不能全部计入当年损益，应当在以后年度内分期摊销的各项费用支出，如开办费、以经营租赁方式租入的固定资产改良支出、固定资产大修理支出、摊销期在1年以上的其他待摊费用。

7.1.2 旅游企业其他资产的特点

1）无形资产的主要特点

（1）存在的非实物性

无形资产只是旅游企业拥有的某种可能获利的权利，不存在实物形态，这是相对于有形资产的最明显的特征。

(2) 拥有的独占性

无形资产只与特定的主体有关，在法律、契约或制度的保护下，禁止其他人无偿使用，因而表现为独占性拥有的特征。

(3) 收益的长期性

无形资产属于长期资产范畴，可以连续在若干期内为企业创造效益，因此涉及在一定会计期间的摊销问题。

(4) 效益的不确定性

无形资产必须依赖一定的物质条件和其他条件的配合才能为旅游企业创造效益，因此能否取得效益、能够取得多大效益不完全依赖于无形资产本身，所以说其效益的取得具有不确定性。

[相关链接7-1] **知识经济对财务管理的影响**

1.财务管理目标的变化。企业是各种要素的所有者达成的一个契约，企业各利益主体的利益归结起来就是以最快的速度、健康的方式取得长期稳定的发展，衡量标准就是“企业知识最大化”。

2.财务管理对象的变化。以无形资产为主要形式的知识资产将逐渐取代传统的实物与货币资产的主导地位，在企业中发挥越来越重要的作用。

3.财务管理观念的变化。知识经济社会中起主导作用的资本已不再是传统的实物资本和货币资本，而是知识资本，应树立“知识理财观念”。

4.财务管理内容的变化。从投资上看，投资对象将从实物资本及货币资本转为知识资本，投资效益评价由主要考虑财务效益转为以企业人力资源质量、企业创新能力及持续发展能力的增长为标准；从分配上看，应体现“效率原则”，知识资本投入者将取得企业全部利润中越来越大的份额。

5.财务风险的变化。无形资产的不确定性较大，使得财务风险加大。而资本形式的多样性及知识资本的多样化带来了财务风险的多样化。

2) 递延资产的特点

(1) 形成原因的多样性

从递延资产包括的内容来看，形成原因是多样的，既有开办企业时发生的开办费和汇兑损益开支，也有经营中出现的租赁费或大修理费等。因此，在对该类资产进行管理中必须分清原因，执行不同的管理制度或采取不同的管理措施。

(2) 支付数量的大额性

递延资产从数量上说，一般金额都较大，无法在某一期内完全摊入费用中，因此要作为长期资产进行管理，解决逐期摊销问题。

(3) 支付时间的集中性

相对于各期均匀发生的其他费用来说，递延资产的支付时间比较集中，一般都是发生在事前，而收益期却在事后，且持续时间较长。

(4) 受益期限的滞后性

递延资产带来的效益是以某一时期的集中性投入为前提的，如正是因为有开办费的发生，才会为旅游企业后续经营活动的开展奠定基础，从费用和收入相匹配的原则来说，必须将开办费用逐期摊入费用中，从而必然形成递延资产。

7.1.3 旅游企业其他资产的分类

1）无形资产的分类

（1）根据无形资产的性质和内容分类

根据无形资产的性质和内容，可以将无形资产划分为：

①知识产权，主要包括专利权、商标权、著作权等。

②非专利技术，主要指持有人未申请、未公开的先进技术和制造方法。它虽不受法律保护，但在一定程度上具有保密性，可有偿传授或转让。

③特许权利，主要包括聘请国际旅游管理集团管理的特许权、土地使用权、专营权等。

④商誉，是指企业由于拥有某种优势而形成的高于一般水平的获利能力。

（2）根据无形资产的期限分类

根据无形资产的期限，可以将无形资产划分为：

①有期限的无形资产，是指法律规定有一定有效期限的无形资产，如专利权、商标权、著作权、土地使用权等，一般来说专利权的期限为15年，注册商标权的期限为10年。

②无期限的无形资产，是指法律没有规定其有效期限的无形资产，如商誉和自创非专利技术等。

（3）根据无形资产来源分类

根据无形资产来源，可以将无形资产划分为：

①自创无形资产，是指旅游企业自行研究开发创造的无形资产，如商誉、专利技术等。

②外购无形资产，是指旅游企业有偿从外部取得的无形资产，如土地使用权、商标权等。

（4）根据无形资产有无确指性分类

根据无形资产有无确指性，可以将无形资产划分为：

①可确指的无形资产，是指具有专门名称，可以个别列举和取得，或作为组成资产的一部分取得的资产，如专利权、商标权、著作权等。

②不可确指的无形资产，是指不可清晰辨认，不能单独取得的无形资产，如商誉等。

2）递延资产的分类

按递延资产包括的内容，可以将递延资产划分为：

（1）开办费

它是指旅游企业在筹建期间所发生的费用，如筹建期间发生的工作人员的工资、办公费、差旅费、印刷费、咨询费、注册登记费、水电费、拆迁补偿费及不计入固定资产、无形资产购建成本的其他支出。

（2）筹建期间的汇兑净损失

它是指旅游企业在筹建期间发生的不能计入资产价值的汇兑净损失。

（3）租入固定资产的改良支出

它是指旅游企业以经营租赁方式租入的固定资产，经租赁合同约定应由承租人负担的固定资产改良工程支出。

(4) 固定资产大修理支出

它是指旅游企业对固定资产进行大修理时受益期超过1年、大修理费数额较大且企业未采用预提办法下发生的大修理支出。

● 7.2 旅游企业其他资产的管理

7.2.1 旅游企业无形资产的管理

1）无形资产的投资与转让管理

[实例7-1] **从淄博烧烤看城市形象传播的策略**

我们进行城市形象传播，需要依托具化的文化符号载体，进而推进更深层次的城市品牌建设。淄博烧烤是淄博市的一种传统饮食文化，具有很强的地方特色和很高的文化价值。2023年3月以来，淄博烧烤火爆出圈。五一期间，北京南站到山东淄博的火车票开售不到一分钟售罄。

“淄博烧烤”的历史传承悠久，最早可追溯到2 000年以前的春秋战国时期，近年在临淄赵家徐尧遗址还发现距今约13 000年的烧烤食物遗存，现已被列入2022年全国十大考古发现。淄博烧烤作为一个独特“文化符号”，吸引了来自全国各地的游客，它是淄博城市形象与品牌的重要名片。

每个城市都有它的故事和特点。做好城市传播，讲好城市故事，是讲好中国故事不可或缺的重要环节。淄博市因烧烤而走进大众的视野，通过淄博市政府部门和民间的共同努力将烧烤这一“在地化美食”打造为淄博的特色名片，其中离不开对“烧烤+”的一系列深度挖掘与创意探索，将烧烤融入主题活动之中，使烧烤不仅成为淄博市的“文化名片”，同时也带动文旅景区的消费热潮。

一次成功的旅游和文化营销，它的作用不仅仅是打造一个美食品牌，更重要的是能够构建城市形象，提升城市美誉度与影响力，带动当地产业升级。

资料来源 李思祎.从淄博烧烤看城市形象传播的策略[J].新闻前哨，2023（10）：49-51.

问题：你认为旅游城市如何打造品牌形象？旅游目的地进行品牌传播将为其带来何种利益？

扫描下方二维码查看“分析提示”。

无形资产作为21世纪旅游企业战略竞争力的源泉，必须受到高度的重视。无论是自创的无形资产还是购入的无形资产，都需要大量持之以恒的投入，因此无形资产的形成过程是长期积累的过程，旅游企业要注意保护好无形资产的价值。

良好的无形资产可以为拥有者带来预期较高的收益，旅游企业可以无形资产进行投资，实现增值目标。旅游企业无形资产投资有两种情况：一种情况是以所有权投资，可按确认或约定的价值与无形资产账面差额作为资本公积处理；另一种情况是以使用权投资，可按转让无形资产处理。

旅游企业无形资产虽然没有实物形态，但是与固定资产一样，也会发生闲置状况，对此旅游企业可以进行无形资产转让，转让方式有两种：转让所有权和转让使用权。由此形成转让成本与转让收入处理的两种情况：

（1）转让成本的处理

在转让无形资产所有权的情况下，转让成本可按无形资产的摊余价值计算；在转让无形资产使用权的情况下，转让成本可按履行出让合同规定义务时所发生的服务费用计算。

（2）转让收入的处理

如果转让收入是一次性的，可按营业收入中其他销售收入处理；如果转让收入是多次或长期的，可按投资净收益处理。

[相关链接7-2]　　无形资产资源配置模式

这个问题也就是无形资产会以何种方式进入新建单位的问题。一般来说有五种模式可资借鉴：

1.以资本（或股本）的方式进入单位，指投资方以无形资产作为出资形式，向新建单位投资。无形资产的所有者为企业的股东，享有股东的各种权利和义务。

2.以资本和负债的形式进入企业，指投资方既以无形资产作为出资形式，向新建单位投资，又向新建单位收取无形资产的使用费。无形资产的所有者具有股东和债权人双重身份。

3.投资方共同创造，指在创建期间投资各方共同创建新的无形资产，典型的是单位名称权和商标权。

4.特许经营方式，指新建单位以特许经营的方式使用特许方的无形资产，向特许方支付特许使用费。

5.外部引进方式，指在创建期间从外部引进无形资产。

2）无形资产的计价管理

无形资产的计价方式有许多种，主要包括成本计价法、效益计价法、行业对比计价法、技术寿命计价法和合同随机计价法等。无形资产以取得时的实际成本计价，由于无形资产取得来源不同，计价标准的规定也不同，主要有：

（1）投资者作为资本或合作条件投入的无形资产，按评估确认或合同、协议约定的金额计价。

（2）购入的无形资产，按实际支付的价款计价。

（3）自行开发的经法律认可的无形资产，按开发过程中的实际支出计价。

（4）接受捐赠的无形资产，按所附单据或参照同类无形资产市场价格计价。

值得一提的是商誉，商誉表示旅游企业由于拥有某种优势而形成的高于一般水平的获利能力。它的一个显著特点是不能单独存在，它必须依赖于与它有关的企业的存在，而且还取决于其他企业的认可度。因此，只有当发生企业合并时才能予以确认，否则商誉不得作价入账。

3）无形资产的摊销管理

无形资产的摊销方法一般为直线法，这样可以使各期负担的费用均衡，使财务指标具有更强的可比性。

（1）无形资产摊销期的确定

正确地进行无形资产的摊销需要明确无形资产的有效使用期限，以便自使用之日起在有效使用期限内分期摊入管理费用。确定无形资产的有效使用期限应符合下列原则：

①法律和合同分别规定有法定有效期限和使用年限的，按法定有效期限与合同规定的使用年限孰短的原则确定。

②法律未规定有效期限，但合同中规定有受益年限的，按合同规定的受益年限确定。

③法律和合同均未规定有效期限或受益年限的，按预计受益期限确定。

④受益期限难以预计的，按不短于10年的期限确定。

（2）无形资产摊销额的确定

无形资产摊销额的计算公式为：

$$无形资产摊销额=\frac{(无形资产原值-无形资产残值-无形资产减值准备)}{摊销年限}$$

7.2.2 旅游企业递延资产的管理

对递延资产的摊销要依不同的递延资产分别进行处理，其处理方法如下：

1）开办费的摊销

应从投产营业之日起，在不短于5年的期限内分期摊销，计入管理费用。

2）筹建期间的汇兑净损失的摊销

按不短于5年摊销。

3）租入固定资产改良支出的摊销

可按租赁期和改良工程耐用期孰短的原则确定摊销期限，计入管理费用。

4）固定资产大修理费的摊销

可按受益期限平均摊入企业有关费用中。

本章小结

旅游企业资产表现形态丰富多样，本章所探讨的其他资产是指无形资产和递延资产。无形资产是旅游企业长期使用但没有实物形态的资产，代表企业在较长时期内可以享受的法定权利或利益，包括专利权、商标权、著作权、土地使用权、非专利技术、特许经营权和商誉等。递延资产也叫递延费用或递延支出，是指旅游企业在筹办和生产经营期间内发生的不能全部计入当年损益，应当在以后年度内分期摊销的各项费用支出，如开办费、以经营租赁方式租入的固定资产改良支出、固定资产大修理支出、摊销期在1年以上的其他待摊费用。

旅游企业其他资产的特点包括无形资产特点和递延资产特点。前者包括存在的非实物性、拥有的独占性、收益的长期性、效益的不确定性；后者包括形成原因的多样性、支付数量的大额性、支付时间的集中性、受益期限的滞后性。

旅游企业其他资产的分类包括无形资产的分类和递延资产的分类。无形资产的分类包括：根据无形资产的性质和内容划分为知识产权、非专利技术、特许权利、商誉；根据无形资产的期限划分为有期限的无形资产和无期限的无形资产；根据无形资产来源划分为自创无形资产和外购无形资产；根据无形资产有无确指性划分为可确指的无形资产和不可确指的无形资产。

递延资产按包括的内容可划分为开办费、筹建期间的汇兑净损失、租入固定资产的改良支出、固定资产大修理支出。

无形资产管理中需要注意以下几点：无形资产以所有权或使用权方式进行的投资与转让管理；以成本计价法为基础的无形资产计价管理；以直线法为基础的无形资产摊销管理。

递延资产的摊销要依不同的递延资产分别进行处理。

关键概念

无形资产　递延资产　计价　摊销

基本训练

□案例分析题

1.案例基本情况

防不胜防，“三星堆”相关商标遭抢注

四川广汉市三星堆遗址新发现六座祭祀坑后，多个与“三星堆”相关的商标被申请注册，目前商标状态多为“申请中”。三星堆博物馆相关负责人告诉澎湃新闻，虽已经做了商标保护工作，但“防不胜防”。发现多家公司申请“三星堆”相关商标后，他们向商标管理部门提出很多异议。他们希望相关部门能加强对文化品牌的商标管理工作。

据澎湃新闻报道，记者从“考古中国”重大项目工作进展会上获悉，在广汉三星堆遗址中新发现的6座祭祀坑内，现已出土金面具残片、鸟形金饰片、金箔、眼部有彩绘铜头像、巨青铜面具、青铜神树、象牙等重要文物500余件。

三星堆遗址位于广汉市三星堆镇，成都平原北部沱江支流湔江（鸭子河）南岸。遗址分布面积约12平方千米，核心区域为三星堆古城，面积约3.6平方千米，是四川盆地目前发现夏商时期规模最大、等级最高的中心性遗址。1986年，三星堆遗址1、2号“祭祀坑”出土青铜神像、青铜人像、青铜神树、金面罩、金杖等珍贵文物千余件，其中不少造型独特、前所未见，揭示了一种全新的青铜文化面貌。

澎湃新闻注意到，在2021年3月20日之后，“三星堆”商标被多次抢着注册。天眼查显示，除了“三星堆”，还有“三星堆文明使者”“三星堆火锅”等，国际分类包括科学仪器、金属材料、运输工具、教育娱乐及酒类等，注册的公司包含餐饮住宿、电子商务、电线电缆等。这些商标的申请状态多为“申请中”。

三星堆博物馆一王姓负责人4月6日下午告诉澎湃新闻，他们已经注意到多家公司正申请注册“三星堆”相关商标。其实，他们几年前就已经开始做“三星堆”商标的保护工作，但是因涉及文字、图形等方方面面，使该商标的保护陷入了“防不胜防”的境地。

“（如果申请成功了）可能会给三星堆带来很多负面影响。”该负责人介绍，有很多人对“三星堆”遗址不清楚、不了解，这很可能导致他们认为这些商标就是“三星堆”方面注册的。

“有些商品实际上和三星堆不搭边，也不适合用这个商标，”该负责人称，发现多家公司申请“三星堆”相关商标后，他们向商标管理部门提出很多异议，“但是光靠我们自身也是很有难度的。”目前他们已经向有关部门反映这一问题，希望能商讨出措施，加强对著名文化品牌商标的管理工作。

段和段律师事务所律师孙生旺在接受《中国贸易报》记者采访时表示："抢注热门商标的行为可能涉嫌侵犯知名商标的权利，如果不正确使用还可能构成不正当竞争，扰乱市场秩序。"诚实信用原则是商标法的基本原则，而市场上多数抢注行为是恶意的，违反了这一原则。

"我国《商标法》中规定，自然人、法人或者其他组织在生产经营活动中，对其商品或者服务需要取得商标专用权的，应当向商标局申请商标注册。不以使用为目的的恶意商标注册申请，应当予以驳回。"孙生旺表示，根据法律规定，企业不可以随意蹭热点、抢注大牌商标或恶意囤积商标，很多企业注册了热门商标后，用在不相关的商品上，即使注册成功，在续展时也会遇到一定的困难，不仅扰乱商标注册管理秩序，造成严重不良社会影响，也不利于企业开拓市场，打造自身品牌价值。

中央民族大学法学院副教授熊文聪在接受《中国贸易报》采访时指出，如果三星堆博物馆已经在他人指定使用的商品或服务类别上使用了三星堆商标且已经产生一定影响，则可以依据上述规定来主张对方构成不正当手段抢注。如果三星堆博物馆可以证明其对三星堆名称享有应当保护的权益，可以依据上述规定来主张在先权利。

资料来源　薛莎莎.防不胜防，"三星堆"相关商标遭抢注［EB/OL］.［2021-04-07］. https://mp.weixin.qq.com/s/sGKUBeSpqtfoHuqv4XQThQ.

2.案例分析要求

（1）你认为景区商标被抢注的背后反映了哪些方面的问题。

（2）你认为品牌对于一个景区甚至一个旅游目的地而言具有哪些方面的价值。景区该从哪些方面着手保护好品牌、塑造好品牌？

3.提出问题

（1）为何许多旅游企业没有有效实行无形资产管理？其问题存在的原因何在？

（2）旅游企业如何用活用好无形资产所产生的市场号召力？如何进行品牌经营？

□实践单元

1.结合我国旅游企业中无形资产管理实践，谈谈你对旅游企业无形资产管理现状的分析和认识。你认为无形资产管理效果不佳的原因是什么。

2.你认为从财务上如何落实品牌经营战略。要提高无形资产价值需做哪些投资和投资管理工作？

□思考题

1.如何理解旅游企业无形资产和递延资产的概念？它们在旅游企业竞争取胜中的地位和作用是什么？

2.如何认识旅游企业无形资产和递延资产的特点？它对我们做好旅游企业无形资产和递延资产管理有何启示？

3.如何对旅游企业无形资产和递延资产进行分类？

4.对旅游企业如何进行无形资产的计价？

5.旅游企业无形资产和递延资产的摊销期如何确定？

第4篇　旅游企业收入、成本及利润管理

景区观光车运维应算大账

2023年6月初，一位博主在抖音平台发布《喀纳斯很美，但是吃相太难看了》的“吐槽”视频，反映景区内频繁换乘区间摆渡车、观鱼台二次收取门票等问题。喀纳斯景区管委会发布情况说明回应称，在喀纳斯，景区与景区、景点与景点之间距离较远，贾登峪游客服务中心停车场、服务站等基础设施尚未建设完毕，故需将车辆停放至贾登峪停车场换乘免费摆渡车前往喀纳斯景区门票站购票入园，多换乘1次摆渡车；喀纳斯景区观鱼台景点距离喀纳斯换乘中心9千米，游客可根据游览需求选择是否乘坐摆渡车前往，不存在强制购票的情况。

5A级旅游景区山西黄河壶口瀑布则被游客吐槽“摆渡车捆绑销售”。对此，山西黄河壶口瀑布景区相关负责人解释称，景区线上提供“门票+小交通”联票，本意是为游客提供一站式服务，简化验票流程。目前，景区已设立单独门票购买、门票+小交通等购票选择，不乘坐小交通的游客可步行、骑自行车等进入。景区还在步行道沿途设立了休息设施及黄河观赏点，游客可一路走、一路玩。

近期，被公众“吐槽”的景区还有不少。有游客称，贵州省安顺市黄果树景区观光车的停车点不在景区出入口，而是在商业街，下车后要花好长一段时间才能走完商业街。某旅游博主也“吐槽”说，他自驾到吉林长白山天池北景区附近的停车场，被告知想要买票必须返回35千米外的镇上，然后统一乘坐景区大巴车参观。

“大众旅游时代，游客越来越注重旅游的质量与体验感，旅游的社交属性也逐渐增强。”云南财经大学首席教授、旅游文化产业研究院院长明庆忠表示，旅游的人群流动性、空间移动性决定了“行”的必需性和基本保障性，部分景区把景区交通当作“摇钱树”，将大门、游客中心等外移，移至“山那边”“河那边”“山下边”，要求非乘景交车、景交船者不能进入。景区将这种“硬消费”作为提高收入的“硬规定”“潜规则”，让游客不得不坐、不坐不行，不仅降低了游客的满意度，也降低了旅游景区的服务质量和口碑。

不少业内人士表示，景区观光车、摆渡车等本是为便利游客而设，然而部分景区却将其作为盈利手段，以“搭车消费”“捆绑式服务”等方式，让游客不得不买票上车，这显然与开设观光车的初衷背道而驰。

“景区设立观光车，除方便游客游览外，还可避免景区主要游览点过度拥挤，提升景

区的可承载性。同时，扩大二次消费，提升景区收益。”北京第二外国语学院旅游科学学院教授谷慧敏表示，总体来看，目前，我国景区观光车价格属于合理范围，但是部分景区因规划不当或管理不善，也存在诸如强制购买、停靠站点不合理等问题。

“景区观光车门票虚高现象不能一概而论。”海南省旅游景区协会秘书长苏群认为，一些景区范围扩大、大门推远，或是为了增加配套服务设施，缓解高峰期间堵塞。“作为景区行业协会，我们一直倡导景区要以服务游客为中心。景区应评估观光车定价的合理性，充分考虑游客旅游的性价比。”

其实，关于观光车票价问题，国家层面早有规定。2008年4月，国家发展改革委等8部门联合发布《关于整顿和规范游览参观点门票价格的通知》，明确提出游览参观点内缆车、观光车、游船等交通运输服务价格应单独标示，单独销售，不得与门票捆绑销售。《中华人民共和国旅游法》第四十三条也明确规定，利用公共资源建设的景区的门票以及景区内的游览场所、交通工具等另行收费项目，实行政府定价或者政府指导价，严格控制价格上涨。拟收费或者提高价格的，应当举行听证会，征求旅游者、经营者和有关方面的意见，论证其必要性、可行性。

在中国人民大学创意产业技术研究院副院长宋洋洋看来，部分景区观光车价格虚高，有以下问题：一是不合规。国家发展改革委办公厅发布的《关于持续深入推进降低重点国有景区门票价格工作的通知》《关于持续推进完善国有景区门票价格形成机制的通知》等，从降低旅游者“全过程费用”角度出发，加强对垄断性较强的交通车、缆车、游船、停车等服务价格监管。高价观光车显然不符合上述要求。二是不合理。以较低价门票、低准入门槛吸引游客进入后，再提供高价观光车，这是不合理的垄断式定价，是借全民所有的公共文旅资源变现。三是不动脑。景区运营以“躺平”收门票思维运营，不在内容体验、文化内涵上做文章，舍大取小，结果自然是导致极低的二消与复游率。

“部分景区本末倒置，甚至想方设法、变着花样‘创收’，而忽略了游客的感受，这会影响到景区的长远发展和公众口碑。”南开大学现代旅游业发展省部共建协同创新中心主任石培华认为，应在更好满足游客需求的基础上，合理合规、“软性落地”景区的消费构架。

资料来源　魏彪．“差评”“吐槽”接连不断 网络平台屡上热搜 景区观光车运维应算大账［N］．中国旅游报，2023-07-10.

第 8 章

旅游企业营业收入管理

学习目标

通过本章的学习，掌握旅游企业营业收入的概念，掌握价格制定的基本依据和基本原则及方法，掌握旅游企业营业收入管理的基本要求，了解旅游企业营业收入日常管理的主要内容；能够根据各定价策略结合旅游企业实际情况给旅游企业的产品定价，能够根据不同旅游企业实际情况，制定营业收入管理制度及实施办法。

聚焦党的二十大

党的二十大报告指出，在充分肯定党和国家事业取得举世瞩目成就的同时，必须清醒看到，我们的工作还存在一些不足，面临不少困难和问题。主要有：发展不平衡不充分问题仍然突出，推进高质量发展还有许多卡点瓶颈，科技创新能力还不强……对这些问题，我们已经采取一系列措施加以解决，今后必须加大工作力度。中国式现代化的本质要求是：坚持中国共产党领导，坚持中国特色社会主义，实现高质量发展，发展全过程人民民主，丰富人民精神世界，实现全体人民共同富裕，促进人与自然和谐共生，推动构建人类命运共同体，创造人类文明新形态。

请结合本章内容思考：在高质量发展的要求下，旅游企业提高营业收入的过程中面临哪些卡点瓶颈，应当如何解决这些问题？

● 8.1　旅游企业营业收入概述

8.1.1　旅游企业营业收入的概念

旅游企业按照一定价格，通过提供劳务或出租、出售等方式所取得的货币收入为其营业收入，主要包括旅行社组团、接团的收入，饭店出租客房、提供餐饮、出售商品及其他服务项目所取得的收入。

随着我国旅游业的飞速发展，旅游收入已成为国民经济收入的重要组成部分。加强旅游企业营业收入管理，监督营业收入计划的执行，及时组织好各项营业收入收回，对于企业乃至整个国民经济都有十分积极和重要的意义。

8.1.2　旅游企业营业收入的分类

1）按与业务经营的关系不同，可划分为营业收入和营业外收入

（1）营业收入

营业收入是指企业在经营活动中向消费者提供劳务或销售商品等而取得的收入。它是企业业务经营活动的直接成果。按各项业务经营活动在企业中所处地位来划分，可分为基

本业务收入和其他业务收入。基本业务收入是指由企业的主要业务经营活动所带来的收入，又称为主营业务收入，它是营业收入中的主要部分，如饭店的客房收入、餐饮收入、商品收入等。其他业务收入是指企业主营业务以外不单独核算的其他业务或附属经营业务所带来的收入，它是营业收入中的次要部分，且不十分稳定，如饭店的固定资产出租、无形资产转让和包装物出租等收入。

（2）营业外收入

营业外收入是指与企业业务经营无直接关系的各项收入。其具体内容包括：固定资产盘点盈余、处理固定资产净收益、罚款收入、确定无法支付的应付账款。

2）按业务类型划分，可划分为饭店营业收入、旅行社营业收入等

（1）饭店营业收入

饭店营业收入是指饭店提供食宿等服务而取得的收入。根据管理的需要，饭店营业收入又可以分为客房收入、餐饮收入、洗涤收入、美容美发收入、康乐收入、宴会收入等。

（2）旅行社营业收入

旅行社营业收入是指旅行社通过从事招徕、接待国内外旅游者并为其安排与旅游服务组织和机构建立联系，将旅游者引导到各种旅游服务设施，将各种旅游设施和机构的服务产品介绍和提供给旅游者而获得的收入。为便于进行经营管理，按其业务性质，主要可以分为以下几项：

①综合服务收入（简称“综费”），是指在一定时期内为旅游团提供综合服务所获得的收入，包括安排住宿、用餐、交通、导游、翻译、参观游览、全程陪同、组团和接团等手续费收入。

②组团外联收入，是指由组团社自组外联收取旅游者住房、用餐、交通、翻译、导游、参观游览、文娱活动等费用的收入。

③票务收入，是指旅行社办理代售国际联运客票和国内客票的手续费收入等。

④劳务收入，是指旅行社派出导游、翻译人员参加全程陪同的劳务收入等。

⑤地陪及加项收入，是指接待旅游者一二日旅游的小包价以及增加旅游项目和风味餐等所增加的收入。

⑥其他服务收入，是指不属于以上各项的其他服务收入。

⑦其他非营业收入，如礼品折价收入、应收包装物押金收入、废品处理收入等，应列为营业外收入处理。

8.2 旅游企业价格管理

8.2.1 旅游企业价格制定的基本原则

旅游企业营业收入主要受销售价格和销售数量即营业量的影响。在价格一定的情况下，销售数量越大，营业收入就越高；反之，在销售量一定的基础上，营业收入的高低取决于价格的高低，价格越高，营业收入就越多。需要注意的是，价格的提高应遵循市场供求规律，不能凭空想象、漫天要价，当价格高到一定程度，超过了顾客的购买能力时，就会影响到销售量和销售收入的增加。因此，营业收入管理的目标就是制定合理的价格，以

最大限度地扩大销售量，实现营业收入量的增加。为此，定价必须遵循公平、合法和诚实信用的原则，具体要求主要体现在：

1）遵守国家有关政策的规定

随着市场经济体制的建立，旅游企业的经营自主权进一步落实，定价权也在扩大，但这并不意味着旅游企业可以完全自由定价。因为没有任何一个国家允许企业百分之百地自由定价和自由竞争，政府总是以各种方式干预企业价格的制定，以维护整体利益，协调国民经济的发展。当然这种干预很少是行政式的命令，而更多的是通过各项政策实现的，旅游企业制定价格时必须遵守国家的这些政策规定。

2）坚持以质论价的原则

旅游产品的交换与一般产品的交换有很大的区别，旅游产品不具备实物形态，不能像一般商品一样实现"一手交钱，一手交货"，总是先确定应支付的价格，然后客人通过消费过程来实现这一交换。衡量产品质量的好坏，必须在接受服务之后得出，游客在购买旅游产品时选择的一个主要标准就是产品价格的高低。一般情况下，在作出选择之前游客会把价格的高低作为衡量服务质量高低的标准。因此，旅游产品定价必须遵循以质论价的原则，这样既符合价格规律的要求，又能满足游客的不同需求。

3）坚持以成本费用为基础的原则

旅游企业在定价过程中应以成本费用为基础，以现行的比价为前提，确定企业商品价格。价格中最基本的因素包括成本费用和税金，企业按照价格销售商品收回营业收入，才能补偿业务经营中的各项支出与耗费，企业的业务活动才能持续进行。同时价格也是旅游企业市场竞争的一个重要手段，在特定的市场状况下，通过降价来扩大销售量是可行的，但要有一个限度，如果一味降价到了不顾成本盲目杀价的地步，则不仅不利于其他旅游企业的生存发展，也直接危及自身的生存基础。不考虑旅游产品成本、目标市场的不同，盲目地为了杀价而杀价、为了竞争而竞争的结果只能是扰乱市场竞争的正常秩序，不利于旅游企业整体的发展。因此，在旅游企业定价过程中要坚持以成本费用为基础的原则，避免杀价竞争，寻求新的竞争途径应是旅游企业未来竞争的新选择。

4）坚持价格变化灵活和稳定兼顾的原则

旅游企业的经营具有明显的淡旺季特征，因此旅游企业采用灵活的浮动价格是经营的客观需要，但是要注意变化幅度不宜过大过频，要保证其连贯性和相对稳定性。确定价格时要参考国际消费水平和汇率变化。旅游业是外向型行业，随着国际交流日益增强，在确定旅游产品价格时既要考虑国内市场，也要考虑国际市场的变化。同时随着国际金融市场的变化，我国人民币汇率也会作出调整，产品的定价也要随着汇率的变化及时调整。因此，不同旅游企业在定价时要审时度势，既要兼顾自身条件，也要关注外部环境，这样才能建立旅游企业稳定的价格体系。

8.2.2 旅游企业定价策略

旅游企业在定价时，出于不同的目的，针对不同的情况，会选择不同的定价策略。这些定价策略归纳起来一般包括：

1）差别定价策略

同一旅游产品，按游客的差别或时间、地点差别可以细分市场。针对不同的细分市场，旅游产品需求有明显差异。在每一细分市场上，都可以确定一个不同的价格，使得每一市场达到收益最大化，避免同一定价对某一细分市场收益的负面影响。

在差别定价中，常见的是价格歧视，可以对不同的人收取不同的价格或对不同的消费量收取不同的价格。另外，还有时间差别定价和地点差别定价，主要是旅游地淡旺季的调节手段和市场需求的价格反映。

［实例 8-1］ **酒店收益管理系统**

收益管理是要在适当的时候，以适当的价格，通过适当的销售渠道，把适当的产品和服务，提供给适当的客人。通过对市场需求情况、竞争态势和顾客消费行为规律的分析来优化酒店的价格，找到客房最佳的价格卖点，便可以使酒店获得更大的收益。

HiYield RMS收益管理系统是世界领先的新一代基于互联网、大数据和人工智能的收益管理系统，采用先进的机器学习和人工智能算法，动态优化，易学、易操作，更接地气，用户体验更好。

HiYield RMS收益管理系统的出现，打破了国外收益管理系统独霸中国市场的局面，使得大批非国际品牌的本土酒店也能用上先进的收益管理系统。截至2019年5月，HiYield RMS收益管理系统为不同档次、规模和品牌的集团及单体酒店服务，酒店数量达到1 300家，每天为20多万间客房提供定价和营销服务。

资料来源 根据上海鸿鹊信息科技有限公司网站（http：//www.hqrms.com/Index/index）相关资料整理.

问题：收益管理系统的应用需要具备哪些条件？在我国旅游企业中的应用前景怎样？

扫描下方二维码查看“分析提示”。

正像收益管理所强调的那样，针对不同的细分市场和不同的季节采用不同的价格，目的是使客房总收入最大化，为此必须扭转过分强调出租率而忽略租金收入率的定价指导思想，因为高出租率可能是以低房价为代价换来的。要在两者间寻求一种平衡，就要考虑每间可利用客房的收入（revpar）这个指标，revpar关注于要在出租率最大化与平均房价之间寻求一种合理的均衡，通过下面的例子我们可以看到饭店定价时可以通过计算revpar而将这两个指标结合在一起，从而构成了一个更加完整的绩效测量标准。

【例8-1】某饭店共有客房258间，以下两种销售业绩哪个更好呢？一个是周一平均房价为100元，出租率为75%，另一个是周二平均房价为115元，出租率为67%，要衡量两种方案哪种绩效更好，可以计算revpar，它表示饭店中所有客房所挣得的平均收入，而不管它们是否已被出售。

第一种：100×75%=75（元）

第二种：115×67%=77.05（元）

很明显在这两种结果中，出租率为67%、平均房价为115元的方案更可取，因为它多提供了2.05元的revpar。这表明饭店在周二比周一多挣得528.9元（258×2.05）的收入。或者，这个问题也可以通过在两种情形下所提供的总收入的比较来考虑。周二所提供的客房总收入为19 895元（173×115），周一所提供的客房总收入为19 400元（194×100）。

但是，我们必须认识到revpar的最大化并不一定意味着利润的最大化。在房价大幅度打折的情况下，如果增加的总收入不能抵销新增加的客房业务所带来的新增客房清理等费用的话，那么出租率增加而提高的revpar可能导致更低水平的总利润。尽管客房部出租率的增加会导致成本的增加，但餐饮部会由于出租率的增加而导致更多的食品和饮料的销售，从而增加食品和饮料销售的利润。另外，未来较高的获利性可能来自增加的顾客带来的口碑传播效应。

为了阐述收益管理决策问题，我们来考虑一个关于饭店预订部是否应当接受旅行社提前预订客房的案例。还以上面的饭店为例，该饭店每间客房的预订价格为115元，旅行社可以享有25%的价格折扣。一家旅行社想要在两个月内预订30间客房3天，这家饭店在接受旅行社此预订前已经出售了210间客房，销售部门计划如果不把客房出售给旅行社，那么余下客房的80%将以全价出售给顾客。预订部可以通过比较接受旅行社预订与不接受旅行社预订的收入差异来决定是否接受该预订。

若出售客房给旅行社，平均每晚的收入：

销售210间客房，售价为115元，收入为：

115×210=24 150（元）

销售30间客房，售价为：

115×（1-25%）≈86（元）

收入为：

86×30=2 580（元）

平均每晚收入=24 150+2 580 = 267 30（元）

若不出售客房给旅行社，平均每晚的收入：

［210+（258-210）×0.8］×115=28 520（元）

由于不出售客房给旅行社获得的总收入更高，因而预订部不应当接受旅行社的客房预订。

上面这个简单的例子表明，对于收益管理来说，需要处理好房价与需求因素之间的匹配问题，收益管理的有效性在很大程度上依赖于一个开发良好的预测系统。这对于饭店的销售和营销部门来说是很关键的问题。尽管如此，我们必须注意到，如今的收益管理从总体上来讲已经高度计算机化了。收益管理系统软件能够追溯许多数据，诸如各细分市场的出租率水平、预订取消的发生率、“预订未到”的比例，以及由低价消费者取代高价消费者带来的收入损失等。

2）折扣与让价策略

折扣与让价策略一般包括现金折扣、数量折扣、交易折扣三部分。现金折扣是对提前付款的顾客给予一定折扣优待，这样可以鼓励赊欠消费的顾客能按期归还占用企业的资金，加速企业资金的周转；数量折扣是根据顾客购买数量的多少，给予不同的折扣优待，如饭店的团体折扣、长住折扣等，鼓励客人多消费；交易折扣又可称为“功能性折扣”，是根据不同中间商在市场营销中所担负的功能不同，而给予不同的折扣，以提高中间商推销的积极性，如饭店给旅行社折扣，鼓励它们为饭店推销客房。

3）捆绑定价

捆绑定价是指将一种产品与其他产品组合在一起以一个价格出售。例如，旅行社将饭店、景点、交通等各项产品捆绑在一起出售给游客。

4）转移定价策略

转移定价也叫隐藏定价，通常是将一种旅游产品价格定得较低，通过产品之间的连带效应，使游客在消费其他产品时，补偿前一种产品的损失，特别是对于门槛值较高的旅游产品，常采用此类定价法。如在餐厅经营中，可以推出某些特价菜吸引消费者，而在酒水、菜肴上适当提价以赚取利润。对于像旅游线路这样的综合性旅游产品，可以以较低的交通费用吸引游客，以达到转移定价的目的。

5）新产品定价策略

新产品定价策略一般包括市场撇脂定价策略和渗透定价策略。其中市场撇脂定价策略是指在新产品刚进入市场阶段，采取高价策略，以求尽快收回投资获得更多收益，如同在牛奶中撇脂一样。例如，有的饭店对新研制出的菜肴，一开始采取高价策略，这样就能获得高额的利润，尽快收回投资。但是这一策略也有明显的缺点，主要是新产品在消费者中间尚未建立起信誉之前，这一策略不利于开拓市场。在建立起知名度之后，会引来竞争者加入，促使市场竞争加剧。

渗透定价策略，即低价投放新产品的策略，能迅速提高产品市场占有率，通过薄利多销的手段收回投资。这种策略的优点是可以广开销路，有利于开拓新产品市场，可以有力地阻止竞争者加入，但是这种定价策略的投资回收期长，在一定时期内获利很小。

6）追随定价策略

一些旅游企业将竞争者的定价作为它们制定产品价格的标准。例如，某饭店的竞争者将客房价格定为400元/间·天，根据竞争者的定价，该饭店将客房价格制定为390元/间·天。当竞争者改变价格时，使用这种定价方法的企业也跟着改变价格。这种方法的一个例子就是当处于领导地位的企业改变它的价格时，采用这种定价方法的企业也随之改变价格。当市场上存在激烈的竞争时，使用这种定价方法貌似合理，但是这种方法忽视了企业之间存在的差异，例如饭店的选址、产品质量、就餐环境，旅行社的规模、资格、信誉等。此外，这种方法还忽视了产品和服务的生产销售成本。不同的旅游企业在进行定价决策时，必须考虑它们自己的成本结构。如果面对一个处于领导地位并采用低成本结构的饭店，竞争者不顾自己的成本结构而一味奉行追随定价策略，必然会导致企业经营走入困境。

7）心理定价策略

这种策略是根据消费者的心理需求来进行定价，通常包括尾数定价策略和声望定价策略。尾数定价策略一般是利用消费者希望价低的心理，定价不定整数。例如，旅行社将北京五日游产品的价格确定为998元，而不是定为1 000元。声望定价策略是消费者往往把价格与产品质量和本人地位联系起来，认为价高即质高，使自己身份得到体现，根据此心理，企业有意识地把价格定高，如春秋旅行社率先推出的纯玩团在某种程度上就属于声望定价策略。

8）检误定价策略

这种策略是企业首先制定一个产品价格，然后观测顾客的反应，并在顾客反应的基础上对这一价格进行调整。这种定价方法似乎充分考虑了顾客方面的因素，但是对顾客的跟踪调查需要很长的时间，很多企业往往很难做到这一点，而且往往众口难调，在顾客反应的基础上频繁变动价格会导致顾客和管理人员价格认识上的混乱。

8.2.3　旅游企业产品定价方法

旅游企业的产品涉及吃、住、行、游、购、娱等多个方面，旅游产品是多方面的，并且具有多样性，在实际生产过程中，要针对不同的产品采用不同的定价方法。在定价的过程中，要注意灵活性，因地、因时制宜。同时从财务管理的角度看，旅游企业产品价格的确定应以成本为基础，因为经营活动的最低要求是保本经营，如果价格不能保证成本的收回，长此下去旅游企业经营活动将无法健康、顺利地维持，因此以成本为前提确定价格是旅游企业持续经营的前提。旅游企业中比较有代表性的定价方法有：

1）客房价格的确定

（1）千分之一定价法

千分之一定价法，就是以每间客房建造成本的1‰来确定房价。例如，假定某饭店每间客房造价平均成本为150 000元，运用千分之一定价法，每间客房可定价为150元。双人间、套间、单人间等的定价是不同的，但是平均价格将是150元。

这种定价方法在强调建设成本时没有考虑设备的市场价值。在欧洲和美洲都有保养良好的饭店或汽车旅馆，每间客房价值100 000美元，但40年前建筑造价可能只有20 000美元，按照千分之一定价法，每间客房房价定为20美元，但是随着时间的推移，保养良好的饭店或汽车旅馆就像是一座完好的、鲜活的历史博物馆，保存了当时真实的生活风貌，具有很高的时间价值和历史价值，因此现在可能表现为更高的房价。

（2）公式定价法

客房经营所发生的费用包括固定费用和变动费用。固定费用不随业务量的变化而变化，但一定时期内客房出租率总是难以达到百分之百，因此未出租房间应分摊的固定费用就需要由已出租的客房来承担，这就需要在一定出租率的情况下予以确认，故需要掌握一个合理的出租率或是保本出租率来作为定价的基础。在进行客房固定费用分摊时，可依据不同类客房使用面积进行，即：

$$\text{每平方米使用面积日固定费用}=\frac{\text{全年客房固定费用总额}\div(365\times\text{客房出租率})}{\text{客房总使用面积}}$$

客房变动费用总额可以按照客房的总间数进行分摊，即：

$$\text{客房每间日变动费用}=\frac{\text{全年客房变动费用总额}\div(365\times\text{客房出租率})}{\text{客房总间数}}$$

$$\text{每间客房日费用额}=\text{每间客房使用面积}\times\text{每平方米使用面积日固定费用}+\text{每间客房日变动费用}$$

$$\text{房价}=\frac{\text{每间客房日费用额}}{1-(\text{税率}+\text{利润率})}$$

【例8-2】金竹饭店有客房300间，其中标准间260间，每间25平方米；小套间25套，每套48平方米；大套间15套，每套68平方米。保本出租率为40%，客房全年预计费用为1 200万元，其中固定费用1 000万元，变动费用200万元，增值税税率为6%，则：

$$\frac{\text{每平方米使用面积}}{\text{日固定费用}}=\frac{10\,000\,000\div(365\times40\%)}{260\times25+25\times48+15\times68}=7.9\text{（元）}$$

$$\text{每间（套）日变动费用}=\frac{2\,000\,000\div(365\times40\%)}{260+25+15}\approx45.7\text{（元）}$$

$$\text{标准间房价}=\frac{25\times7.9+45.7}{1-6\%}\ 258.72\text{（元）}$$

$$\text{小套间房价}=\frac{48\times7.9+45.7}{1-6\%}\ 452.02\text{（元）}$$

$$\text{大套间房价}=\frac{68\times7.9+45.7}{1-6\%}\ 620.11\text{（元）}$$

饭店确定上述价格后可根据具体情况予以调整。若以该价格出租，出租率有可能高于保本出租率40%，饭店可获得盈利。若提高价格，在出租率不变的情况下也有可能获得盈利。另外，客房销售结构的变化也会影响平均房价和最终的盈利水平。

2）餐饮价格的确定

餐饮制品的价格是由原材料成本和毛利额构成的。毛利额包括费用、税金和利润，原材料成本都有定额控制，因此定价的关键是掌握好毛利率的高低。不同餐饮制品类别和不同餐饮服务形式都有不同的毛利率标准，饭店要严格执行标准。餐饮制品价格可根据下面的公式计算：

$$\text{餐饮制品价格}=\frac{\text{直接成本}}{1-\text{内扣毛利率}}$$

或

$$\text{餐饮制品价格}=\text{直接成本}\times(1+\text{成本加成率})$$

其中，成本加成率又叫外加毛利率。

3）旅行社价格的确定

（1）高标高走法——重在品质，特殊安排

该方法主要针对高标准、高品位的特殊团体和散客而言，但要注意与高价相对应的一定是高质，所以在各个细微环节之处必须讲究一个“精”字，落实一个“实”字，突出一个“特”字，体现一个“细”字，方可达到高定价目标。

（2）缺项收费法——有失有得，巧妙优惠

该方法主要针对自驾车一族，但要注意把握一个弹性的度，如采取房费平摊，免导服费，只收门票费和餐费，这样有得必有失的定价原则才能让顾客得益，最终让企业赚钱。

（3）网络同价法——一视同仁，前途无量

该方法主要针对团队、散客接待费用开支相差无几及散客日益增多的情况下推出的定价法，因为尽管10人以上团队机票折扣比散客高些，但扣除全陪费，则团散几乎同价了。但要注意随时搜集价格变动信息，以随时调整。

（4）合理追加法——以诚为本，双方愉悦

该方法主要针对确定价格后客户又提出一些额外要求的时候，必须采用追加法，但追加太多客户又不满意，所以要注意合理协商，有进有退，深明大义，才能愉悦成行，也才能持续经营。

（5）情愿赔本法——感人心怀，稳定客源

该方法主要针对需要开辟新客户时和为了奖励老客户时采用，但要注意财务上核算清楚赔本的数量及后续可能产生的市场效果，方可达到此次赔本是为了今后更多盈利的目的。

（6）薄利多销法——以量取胜，变薄为厚

该方法主要针对市场需求量大的旅游产品，尤其是短线游和近郊游更为明显，但是必须注意把握薄利后是否能有多销效果出现的问题，因此要评价顾客需求价格弹性高低，以一定客源量为基础，方可薄利又多销。

（7）季节差别法——掌握动态，便客利己

该方法主要针对不同季节生产要素价格差异较大，无法通过内部自我消化的情况下必须实施差别定价。但要注意与供应商关系的培育，以尽量减少要素价格上升幅度，为实现定价目标奠定基础。

● 8.3 旅游企业营业收入管理的基本要求

旅游企业营业收入的实现分两种形式：一种是现销收入；另一种是赊销收入。前者是客人消费后通过现金结算、信用卡转账、支票支付等一次性付清各项服务费，后者则是消费之后经过一段时间后才予以结账，从而形成企业应收账款。

[相关链接8-1] **警惕“跑马圈地”式增收方式**

一些旅游企业过分强调市场开拓，忽略了市场的复杂性和对风险的防范；过分强调开拓面和成交额，放松了对拖欠款的管理。要知道，过分注重销售业绩的增长，常能快速扩大账面销售额，财务状况却常常不乐观，导致应收账款上升、销售费用上升、呆死账增加、利润下降。有些管理者为了应付上级主管部门的业绩考核，急功近利；有的企业迫于市场竞争压力，单纯追求销售额增长，偏离了利润这个主要目标。

因此，旅游企业必须注意要增加有效收入而非账面收入。

一般来说，旅游企业营业收入管理的基本要求有以下几个方面：

1）正确核算营业收入

营业收入核算的正确与否直接关系到盈利的准确性。一般来说，营业收入的核算有权责发生制和收付实现制。权责发生制又称应收应付制或应计制，按权责发生制核算营业收入，它要求凡是本期取得的收入，不论其款项是否已收回，都被视为本期收入；凡不属于本期的收入，即使款项在本期收到，也不作为本期收入。而收付实现制，又称现收现付制或现金制，它是以货币的实际收入为标准来确定营业收入的归属期，即凡是在本期实际收到的款项，不论其是否应当属于本期，都作为本期的收入；反之，即使是属于本期的收入，只要实际款项并未收到，就不得作为本期的收入。

旅游企业应采用权责发生制来核算营业收入，即旅游企业应当在劳务已提供、商品已发出，同时收讫价款或取得收取价款权利证据时，确认营业收入的实现。实行权责发生制，在收入方面就会有预收收入和应收收入之分。预收收入是指本期或前期已经收到并已入账，但是要到以后的会计期才能获得的收入，如预收的房费等。预收收入中只有那些对应于本期部分费用的收入才能作为本期收入。应收收入是指本期应该获得，但是尚未收到款项的收入，如客人已住宿但尚未付款的收入，根据权责发生制，这些应收收入应作为本期的营业收入对待。营业收入核算时应按实际价款进行，当期发生的销售折扣、销售退回及折让，应冲减当期营业收入。

2）提供与旅游企业档次相适应的结账服务

一般来说，客人的消费都具有明显的时间性，要在短暂的时间内满足客人消费及结账的要求，给顾客一个连贯完美的消费体验，就必须建立健全完善周到的结账服务体系，做到记账准确、走账迅速、结账清楚，防止跑账、漏账情况发生，让客人体验到方便快捷的消费过程。当然，由于旅游企业的档次不同，表现在结账体系上也会有所不同。如我国的饭店星级标准对结账时间作了具体的规定，该规定如表8-1所示。

表8-1 **我国旅游饭店星级标准中关于结账服务的规定**

星级	结账服务时间	结账要求	外币兑换	信用卡服务
一星	前台18小时提供结账服务	无要求	无要求	无要求
二星	前台24小时有工作人员待命提供结账服务	无要求	无要求	无要求
三星	同上	能提供一次性总账单服务（商品购买除外）	无要求	信用卡结算
四星	同上	同上	外币兑换	国际国内信用卡结算
五星	同上	同上	同上	同上

3）及时办理结算，尽早收回营业收入

旅游企业营业收入的取得主要有三种方式：一是预收，即在提供服务之前，预先收取全部或部分服务费。如饭店在客房预订确认后，会向客人收取一部分订金；长住户也往往要在年初支付该年的全部费用。二是现收，即在为客人提供服务的同时收取服务费，如顾客选择旅行社的产品（线路）后会采取现收的形式和旅行社进行结算。三是事后结算，即在向客人提供服务以后，一次性或定期进行结算，如饭店和旅行社之间常采用事后结算方式，组团社和地接社之间也常采用事后结算的方式。不同的收费方式要用不同的方法进行管理，对预收定金的客人到期没有来消费，则定金不再退回。采用现收方式时要严格各收银点的管理，做好记录，及时入账。对事后结算方式要加强管理，及时办理结算。

4）广开渠道，扩大销售来源

旅游企业经营利润的增加一方面取决于成本费用的降低，另一方面就是营业收入的增加。在增加营业收入方面应该广开渠道，提供多项目服务。现代旅游企业发展不再满足于为客人提供住宿、餐饮、交通等传统的服务，其扩大收入的主要途径往往是主动出击，开发新顾客，唤醒顾客新的需求。如美国芝加哥的凯悦饭店就很重视餐饮的店外销售，向周围的学生、居民、常住商务客人等提供餐食制品，取得了良好的效益。现在我国大部分饭店都提供外卖宴会。此外，搞一些文艺演出或讲座等，不仅能使旅游企业收入增加，而且也能树立旅游企业在社会上的知名度。因此，旅游企业必须在开放性经营思想的指导下，以强烈的服务意识不断开创特色服务，为旅游企业获取更多的盈利奠定基础。

5）做好营业收入的日常管理，提高营业收入质量

旅游企业在做好开源工作的同时，一定要注意节流，即在营业收入规模一定的情况下，做好营业收入的日常管理工作对于提高营业收入回收质量是至关重要的。如果只片面追求营业收入量的增加，而忽略日常管理工作，会导致营业收入数量扩张的同时，净现金流量日益萎缩的状况，直接影响旅游企业效益的实现。因此，加强营业收入的日常管理是至关重要的。

● 8.4 旅游企业营业收入的日常管理

旅游企业营业收入的日常管理工作应围绕客人消费及营业收入实现流程加以全过程控制。一般来说，要注意以下方面：

1）建立客人分账户

通常顾客到旅游企业消费，例如饭店，首先要到前台办理住宿手续，并开立客人分户账单，其上要有房号、客人姓名、客人住址、房价、抵店日期、离店日期、付款方式等栏目。以后客人在该饭店各营业点的消费情况，通过汇总反映到客人分户账内，待客人离店时一并结账。经检查无误后，将账单及有关附件放入相应房号的账夹内。旅行社产品一般针对散客和团队进行销售，并且根据客人不同的需求（如国内游或出入境旅游）进行登记，并且在订立合同后采用当时结算的方式进行结账，同时建立客户档案，目的是跟踪服务和二次销售。

2）各营业点收入结算管理

客人在饭店各营业点的消费通常采用签单消费方式，客人消费之后，营业点收款员应计算出客人的消费金额，将一式两联账单交给客人。如果客人是付现结账，则需将所收现金及账单的财务联一并交给收款员；若客人是签单消费，则需由客人在账单上签上房间号码及姓名，将账单交给收款员，收款员将账单的客人联、财务联迅速传递到前台结账处，由前台将消费情况记入客人分户账内。

由于旅行社产品的特殊性，客人在旅行社消费一般采取现收的方式进行结算。

各营业点收款员在每日下班前，编制收款员收入明细表、收款员收入日报表、收款员缴款袋，报表一式两份，将其中一份连同现金交领班复核，无误后，装入缴款袋内封好，由收款员、领班在缴款袋封面及缴款袋入柜记录表上签字，然后投入收款箱（保险箱）内，另一份报表及账单第二联一并交给夜间稽核员（一般饭店设置该岗位）。

3）为客人提供准确的结账服务

入住饭店的客人在办理离店结账手续时，前台收款员应取出客人分户账及客人的所有消费账单、凭证，进行汇总，同时通知客房中心、总机房该房号客人要结账，了解客人是否还有消费的长途电话单、客房小酒吧账单等都需送往前台结账处，以防止跑账、漏账。待将所有账单汇总后，便可计算出客人应付款的数额，呈送给客人检查确认后，方可结账，结账后应在账单上盖上“付讫”章，然后将分户账的第一联及其他账单、凭证交给客人做收据，第二联交夜间稽核员。引进现代办公、收银软件的饭店一般采取直接将机打小票交客人对账，如客人需要则为其开具发票。

关于旅行社的结账服务就不再赘述。一般在收银执行过程中，一定要按照内部牵制制

度的要求，由两人共同承担此项任务，以起到相互监督，保证营业收入安全实现的目的。

4）坚持收入稽核制度，防止舞弊行为发生

通常可以根据稽核内容和工作时间的不同，将稽核分为夜间稽核和日间稽核。饭店因其业务比较繁杂，常采用夜间稽核的方式来核查当日收入的实现状况，避免由于赊账业务而发生账实不符的情况，总的来说是将房费及晚上发生的费用入账，计算出客人分户账的余额，核对无误后编制出账单汇总表，确保当天账目的正确性。饭店客账汇总格式表如表8-2所示。

表8-2 **饭店客账汇总格式表** 年 月 日

房号	昨日余额	本日借方发生额								本日贷方发生额	本日余额	备注
		客房	餐饮	洗衣	电话电传	汽车	其他	服务费	小计			
合计												

此表在运用时需根据以下公式计算，即：

昨日余额+本日借方发生额-本日贷方发生额=本日余额

分别将各项的合计数与有关部门的控制报告或账单合计数相核对，相符即为正确。总数的计算符合以上公式也表示记录没有错误，由此起到核查监督的作用，防止舞弊行为发生。若发现不符，应作进一步调查核对，发现问题，做好记录。

饭店的日间稽核主要是对夜间稽核进行复核，其他类型旅游企业则一般是对当日或前日营业收入的汇总稽核，并编制营业日报表。营业日报表是反映旅游企业营业收入状况的重要报表，通过它管理人员可以了解企业各部门的经营状况，如营业量、营业额、平均商品价格等重要指标，通过比较可以了解这些指标与预计的目标还差多远，以便于采取相应的措施加以改进。同时，通过营业日报表可以了解旅游企业营业收入中现收与赊收的状况及各部门收入状况，为合理调度资金、平衡营业收入、做好货币资金预算奠定基础。

一般来说，以饭店企业为例，营业日报表的基本格式如表8-3、表8-4、表8-5、表8-6、表8-7、表8-8所示。

表8-3 **饭店营业日报表** 年 月 日

项　　目	本日收入	本月累计收入			与上年同期比较			
		计划	实际	占计划%	同日收入	%	同月累计收入	%
一、客房收入								
1.房租收入								
团队客房收入								

续表

项　目	本日收入	本月累计收入			与上年同期比较			
		计划	实际	占计划%	同日收入	%	同月累计收入	%
散客房费收入								
2.客房杂项								
二、饮食收入								
1.食品收入								
2.饮料收入								
3.其他收入								
三、商场收入								
四、汽车收入								
五、其他部门收入								
1.洗衣收入								
2.美容收入								
3.美发收入								
4.其他经营收入								
合　计								

表8-4　　**客房出租状况表**　　年　月　日

项　目	本　日	本月累计
1.固定客房数		
2.出租率		
3.平均房价		
4.住店客人数		
其中：团体		
散客		
商务		

表8-5　　**饭店餐饮营业收入日报表**　　年　月　日

项　目	本日收入						本月预算收入数	本月累计实际收入						同日收入	%	同月累计收入	%
	就餐人数	收入合计	食品	饮料	香烟	其他		就餐人数	收入合计	食品	饮料	香烟	其他				
饮食收入																	
中餐厅																	
西餐厅																	

续表

项目	本日收入						本月预算收入数	本月累计实际收入						同日收入	%	同月累计收入	%
	就餐人数	收入合计	食品	饮料	香烟	其他		就餐人数	收入合计	食品	饮料	香烟	其他				
咖啡厅																	
酒吧																	
茶座																	
宴会厅																	
客房用膳																	
客房酒吧																	
合计																	

表8-6 **营业收入结算日报表** 年 月 日

项目	本日收入分类				
	本日营业收入	收回以前欠款	宾客预付款	代收款	本日收入合计
信用卡					
现金					
转账支票					
宾客欠款					
委托收款					
坏账					
合计					

表8-7 **宾客欠款累计记录表** 年 月 日

上日累计欠款	收回以前欠款	本日发生数	本日累计应付款	本日累计应收款	累计应收款与应付款净差

表8-8 **收款员长短款记录表** 年 月 日

营业部门	收款员姓名	长款	短款	营业部门	收款员姓名	长款	短款
信用卡明细表				应收款明细表			

续表

	信用卡	金额	单位名称	金额
1	东美卡（Visa Card）			
2	万事达卡（Master Card）			
3	大来信用卡（Diners Card）			
4	百万信用卡（Million Card）			
5	JBC Card			
6	发达卡（Federal Card）			
7	运通卡（American Express Card）			
	合　计			

本章小结

营业收入是旅游企业按照一定价格，通过提供劳务或出租、出售等方式所取得的货币收入，主要包括旅行社组团、接团的收入，饭店出租客房、提供餐饮、出售商品及其他服务项目所取得的收入。

旅游企业营业收入可依不同标准进行分类：按与业务经营的关系不同，划分为营业收入和营业外收入。营业收入是指企业在经营活动中向消费者提供劳务或销售商品等而取得的收入；营业外收入是指与企业业务经营无直接关系的各项收入，包括固定资产盘点盈余、处理固定资产净收益、罚款收入、确定无法支付的应付账款。按业务类型可划分为饭店营业收入、旅行社营业收入等。

旅游企业营业收入主要受销售价格和销售数量即营业量的影响。在价格一定的情况下，销售数量越大，营业收入就越高；反之，在销售量一定的基础上，营业收入的高低又取决于价格的高低，价格越高，营业收入就越多。但不同产品价格需求弹性大小不等，因此价格变化对销售量的影响程度也不同，为此定价必须遵循公平、合法和诚实信用的原则，具体要求主要体现在：遵守国家有关政策的规定、坚持以质论价的原则、坚持以成本费用为基础的原则、坚持价格变化灵活和稳定兼顾的原则。

要制定合理价格需要了解旅游企业定价策略，包括差别定价策略、折扣与让价策略、捆绑定价策略、转移定价策略、新产品定价策略、追随定价策略、心理定价策略、检误定价策略。

旅游企业针对不同的业务特点采用不同的定价方法，常见的有客房价格的确定，包括千分之一定价法和公式定价法；餐饮价格的确定，主要是毛利率定价法。

对旅游企业营业收入必须严格管理，确保其安全回收，为此必须注意以下几方面：正确核算营业收入；提供与旅游企业档次相适应的结账服务；及时办理结算，尽早收回营业收入；做好营业收入的日常管理，提高营业收入质量。

旅游企业营业收入的日常管理工作应围绕客人消费及营业收入实现流程加以全过程控制，一般来说要注意以下方面：建立客人分账户；各营业点收入结算管理；为客人提供准确的结账服务；坚持收入稽核制度，防止舞弊行为发生。

关键概念

旅游营业收入　旅游价格　定价策略　定价方法

基本训练

□案例分析题

1.案例基本情况

旅游景区“免票潮”背后的冷思考

夏季是传统的旅游旺季，为激发人们的出游热情，促进旅游市场恢复，日前，少数景区开始实行免票政策，敞开大门迎接游客，继而跟进的景区越来越多，最终在全国范围内形成景区“免票热潮”。免票政策实行后，虽然不少景区客流攀升，但也面临营收、管理上更大的压力。

从刺激旅游市场的角度来看，门票减免或优惠政策无疑是最直接，也最有效的措施之一。例如，崂山景区免票首日，进山预约人数为4 604人次，是免门票措施实施前一天的6倍多；华山景区6月免门票以来，在携程网的门票订单量环比增长278%；张家界国家公园0元门票累计销量近4 000张，6月至今门票订单量环比增长667%。

站在游客的角度，景区免票政策自然是多多益善。然而，对于很多景区来说，免除门票后迅速迎来客流的爆发式增长，景区通过其他经营性项目，包括住宿、餐饮、娱乐设施等，也赚到了钱，可以称得上是双赢。此外，景区免门票也带动了游客出游，让旅游相关产业链上的各个行业领域都恢复了活力，对地方经济的拉动作用十分明显。也就意味着景区免门票模式下，不仅是景区与游客的双赢，更是多方的共赢。

但是，我们必须看到，一些规模比较大、综合实力比较强、旅游产品项目比较丰富的景区，可以通过类似薄利多销的方式，放弃门票的收入，通过其他的旅游产品项目再把钱赚回来，可是对于不少门票依赖性较强、缺少竞争力强的旅游产品项目的中小景区，在景区免票热潮下处境就比较被动。

如果此类景区不实行免票，客流就会越来越少，如果跟风免票，就几乎没有收入来源。更何况免票后，维持景区运营的成本只会更多，资金链会愈加紧绷。因此，面对国内景区的免票热潮，我们不能只看到对游客有利的一面，而忽视了对部分景区不利的一面。对于一些实力较弱的中小景区，建议不要强求跟风免票，地方政府也要加强财政补贴。

最关键的是，此类景区要充分认识到自己在市场竞争中的不利地位，尽快通过丰富旅游产品、增加旅游项目、开展差异化经营等措施提升竞争力。毕竟从长远来看，摆脱门票依赖是旅游业发展的趋势，可以说，疫情让很多景区对实行门票免费和优惠政策进行了预演，并从中看到了未来长期实行门票免费或优惠政策的可能性。

资料来源　苑广阔.旅游景区“免票潮”背后的冷思考［N］. 中国旅游报，2022-07-14.

2.案例分析要求

（1）旅游门票的制定依据是什么？其高低对销售量的影响如何？

（2）免门票对旅游企业收益会产生什么影响？你认为我国旅游门票价格制定中存在什么问题？

3.提出问题

（1）你认为旅游门票价格该不该免除，原因何在？

（2）通过以上案例结合家乡的旅游景区景点分析旅游门票价格的免除会引起哪些旅游企业的联动变化。

□实践单元

1.近来航空公司一再加大打折力度，你认为在增收过程中价格这个杠杆能在多大程度上起到促进作用，要起到这种作用的前提条件是什么？

2.为了应对金融危机，很多地方政府联合当地景区推出了旅游消费券（优惠券）免费发放给市民，你认为这种措施是否有利于当地旅游收入的保持乃至增加，是否能起到带动当地经济发展的作用？

□思考题

1.什么是旅游企业营业收入？如何理解对营业收入进行管理的重要性？

2.如何理解旅游企业价格的特点？制定价格时的基本策略包括哪些？

3.旅游企业定价的基本原则是什么？旅游企业如何针对市场需求变化和旅游产品经营特点制定灵活的价格？

第9章

旅游企业成本管理概述

学习目标

通过本章的学习，掌握旅游企业成本的概念，明确旅游企业成本费用的分类，了解旅游企业成本管理的意义和作用；能够灵活运用成本概念及分类的基本原理针对不同的企业目标与要求，进行成本分类与判断，解决实际问题，对旅游企业进行成本管理，实现企业的盈利目标。

聚焦党的二十大

党的二十大报告指出，大自然是人类赖以生存发展的基本条件。尊重自然、顺应自然、保护自然，是全面建设社会主义现代化国家的内在要求。必须牢固树立和践行绿水青山就是金山银山的理念，站在人与自然和谐共生的高度谋划发展。我们要推进美丽中国建设……加快发展方式绿色转型……深入推进环境污染防治……提升生态系统多样性、稳定性、持续性……积极稳妥推进碳达峰碳中和。

请结合本章内容思考：(1) 旅游企业应当如何践行绿色发展理念，如何平衡绿色发展和经济发展之间的关系，构建“绿山青山”和“金山银山”的二元转化格局？(2) 践行绿色发展理念对旅游企业的成本管理带来了哪些影响？

9.1 旅游企业成本的概念及分类

9.1.1 旅游企业成本的概念

关于“成本”的概念，不同的学科有不同的理解。从会计学的角度来看，成本是指取得某项资产或提供劳务所垫支的以货币表现的耗费，所以会计核算中更加注重成本的补偿问题。按照收入和费用相匹配的原则，一般习惯于把尚未消耗的支出称为资产，已经消耗并能产生收入的支出称为费用。从经济学角度来看，成本是属于价值范畴的概念，即产品生产过程中物化劳动的转移价值和活劳动创造价值之中为补偿必要劳动消耗的那部分价值，即c+v+m。从管理实践的角度来看，成本是指为实现一定的目标而付出的代价，这种代价则不仅仅表现为以上的货币支出，而是有着更为丰富的内容，包括非货币可计量的代价和非实际发生的代价等。成本费用作为财务管理的一项重要内容，对其概念的深刻理解是至关重要的，从不同角度来加深对它的认识，有助于在成本控制中更好地把握控制对象，以最大限度地实现控制目标。

一般来说，成本是指为了达到特定目的所失去或放弃的资源。这里的资源不仅包括作为生产资料和生活资料的天然资源，还包括经过人类加工的物质资源、人力资源以及各种无形资源。特定目的是指需要对成本进行单独测量的任何活动，也就是成本对象，例如一件产品、一项设计、一项服务、一个客户、一种商标、一个部门或者一项工作计划。失去是指资源被消耗，例如材料在生产中被消耗、设备在使用中被磨损、人的脑力和体力在生产中被消耗、品牌声誉等被损害等，放弃是指资源交给其他企业或个人，例如用货币支付工资或加工费等。费用则是某个时期获取收入时发生的耗费，将上述商品或劳务耗费以后，成本就转化为费用，费用仅与某个时期或当期的收益有关。成本与费用一方面存在着区别，另一方面又存在着密切联系，二者都是为取得收入而发生的可以用货币衡量的资产耗费。旅游企业是向顾客提供综合性服务的企业，因此，旅游企业的成本费用是指向顾客提供产品及劳务过程中发生的各项资产耗费的支出。

9.1.2 成本费用的开支范围

根据企业成本费用全员控制原则的要求，每个成本费用控制责任单位和责任人都应该明确成本费用控制的范围。根据我国现行成本费用管理制度的规定，旅游企业各项业务成本费用控制范围如下：

1）旅游企业营业成本

由于旅游企业具体经营内容不同，因此营业成本表现也有差异。其中饭店类企业营业成本包括直接耗用的各种食品、饮料的原材料、调料、配料成本及其他项目的营业成本。各种原材料、调料、配料的实际成本，又包括其买价和能直接认定的运杂费、保管费以及缴纳的税金等。每次购进同一种原材料、调料、配料的实际成本是不相同的，而事实上又很难做到购进之后立即发出交付生产使用。所以，在这里就会产生如何确定生产领用原材料、调料、配料的实际成本的问题。对此在流动资产管理一章中已论述过，这里不再赘述。

由于饭店进货来源和进货方式不同，饭店营业成本可分为国内购进商品进价成本和国外购进商品进价成本。

（1）国内购进商品进价成本。国内购进商品进价成本包括国内购进商品的原始进价和购入环节缴纳的税金。购入环节缴纳的税金，是指企业在购入不含税的农副产品时支付的税金。

（2）国外购进商品进价成本。国外购进商品进价成本是指进口商品在到达目的港以前发生的各项支出，包括以下几项内容：

①进价，指进口商品按对外承付货款日国家外汇牌价结算的到岸价（CIF）。如果进口合同价格不是到岸价，在商品到达目的港以前的企业以外汇支付的运费、保险费、佣金等，均计入进价。

②进口税金，指商品进口报关时应缴纳的税金，包括进口关税、进口产品税或增值税。

③购进外汇价差，指企业购入外汇用于进口商品，由于汇率变化，按规定结转的外汇价差。

④支付委托外贸部门代理进口的手续费。

这里要注意的一个问题是：无论国内购进还是国外购进商品，凡购进时发生购进折扣、退回和折让及购进商品发生的经确认的索赔收入，冲减商品进价成本，而发生的能直接认定的进口佣金，调整商品进价成本。

旅行社营业成本是指旅行社在组织接待国外、国内旅游团（者）过程中支付的直接费用，包括房费、餐费、交通费、文娱费、行李托运费、票务费、门票费、专业活动费、签证费、陪同费、劳务费、宣传费、保险费、机场费等。

（1）房费，是指支付旅游团（者）的住房费用。

（2）餐费，是指支付旅游团（者）的餐费、饮料费。

（3）交通费，是指支付旅游团（者）使用的机、车、船费用。

（4）文娱费，是指支付旅游团（者）参加的文娱活动费用。

（5）行李托运费，是指支付旅游团（者）的行李托运、搬运费用。

（6）票务费，是指支付旅游团（者）的订票手续费、退票损失费等。

（7）门票费，是指支付旅游团（者）参观游览的各类门票费。

（8）专业活动费，是指支付专业、专项旅游团的专业、专项活动费用。

（9）签证费，是指支付旅游团（者）的出入境签证费用。

（10）陪同费，是指支付全陪或地陪的房费、交通费、津贴费等差旅费用。

（11）劳务费，是指借调陪同导游人员而支付的劳务费用。

（12）宣传费，是指支付接团社、文旅部门的宣传费。

（13）保险费，是指支付旅游者的旅游保险费。

（14）机场费，是指支付各地机场的机场建设费。

2）旅游企业销售费用

旅游企业销售费用是指销售商品和材料、提供劳务的过程中发生的各种费用，包括以下内容：

（1）运输费，是指购进原材料等所发生的运输费。

（2）装卸费，是指购进物料所发生的装卸费。

（3）包装费，是指为客人提供包装物等所发生的费用。

（4）保管费，是指进行原材料保管、食品冷藏等所发生的保管费用。

（5）保险费，是指饭店、旅行社向保险公司支付的保险费。

（6）燃料费，是指饭店、旅行社在业务经营中耗用的煤、油、酒精等燃料费用。

（7）水电费，是指饭店、旅行社在业务经营中耗用的水电费用。

（8）展览费，是指为了推销产品开展展览活动而支付的场地租用费等。

（9）广告宣传费，是指为了扩大产品的知名度而支付的各种广告宣传费。

（10）邮电费，是指业务活动中支付的电话、电报、邮费等。

（11）差旅费，是指营业部门采购员等的差旅费。

（12）洗涤费，是指床上用品、台布、窗帘等的洗涤费用。

（13）清洁卫生费，是指支付的清洁卫生费用。

（14）低值易耗品摊销，是指不够固定资产标准的低值易耗品使用之后分期摊销金额。

（15）物料消耗，是指一次性消耗的物料价值。

（16）折旧费，是指营业部门固定资产折旧费。

（17）修理费，是指营业部门固定资产修理费。

（18）营业人员工资，是指营业人员基本工资、奖金、津贴、补贴等工资性开支。

（19）职工福利费，是指企业为职工提供的福利待遇支出，准予扣除不超过工资薪金总额14%的部分。

（20）工作餐费，是指按规定支付给职工的工作餐费。

（21）服装费，是指按规定给职工制作工作服装的费用。

（22）其他销售费用。

3）旅游企业管理费用

管理费用是指企业为管理生产经营活动而发生的费用以及由企业统一负担的费用，包括以下内容：

（1）公司经费，是指行政管理部门的工作人员工资、福利费、工作餐费、服装费、办公费、差旅费、会议费、物料消耗以及其他行政费用等。

（2）工会经费，是指按企业职工工资总额2%提取，拨交工会使用的专项费用。

（3）职工教育经费，是指按企业职工工资总额2.5%提取，用于提高职工文化技术素质的费用。

（4）劳动保险费，是指退休职工的退休金、价格补贴、医药费（包括离退休人员参加医疗保险的医疗保险基金）、异地安家补助费、职工退职金、职工死亡丧葬补助费、抚恤费、按规定支付给离退休人员的各项经费以及实行社会统筹办法的企业按规定提取的退休统筹金。

（5）待业保险费，是指企业按照国家规定缴纳的待业保险基金，现行规定按职工标准工资1%由银行按月扣缴。

（6）劳动保护费，是指管理部门用于劳动保护方面的支出。

（7）董事会费，是指企业最高权力机构（如董事会）及其成员为执行职能而发生的各项费用，包括差旅费、会议费等。

（8）外事费，是指驻外经费、外宾招待费等。

（9）租赁费，是指管理部门自外部租入固定资产等的租金支出。

（10）咨询费，是指企业聘请经济技术顾问、法律顾问等支付的费用。

（11）审计费，是指企业聘请中国注册会计师进行查账验资以及进行资产评估等发生的各项费用。

（12）诉讼费，是指企业因起诉或者应诉而发生的各项费用。

（13）排污费，是指企业按规定缴纳的排污费用。

（14）绿化费，是指企业用于环境绿化方面的费用。

（15）土地使用费，是指企业使用土地而支付的费用。

（16）土地损失补偿费，是指企业在业务经营过程中破坏国家不征用的土地所支付的费用。

（17）技术转让费，是指企业使用非专利技术而支付的费用。

（18）研究开发费，是指新产品（新业务）开发研究试验支出的费用。

（19）税金，是指企业按规定交纳的房产税、车船使用税、城镇土地使用税、印花税等。

（20）燃料费，是指管理部门耗用的各种燃料费用。

（21）水电费，是指管理部门办公用水、电费用。

（22）折旧费，是指管理部门、福利部门的固定资产折旧费。

（23）修理费，是指管理部门、福利部门的固定资产修理费用。

（24）无形资产摊销，是指企业无形资产摊销价值。

（25）低值易耗品摊销，是指管理部门低值易耗品摊销价值。

（26）开办费，是指企业开办费分期摊销金额。

（27）交际应酬费，是指业务经营过程中发生的各种招待应酬费用，我国现行制度规定按全年营业收入净额的一定比例开支使用，按实列支。全年营业收入净额在1 500万元以下的，不超过全年营业收入净额的5‰；全年营业收入净额超过1 500万元（含1 500万元）不足5 000万元的部分，不超过该部分的3‰；全年营业收入净额超过5 000万元（含5 000万元）不足1亿元的部分，不超过该部分的2‰；全年营业收入净额在1亿元（含1亿元）以上的部分，不超过该部分的1‰。

（28）坏账准备，国际旅行社按年末应收账款余额的1%计提；其他旅游企业按年末应收账款余额的3‰～5‰计提。

（29）存货盘亏和毁损，是指存货盘亏和毁损的净损失部分。

（30）上级管理费，是指企业上交集团公司和管理公司的费用。

（31）其他管理费用。

4）旅游企业财务费用

财务费用是指企业为筹集经营所需资金等而发生的一般财务费用，包括企业经营期间的利息净支出、汇兑净损失、金融机构手续费、加息及筹资发生的其他费用。其中，汇兑净损失是指外汇汇率变动而发生的损益相抵后的净损失。有外币业务的旅游企业，当发生外币业务时，按照当时的国家外汇牌价或当月1日的国家外汇牌价，将有关外币金额折合为记账本位币金额。由于记账当时或月初时的国家外汇牌价与月末时不同，按照月末国家外汇牌价折合的记账本位币金额与外币业务发生时所记的记账本位币金额之间必然产生差额。这种差额可能为损失，也可能为收益，笼统称之为汇兑损益；损益相抵后的损失，称为汇兑净损失，列为企业财务费用。此外，旅游企业在外汇调剂中发生的调出外币的实际调价与原记账本位币金额之间的差额，将一种货币存款兑换成另一种货币存款时实际兑换货币的记账本位币金额与实际兑出货币的记账本位币金额之间的差额，也称为汇兑损益。若以外币现钞存入银行外币存款户，或自外币存款户提取外币现钞时所发生的差额，也视为汇兑损益。

上述成本费用开支范围，企业可根据其财务管理体制不同，具体确定成本费用开支范围。企业还有一些开支是不能列入成本费用开支的。按我国现行制度的规定，企业下列支出不得列入成本费用：

（1）为购置和建造固定资产、无形资产和其他资产而发生的支出。因为这些开支属于资本性支出，其费用应计入该项资产的原始价值，通过折旧、摊销等方式转入产品成本费用。如果将这些开支再计入成本费用，显然就会发生重复计算。

（2）对外投资支出和分配给投资者的利润。对外投资支出是企业资金运用的一个方面，它应通过对外投资的收入得到补偿，所以不能计入成本费用。分配给投资者的利润，是对经营成果进行的分配，不是经营中的耗费，因而不能计入成本费用。

（3）被没收财物的损失，指因非法经营等行为而被国家有关部门没收的财物。

（4）支付的各项赔偿金、违约金、滞纳金、罚款以及赞助、捐赠支出。这些支出都不是业务经营中必不可少的开支，因此不能计入成本费用。

（5）国家规定不得列入成本费用的其他支出，以及国家法律、法规规定以外的各种付费，包括各个地方、部门对企业的滥摊派、滥罚款等。

9.1.3 旅游企业成本费用的分类

1）按照成本习性不同划分为固定成本、变动成本和混合成本

成本习性也称为成本性态，是指成本总额对业务量的依存关系。按照成本习性可将企业的全部成本分为变动成本和固定成本两大类（混合成本也可分解为变动成本和固定成本）。

（1）固定成本或固定费用，是指其总额不随经营业务量的增减而变动的成本（费用）。固定成本（费用）一般包括工资、租金、折旧费、利息费、保险费等。如客房固定资产的折旧不会因为出租客房数量增多而增加，也不会因为出租数量减少而降低。虽然固定成本（费用）的总额不随业务量变化而变化，但单位固定成本（费用）与业务量变化有关，即随着经营业务量的增加而减少。如某一时期客房部固定费用总额为8万元，该时期内如果客房出租量为4 000间，则每出租一间客房平均分摊固定费用为20元，但若该时期客房出租量为5 000间，则每出租一间客房平均分摊固定费用就降为16元。由此可见，随着经营业务量的增加，固定成本（费用）总额不变，但单位固定成本（费用）下降了。在图9-1中，纵轴表示成本，横轴表示销售量，该图表明即使销售量增加，固定成本总额仍保持不变。

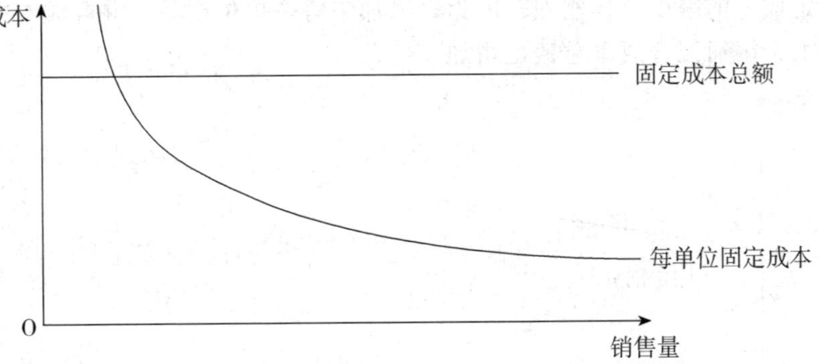

图9-1 固定成本：总额和单位额

（2）变动成本或变动费用，是指其总额随经营业务量的变化而成比例变化的成本（费用）。变动成本（费用）主要包括经营中的各项直接支出，如售出的食品饮料成本、供客人消耗的客房用品费用等。如餐饮的食品原材料支出会随着就餐客人的增加而增加；客房的出租率越高，出租客房的数量越多，则客房用品的消耗总额就会越多。虽然变动成本（费用）总额随着营业量的增加而增加，但是单位变动成本（费用）不随业务量的变化而变化，即无论业务量是增加还是减少，单位变动成本（费用）是保持不变的。因为单位消耗定额是固定的，如每出租一间客房，客房用品的配备数量是固定的。由此可见，随着经营业务量的增加，变动成本（费用）总额成比例变化，但单位变动成本（费用）是固定不变的。图9-2描述了变动成本总额和每单位变动成本与销售量的关系。变动成本总额由每单位变动成本与销售的单位数相乘来决定。

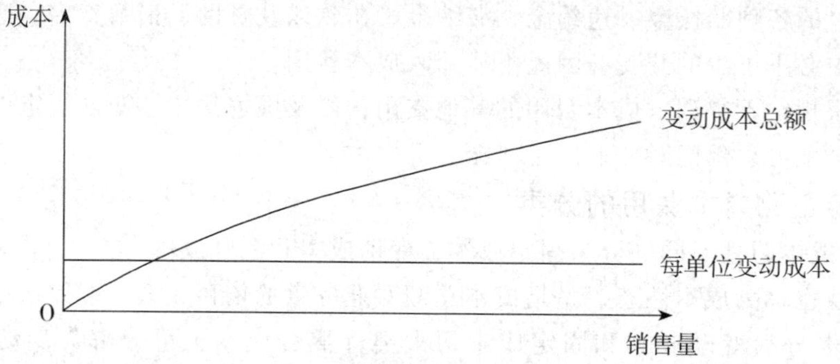

图 9-2　变动成本：总额和单位额

（3）混合成本或混合费用，是指其总额中既包含变动成本（费用）部分也包含固定成本（费用）部分的成本（费用）项目。混合成本（费用）主要包括电话费、汽车租赁费、维修保养费等。如电话费中，固定部分是指系统租金，即无论打电话次数多少都必须支付的固定费用，变动部分是指随着打电话次数增加而增加的费用，即电话计次费用。对混合成本（费用）要采用一定方式将其进行分解，使之分为固定部分和变动部分。进行分解的方式可以采用高低点法、散点图法和回归分析法等，前两种方法比较简单，但不太精确，第三种方法虽然较准确，但工作量较大，采用何种方法进行分解应依据旅游企业管理的不同目的及具备的条件灵活选择。图 9-3 中的曲线描绘了混合成本的两个部分（固定的和变动的）。水平线代表了固定成本，而混合成本总额斜线与固定成本之间的差异反映了混合成本总额的变动部分。图 9-4 显示了随着销售量的增加，单位混合成本在减少。这种减少不像单位固定成本的减少那样剧烈，因为每增加销售一单位产品，混合成本中的变动成本部分都会增加，因而混合成本总额也增加。

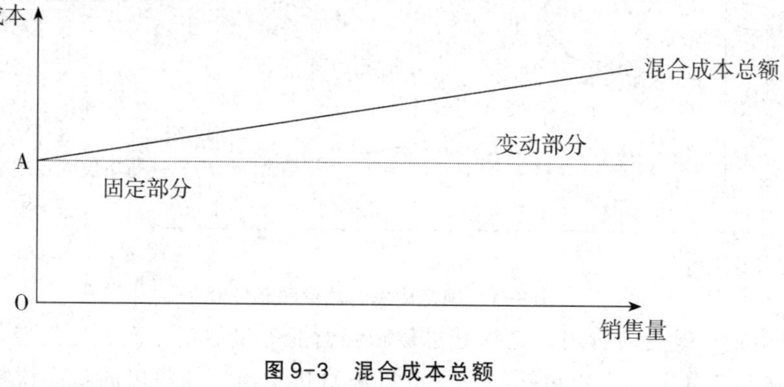

图 9-3　混合成本总额

将成本分为变动成本和固定成本时，我们需要确定：

（1）成本目标

一个成本项目是固定成本还是变动成本取决于成本目标。某个成本项目对于一个成本目标来说是可变的，对于另一个成本目标来说则可能是固定的。以连锁餐馆为例，如果成本目标是公司范围内的设备，则烤箱的折旧相对于公司所拥有的连锁餐馆的数目是变动成本；如果成本目标是某连锁餐馆向顾客提供的食品，则烤箱的折旧相对于所供应的食品数量就是固定成本。

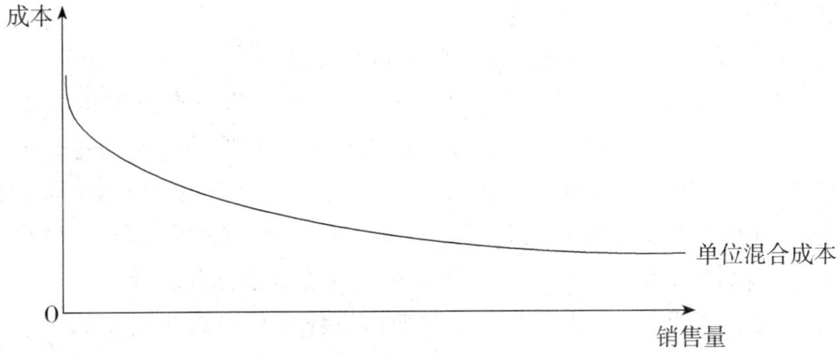

图9-4 单位混合成本

（2）时间间隔

对于某一个成本动因而言，一项成本是变动成本还是固定成本还受到决策涉及的时间间隔的影响。其他条件不变，时间跨度越大，成本就越是可变的。例如，在短期内，监督人员的工资常常是固定的，即使监督的实际需要量变化了，总监督成本也不会变化。但在长期内，总监督成本会随所需的监察时间而改变。如果需要更多监督，监督成本就会增加（雇用更多监督人员）；如果需要的监督减少，监督成本就会下降（有的监督人员会被指派到新的工作岗位上去）。

（3）范围选择

只有在相关范围内，成本才能被划分为固定成本和变动成本。如果洗衣房一天能干洗礼服120件，而要求每天干洗150件，那么就需要增加机器设备的投资，于是折旧成本由于新的投资而增加。所以，只有在干洗量少于120件时，折旧成本才是固定成本。

2）按照与特定成本对象的计入方式不同分为直接成本和间接成本

（1）直接成本，是直接计入各种、类、批产品等成本对象的成本。一种成本是否属于直接成本，取决于它与成本对象是否直接相关、是否能够经济而又方便地进行追溯和计入。这里的成本对象指需要对成本进行单独测定的一项活动。成本对象可以是一件产品、一项服务、一个客户、一种商标、一项作业或者一个部门等。例如，客房部的直接成本包括工资和相关费用、佣金、清洁费等。

（2）间接成本，是指与成本对象相关联的成本中不能用一种经济合理的方法追溯到成本对象的那一部分产品成本。这里所谓的经济合理的方法是指不能合理地追溯或是不能经济地追溯到成本对象。例如，总经理的工资很难分辨出每种产品应分担的数额，属于不能合理地追溯的成本对象；客房小五金的成本可以单独计量追溯到每间客房，但是单独计量的成本较高，而且本身数额不大，准确分配的实际意义有限，因此此类成本一般采用统一进行分配的做法更加经济。

需要注意的是，一项成本可能是直接成本，也可能是间接成本，要根据成本对象的选择而定。例如，一家饭店设有工程部和其他如餐饮部、客房部等若干直接提供服务的部门，为客人提供餐饮、住宿、康体等若干项服务产品，这些服务产品都是需要单独计算成本的成本对象。工程部的人员工资直接计入工程部成本，随后对饭店各种设施设备的维修、养护成本要分配到各其他直接提供服务的部门，这些部门成本还要分配给最终提供的服务产品。此时，工程部人员工资对于工程部成本来说是直接成本，而对于直接提供服务的部门成本和最终产品成本来说是间接成本。

3）按照管理责任不同划分为可控成本和不可控成本

（1）可控成本（费用），是指在会计期间由一个责任单位有权确定开支的成本（费用）。可控成本一般由以下要素构成：工资、员工福利、直接销售费用等。但是需要注意的是，可控成本并不局限于以上所列出的要素。正是由于管理工作对以上资源的使用起到强有力的影响，因此以上要素被认为是可控成本（费用）。如餐饮部经理对售出食品的成本、工资费用等可以施加影响，因此这些费用对餐饮部经理来说就是可控成本（费用）。

（2）不可控成本（费用），是指在一定时期内责任单位对成本费用的发生无法控制的项目。不可控费用也是企业运营中产生的费用，但是在大多数情况下，业主或是旅游企业管理人员对这些费用只能加以确认，而不能进行控制。不可控费用一般包括租金、折旧和财产税等，管理人员无法对这些费用直接管理以获得更多的利润，如折旧费用对于餐饮部经理来说就是不可控成本（费用）。

● 9.2 旅游企业成本管理的意义

每年收入20英镑，每年支出19.6英镑，会令人幸福。每年收入20英镑，每年支出20.6英镑，会令人悲伤。

——查尔斯·狄更斯《大卫·科波菲尔》

正如狄更斯在《大卫·科波菲尔》中所说的，收入与支出之间存在着重要关系，同样的关系也存在于商业环境中的收入和成本之间。管理人员必须清楚如何通过成本管理来增加企业的收益，这对企业的生存和发展会起到至关重要的作用。例如，企业可能会降低产品或服务的价格（通过降低成本）来增加销售量，进而增加公司利润。但是，只有在销售收入的增加足以补偿降价的损失时，利润才会增加。因此，只有从成本管理的视角来理解，进行细致分析，企业才能作出最佳决策。

成本费用管理是旅游企业财务管理中的重要环节，是形成旅游企业利润的基础。成本费用管理由成本费用预算、成本费用控制和成本费用分析三方面构成。成本费用预算是成本费用管理工作的开始，是成本费用控制的目标和依据。成本费用控制是按照成本费用管理制度和预算的要求，对成本费用形成过程的每项具体活动进行审核和监督，以保证成本费用预算顺利实行所采取的行动总和。如果只有预算而没有配套的控制、监督措施，那么成本费用预算只能是一纸空文，降低成本费用也只是纸上谈兵。要降低成本费用，实现预算目标，离不开有效的成本费用控制。完善企业成本费用管理体系对旅游企业来说具有重要的意义：

（1）有助于宏观经济决策的实施以及宏观成本管理调控职能的实现，诸如根据产业政策，实现合理的产业布局、产业结构的调整与优化、固定资产投资的控制、技术结构的优化，以及利用国外资金、资源、技术和管理等。

（2）有助于转换企业经营机制，落实企业经营自主权，正确处理好促进企业发展与加强成本管理的关系，以及企业内部在成本管理方面的责、权、利关系。

（3）有助于提高生产要素运营效果，实现生产耗费与补偿的统一，促进生产要素合理流动，实现社会资源优化配置。

(4) 有助于规范企业生产行为，促使企业在成本形成过程中正确贯彻执行国家有关政策和制度，接受国家管理和监督，实现国有资产的保值、增值。

加强成本管理的目的在于组织和动员全体职工，开展双增双节运动，在保证和提高产品质量的前提下，挖掘降低成本的潜力，以最少的生产耗费取得最大的生产成果，提高企业的经济效益和社会效益。

若成本费用管理不当，则旅游企业就像漏斗一样，创造的收入越多，漏掉的也越多。在实践中，不少旅游企业将成本费用的控制仅仅看成是财务部门的事，似乎其他部门与此关系不大，忽视了成本费用控制的全员和全过程体系的建立，结果成本费用控制的效果很不理想，形成了价值管理与实物管理“两张皮”的状况。在一些旅游企业中还存在割裂成本与效益的关系，一味降低成本的现象，结果成本是下降了，效益也没有了。这些成本控制的误区必须加以纠正，必须在正确理解成本费用概念的前提下，采用全员和全过程的成本费用管理方法，提高我国旅游企业的成本费用管理水平。

本章小结

本章强调了成本含义的多样性，一般来说，成本是指为了达到特定目的所失去或放弃的资源。

根据成本习性不同可以将成本分为固定成本、变动成本及混合成本三大类。固定成本是指其总额不随经营业务量的增减而变动的成本；变动成本是指其总额随经营业务量的变化而成比例变化的成本；混合成本即固定成本和变动成本的结合。对混合成本（费用）要采用一定方式将其进行分解，使之分为固定部分和变动部分。将成本分为变动成本和固定成本时，我们需要确定成本目标、时间间隔和范围选择等三项因素。

按照与特定成本对象的计入方式不同可以将成本分为直接成本和间接成本。直接成本是直接计入各种、类、批产品等成本对象的成本；间接成本是指与成本对象相关联的成本中不能用一种经济合理的方法追溯到成本对象的那一部分产品成本。需要注意的是，一项成本可能是直接成本，也可能是间接成本，要根据成本对象的选择而定。

按照管理责任不同可以将成本划分为可控成本和不可控成本。可控成本是指在会计期间由一个责任单位有权确定开支的成本；不可控成本是指在一定时期内责任单位对成本费用的发生无法控制的项目。

成本费用管理是旅游企业财务管理中的重要环节，是形成旅游企业利润的基础。完善旅游企业成本费用管理体系对旅游企业来说具有重要的意义：有助于宏观经济决策的实施以及宏观成本管理调控职能的实现；有助于转换企业经营机制，落实企业经营自主权，正确处理好促进企业发展与加强成本管理的关系，以及企业内部在成本管理方面的责、权、利关系；有助于提高生产要素运营效果，实现生产耗费与补偿的统一，促进生产要素合理流动，实现社会资源优化配置；有助于规范企业生产行为，促使企业在成本形成过程中正确贯彻执行国家有关政策和制度，接受国家管理和监督，实现国有资产的保值、增值。

关键概念

成本　费用　成本习性

基本训练

□案例分析题

1. 案例基本情况

集中升级品牌　中端酒店“卷”什么

近期，不少酒店集团带着新迭代的品牌产品进入中端酒店赛道，“既要也要”的心思已经藏不住了。走过3年的低谷期，面对正在发生变化的市场，创造品牌的长期价值越来越被酒店所看重，经营者既想要获取消费者的芳心，也想要得到投资者的青睐。不难看出，通过迭代提升品牌价值是方法之一，在近段时间被中端酒店频频采用，亚朵4.0、如家精选4.0、兰欧4.0陆续步入人们视线。这令不少业者好奇，这些4.0究竟在“卷”什么？

今年，将自己中端、中高端品牌升级至4.0版本的酒店集团不在少数，这样的迭代升级是否是投资市场所需要的？

对于记者的这一提问，洛桑酒店机构亚太区首席顾问夏子帆认为，产品的迭代一开始是为了符合需求端的审美，后来为了体现品牌的特性，但最后都是为了更好地适应市场逻辑，提升商业和投资价值。

“迭代说明酒店品牌越来越注重市场和消费者需求变化。20年前，一个社会产品的迭代周期是10～20年，传统酒店更以‘不变’为常态。如今，酒店产品的迭代周期是30～36个月。在数字化不断延伸的今天，‘变’成为常态。”孙坚说。

“品牌的迭代升级肯定是一件好事，可以吸引更多消费者，从而为投资者带来更多的收益。但体验升级和成本控制位于投资天平的两端，需要仔细平衡。”一位酒店投资商分享道，“酒店业结构已经从金字塔形向橄榄形转变，这意味着，中端酒店的赛道迈入了比拼品牌、体验、规模、效率的阶段，而且竞争十分激烈。但是，地产红利的消失、优质存量资源的稀缺、物业门槛的攀升、单房造价的上涨等是我们必须面对的挑战。此刻，稳健的投资回报是投资一家酒店的基础与核心。”

从专家、业者、投资人对于上述问题的解析可以感受到，一面是强调变化的市场、更白热化的竞争，另一面是强调更加理性的资本。

酒店的固定资产折旧周期是5年以上，品牌迭代意味着要增加投入，如何让投资人觉得钱花得值？“体验升级也很难突破中端酒店RevPAR（平均可出租客房收入）300元的天花板”的固定投资思维要怎么打破？如何满足投资人既要体验升级，又要收益提升的投资心理？在多数业者看来，谁家迭代产品可以给出满意答案，谁就能在投资市场成为“卷王”。

控制投资成本是首先要解决的。

“对投资者来说，酒店是一个可持续投资的商业项目，我们对产品迭代升级，除了实现产品提升，还要做到成本可控。”孙坚说，“从设计角度来说，设计师更加关注产品功能化，平衡品质与成本。供应链方面，我们通过新材料、新工艺、新方法来提升效率，降低筹建成本；通过规模集采形成价格优势，在产品品质提升的同时还能基本保持原来竞价；通过加强与第三方的合作来增加网点流量以及与技术应用的结合。”

记者注意到，兰欧4.0新产品的第一个特点也是降本增效，同样是通过高效配比降低单房造价。

缩短工期对于提高投资回报率非常关键。

亚朵4.0从量尺到现场安装完成的整个周期通常可控制在60~75天。其采用了标准个性化设计——客房及80%的公共区域主要空间采用标准化设计，20%的公共区域空间可以依据酒店属地特色在与整体设计风格一致的基础上进行有限度的个性化设计。这一方式最大的特点是在兼顾品牌特色的同时，缩短设计周期。

如家精选4.0设置了全周期的营建服务。覆盖全国的一线工程服务人员可以根据投资人需要，48小时响应并快速勘察出具报告，提供24小时跟进设计服务。筹建过程中，通过集团施工管理考核体系等缩减营建周期，降低造价，控制投入成本。

为了让迭代产品拥有更长的生命周期，记者发现，这几家酒店品牌的4.0在营建材料的选取上均选用了更耐久、更不易损坏、更便于维护的材料。当然，要想单房造价控制在14.5万元/间，项目投资回报周期缩短至3.5年，RevPAR达到400元，增加溢价空间是非常重要的。根据财报，2023年第三季度，主攻中端酒店市场的亚朵集团的整体RevPAR达到424元，创下单季度历史新高。在多数投资人看来，这与亚朵集团从“住得好”出发，为产品增加了很多“住”以外的服务价值有关。

北京第二外国语学院旅游科学学院教授李彬认为，酒店唯有与投资人实现共赢，创造可持续的盈利模式，才能让品牌拥有更长期的价值。

资料来源 王玮，唐伯依.集中升级品牌 中端酒店“卷”什么［N］.中国旅游报，2023-11-30.

2.问题分析

（1）请了解以打造舒适睡眠为主要卖点的饭店，主要采购哪个品牌的床垫，并了解其厂家和产地，说明优缺点。如果你是终端酒店采购部人员，你会选择哪家企业的床垫并且说明原因。

（2）你认为中端酒店和传统的四星级酒店有哪些区别。除了“投资回报”，你认为中端酒店还可以“卷”什么。

3. 提出问题

（1）你认为现代旅游企业降低成本的方法还有哪些。

（2）数智时代下新技术发展为旅游企业成本管理带来哪些变化？

□实践单元

通过对某一旅游企业的实际调查，了解旅游企业成本费用各项目开支情况，你认为要降低成本费用最可能的突破口在哪里。

□思考题

1. 如何理解成本费用的含义？两者之间的关系是怎样的？

2. 如何对成本费用进行分类？这种分类对有效控制成本有何帮助？

3. 将成本分为固定成本和变动成本的意义何在？固定成本和变动成本之间是否绝对不可变？为什么？

第 10 章

旅游企业成本控制

学习目标

通过本章的学习，明确旅游企业成本费用控制的含义，明确认识成本控制对象，准确把握控制目标，合理确定成本控制范围；掌握成本费用控制的基本原则，了解旅游企业成本费用控制的基本方法及成本费用考核的内容。

聚焦党的二十大

党的二十大报告指出，中华优秀传统文化源远流长、博大精深，是中华文明的智慧结晶，其中蕴含的天下为公、民为邦本、为政以德、革故鼎新、任人唯贤、天人合一、自强不息、厚德载物、讲信修睦、亲仁善邻等，是中国人民在长期生产生活中积累的宇宙观、天下观、社会观、道德观的重要体现，同科学社会主义价值观主张具有高度契合性。我们必须坚定历史自信、文化自信，坚持古为今用、推陈出新……

请结合本章内容思考：如何将中华优秀传统文化的智慧思想应用到现代旅游企业成本控制中？

10.1　旅游企业成本控制概述

10.1.1　成本控制的含义

成本费用直接影响旅游企业的利润，是现代旅游企业管理工作的一个重要环节。在激烈的市场竞争中，旅游企业要提高经济效益，增强竞争优势，就必须转变成本控制观念，扎扎实实做好成本控制工作。

根据控制论的观点，任何一项控制活动都应由实施控制活动的主体（即施控系统）和承受控制活动的对象（即受控系统）所组成。很明显，没有施控主体，控制活动就无从产生。同样，没有受控对象，控制活动就成为“无的放矢”。因此，控制的实质就是施控主体对受控对象实施控制的过程。控制的目的就是要对受控系统的输入进行调节、干预，使受控系统的输出限制在施控系统所规定的范围内活动。

成本控制是现代化成本管理中的核心环节，成本控制就是要根据成本预测、成本决策和成本计划所确定的目标和任务以及成本核算提供的实际数据，对生产经营过程中所发生的各项资源的耗费与相应的降低成本措施的执行，进行指导、监督、调节和限制，以保证成本目标和成本计划的实现。旅游企业在生产经营活动中，根据一定的控制标准，对成本费用形成的全过程进行指导、监督和限制，并采取有效措施及时纠正偏差，从而实现控制成本费用目标的一系列行动称为成本费用控制。这一概念里阐述的核心是要有控制标准，要有控制对象即成本费用形成的全过程，要有合理有效的控制方法即指导、监督和限制，要有控制行动即要控制行动纠正偏差，要有控制目标即实现既定控制目标，要有控制过程即这是一系列控制行动的总和。由于成本控制自始至终在保证产品品质的前提下，以不断降低成本为目标，因此，企业为了改善经营管理，贯彻执行经济责任制，提高经济效益，必须首先加强成本控制。

[**相关链接**10-1] **完善现代成本控制体系**

1. 成本控制思想革新化。
2. 成本控制组织合理化。
3. 成本控制方法科学化。
4. 成本控制手段数智化。
5. 成本控制人才专业化。

总之，控制思想是灵魂，控制组织是保证，控制人才是关键，控制方法和手段是条件。

10.1.2 旅游企业成本控制概念辨析

1）明确认识成本控制对象

旅游企业是人员密集型企业，旅游企业提供服务产品需要员工和游客进行面对面的现场交流才能完成，因此员工行为如何对旅游企业成本高低变化影响很大。那种忽略甚至侵害员工利益的行为会使员工产生不满的情绪和沮丧的心情，这些都会通过员工行为变异如铺张浪费、大手大脚、怠慢顾客、破坏工具等影响企业货币成本的高低，从而驱动货币成本上升。这种现象说明旅游企业必须重新认识成本控制对象，不能仅从传统的会计学意义上来理解成本控制对象，应站在管理实践的角度理解为实现一定的管理目标而耗费的成本内容是什么，它不仅仅是货币开支的多少，更是非货币可计量的付出的代价的高低。如果把前者看作浮在水面上的冰山的话，那么后者就是掩藏在水面下的冰山，后者的动向影响着水面上的冰山向何处移动。因此，成本控制对象不仅包括可用货币衡量的显性成本，更包括不可用货币衡量的隐性成本，从某种程度上说，对后者的控制是服务企业成本控制的重点，也是成本控制的难点。因为隐性成本易被忽略且难以把握，因此对于旅游企业管理者而言，要有效地控制成本，就必须明确控制对象，将隐性成本纳入企业控制对象之列。

[**相关链接**10-2] **员工的恐惧也是成本**

造成员工恐惧的原因是多方面的：企业销售不畅、重组或兼并；害怕出错、害怕生病；对企业的政策和做法不满而无处发泄；员工心情受到压抑，内心的抑郁、苦闷、恐惧不断积累。这些都在消耗着员工的精力和进取精神，使员工行为变异，出现大手大脚、铺张浪费、消极怠工、破坏工具、怠慢顾客等现象，这种低劣的服务效率和服务质量最终会导致企业货币成本居高不下。

调查显示，德国因员工恐惧造成的经济损失已达几十亿欧元。这就是隐性成本的危害！

2）准确把握成本控制目标

在市场经济条件下，每一家旅游企业都面临着外受同行间激烈竞争以及消费者的压力，内受股东分红派息的期望和员工增加待遇的要求。为此，每一家旅游企业都在加强成本控制，力图通过降低货币支出来达到企业增收的目的，于是出现了一味控制开支，不加分析一刀切的现象，结果成本支出是降下来了，效益的来源也同时被截断。于是企业就陷入了压缩开支、降低效益的恶性循环。旅游企业作为服务性企业，它为顾客提供能获得效用的产品和服务以满足其需求的供给过程，也是旅游企业通过这种市场交易模式产生销售收入，依靠供求关系发出市场信息，为股东和旅游企业自身获取价值的过程。因此，旅游企业成本控制目标应是在满足顾客需要、不断创造收入的过程中控制和降低成本。

[相关链接10-3]　　走出节流危及利润的误区

不少旅游企业为节约成本开支，常常通过削减研发、培训及设备维护等费用，压缩人员编制及降低基层员工薪资标准，降低服务规格及减少服务流程等手段来达到目的。你认为这样节约开支可行吗?

这无异于饮鸩止渴，最终会降低竞争力，丧失应得的利润。

成本控制应以“收得回，赚得进”为原则，不能创造收入的成本即使很小也是浪费，没有顾客前来消费，成本控制即使再好也是无效的，所以离开效益的取得谈成本控制是没有意义的。

3）合理确定成本控制范围

基于对企业成本形成于生产过程，实现于流通过程的片面认识，不少旅游企业仅将控制的范围限定在直接的生产过程即对客服务过程中，而忽略了其他过程对成本控制效果的重要影响和作用。这样很容易出现生产过程中靠偷工减料、降低服务质量来实现控制指标的情况。

对旅游企业来说，其产品具有生产和消费的同一性，只有顾客前来消费，旅游企业的直接生产才真正开始，在此之前更大量的工作是处于为直接对客服务作准备的阶段或预生产阶段。这一阶段是否具有成本控制意识和行动对整个成本形成会产生极大的影响，而在顾客消费行为结束之后，及时地反馈有关信息，改善生产的准备工作，巩固顾客关系，才能提高和巩固企业成本控制效果。只有依据成本发生、形成、变动的全过程进行控制，才能真正达到控制的目的。全过程成本控制要求旅游企业要处理好三个阶段的控制活动：

成本形成前——要以成本控制意识设计成本发生过程，制订周密的行动计划和操作标准。

成本形成中——要以标准成本为依据强化现场督导，坚持走动式管理，及时发现成本控制现场中的问题。

成本形成后——要对实际成本水平进行分析，对成本控制中的不足及时进行反馈和改进。

4）健全完善成本控制手段

成本是旅游企业为提供满足顾客需要的服务而付出的代价，形成成本耗费的主体是人，控制成本耗费的主体也是人，从控制的角度来看，对成本的控制说到底是对人的控制。目前采用的手段主要是经济处罚，缺乏人本色彩和针对人性特征的综合手段的运用，致使隐性成本大幅度上升，经营效益不断下降。

在控制目标的确定上要既先进又合理，否则会适得其反。预算的成本指标过低而收入指标过高，既违背了收入与成本相匹配的规律，又超过了员工努力能达到的程度。要知道当员工无论如何努力也难以达到预算指标时，该指标也就失去了意义，结果会挫伤员工积极性和主动性。因此，旅游企业只有使期望值水平适度，才能进入“期望-激励”的良性循环中。

在控制手段的运用上，要既有经济手段也有精神手段，否则也会适得其反。经济处罚固然重要，但毕竟是一种负向激励，要针对人性需求多运用正向激励，以平等协商的态度调动员工的主动性和创造性，对行之有效的做法要大力宣传并给予精神和物质奖励，使员工从被动受控制者转变为主动控制者。

5）构建全面的成本控制衡量标准

既然成本的发生是为了满足顾客需要，最大化实现企业效益，那么衡量成本控制效果如何的标准就不能忽略顾客的感受和评价，因此要扭转以往只关注企业内部衡量标准如预算指标或各类标准成本指标的做法，克服靠克扣顾客应该享受的服务标准来提高企业毛利的做法，构建企业内部与外部市场相结合的评价体系。如果将旅游企业成本形成和实现的过程看作价值流的话，那么企业和顾客是密切联系的统一体。旅游产品具有生产和消费的同一性，如果为达到内部衡量标准而损害顾客的应得利益，最终会降低客流量，则先期投入的资金只能沉没下来而无法得到补偿，所以说，外部衡量标准应该是整个衡量标准中更为基础性的标准。

如果将成本形成和实现过程看作行为主体利益追求不同的博弈过程的话，两者之间又是相互制约的。应该说在旅游企业成本控制这个博弈场中，起关键作用的一方是顾客，顾客满意才是产品销售的市场基础。因此，要全面协调好内部衡量与外部衡量之间的辩证关系。

10.1.3 旅游企业成本控制的基本原则

1）严格遵守国家规定的成本开支范围和费用开支标准

为了保证国家财政收入有可靠的来源，使旅游企业成本费用负担合理及利润核算准确，各级财务制度对旅游企业发生的各项支出，即哪些该计入成本，哪些不该计入成本，以及各项费用标准都作了明确的规定。旅游企业要依据各项支出发生的不同用途和资金来源，在国家规定的成本开支范围内列支相关的成本，不得随意扩大开支范围。

2）按权责发生制严格进行旅游企业成本费用的核算

权责发生制要求各期的支出应当归属各期，即凡属于本期的成本费用，不论其是否已经实际支付，均应列入本期的成本费用；凡不属于本期负担的成本费用，即使在本期已经实际付出，也不应作为本期成本费用处理，而应由各受益期分摊。例如，旅游企业采购原材料，5月份采购并耗费的原材料费用共60万元，其中35%要在下个月支付，65%当月支付，则5月份实际支付39万元，按权责发生制来讲，5月份实际成本支出是60万元而不是39万元。由于权责发生制强调在各会计期内收支相配合的原则，因此对正确确定各期的收支、损益状况，提供准确的分析数据起着重要作用。旅游企业必须严格按权责发生制的要求，核算成本费用，确定其归属期。

3）正确处理好降低成本费用与保证质量、增加数量的关系

降低成本费用的含义是指在不影响产品质量的前提下，旅游企业经过努力，使单位产品成本费用得到降低或控制。旅游企业是以提供非物质的服务为特点的企业，它不同于一般的有形产品，发现质量不好可以退换。旅游企业这种特殊的服务产品一经售出，就不能

再退换，因此服务质量的好坏对旅游企业的声誉乃至生存具有极其重要的意义。如果不考虑产品的质量而单纯以降低成本费用支出为目的，即使经过努力把成本费用降下来了，也失去了降低成本费用的实际意义。以低劣产品换来的成本费用下降是得不偿失的。这就要求旅游企业主要应从其内部挖掘潜力，力求节约，减少浪费。例如，旅游企业餐饮部不能为降低成本而克扣客人，制作低劣餐饮制品等。在保证服务质量的前提下，还要处理好降低费用与提高服务质量的关系。旅游企业属于高固定成本行业，尤其是旅游企业客房经营中，固定费用比例大，因此可以通过扩大营业量的办法，提高设备设施利用率，出租更多的客房，以减少出租单位客房应分摊的固定费用，从而降低单位产品销售费用。

[相关链接10-4] **保证质量是成本控制的前提**

成本控制是在保证整体质量的前提下，对旅游企业经营过程中所发生的成本费用的形成过程进行有效控制，并通过预测、记录、分析和调整，使成本费用控制在一个尽可能低的合理水平上。服务质量是旅游企业树立良好声誉、争取更多回头客以及增加营业收入的基础，因此，旅游企业要牢记：降低成本不能以牺牲服务质量为代价。

一位高管用一段非常简洁的话来描述质量的重要性：没有质量，便没有销售；没有销售，便没有利润；没有利润，便没有工作。

4）健全成本控制责任制，实行全员、全过程成本控制

旅游企业成本费用是在整个经营过程中逐步形成的，它涉及各个部门、班组和个人，因此必须实行全员成本管理。为此要健全成本控制责任制，将成本费用计划指标分解落实到有关部门、班组和个人，并且和岗位责任制结合起来，将成本费用计划的完成情况作为评定考核的一个内容。为调动各部门、班组、个人降低成本费用的积极性，要将成本费用管理方面的责任、权力和利益结合起来，只有人人都注意成本，人人都关心成本的降低，旅游企业的成本费用才能真正得到控制。这一原则强调控制要以事前控制为主，通过加强事中控制，做好事后反馈及控制，达到防患于未然的目的。

● 10.2 旅游企业成本控制方法

10.2.1 旅游企业成本控制的基本方法

成本费用控制的方法较多，基本方法一般有预算控制法、组织控制法、标准成本控制法等。

1）预算控制法

预算是旅游企业未来一定时期计划的货币数量表现。预算成本是按标准成本计算的一定业务量下的成本开支额。这种控制方法是以预算指标作为控制成本费用开支的依据，通过分析对比，找出差异，采取相应的改进措施，来保证成本费用预算的顺利实现。

为了与现行的会计核算制度相衔接，更好地实现预算控制，必须按不同的经营项目，分别预算经营成本与销售费用，并且对预算时期进行更细的划分，如划分为月度成本预算或更细的成本预算，这样才便于分部门、分项目、分时期地进行成本费用控制。

为了更好地实现预算控制，应结合旅游企业特点编制弹性预算以应对外界多变的经营环境，控制不同业务量下的成本费用支出额。有关弹性预算的编制问题将在第12章论述。

2）组织控制法

（1）制度控制法

为了防止在成本上可能出现的种种问题，旅游企业利用国家及企业内部各项成本费用管理制度来控制成本费用开支。从财务管理的角度出发，国家规定了成本开支范围及费用开支标准，财政、税务及上级主管部门也都有各自的规定，这些都是旅游企业在进行成本费用控制时应该遵循的。作为旅游企业本身来讲，为有效地控制成本费用，必须建立健全各项成本费用控制制度和相应的组织机构，如各项开支消耗的审批制度，日常考勤考核制度，设备设施的维修保养制度，各种材料物资的采购、验收、保管、分发制度，以及程序、报审批制度等。成本费用控制制度中还要包括相应的奖惩制度规定，对于努力降低成本费用并有显著效果的要予以重奖，对成本费用控制不力造成损失的要给予惩罚，只有这样才能真正调动员工节约成本、降低消耗的积极性。

[相关链接10-5]　成本控制中哲学思想的运用

中国文化有三大思想来源：道家、儒家和法家。不同层级的企业管理人员在成本控制中也要学会运用不同哲学思想指导控制行为。

高层管理人员：以道家思想为指导，学会发现并顺应客观规律。

中层管理人员：以儒家思想为指导，学会启发并教化员工。

基层管理人员：以法家思想为指导，学会铁面无私、照章办事。

（2）成本监督法

成本监督是旅游企业成本控制的一个重要组成部分，它分为外部监督与内部监督。内部监督由旅游企业内部组织实施，其主要内容包括：各营业部门是否按原始记录的内容如实反映营业支出与消耗，是否按计划发放材料物品，有无浪费，各部门的费用是否按标准正确使用，各项成本与费用的归属是否正确等。尤其对于上市旅游公司来说，加强内外监督更是促使其健康、稳定发展的有效途径。对上市旅游公司的内部监督主要是来自董事会和股东。

外部监督是由旅游企业以外的部门行使执行的，这些部门包括财政、税务、银行及上级主管部门等。财政部门与旅游企业的关系表现为财政部门给旅游企业拨款与资金供应以及旅游企业向财政部门上缴利润的关系。财政部门应对旅游企业资金使用的效益、方向予以监督，以保证国家资金的合理使用。同时，旅游企业向财政上缴的利润又直接受成本的影响。财政的监督在于保证旅游企业上缴定额利润。税务部门也要进行成本监督，以促使旅游企业正确计算成本与收益，如实反映旅游企业的盈利并按税法规定向国家缴纳各种税金。上级主管部门行使对旅游企业经营活动的管理职能，而成本监督则是其中一项重要的管理内容。在实际工作中，外部监督一般是通过检查形式进行的。上市旅游公司的外部监督主要指大众及中小股东对旅游企业的监督，需要旅游企业定期向公众披露其经营状况。

（3）标准成本控制法

标准成本实际上就是单位成本消耗定额。它是采用科学的方法，经过调查、分析和测算而制定的在正常生产经营条件下应该实现的一种目标成本。它是控制成本开支、评价实际成本高低、衡量工作质量和效果的重要依据。例如，客房部出租单位客房的物料用品消耗定额、餐饮部制作单位餐食制品应消耗的原材料定额、提供单位产品服务所消耗的人工费定额等，这些定额作为标准成本发挥着控制成本支出的作用。

运用标准成本控制法进行成本控制的基本步骤是：

①制定标准成本（费用）

这是极其重要的一项工作，标准制定得过高或过低，都不利于成本费用的控制，应该掌握在平均先进的水平上，即在过去一定时期平均实际成本的基础上，考虑到未来变动趋势，经过努力能达到的成本水平。为使标准成本制定得更科学合理，必须广泛吸收有关人员参加，既要有财务管理人员参加，又要有各部门标准成本的执行者参加。

制定标准成本时，为分清不同部门的责任，每个成本费用项目都要包括价格标准和耗用量标准。例如，食品原料标准成本是标准耗用量与标准价格之积，前者反映单位产品原料耗用量标准，后者反映采购原料支付的单位价格标准。再如人工费标准是标准工时和标准工资率的乘积，前者反映提供单位产品所需的人工小时数，后者反映使用每一人工小时所需支付的工资。上述这些标准需要依据不同营业部门的情况分别确定。

②进行成本差异分析

进行成本差异分析就是将实际成本与标准成本的差异找出来，并分析形成差异的原因。例如，食品原料差异分析图如图10-1所示，人工费差异分析图如图10-2所示。

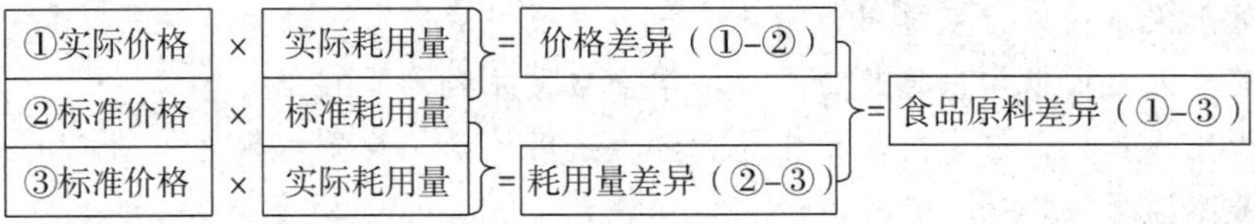

图10-1　食品原料差异分析图

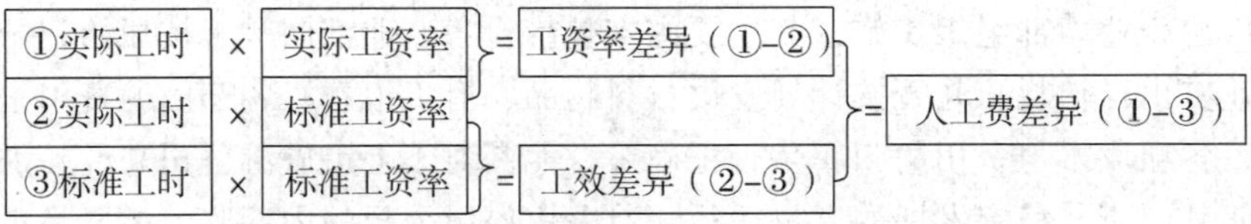

图10-2　食品原料差异分析图

运用图10-1和图10-2找到形成差异的因素后，进一步寻找原因，如何分析，将在旅游企业成本费用的日常控制里举例说明。

③对成本差异实施管理

无论标准成本制定得如何科学，由于影响旅游企业经营的许多因素都在随时发生着变化，因此成本差异总是存在的。财务管理的目的在于通过对可控差异进行管理，寻找降低成本费用的有效途径。通过对各部门重大差异的分析，找到旅游企业可以控制的因素，分清差异形成的责任，提出处理意见。

10.2.2　旅游企业各项成本费用控制

1）餐饮成本控制

民以食为天，餐饮经营是旅游企业经营的一大主要项目，而且这一经营项目降低成本费用的潜力相对于其他经营项目来说是较大的，因为其他项目如客房出租数量总是有限度的，而餐饮却不同，无论是就餐人次还是客人的消费水平，都比客房有更大的灵活性。在客房出租率、房价不变的情况下，餐饮的经营是比较灵活的，同时难度也是比较大的，因此制定有效的餐饮成本管理制度，实行严格的成本控制，对于减少浪费、提高旅游企业经营效益具有重要作用。

餐饮的成本包括直接成本和费用两部分，下面从日常控制的角度分别介绍一下：

（1）餐饮直接成本的控制

对餐饮直接成本的控制要结合其成本形成的过程，实行全过程成本控制，将过程中的每一环节及环节之间的衔接点控制好，避免更多的成本泄漏点的出现。为此需要按照全过程控制思想注意以下环节的控制管理：

①采购环节的控制。采购环节的控制是餐饮成本控制的第一步，采购合格的原材料将有助于更好地实现成本的控制目标。采购环节的控制目标包括三方面：质量适中、数量足够、价格合理。这三个目标必须同时实现，缺一不可。

控制质量适中必须制定采购规格。采购规格的制定，一定要有助于采购员更好地明确每次采购规格。采购规格标准的制定，一方面有助于采购员更好地明确每次采购的质量要求，减少采购工作中工作量的重复，有助于协调与供应商之间对采购原料的分歧；另一方面有助于库房验收员更客观地评价采购结果，在接收原料或拒收原料时有章可循。另外，采购到合乎规格要求的原料才有可能提高原料的利用率，即提高成货率，降低单位成本，提高毛利率，增大毛利额。

采购规格通常要包括以下内容：产品通用名称或常用商业名称；国家规定的等级、公认的商业等级或当地通用的等级；商品报价单位或容器，基本容器的名称和大小，容器中的单位数或单位的大小，重量范围，最大或最小切除量；加工类型和包装，成熟程度，产地，防止误解所需的其他信息等。采购规格确定后在一定时期内具有稳定性，但是随着旅游企业的发展、旅游企业设备的更新换代、市场环境的变化、菜单的更替等，采购规格必然会随之发生变化或调整，以适应新的需要。

控制数量足够可以通过制定模型如订货点、经济订货量等参与决策，有关这方面的内容已在流动资产管理一章中论述过，这里不再赘述。

控制价格合理一般可采用询价制，对市场价格的变动要及时作出反应，调整供应商。对重大物资的采购要由定价小组确定。

②验收入库环节的控制。首先要健全内部牵制制度，原料入库之前要由验收员和使用部门的人员共同对原料进行验货，防止不符合采购要求的原料入库，导致加工的制成品质量下降或成本上升。其次要认真实施验收，有关人员应具有高度责任心和事业心，对采购原料的数量、质量、价格进行检验，如有不符应填写贷方通知单或无购货发票收货单，验收员有权对不符合采购要求的货物拒收，以把好成本控制的第一关。

为使验收环节更好地发挥作用，要为其配备相应的设施，完善验收条件。总会计师、厨师长、采购员、仓库主任、餐饮经理等要定期到此检查，以关心、了解验收工作，并做好来访登记。

③仓储环节的控制。原料入库后保管质量如何直接影响到成本的高低，因此做好仓储保管工作是餐饮成本控制的重要环节。仓储管理的基本任务是数量安全、质量保证、信息提供。为实现保证供应的目标，达到经济合理的标准，必须从数量、时间、结构上进行优化，为此要建立定期盘点制度，除日常的常规盘点外，必要时还要搞临时盘点。盘点方法可以以物盘账，也可以以账盘物，无论如何都要对盘点出的问题加以分析并及时处理。

仓储环节的日常控制主要应做好以下几点：一是分类存放，防止原料串味、变潮，影响质量；二是合理码放，贯彻物流先进先出原则；三是保质期控制，及时将这方面信息反馈到生产部门，以利于及时消化存放时间较长的原料；四是安全保证，防止原料存放中的不安全事故的发生，减少损失和浪费。

④领发料环节的控制。领发料环节是控制原料出库的环节，也是餐饮成本控制中的重要环节。在这一环节控制中主要应注意以下几个方面：

一是严格实行领发料制度，健全领料单制，领料单是领料和发料的凭证，必须认真填写领料的数量、等级等，领料单的签发要由厨师长签字，领完料后领料人和发料人也要签字，以分清责任。

二是对发出原料的计价要选择适当的方式，如先进先出法、加权平均法、移动平均法和个别计价法等。先进先出法，是指将先入库的材料先发出去，这样可以保证货物的新鲜，保证餐饮企业物资流的通畅。加权平均法，是以材料的数量为权数，对库存及各期的入库材料实际成本进行平均计算，以这种平均的实际成本计算发出材料及库存材料的价值。移动平均法，又称"移动加权平均法"，是指在材料、商品等日常收发按实际成本计价时，以各批收入数量与各批收入前的结存数量为权数计算材料、商品等的平均单位成本的一种方法。在这种方法下，每次收货后都要重新计算材料、商品等的加权平均单位成本。个别计价法，亦称个别认定法、具体辨认法、分批实际法，一般是在为特定项目专门购入或制造的存货，金额特别大、体积特别大等时才采用。旅游企业要按确定的方法正确核算发料成本。

三是对账面存货和实际存货进行比较分析，发现问题，及时查找原因，加以解决，一般可按以下公式核对：

期末账面存货数额=期初存货+进货-发料

如果账面存货和实际存货间的差额过大，如超过本月发料总额的1%，就要进行认真的调查分析，检查采购环节、验收环节、领发料环节、仓储保管环节等是否还存在未解决的漏洞，并下力气加以解决。

⑤生产环节的控制。首先，制定和实施标准菜谱（即标准成本卡），这是制作食品菜肴的标准配方卡，上面标明每一种食品菜肴所需各种原料、配料、调料的确切数量、制作成本、烹饪方法、售价等，以此作为控制成本的依据。标准菜谱的制定，有助于确定标准食品成本，有助于合理确定售价，有助于保证制作高质量食品的一致性。标准菜谱配方的格式如表10-1所示。

表10-1 **标准菜谱配方表** 金额单位：元

<table>
<tr><td colspan="3">菜名：</td><td colspan="2">份数：</td><td colspan="2">日期：</td></tr>
<tr><td colspan="3">每份成本：</td><td colspan="2">预计售价：</td><td colspan="2">编号：</td></tr>
<tr><td colspan="2">名　称</td><td>单　位</td><td>用　量</td><td>净料价</td><td>成本额</td><td>备　注</td></tr>
<tr><td>主料</td><td></td><td></td><td></td><td></td><td></td><td></td></tr>
<tr><td>配料</td><td></td><td></td><td></td><td></td><td></td><td></td></tr>
<tr><td>调料</td><td></td><td></td><td></td><td></td><td></td><td></td></tr>
<tr><td colspan="3">原料成本合计</td><td></td><td></td><td></td><td></td></tr>
</table>

续表

名称		单位	用量	净料价	成本额	备注
主料						
配料						
调料						
附加成本						
总成本合计数						
售价						
成本率						
烹饪方法：						

确定了标准成本后，将它与实际成本进行比较，如果实际成本超过标准成本，此差异表现为正数，即为不利差异；若为负数，则为有利差异。发现差异后，要进一步分析形成差异的原因，提出改进措施，从而提高成本控制水平。

【例10-1】某餐厅生产凤尾虾仁菜，按照标准需投主料虾仁500克，采购价为25元/500克，生产20份共需10 000克，计500元。而实际是按23元/500克采购来的，实际投入了12 000克，计552元。按标准成本计应为500元，而实际成本为552元，实际成本比标准成本多支出52元，这是不利差异，需寻找原因，进一步分析发现形成该差异的原因是实际耗用量和采购价与标准不一致。

由于耗用量而形成的差异：

（12 000−10 000）×25÷500=100（元）

由于采购价而形成的差异：

（23−25）×12 000÷500=−48（元）

两者合起来共使成本多支出52元。实际耗用量比标准多出2 000克，原因可能是损耗、浪费、偷盗，也可能是由于没有按照采购规格来购买原料，降低了成货率，使耗用的原材料数量增加。实际价格比标准价格低2元，也许是由于批量购买而享受到优惠价格，也可能是降低了采购规格使价格下降，如果是由于后一种原因而降低采购价是得不偿失的，因为虽然价格上稍有降低，但却使消耗量增加，净料价格上升，同时还有降低食品质量的危险。价格方面主要是由采购人员掌控，消耗量方面主要是由库管及厨房生产人员负责。

为了保证食品菜肴投料的准确性，不少厨房都设有专职配菜员。其任务是按照菜单要求配上主料和辅料，然后由厨师进行制作。在这一过程中，要执行标准份额，即一份原料按菜单要求最终会配制成多少才符合标准。有的饭店没有专职配菜员，而由厨师自己配菜，无论是哪种情况，都必须按定额数量配备，以保持菜品质量、投料的稳定性。

由于餐饮部饮食制品花色品种繁多，不同品种成本率不等，因而不同销售结构势必影响实际成本开支的大小。因此，必须结合各餐厅及部门的销售预测，制定它们的标准成本率。其计算公式为：

$$标准成本率 = \frac{销售成本}{销售收入} \times 100\%$$

标准成本率确定后，还要掌握各期实际成本率的高低。为此要健全各种统计制度，掌握各餐厅每天的实际成本发生额和每天营业收入额，在此基础上确定实际成本率。然后将标准成本率与实际成本率进行比较，寻找产生差异的原因，并采取措施加以改进。表10-2是饭店餐厅使用的饮食制品成本日报表。

表10-2 **饭店餐厅饮食制品成本日报表** 金额单位：元

项目 餐厅	直接厨房数	仓库领用数	内部调拨数		职工食堂	营业成本		营业收入		实际成本率	
			调进	调出		当日数	累计数	当日数	累计数	当日数	累计数
中餐厅											
西餐厅											
风味厅											

其次，严格控制紧急采购次数。如果紧急采购次数增加，数量增大，就需反思采购系统和生产预测系统是否存在问题。要加强采购的计划管理，防止由于紧急采购而导致的成本上升。

最后，严格内部调拨手续。如果原料确需从一个厨房转到另一个厨房，则必须填写内部调拨单，一般来说调拨单要一式两份，从调入厨房开出并签字，调出厨房由厨师长签批后，一联由调出部门发料后转成本控制核算组转账，另一联领料部门留存，月终财会部门按照预算成本控制计划与饭店实际消耗的食品成本和标准成本占销售额的比例进行比较得出两者差额，如果差额低于2%是合理的话，则超过2%就要查明原因。

⑥楼面服务环节的控制。在楼面服务环节的控制中重点应注意以下几个方面：

一是领发菜控制。领发菜环节的控制质量如何直接影响服务质量和成本，要注意不同部门间信息传递的重要性，防止缺货、缺记等现象的频繁发生。有些饭店还专设出菜检查员岗位，调控菜品的制作及上菜的速度，检查控制菜肴的质量，为减少差错率和降低投诉奠定基础。

二是进餐服务过程的控制。按照标准服务程序提供服务，增强服务意识与技能的培训，提高点菜记录的效率与准确率，提高顾客满意度，以降低相对成本。

三是加强收银环节控制。健全客账单控制体系，服务人员领用客账单要填写客账单编号登记簿，按编号领用和退还，防止丢失和逃账。为此，有的饭店采用定制的客账单，不同餐厅使用不同颜色的客账单，防止仿制和串用的情况发生。客账单要填写正确，以利于厨师照单制作菜肴，客账单上没有的菜肴厨师不得烹制，对空白客账单要妥善保管，不得丢失。

除饮食制品要按照其经过的环节实行严格的过程控制外，酒水的成本控制也是十分重要的，上述的过程控制原则及一些做法对酒水控制同样是适用的。酒水销售的成本较低，毛利率很高，一般可达60%～70%，正因为如此，也给酒水成本控制带来一定难度。在酒水成本控制中，同样要使用标准酒水配方进行控制，并对调酒员、服务员进行严格培训。另外，要建立标准的度量制度，量酒器要标准化。价格也要一视同仁，实行标准化。通过标准成本控制，寻找成本上升的原因，不断调整销售结构，以降低成本，增加盈利。

（2）餐饮费用的控制

餐饮部的销售费用包括人工费、经营用品费、水电燃料费及其他费用。人工费一般情况下是基本不变的，但是在有些情况下会发生变化，如旺季营业量大增，需雇用一些临时工，为此会增加开支，或不增加人数，而提高现有员工服务强度，延长工时，会由于提高工资率而造成开支增大。为此需确定合理的工时标准和工资率标准，依据淡旺季不同加以调整。

水电燃料费是餐饮费用的一大支出项目，要严格加以控制。由于接待业务量不同，水电燃料费的开支也不同，因此要编制弹性费用预算，通过标准费用消耗额进行控制。在确定每月标准费用消耗额时，要结合淡旺季特点予以合理分配。其计算公式为：

某项费用月度标准消耗费=该费用年度预算总额×季节指数

季节指数是利用相对数将费用的季节变动规律反映出来，使各季应分摊的费用更加合理。它的计算过程是将当年各季（或各月）发生的费用额找出来，计算各季（各月）的总平均额，以总平均额为100%，计算各季（各月）的百分数，该百分数即为季节指数。季节指数大，表明该季（该月）是旺季，反之是淡季。在此基础上编制各项费用差额分析表，如表10-3所示。

表10-3 餐饮部水电燃料费差额分析表 金额单位：万元

项目	年度预算 ①	某月指数 ②	单位费用 ③	某月消耗量 ④	标准费用 ⑤=①×②	实际费用	成本差异	合计
水费								
电费								
燃料费								

通过该分析表可以发现费用支出中哪些是有利差异，哪些是不利差异，从而进一步寻找问题和原因，对主观能控制的因素提出解决的措施，从而降低费用开支。

餐饮费用控制的另一个重点是餐具的损耗。餐具是供客人就餐时使用的碗、碟、杯、刀、叉、勺、筷子等。这些物品极易丢失和损坏，控制得不好，会造成费用的大幅度上升。为了降低损耗率，需要对这些物品实行管、用相结合的办法，制定出合理损耗率来作为控制依据，为此要建立餐具损耗统计表，员工损坏餐具要如实填上，并按合理损耗率进行考核，对超过合理标准的，要予以相应的处罚，对控制损耗有突出贡献的，要依一定标准予以奖励，从而调动员工爱护餐具、降低损耗的积极性。

2）客房费用的控制

客房经营作为饭店经营的主要项目，其租金收入占整个饭店收入的50%左右，因此，加强客房销售费用控制与管理，对降低整个饭店的费用支出具有重要的意义。

客房经营过程中发生的各项支出是通过销售费用进行核算的。客房销售费用的高低与客房出租率的高低有直接的关系。客房出租率是指已出租客房占可以出租客房的比例，可用下列公式计算：

$$客房出租率=\frac{计算期客房实际出租间天数}{可出租客房数量\times 计算期天数}\times 100\%$$

客房实际出租间天数，是指在一定时间内每间可出租客房实际出租天数之和。可出租客房数量，一般情况下是一个常量。

如前所述，客房费用可以分为固定费用和变动费用两部分。固定费用总额不会随出租率的高低而变化，但从每间客房分担的固定费用来讲，则会随着出租率的提高而减少。变动费用与此相反，变动费用总额会随着出租率的提高而增加，但每间客房的变动费用是个常数。因此，控制客房费用的支出，降低消耗，需从两方面入手：

（1）降低单位固定费用

其途径是提高客房出租率，通过出租数量的增加来降低每间客房分摊的固定费用。虽然出租率对于降低单位固定费用至关重要，但是过分依赖降低价格来提高出租率，即使单位固定费用下降了，也有可能造成其他方面的支出增加，结果是得不偿失。

（2）控制单位变动费用

其主要是按照客房消耗品标准费用（即消耗品定额）控制单位变动费用支出。消耗品定额是对可变费用进行控制的依据，必须按饭店的不同档次，制定消耗品的配备数量和配备规定。对一次性消耗品的配备数量，要按照客房的出租情况落实到每个岗位和个人，领班和服务员要按规定领用和分发各种消耗品，并做好登记，以便对每人所管辖的客房消耗品数量进行对比和考核，对费用控制好的班组和个人要给予奖励，对费用支出超出定额标准的要查找原因，分清责任，对由于主观因素造成的超标准支出要给以一定处罚。对于非一次性用品的消耗，要按饭店的档次和正常磨损的要求确定耗用量，尽量减少使用不当造成的损耗，加强布件房的领发控制和安全保卫工作，减少丢失。通过对固定费用和变动费用的有效控制和管理，就能达到降低消耗、增加盈利的目的。

3）商品销售成本费用控制

在商品销售成本中商品直接成本（商品进价）以外的另一个组成部分就是商品销售费用。这里探讨的是如何通过加强管理来降低销售费用，以达到降低销售成本的目的。

为了降低销售费用、增加盈利，必须加强对商品销售费用的控制和管理。首先要对住店客人的需求有深入细致的了解，针对不同的需求选择适销对路的商品，以扩大商品销售额，这是节约商品费用的基本途径。因为在销售费用中，有一部分费用如工资、低值易耗品摊销等属于固定费用，它们与销售额的大小没有直接的关系，随着销售额的不断扩大，每百元销售额所负担的相对固定费用会由此而减少。其次要确定合理的储备定额，减少资金占用，对商品的采购要坚持就近不就远的原则，以减少各项费用的支出。最后要加强库存商品的保管工作，降低食品商品的自然耗损率，加强对各类商品的保管护理工作，防止由于商品腐烂、变质、变形造成的报废和贬值，为此要建立严格的管理责任制，严格考核，以减少损耗，增加盈利。

4）旅行社接团组团成本控制

旅行社的成本是指在产品设计、产品开发、各项服务采购、产品促销和销售以及旅游接待等方面所发生的垫支成本。旅行社要对成本费用形成的全过程进行分析，及时纠正所发生的偏差，尽量减少可以避免的成本发生，以保证企业经营目标的实现。旅行社成本费用控制的方法主要有：

（1）建立成本控制信息系统

旅行社经营方式灵活，行业进入门槛比较低，并且旅行社采购产品涉及行业比较多，所以各项成本会比较繁杂。因此，旅行社尤其需要建立科学的成本控制信息系统。随着信息技术的发展，旅行社应该通过建立科学完整的成本费用控制信息系统，对经营活动过程中产生的成本费用进行控制。一般说来，成本控制信息系统主要包括三个部分：成本指标、标准、定额等输入系统；核算、控制、反馈系统；分析预测系统。这三个系统构成一个整体，就会发挥提供、传递与反馈成本费用信息的作用，并成为旅行社成本控制的有效手段。

（2）实行责任成本制度

有了科学的成本控制系统，就需要在实际经营过程中运用科学的方法对成本控制加以执行。因为旅行社并不自己生产产品，其提供的产品是相关企业产品的组合，因此，在成本控制的过程中具有很多不确定因素。为了加强成本控制，旅行社应实行责任成本制度，即把负有成本责任的部门作为成本责任中心，使其对可控成本负有完全责任。通过责任成本制度，可以把经济责任落实到旅行社内部各个部门，推动各个部门控制好所负责的成本，以增强全员控制意识。

（3）进行重点控制

在成本控制过程中要明确重点，有的放矢。旅行社管理者应在日常成本费用控制中对占成本比重较大的部门或岗位、成本降低目标较大的部门或岗位和目标成本实现较难的部门或岗位进行重点控制。按照确定的标准，对这些部门或岗位的成本费用进行检查和监督，以降低成本费用，提高经营利润。

● 10.3 旅游企业保本点分析

保本点分析法也叫盈亏临界分析（损益平衡分析）法。它是量本利分析法的特例。保本点是指旅游企业经营达到不赔不赚时，应取得的营业收入的数量界限。在旅游企业经营过程中，成本、销售量和利润之间存在着千变万化的关系，旅游企业在进行成本状况分析时，要随时了解企业现有销售量或销售额是否已达到保本点的水平，若没有达到的话，应调整经营策略以弥补差距，进而为实现目标利润奠定基础。因此，保本点分析法在旅游企业经营管理中具有很重要的地位。

10.3.1 保本点的计算方法

在上一章成本分类中，我们已经按照成本与经营业务量的关系，将成本划分为固定成本和变动成本。旅游企业所获得的营业收入在扣减变动成本后的余额，要先用来补偿固定成本，余额与固定成本相等的点即为保本点。固定成本补偿完了之后还有余额的则形成利润。

【例10-2】某饭店客房部日固定费用13 000元，出租单位客房的变动费用20元，客房出租价格为150元，该饭店共有客房258间，则盈亏临界状况可以用表10-4表示。

表10-4 饭店保本点测算 单位：元

客房出租数	变动费用	固定费用	总费用	收　入	盈亏状况
1	20	13 000	13 020	150	亏损
20	400	13 000	13 400	3 000	亏损
50	1 000	13 000	14 000	7 500	亏损
100	2 000	13 000	15 000	15 000	盈亏临界点（保本点）

也就是说，当客房出租量达到100间时，总成本与总收入相等，那么这100间便是保本点的客房出租数量，收入15 000元为保本点的营业收入。

除上述以表格方式表示外，还可以采用绘制盈亏平衡图的方式进行保本点分析。利用该图可以直观地看到销售量、成本与利润之间的变动关系，如图10-3所示。

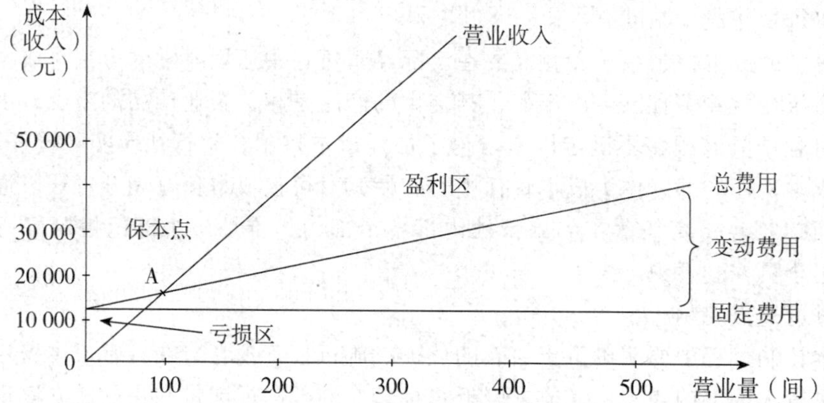

图10-3 盈亏平衡图

进行保本点分析时，要明确边际贡献这一概念。边际贡献是指每增加一个单位销售量所得到的销售收入扣除单位变动成本后的余额。边际贡献首先要用来补偿固定成本，其余额才能为企业提供利润。当边际贡献正好与固定成本相等时，企业经营活动就处于保本状态。如饭店的平均房价为150元，每间客房的变动费用为30元，则边际贡献为120元（150-30），这是用绝对数表示的边际贡献；如果把全部销售额看作100%，已知变动费用率为20%，则边际贡献率为80%（100%-20%），这是用相对数表示的边际贡献。

保本点分析法一般计算公式为：

$$\text{保本点销售量(额)} = \frac{\text{固定成本}}{\text{边际贡献}} \tag{10-1}$$

如果边际贡献用绝对数表示，则计算的结果为保本点销售量，其计算公式为：

$$\text{保本点销售量} = \frac{\text{固定成本}}{\text{单位售价} - \text{单位变动成本}} \tag{10-2}$$

如果边际贡献用相对数表示，则计算的结果为保本点销售额，其计算公式为：

$$\text{保本点销售额} = \frac{\text{固定成本}}{\text{边际贡献率}} \tag{10-3}$$

$$\text{边际贡献率} = \frac{\text{销售额} - \text{变动成本}}{\text{销售额}} \times 100\%$$

$$= 1 - \text{变动成本率}$$

10.3.2 饭店保本点的计算

1）客房保本点的计算

【例10-3】某饭店拥有客房250间，每天分摊固定费用15 000元，客房出租房价为150元，单位变动费用为30元，运用公式（10-2）计算客房保本销售量为：

$$\text{月保本销售量} = \frac{15\,000 \times 30}{150 - 30} = 3\,750(\text{间})$$

运用公式（10-3）计算客房保本销售额为：

$$月保本销售额 = \frac{15\,000 \times 30}{1 - \dfrac{30}{150}} = 562\,500（元）$$

客房出租率是每个饭店经理时刻关注的综合经营效果指标，当计算出保本出租量时，就可用下式计算出保本出租率为多少：

$$客房保本出租率 = \frac{客房保本出租量}{可供出租客房数 \times 计算期天数} \times 100\%$$

那么上例中的客房保本出租率为：

$$客房保本出租率 = \frac{3\,750}{250 \times 30} \times 100\% = 50\%$$

客房经营如果只达到保本是远远不够的，它还要获得一定的盈利。如果要求客房部实现利润15万元，那么出租量和销售额要达到什么样的水平才能满足目标利润的要求？对此可以用下面的公式来计算：

$$目标销售量(额) = \frac{固定成本 + 目标利润额}{边际贡献（率）}$$

上例中目标销售量应为：

$$目标销售量 = \frac{15\,000 \times 30 + 150\,000}{150 - 30} = 5\,000（间）$$

$$目标销售额 = \frac{15\,000 \times 30 + 150\,000}{1 - \dfrac{30}{150}} = 750\,000（元）$$

实现目标利润下的出租率应为：

$$目标出租率 = \frac{5\,000}{250 \times 30} \times 100\% = 67\%$$

2）餐厅保本点的计算

对餐厅进行保本点分析，由于食品菜肴的品种比较多，价格也较复杂，所以适宜用销售金额法，也就是前面所讲的公式（10-3），即：

$$保本点销售额 = \frac{固定成本}{边际贡献率}$$

进行分析时同样要划分固定成本和变动成本。餐饮材料支出是最典型的变动成本，固定成本的范围如前所述，从公式中可以看出，边际贡献率的概念和餐厅使用的毛利率的概念相类似，即：

$$毛利 = 营业收入 - 食品原料成本$$

$$边际贡献 = 销售收入 - 变动成本$$

$$毛利率 = \frac{毛利}{营业收入}$$

$$边际贡献率 = \frac{边际贡献}{销售收入}$$

当然变动成本除了食品原材料之外，销售费用中还有少部分项目也具有变动成本性质，如牙签、餐纸等的支出，此外还有水电燃料等的支出，但为了简化计算手续，用毛利率取代边际贡献率计算保本点，可以根据物料用品、燃料等的支出情况，对毛利率加以适当的调整。这时餐饮部的保本点营业额计算公式就可调整为：

$$保本点营业额 = \frac{固定成本}{毛利率}$$

由于经营种类不同，所以毛利率也不相同。因此，公式中的毛利率是按综合毛利率计算的，它可以用不同经营种类的销售额在总销售额中所占的百分比进行加权平均来计算。

【10-4】某饭店餐饮部预算期固定成本为18万元，综合毛利率为52.5%，则：

$$保本点营业额=\frac{18}{52.5\%}=34.29（万元）$$

即月收入达到34.3万元时，餐饮部可达保本经营。

3）商品部保本点的计算

商品部经营的商品种类不同，毛利率也不同，所以也需用综合毛利率来计算，其计算方法和餐饮部相同，这里就不再举例了。

10.3.3 保本点分析法在饭店经营决策中的运用

保本点分析法实际上是量本利分析法的一个特例。它是在利润为零的情况下研究销售量（额）与成本间的变动关系。众所周知，保本并不是目的，盈利才是目的。但只有先保本才能有利润可赚，从财务上说保本是经营活动的最低要求。在此基础上我们再来看具有一定利润的前提下这三者的变动关系。

这三者间的关系可以用下面的计算公式来表示，即：

$$销售量(额)=\frac{固定成本+预期利润}{边际贡献}$$

1）成本变动时销售量的变动情况

在产品销售价格不变的情况下，成本如果增加了，那么饭店的利润就会下降。要想使利润不减少，就必须增加销售量（额）。如果成本的变化是由于固定成本增加了，那么计算销售量（额）的公式就要调整为：

$$销售额=\frac{原有固定成本+新增加固定成本+预期利润}{1-变动成本率}$$

【例10-5】某饭店预计增加广告费6 000元以扩大销售，如果仍要保持15万元的利润，在固定费用仍为45万元，变动费用率为20%的情况下，则销售额需增加到：

$$\frac{450\,000+6\,000+150\,000}{1-20\%}=757\,500（元）$$

即在固定费用增加6 000元的情况下，要使利润保持不变，必须使营业额由原来的75万元增加到75.75万元，增加了7 500元，增加的销售量为50间。

如果上例中单位变动费用发生了变化，由原来的30元提高到35元，如果房价保持不变，那么变动费用率将不再是20%，而是23%（35÷150×100%）。如果仍想保持原有的利润水平，那么必须提高客房销售收入额，即：

$$销售额=\frac{450\,000+150\,000}{1-23\%}=779\,200（万元）$$

即营业收入必须提高到77.92万元时，客房才能保持15万元的利润额。

2）客房价格变化时销售量（额）的变动情况

饭店客房价格在旅游淡旺季是不同的，有时为了提高竞争能力也可能使价格下降一定幅度，在这种情况下，为不使利润下降必须提高出租率。例如，上例中的固定费用45万元不变，预期利润15万元不变，这时价格平均下降15%，单位变动费用仍为30元/间天，则销售客房数量应为：

$$销售量=\frac{450\ 000+150\ 000}{150\times(1-15\%)-30}=6\ 154（间）$$

$$客房出租率=\frac{6\ 154}{250\times30}\times100\%=82\%$$

也就是说，由于客房价格下降了15%，客房出租率必须由原来的67%提高到82%，提高了15%，即饭店每天必须多出租38间（250×15%）客房才能保证原预期利润的实现。

3）复合成本下的销售组合问题

饭店是由多部门组成的集合体。各部门在经营中会发生一些属于各部门的变动成本，同时又会发生一些共同成本，如餐厅中的食品部和饮料部都要使用餐厅的几乎所有设备设施，固定成本是相同的。我们把两个或两个以上部门在经营中共同形成的成本定义为复合成本。在固定成本不变的情况下，食品部和饮料部的变动成本不同，边际贡献率也不同，对利润增长的贡献也不同。饮料部边际贡献率高，利润增加额大，而食品部由于变动成本率高，即边际贡献率低，所以利润增加额要小于饮料部。这就是销售组合问题。

【例10-6】表10-5为某饭店餐厅两个部门的经营情况。

表10-5 **某餐厅两部门经营情况表** 金额单位：元

部　门	销售额	变动成本	变动成本率	边际贡献	边际贡献率
食品部	180 000	90 000	50%	90 000	50%
饮料部	70 000	24 500	35%	45 500	65%

两部门的边际贡献总额为135 500元，固定成本为100 000元，利润总额为35 500元。如果在其他条件不变的情况下，计划增加利润4 500元，其途径有两个：要么提高某一个部门销售额，要么同时提高两个部门销售额，实际经营中常常是后一种情况。

由于食品销售额的增长与饮料销售额的增长对利润的影响不同，所以在计算总销售额增长多少才能实现计划利润增长额时，必须先分别规定它们各自在总销售额中所占的比重，用A来表示，有$A_{食}=72\%$，$A_{饮}=28\%$；用R'表示边际贡献率，有$R'_{食}=50\%$，$R'_{饮}=65\%$，则：

$$\begin{aligned}\text{实现利润必须增加的总销售额}&=\frac{计划增加利润}{(A_{食}\times R'_{食})+(A_{饮}\times R'_{饮})}\\&=\frac{4\ 500}{(72\%\times50\%)+(28\%\times65\%)}\\&=\frac{4\ 500}{54.2\%}\\&=8\ 303（元）\end{aligned}$$

我们可以将上述结果验证如下：

	销售额	变动成本	对总利润的贡献额
食品部	8 303×72%=5 978（元）	5 978×50%=2 989（元）	2 989元
饮料部	8 303×28%=2 325（元）	2 325×35%=814（元）	1 511元
			合计4 500元

上面我们假设固定成本没变化，如果发生了变化，分析的思路是一样的，可以用下式计算，即：

$$销售额 = \frac{固定成本 + 预期利润}{(A_{食} \times R'_{食}) + (A_{饮} \times R'_{饮})}$$

我们可以把它推广运用到多个部门的分析中去，这里就不再举例说明了。

4）为弥补亏损所必需的销售量的计算

【例10-7】某饭店客房部经营情况如下：

固定费用550 000元，变动费用135 000元（每间30元），销售额675 000元（4 500间，房价150元），亏损10 000元。

要消除亏损所必需的销售量为：

$$\frac{10\,000}{150 - 30}=83（间）$$

消除亏损所必需的销售额为：

$$\frac{10\,000}{1 - 20\%}=12\,500（元）$$

如果在扭亏的基础上计划获利20 000元，则：

$$所需销售量=\frac{10\,000 + 20\,000}{150 - 30}=250（间）$$

● 10.4 旅游企业成本控制考核

成本费用控制的考核是对旅游企业成本费用预算执行结果的评价。正确进行成本费用考核，可以促使旅游企业改善经营管理，加强经济核算，降低成本费用水平，增强企业盈利能力。

旅游企业进行成本费用考核一般可以使用以下指标：

10.4.1 成本率

成本率是指一定时期直接成本占营业收入的百分比，旅游企业可以利用成本率指标对各个部门耗费的直接成本水平进行考核。由于直接成本支出与业务量和客人的消费水平等有很大的关系，所以通常是用考核分析毛利率的办法来达到考核分析成本的目的。一般情况下，为保证旅游企业服务质量，毛利率不能过高。对毛利率的考核实际上就是对成本进行考核。当发现实际毛利率与计划毛利率有较大差异时，就说明在成本控制上可能出现了问题，要么多支出了，要么克扣客人应消费的部分了，需要采取措施，加以改善。

10.4.2 费用率

费用率是指一定时期内费用额占营业收入的百分比，说明每百元营业收入要支付多少费用，计算公式为：

$$费用率 = \frac{费用额}{营业收入} \times 100\%$$

将本期费用率与预算或上年同期费用率进行比较，所得差额表示费用率变化程度，用公式表示为：

费用率变化程度 = 本期费用率 − 预算(或上年同期)费用率

如果所得差额为负数，说明费用水平下降了；如果所得差额为正数，则说明费用水平上升了。

将费用率变化程度与基期（比较期）费用率水平进行比值的计算，便可得到费用率变化速度，计算公式为：

$$\text{费用率变化速度}=\frac{\text{本期费用率}-\text{预算(或上年同期)费用率}}{\text{预算(或上年同期)费用率}}$$

用一定时期的营业收入乘以费用率变化程度便得到费用节约额。表10-6反映的是金竹饭店销售费用考核情况表。

表10-6 **金竹饭店销售费用考核表** 金额单位：万元

指　标	今年实际	明年预算	差　异
营业收入	700	910	
销售费用	245	300	
费用率（%）	35	33	
费用率变化程度（%）			-2
费用率变化速度（%）			-5.7
费用节约额			18.2

从表10-6中可以看出，明年预算费用率将比今年费用率下降2%，下降速度为5.7%，金竹饭店将由此节约费用18.2万元。

若截止到明年5月份，实际已实现营业收入为415万元，发生的费用为130万元，则费用率为31%（130÷415×100%）。由于1—5月份费用率比预算下降2%（31%-33%），所以6—12月份费用率只要控制在34%便能取得预算效果，即：（300-130）÷（910-415）×100%=34%

除了销售费用外，还要对管理费用进行考核，主要是考核管理费用总额及结构的变化，找出各成分变化的原因，消除不利因素的影响。由于管理费用直接抵销旅游企业利润，所以要对管理费用的各个项目严格按照预算要求支出，以降低消耗，增加利润。

本章小结

成本控制是现代化成本管理中的核心环节，成本控制就是要根据成本预测、成本决策和成本计划所确定的目标和任务以及成本核算提供的实际数据，对生产经营过程中所发生的各项资源的耗费，与相应的降低成本措施的执行，进行指导、监督、调节和限制，以保证成本目标和成本计划的实现。旅游企业在生产经营活动中，根据一定的控制标准，对成本费用形成的全过程进行指导、监督和限制，并采取有效措施及时纠正偏差，从而实现控制成本费用目标的一系列行动称为成本费用控制。

要正确地理解成本控制含义，必须注意明辨以下几个问题：首先要明确认识成本控制对象是为实现一定目标而付出的代价，既包括显性成本，也包括隐性成本；其次要准确把握成本控制目标是在满足顾客需要、不断创造收入的过程中控制和降低成本；最后要合理确定成本控制范围，建立包括成本形成前、形成中和形成后的全过程控制体系。

要做好成本控制工作必须坚持一系列控制原则，它们主要包括：严格遵守国家规定的成本开支范围和费用开支标准，按权责发生制严格进行旅游企业成本费用的核算，正确处理好降低成本费用与保证质量、增加数量的关系，健全成本控制责任制，实行全员、全过程成本控制。

要控制成本必须掌握正确的控制方法。旅游企业成本控制的基本方法主要有预算控制法、组织控制法、标准成本控制法等。此外，量本利分析法也是十分有用的控制方法。

旅游企业成本控制效果如何必须通过一定的考核指标来评价，一般来说可以通过成本率和费用率指标来考核。成本率是指一定时期直接成本占营业收入的百分比，费用率是指一定时期内费用额占营业收入的百分比。

关键概念

成本费用控制　预算控制法　制度控制法　标准成本控制法　成本率　费用率

基本训练

□案例分析题

1.案例基本情况

当低成本航空遇上最热假期

近年来，低成本航空在资本市场上很受关注。凭借高效的成本控制和较强的盈利能力，国内首家低成本航空——春秋航空被视为股票市场上的黑马。今年，这匹黑马的成绩依旧亮眼。8月31日，春秋航空发布2023年半年报。财报显示，今年上半年，公司实现营业收入80.30亿元，同比增长119.79%；归属于上市公司股东的净利润达8.39亿元，同比扭亏转盈；基本每股收益0.86元。

10月9日，中秋、国庆双节刚刚结束，春秋航空就召开了2023年半年度业绩说明会。会上，春秋航空董事长王煜表示，春秋航空中秋、国庆双节机票销售情况良好，前后10天较2019年可比口径整体航班量增长约15%，而且客座率有所提升，长假中段出现票价回落情况是符合长假流量特征和市场情况的。此外，今年暑运期间，春秋航空的飞机利用率也达到了10小时。凭借良好的数据，2021年至今，春秋航空被30余家证券公司的研究员给出了买入以及增持评级。

同样业绩飘红的还有亚洲规模最大的低成本航空——亚洲航空。8月底，亚洲航空发布报告称，由于座位数增加以及更多空客A330客机重新投入服务，公司净利润大幅增长。今年第二季度，亚洲航空实现净利润116万美元。

机队规模是衡量一家航空公司发展情况的重要指标。今年6月，印度低成本航空靛蓝航空一次性向空客公司采购了500架空客A320系列客机，创商业航空史上最大单笔订单纪录。受该消息影响，空客公司股价一度创下自2019年11月以来新高。

对此，多家证券公司发布研报称，低成本航空具有强大的盈利韧性和精细化管理优势。正是凭借这两点，低成本航空在3年疫情下受到的影响较小。在后疫情时代，大众化航空出行为低成本航空提供了绝佳的市场，使其成为引领行业发展的重要力量。

在民航业内，低成本航空公司并不喜欢“廉价航空”这一称呼。因为廉价航空容易让旅客产生误解，认为其不够可靠，从而质疑其是否安全。事实上，无论是飞机质量、人员资质，还是运行程序以及维修保养等，廉价航空与全服务航空公司执行同样的标准，这意味着其安全水平不会打折。

廉价航空的本质是差异化竞争，其核心理念是严格控制成本。在服务层面上，低成本航空公司会对航空运输服务之外的所有服务进行拆分。无论是行李托运、座位选择，还是餐食、毛毯等供应，这些客舱服务不再“一票全包”，而是需要旅客单独选择、单独付费。

由此带来的一个问题是，廉价航空是否真正廉价？

对于这个问题，不同旅客的不同选择会导致迥异结果。今年双节假期，旅客吐槽廉价航空的主要原因之一就是感觉自己“被骗了”——看似便宜的廉价航空机票，在加上行李托运费用之后成本陡增。如果想让旅途稍微舒服一些，付费选座并购买餐食，林林总总算下来，其出行的花费似乎并不低廉。然而，对“背包客”来说，一张剥离掉所有附加服务的“百元假日机票”无疑是极具性价比的。由此可见，人们对廉价航空感到不满的真正原因是价格不及预期。

这种情况同样是受到了“廉价”二字的误导。虽然旅客更习惯将其称为“廉价航空”，但低成本航空才更契合此类企业的特点。正如上文所说，低成本航空公司提供的是相对低廉的飞行选择。

旅客想要真正以低廉的价格完成一次飞行，需要做好充分准备。首先，需要明确的是，以9元、99元、199元为代表的廉价航空票价并不包括燃油附加费等。其次，这张机票只包含运输服务费用，至于是否有免费的行李额度，航班上食物价格多少，选一个靠近过道或者窗户的座位要花多少钱……旅客需要提前阅读乘机须知或者致电航空公司客服咨询。

想要开心地乘坐廉价航空航班，秘诀是不要依赖过去的经验。作为践行差异化服务的航企，每一家低成本航空的服务条款都不同。但相同的是，无论选择哪一家低成本航空，提前在线预订服务都能获得更好的价格。

严格控制成本一直是低成本航空保持高盈利水平的“密码”。

从1971年全球第一家低成本航空——美国西南航空成立之日起，控制成本就是其在数十年间保持较高盈利水平的“密码”。

为了在保持机票低价的同时提升盈利能力，低成本航空对成本端的管控可谓努力至极。以春秋航空为例，其主要特点可总结为“两单、两高、两低”。所谓“两单”是指单一机型与单一舱位。使用同一种机型和发动机可通过集中采购降低飞机购买和租赁成本以及自备航材采购成本等。单一舱位则是指客舱内只设置单一的经济舱位，不设头等舱与公务舱。

说完“两单”，再说“两高”。低成本航空的“两高”是指高客座率与高飞机日利用率。通过改装，春秋航空飞机拥有较其他航空公司航班更多的座位。由于客舱内的座位更密，一些旅客感到拥挤也就不意外了。同时，作为固定资产，飞机的采购和运营成本非常高，而通过精细化计算实现高密度排班，同样有助于降低成本，提升盈利能力。

最后，“两低”则是指低销售费用和低管理费用。低销售费用的实现方式是通过电子商务直销机票，将代理费用保持在低水平。低管理费用更多体现在最大限度降低日常管理费用上。例如，为了降低成本，春秋航空采用自主研发的离港系统，而非由中国航信提供的系统。这就意味着，旅客无法通过航旅纵横等软件进行值机，而必须使用春秋航空开发的App或者小程序。

了解低成本的实质后，旅客在乘坐此类航班时也会更加游刃有余。例如，为什么在很多国际航线上，低成本航空的夜航机票更充裕？为什么明明旅客的目的地是泰国，却要在马来西亚进行中转？为什么低成本航空的“机+酒”套餐看起来更划算？为什么在亚洲地区进行深度游，乘坐低成本航空航班更合适？这些问题的答案都是控制成本、丰富产品、增加收益。

在航空市场上，差异化服务的出现是市场充分竞争的结果。从渗透率来看，我国的低成本航空仍是蓝海市场。目前，全球低成本航空市场份额持续提升。亚太航空中心统计显示，2011—2020年，全球低成本航空的区域内航线市场份额从27.5%提高至35.1%，国际航线市场份额从7.6%提升至16.6%。而截至2020年，我国低成本航空占国内航线市场的份额是11.1%。由此可见，我国的低成本航空具有极大的发展空间。

随着我国大众化航空出行需求持续增长，未来将有更多旅客与低成本航空结缘。这不仅意味着旅客能够以更低的价格进行航空旅行，也意味着大家需要放弃一些习以为常的免费服务，并且用多一些耐心来适应其运营方式。当然，随着技术的进步带来的沟通和服务成本降低，低成本航空的服务水平也有望得到提升。届时，更好的大众化出行时代将让更多旅客飞得更远。

资料来源　王艺超.当低成本航空遇上最热假期［N］.中国民航报，2023-10-13.

2.案例分析要求

（1）你认为廉价航空在我国未来发展前景如何，为什么？

（2）你认为廉价航空还可以从哪些方面挖掘来节约成本增加收入。

3.提出问题

随着市场竞争的加剧，很多旅游企业通过采购廉价产品或服务来组装起旅游产品。价格上看起来非常诱人的旅游产品，在实际的操作过程中却存在很多隐患。你认为旅游市场充斥着如此繁多的低价（超越常规成本价）旅游产品的现象是否合理。旅游企业还可以采取哪些手段来达到控制成本的目的？

□实践单元

1.深入旅行社做个调查，看看当地旅行社中采购服务产品的状况。

2.国内外旅行社在服务产品采购方面存在不同的做法以降低成本，请举例说明。

□思考题

1.人们通常认为成本费用控制就是要少花钱甚至不花钱，你认为这种观点正确吗，为什么？

2.如果你是饭店餐饮部的一名经理，你如何进行所在部门的成本费用控制工作？

3.根据客房费用结构的特点，客房部控制成本费用的重点应该放在什么地方？

4.如何对旅行社成本费用进行分析？

第11章

旅游企业利税管理

学习目标

通过本章的学习，掌握旅游企业税金和利润的概念，了解旅游企业缴纳的税金种类及内容，掌握税金的日常管理工作，掌握旅游企业利润分配的内容及利润考核的内容。

聚焦党的二十大

党的二十大报告指出，法治社会是构筑法治国家的基础。弘扬社会主义法治精神，传承中华优秀传统法律文化，引导全体人民做社会主义法治的忠实崇尚者、自觉遵守者、坚定捍卫者。

请结合本章内容思考：企业依法纳税的意义是什么？

11.1　旅游企业税金管理

11.1.1　税金概述

1）税收的内涵

税收是国家为满足社会公共需要，凭借公共权力，按照法律所规定的标准和程序，参与国民收入分配，强制地、无偿地取得财政收入的一种方式。英国的哥尔柏（Kolebe）说过："税收这种技术，就是拔最多的鹅毛，听最少的鹅叫。"马克思指出："赋税是政府机器的经济基础，而不是其他任何东西。""国家存在的经济体现就是捐税。"恩格斯指出："为了维持这种公共权力，就需要公民缴纳费用——捐税。"19世纪美国大法官霍尔姆斯说："税收是我们为文明社会付出的代价。"这些都说明了税收对于国家经济生活和社会文明的重要作用。

对税收的内涵可以从以下几个方面来理解：①国家征税的目的是满足社会成员获得公共产品的需要。②国家征税凭借的是公共权力（政治权力）。税收征收的主体只能是代表社会全体成员行使公共权力的政府，其他任何社会组织或个人是无权征税的。与公共权力相对应的必然是政府管理社会和为民众提供公共产品的义务。③税收是国家筹集财政收入的主要方式。④税收必须借助法律形式进行。

2）税收的特征

税收作为政府筹集财政收入的一种规范形式，具有区别于其他财政收入形式的特点。税收的特征可以概括为强制性、无偿性和固定性。

（1）税收的强制性

税收的强制性是指国家凭借其公共权力以法律、法令形式对税收征纳双方的权利（权力）与义务进行制约，既不是由纳税主体按照个人意志自愿缴纳，也不是按照征税主体随意征税，而是依据法律进行征税。我国宪法明确规定我国公民有依照法律纳税的义务，纳税人必须依法纳税，否则就要受到法律的制裁。税收的强制性主要体现在征税过程中。

（2）税收的无偿性

税收的无偿性是指国家征税后，税款一律纳入国家财政预算，由财政统一分配，而不直接向具体纳税人返还或支付报酬。税收的无偿性是对个体纳税人而言的，其享有的公共利益与其缴纳的税款并非一对一　对等，但就纳税人整体而言则是对等的，政府使用税款的目的是向社会全体成员包括具体纳税人提供社会需要的公共产品和公共服务。因此，税收的无偿性表现为个体的无偿性、整体的有偿性。

（3）税收的固定性

税收的固定性是指国家征税预先规定了统一的征税标准，包括纳税人、课税对象、税率、纳税期限、纳税地点等。这些标准一经确定，在一定时间内是相对稳定的。税收的固定性包括两层含义：第一，税收征收总量的有限性。由于预先规定了征税的标准，政府在一定时期内的征税数量就要以此为限，从而保证税收在国民经济总量中的适当比例。第二，税收征收具体操作的确定性，即税法确定了课税对象及征收比例或数额，具有相对稳定、连续的特点。既要求纳税人必须按税法规定的标准缴纳税额，也要求税务机关只能按税法规定的标准对纳税人征税，不能任意降低或提高。当然，税收的固定性是相对于某一个时期而言的。国家可以根据经济和社会发展的需要适时地修订税法，但这与税收整体的相对固定性并不矛盾。

税收的三个特征是统一的整体，相互联系，缺一不可。无偿性是税收这种特殊分配手段本质的体现，强制性是实现税收无偿征收的保证，固定性是无偿性和强制性的必然要求。三者相互配合，保证了政府财政收入的稳定。

3）税种分类

根据各种税收的目的和作用不同，我国的税种大致有以下几种类型：

按征税对象的性质分类，这是基本的分类方法，税收可以分为流转税（流转课税）、所得税（所得课税）、资源税（资源课税）、财产税（财产课税）和行为税（行为课税）五大类。流转税，是指按照商品流转额征税，税款随着商品周转而产生，我国的增值税和消费税都属于这种税。目前，更多的人习惯将流转税称为商品税，它的优点是收入充裕，计算简便，缺点是缺乏弹性。所得税是指对收入扣除支出后的所得额征税，所得多者多纳税，所得少者少纳税，相对比较公平。

按管理和使用权限分类，税收可以分为中央税和地方税。中央税是属于中央财政的固定收入，是管理权和使用权都固定属于中央政府的税种。国家一般把维护国家权益和实施全国性调控所需的税种列为中央税。如我国现行税制中的关税、消费税均属于中央税。地方税属于地方财政的固定收入，是管理权和使用权都属于地方政府的税种。国家一般将与地方经济联系密切，涉及地区性调控的税种列为地方税。如我国现行税制中的城市维护建设税、房产税、城镇土地使用税、契税、耕地占用税、车船税等均属于地方税。有时，对那些征收范围较大，有利于兼顾各方面经济利益的定为共享税，中央地方共享税是中央与地方分享收入的税种，如我国现行税制中的增值税、资源税、证券交易印花税等均属于这种类型。

按照税负是否具有转嫁性，可将税收分为直接税和间接税两大类。二者始于19世纪中期，是商品经济发展的产物，与商品经济发展水平密切相关，也是当今西方各国税收中使用较多的两个基本税收术语。凡是由纳税人自己承担税负，不发生转嫁关系的税称为直接税，如所得税和财产税；反之，纳税人可将税负转嫁他人，发生转嫁关系，由他人承担税负的税称为间接税，如消费税、增值税等。各种直接税特别是所得税不仅成为现在世界上各经济发达国家（除法国外）税制中的主要税种，构成财政收入的重要来源，也是这些国家调节经济运行的重要工具。

按税收与价格的关系分类，税收可以分为价内税和价外税。价内税是指税金包含在商品销售价格或非商品销售价格中的税。我国现行的消费税，如同成本、利润一样，税金属于销售价格或销售收入额的组成部分，缴纳这类税与纳税人的损益直接相关。价外税是指税金不包含在商品销售价格或劳务销售价格中的税。现行税制中的增值税就属于价外税。这类税是在商品或劳务销售价格之外征收的，一般与纳税人的损益没有直接关系。在西方国家，销售税一般都是价外税。

4）我国现行税收制度

改革开放40多年来，经过几次较大的改革，我国税收制度日趋完善。改革开放初期的税制改革是以适应对外开放需要，建立涉外税收制度为突破口的。1983年、1984年又先后分两步实施国营企业“利改税”改革，把国家与企业的分配关系以税收的形式固定下来。1994年，国家实施了新中国成立以来规模最大、范围最广、成效最显著、影响最深远的一次税制改革。这次改革围绕建立社会主义市场经济体制的目标，积极构建适应社会主义市场经济体制要求的税制体系。2003年以来，按照科学发展观的要求，分步实施了改革农村税费，完善货物和劳务税制、所得税制、财产税制等一系列税制改革和出口退税机制改革。几经变革，目前，我国共有增值税、消费税、环境保护税、企业所得税、个人所得税、资源税、城镇土地使用税、房产税、城市维护建设税、耕地占用税、土地增值税、车辆购置税、车船税、印花税、契税、烟叶税、关税、船舶吨税18个税种。其中，立法的税种有12个（烟叶税、个人所得税、环境保护税、船舶吨税、企业所得税、耕地占用税、车辆购置税、车船税、资源税、契税、城市维护建设税、印花税）。除关税、船舶吨税以及进口货物的增值税、消费税由海关部门征收外，其他税种由税务部门负责征收。

（1）增值税

对在我国境内销售货物或者提供加工、修理修配劳务，销售服务、无形资产、不动产以及进口货物的单位和个人征收。增值税纳税人分为一般纳税人和小规模纳税人。对一般纳税人，就其销售（或进口）货物或者提供加工、修理修配劳务的增加值征税，基本税率为13%，低税率为9%，出口货物为0（国务院另有规定的除外）；对小规模纳税人，实行简易办法计算应纳税额，征收率为3%。增值税的纳税期限一般为1个月。另外，根据纳税人应纳增值税税额的大小，还有1日、3日、5日、10日、15日、1个季度等其他六种应纳税期限，其中1个季度的规定仅适用于小规模纳税人。纳税人应在次月1—15日的征期内申报纳税，不能按照固定期限纳税的，可以按次纳税。2023年8月1日，我国发布《财政部 税务总局关于增值税小规模纳税人减免增值税政策的公告》，规定即日起至2027年12月31日，对月销售额10万元以下（含本数）的增值税小规模纳税人，免征增值税。增值税小规模纳税人适用3%征收率的应税销售收入，减按1%征收率征收增值税；适用3%预征率的预缴增值税项目，减按1%预征率预缴增值税，以进一步支持小微企业和个体工商户发展。

（2）消费税

对在我国境内生产、委托加工和进口应税消费品的单位和个人征收。征税范围包括烟、酒和酒精、化妆品、贵重首饰和珠宝玉石等14个税目。消费税根据税法确定的税目，按照应税消费品的销售额、销售数量分别实行从价定率或从量定额的办法计算应纳税额。消费税的纳税期限与增值税的纳税期限相同。

（3）环境保护税

在我国领域和管辖的其他海域，直接向环境排放应税污染物的企业事业单位和其他生产经营者为环境保护税的纳税人，应当依法缴纳环境保护税。应税污染物的计税依据，按照下列方法确定：第一，应税大气污染物按照污染物排放量折合的污染当量数确定；第二，应税水污染物按照污染物排放量折合的污染当量数确定；第三，应税固体废物按照固体废物的排放量确定；第四，应税噪声按照超过国家规定标准的分贝数确定。环境保护税由税务机关依法征收管理。生态环境主管部门依法依规负责对污染物的监测管理。环境保护税按月计算，按季申报缴纳。不能按固定期限计算缴纳的，可以按次申报缴纳。纳税人按季申报缴纳的，应当自季度终了之日起15日内，向税务机关办理纳税申报并缴纳税款。纳税人按次申报缴纳的，应当自纳税义务发生之日起15日内，向税务机关办理纳税申报并缴纳税款。

（4）企业所得税

在我国境内的一切企业和其他取得收入的组织（不包括个人独资企业、合伙企业），为企业所得税纳税人。企业分为居民企业和非居民企业。居民企业应当就其来源于中国境内、境外的所得缴纳企业所得税。非居民企业根据其是否在中国境内设立机构、场所，以及所得是否与境内机构、场所有实际联系确定应纳税所得额。企业所得税以企业每一纳税年度的收入总额，减除不征税收入、免税收入、各项扣除以及允许弥补的以前年度亏损后的余额，为应纳税所得额，税率为25%。企业所得税按纳税年度计算，纳税年度自公历1月1日起至12月31日止。企业所得税实行按月或按季预缴、年终汇算清缴、多退少补的征收办法，即企业应当自月份或者季度终了之日起15日内，向税务机关报送预缴企业所得税纳税申报表，预缴税款。企业应当自年度终了之日起5个月内，向税务机关报送年度企业所得税纳税申报表，并汇算清缴，结清应缴应退税款。

（5）个人所得税

居民个人从我国境内和境外取得的所得，依法缴纳个人所得税。居民个人是指在我国境内有住所，或者无住所而一个纳税年度内在我国境内居住累计满183天的个人。在我国境内无住所又不居住，或者无住所而一个纳税年度内在我国境内居住累计不满183天的个人，为非居民个人。非居民个人从我国境内取得的所得，也需要依法缴纳个人所得税。

应当缴纳个人所得税的个人所得包括工资、薪金所得，劳务报酬所得，稿酬所得，特许权使用费所得，经营所得，利息、股息、红利所得，财产租赁所得，财产转让所得和偶然所得9种，其中前4种统称为综合所得。居民个人取得综合所得是以每一纳税年度收入额减除费用6万元以及专项扣除、专项附加扣除和依法确定的其他扣除后的余额，适用

3%～45%的7级超额累进税率；经营所得适用5%～35%的5级超额累进税率；其他4种所得适用比例税率，税率为20%。纳税年度自公历1月1日起至12月31日止。纳税人有中国公民身份号码的，以中国公民身份号码为纳税人识别号；纳税人没有中国公民身份号码的，由税务机关赋予其纳税人识别号。

纳税期限的规定是：

综合所得，按年计算个人所得税；有扣缴义务人的，由扣缴义务人按月或者按次预扣预缴税款；需要办理汇算清缴的，应当在取得所得的次年3月1日至6月30日内办理汇算清缴。

经营所得，按年计算个人所得税，由纳税人在月度或者季度终了后15日内向税务机关报送纳税申报表，并预缴税款；在取得所得的次年3月31日前办理汇算清缴。

其他所得，按月或者按次计算个人所得税，有扣缴义务人的，由扣缴义务人按月或者按次代扣代缴税款。纳税人取得应税所得没有扣缴义务人的，应当在取得所得的次月15日内向税务机关报送纳税申报表，并缴纳税款。

居民个人从中国境外取得所得的，应当在取得所得的次年3月1日至6月30日内申报纳税。非居民个人在中国境内从两处以上取得工资、薪金所得的，应当在取得所得的次月15日内申报纳税。纳税人因移居境外注销中国户籍的，应当在注销中国户籍前办理税款清算。

（6）资源税

对在我国领域和管辖的其他海域开采各种应税自然资源的单位和个人征收。征税范围包括能源矿产、金属矿产、非金属矿产、水气矿产和盐5大类。其中矿产品包括原矿和选矿产品。资源税实行从价计征或从量计征。其中，盐的税率为2%～15%不等，其他各种矿产的税率为1%～20%不等。资源税按月或者按季申报缴纳；不能按固定期限计算缴纳的，可以按次申报缴纳。纳税人按月或者按季申报缴纳的，应当自月度或者季度终了之日起15日内，向税务机关办理纳税申报并缴纳税款；按次申报缴纳的，应当自纳税义务发生之日起15日内，向税务机关办理纳税申报并缴纳税款。

（7）城镇土地使用税

以在城市、县城、建制镇和工矿区范围内的土地为征税对象，以实际占用的土地面积为计税依据，按规定税额对使用土地的单位和个人征收。其税额标准依大城市、中等城市、小城市和县城、建制镇、工矿区分别确定，在每平方米0.6～30元之间。城镇土地使用税按年计算、分期缴纳，具体纳税期限由各省、自治区、直辖市人民政府根据当地的实际情况确定。

（8）房产税

以城市、县城、建制镇和工矿区范围内的房屋为征税对象，按房产余值或租金收入为计税依据，纳税人包括产权所有人、房屋的经营管理单位（房屋产权为全民所有）、承典人、代管人、使用人。房产税依照房产原值一次减除10%～30%后的余值计算缴纳。其税率分为两类：按照房产余值计算应纳税额的，适用税率为1.2%；按照房产租金收入计算应纳税额的，适用税率为12%，但个人按市场价格出租的居民住房，减按4%的征收率征收。房产税按年征收、分期缴纳。自2009年1月1日起，外商投资企业、外国企业和组织以及外籍个人（包括港澳台资企业和组织以及华侨、港澳台同胞）依照《中华人民共和国房产税暂行条例》缴纳房产税。

（9）城市维护建设税

对缴纳增值税和消费税的单位和个人征收。它以纳税人实际缴纳的增值税和消费税为计税依据，区别纳税人所在地的不同，分别按7%（在市区）、5%（在县城、镇）和1%（不在市区、县城或镇）三档税率计算缴纳。应纳税额按照计税依据乘以具体适用税率计算。城市维护建设税分别与增值税和消费税同时缴纳。

（10）耕地占用税

对我国境内占用耕地建设建筑物、构筑物或者从事非农业建设的单位和个人征收。以纳税人实际占用的耕地面积为计税依据，按照规定的适用税额一次性征收，应纳税额为纳税人实际占用的耕地面积（平方米）乘以适用税额。其税额标准在每平方米5~50元之间。纳税人必须在经土地管理部门批准占用耕地之日起30日内缴纳耕地占用税。

（11）土地增值税

以纳税人转让国有土地使用权、地上建筑物及其附着物所取得的增值额为征税对象，依照规定的税率征收。它实行4级超率累进税率，税率分别为30%、40%、50%、60%。纳税人应当自转让房地产合同签订之日起7日内向房地产所在地主管税务机关办理纳税申报，并在税务机关核定的期限内缴纳土地增值税。由于涉及成本确定或其他原因，而无法据以计算土地增值税的，可以预征土地增值税，待项目全部竣工，办理结算后再进行清算，多退少补。

（12）车辆购置税

对在我国境内购置汽车、有轨电车、汽车挂车、排气量超过150毫升的摩托车（以下统称应税车辆）的单位和个人征收。车辆购置税实行一次性征收。购置已征车辆购置税的车辆，不再征收车辆购置税。车辆购置税实行从价定率的方法计算应纳税额，税率为10%。车辆的计税价格，按照下列规定确定：纳税人购买自用应税车辆的计税价格，为纳税人实际支付给销售者的全部价款，不包括增值税税款；纳税人进口自用应税车辆的计税价格，为关税完税价格加上关税和消费税；纳税人自产自用应税车辆的计税价格，按照纳税人生产的同类应税车辆的销售价格确定，不包括增值税税款；纳税人以受赠、获奖或者其他方式取得自用应税车辆的计税价格，按照购置应税车辆时相关凭证载明的价格确定，不包括增值税税款。纳税人购置应税车辆的，应当自购置之日起60日内申报纳税并一次缴清税款。

（13）车船税

以在我国境内依法应当到车船管理部门登记的车辆、船舶为征税对象，向车辆、船舶的所有人或管理人征收。车船税分为乘用车、商用车等6大税目。各税目的年税额标准在每辆36~5 400元不等，或整备质量每吨16~120元之间，挂车按照货车税额的50%计算，游艇为艇身长度每米600~2 000元。车船税按年申报缴纳。

（14）印花税

对在我国境内书立应税凭证、进行证券交易的单位和个人征收。印花税分为合同（指书面合同）、产权转移书据、营业账簿、证券交易4大税目。其中，合同的税率有1‰、0.3‰、0.05‰三种；产权转移书据的税率有价款的0.3‰和0.05‰两种；营业账簿的税率为实收资本（股本）、资本公积合计金额的0.25‰；证券交易的税率为成交金额的1‰。印花税按季、按年或者按次计征。实行按季、按年计征的，纳税人应当自季度、年度终了之日起15日内申报缴纳税款；实行按次计征的，纳税人应当自纳税义务发生之日起15日内申报缴纳税款。证券交易印花税按周解缴。证券交易印花税扣缴义务人应当自每周终了之日起5日内申报解缴税款以及银行结算的利息。

（15）契税

对在我国境内转移土地、房屋权属，承受的单位和个人征收。

出让、出售土地，买卖房屋的税基为成交价格；交换土地、房屋的税基为交换价格的差额；赠与土地、房屋的税基由征收机关核定。契税的税率为3%～5%。纳税人应当在依法办理土地、房屋权属登记手续前申报缴纳契税。

（16）烟叶税

对在我国境内依照《中华人民共和国烟草专卖法》的规定收购烟叶（包括晾晒烟叶和烤烟叶）的单位，按照收购烟叶的金额征收，税率为20%。按月计征，纳税人应当于纳税义务发生月终了之日起15日内申报并缴纳税款。

（17）关税

我国准许进出口的货物、进境物品，除法律、行政法规另有规定外，海关依照《中华人民共和国进出口关税条例》规定征收进出口关税，对进口货物的收货人、出口货物的发货人、进境物品的所有人征收。进口关税设置最惠国税率、协定税率、特惠税率、普通税率、关税配额税率等税率。出口关税设置出口税率。关税以从价计征、从量计征或者国家规定的其他方式征收。纳税义务人应当自海关填发税款缴款书之日起15日内向指定银行缴纳税款。未按期缴纳税款的，从滞纳税款之日起，按日加收滞纳税款万分之五的滞纳金。

进境物品的关税以及进口环节海关代征税合并为进口税，由海关依法对携带物品进境的入境人员、进境邮递物品的收件人以及以其他方式进口物品的收件人征收。进口税从价计征。

（18）船舶吨税

自我国境外港口进入境内港口的船舶，应当依法缴纳船舶吨税。船舶吨税设置优惠税率和普通税率，按照船舶净吨位和吨税执照期限征收，例如，普通税率的30日执照期限的不超过2 000净吨船舶吨税为2.1元/净吨。我国国籍的应税船舶，船籍国（地区）与我国签订含有相互给予船舶税费最惠国待遇条款的条约或者协定的应税船舶，适用优惠税率。吨税由海关负责征收。应税船舶负责人应当自海关填发吨税缴款凭证之日起15日内缴清税款。未按期缴清税款的，自滞纳税款之日起至缴清税款之日止，按日加收滞纳税款万分之五的税款滞纳金。

需要说明的是，尽管我国税法规定有18种税，但并不是每个纳税人都要缴纳所有的税种。纳税人只有发生了税法规定的应税行为，才需要缴纳相应的税收，如果没有发生这些应税行为，就不需要缴纳相应的税收。从实际情况来看，规模比较大、经营范围比较广的企业涉及的税种一般在10个左右，而大多数企业缴纳的税种在6～8个。

11.1.2 旅游企业缴纳税金的种类

目前，旅游企业向国家缴纳的税金主要有增值税、消费税、车船税、房产税、城镇土地使用税、印花税、所得税等。按照财务处理方式的不同，可以将旅游企业缴纳的税金分为以下几类：销售税、纳入管理费用的税金、所得税（企业所得税、个人所得税）。

1）销售税

税制改革后，在我国实现了以增值税为主体的流转税制度。销售税就是以销售额为计税依据的一种流转税，目前旅游企业向国家缴纳的销售税主要有增值税、消费税、城市维护建设税、教育费附加等。

（1）增值税

起初，我国增值税的征税范围覆盖了除建筑业之外的第二产业，第三产业的大部分行业则课征营业税。这始于1994年的税制安排，适应了当时的经济体制和税收征管能力，为促进经济发展和财政收入增长发挥了重要的作用。然而，随着市场经济体制的建立和发展，这种划分行业分别适用不同税制的做法，日渐显现出其内在的不合理性和缺陷，对经济运行造成扭曲，不利于经济结构优化。

从我国税制改革的历史来看，我国1979年引入增值税，又于1984年设立营业税。1994年，我国通过分税制改革，确立了增值税和营业税两税并存的货物和劳务税制格局。在1994年的税制改革中，将增值税征税范围扩大到所有货物和加工修理修配劳务，对其他劳务、无形资产和不动产征收营业税。2009年，为了鼓励投资，促进技术进步，在地区试点的基础上，全面实施增值税转型改革，将机器设备纳入增值税抵扣范围。由此，我国拉开了“营改增”税制改革的序幕。

我国“营改增”的工作安排，最早源于2011年3月的“十二五”规划纲要，其中明确提到“扩大增值税征收范围，相应调减营业税等税收”。2012年1月1日，上海市率先在交通运输业和部分现代服务业开展“营改增”试点。2012年8月1日起，交通运输业和部分现代服务业“营改增”试点范围，由上海市分批扩大到8个省。2013年8月1日，“营改增”范围已推广到全国试行。2014年1月1日，铁路运输和邮政服务业被纳入“营改增”试点。2016年3月23日，国家发布《财政部 国家税务总局关于全面推开营业税改征增值税试点的通知》，公告自2016年5月1日起，在全国范围内全面推开营改增试点，建筑业、房地产业、金融业、生活服务业等全部营业税纳税人，纳入试点范围，由缴纳营业税改为缴纳增值税。2023年6月16日，国家税务总局发布公告，自全面营改增起（2016年5月1日）所有征收营业税的事项均已改为征收增值税，废止《中华人民共和国营业税暂行条例》，相关文件中的营业税规定均已失效。营业税自此成为历史，旅游业缴纳增值税。

从计税原理上说，增值税是对商品生产、流通、劳务服务中多个环节的新增价值或商品的附加值征收的一种流转税。增值税实行价外税，也就是由消费者负担，有增值才征税，没增值不征税，但在实际当中，商品新增价值或附加值在生产和流通过程中是很难准确计算的。因此，我国也采用国际上普遍采用的税款抵扣办法，即根据销售商品或劳务的销售额，按规定的税率计算出销项税额，然后扣除取得该商品或劳务时所支付的增值税税款，也就是进项税额，其差额就是增值部分应交的税额，这种计算方法体现了按增值因素计税的原则。

增值税是对增值额课征的一种流转税，实践中由于各个国家基本情况及经济政策目标各不相同，各国税法规定的增值额并不一致，与理论上的增值额也不尽相同，因此形成了不同类型的增值税。按增值额内容和扣除项目的不同，增值税分为消费型增值税、收入型增值税和生产型增值税。它们之间的区别主要在于税基的宽窄不同。一般来说，增值额既可以按全部的增值项目相加计算得出，也可以按全部商品的价值扣除未增值的部分计算得出。若按后一种方法计算的话，则需要扣除的项目包括两部分：一部分是劳动手段（生产资料）的当期转移价值；另一部分是劳动对象的转移价值。扣除劳动对象的转移价值一般是没有疑义的，但对劳动手段的转移价值是否允许扣除，能扣除多少，这是区别三种类型增值税的关键所在。

消费型增值税在计算增值额时允许把当期购买的固定资产价值在当期全部予以抵扣，而不管其是否转移到产品价值中去。收入型增值税仅允许扣除当期转移到商品价值中的那部分固定资产的价值。生产型增值税只允许扣除劳动对象转移到商品价值中去的价值，而不准对任何固定资产的价值给予扣除。目前，国际上通行的增值税计算方法是间接计算法，其计税依据是商品或劳务的流转额。计算中运用税款抵扣的原则，使营业额中已含税的部分或在以前阶段已纳税的部分，在本阶段不再征税，只就未征过税的那一部分增值额征税。

对同一企业如饭店来讲，经营项目不同，增值税的税率也不相同，例如住宿服务，税率为6%，酒店商场销售的纪念品商品，税率为13%。各项收入的增值税税率确定以后，将各项营业收入的金额乘以税率就是该项收入应纳的增值税数额。汇总起来，就是饭店应缴纳增值税总额。

（2）消费税

消费税是为适应社会主义市场经济体制的需要，于1994年开征的一个税种，设立该税种的指导思想是调节我国的消费结构，正确引导消费方向，抑制超前消费需求，保证国家的财政收入。2004年税制改革计划中，提出完善消费税，对税目进行有增有减的调整，将普通消费品逐步从税目中剔除，将一些高档的消费品纳入消费税征税范围，适当扩大消费税的税基。2006年对消费税税目、税率及相关政策进行调整，2008年11月对《中华人民共和国消费税暂行条例》及其实施细则进行了修订。按照党的十八届三中全会《中共中央关于全面深化改革若干重大问题的决定》提出的“调整消费税征收范围、环节、税率，把高耗能、高污染产品及部分高档消费品纳入征收范围”的要求，从2014年启动了新一轮消费税改革，出台了多项改革措施，这些改革措施在转方式、调结构、促发展，以及增加财政收入等方面起到了积极作用。2019年12月3日，国家税务总局发布《〈中华人民共和国消费税法（征求意见稿）〉公开征求意见的通知》，消费税立法指日可待。

根据国家税务总局公告2021年第20号《国家税务总局关于增值税 消费税与附加税费申报表整合有关事项的公告》，消费税的征收对象包含15种税目，应税消费品名称、税率和计量单位对照表见表11-1。

表11-1 **应税消费品名称、税率和计量单位对照表**

应税消费品名称	比例税率	定额税率	计量单位
一、烟			
1.卷烟			
（1）工业			

续表

应税消费品名称	比例税率	定额税率	计量单位
①甲类卷烟（调拨价70元（不含增值税）/条以上（含70元））	56%	30元/万支	万支
②乙类卷烟（调拨价70元（不含增值税）/条以下）	36%	30元/万支	
(2) 商业批发	11%	50元/万支	
2.雪茄烟	36%	—	支
3.烟丝	30%	—	千克
二、酒			
1.白酒	20%	0.5元/500克（毫升）	500克（毫升）
2.黄酒	—	240元/吨	吨
3.啤酒			
(1) 甲类啤酒（出厂价格3 000元（不含增值税）/吨以上（含3 000元））	—	250元/吨	吨
(2) 乙类啤酒（出厂价格3 000元（不含增值税）/吨以下）	—	220元/吨	
4.其他酒	10%	—	吨
三、高档化妆品	15%	—	实际使用计量单位
四、贵重首饰及珠宝玉石			
1.金银首饰、铂金首饰和钻石及钻石饰品	5%	—	实际使用计量单位
2.其他贵重首饰和珠宝玉石	10%	—	
五、鞭炮、焰火	15%	—	实际使用计量单位
六、成品油			
1.汽油	—	1.52元/升	升
2.柴油	—	1.20元/升	
3.航空煤油	—	1.20元/升	
4.石脑油	—	1.52元/升	
5.溶剂油	—	1.52元/升	
6.润滑油	—	1.52元/升	

续表

应税消费品名称	比例税率	定额税率	计量单位
7.燃料油	—	1.20元/升	
七、摩托车			
1.气缸容量（排气量，下同）=250毫升	3%	—	辆
2.气缸容量＞250毫升	10%	—	
八、小汽车			
1.乘用车			
（1）气缸容量（排气量，下同）≤1.0升	1%	—	辆
（2）1.0升＜气缸容量≤1.5升	3%	—	
（3）1.5升＜气缸容量≤2.0升	5%	—	
（4）2.0升＜气缸容量≤2.5升	9%	—	
（5）2.5升＜气缸容量≤3.0升	12%	—	
（6）3.0升＜气缸容量≤4.0升	25%	—	
（7）气缸容量＞4.0升	40%	—	
2.中轻型商用客车	5%	—	
3.超豪华小汽车	10%	—	
九、高尔夫球及球具	10%	—	实际使用计量单位
十、高档手表	20%	—	只
十一、游艇	10%	—	艘
十二、木制一次性筷子	5%	—	万双
十三、实木地板	5%	—	平方米
十四、电池	4%	—	只
十五、涂料	4%	—	吨

消费税的征收对象大体可分为五种类型：过度消费会对人类健康、社会秩序、生态环境等造成危害的特殊消费品，如烟、酒、鞭炮、焰火等；奢侈品和非生活必需品，如化妆品、贵重首饰及珠宝玉石等；高能耗及高档消费品，如小汽车、摩托车；不可再生和替代的石油消费品，如汽油、柴油等。

消费税在选择课税对象时主要基于两种精神：一是“寓禁于征”，如对实木地板等对环境有较大负面影响（如污染），或是技术落后、浪费资源等商品的课征。二是“向富人征税”，如对游艇等一些奢侈品和高档消费品的课征。

消费税的征税办法采取从价计征、从量计征和从价从量计征三种办法。现行消费税的征收范围中，只有卷烟、白酒采用复合计征方法。

其计算公式分别为：

实行从价定率办法计算的应纳税额=销售额×比例税率

实行从量定额办法计算的应纳税额=销售数量×定额税率

实行复合计税办法计算的应纳税额=销售额×比例税率+销售数量×定额税率

为正确计缴消费税，旅游企业对提供的税率（税额）不同的应税消费品应分别核算，再汇总缴纳，否则依最高税率征收就有可能给旅游企业带来损失。

（3）城市维护建设税

城市维护建设税是为了适应城乡建设的需要，扩大和稳定城乡维护建设资金的来源而开征的一种税，它属于地方附加税。它是以实际缴纳的消费税和增值税税额为课税对象的一种税，属于“两税”的附加，其计算公式为：

应纳城市维护建设税额=（消费税税额+增值税税额）×适用税率

城市维护建设税的税率由纳税人所在地区确定，因而各地是不同的，如果纳税人所在地为市区，则税率为7%，如果纳税人所在地为县城、建制镇，则税率为5%，不在以上这些地区的，则税率为1%。在2004年税制改革中，计划实行城镇建设税费改革，条件具备时，对不动产开征统一规范的物业税，相应取消有关收费。

（4）教育费附加

教育费附加是国家为发展教育事业而征收的一种费用，是按旅游企业缴纳的增值税的一定比例计算的，其附加率为3%。

旅游企业应纳增值税及其附加税的征收实行三自缴纳（自行计算、自行核实、自行缴纳），每月向税务机关报送纳税申报表，一般每月缴纳一次，最迟要在次月5日前上缴。逾期缴纳要加收滞纳金，每天按应交税额加收1‰。

2）纳入管理费用的税金

（1）房产税

房产税是以房屋为征税对象，按照房屋的计税余值或租金收入，向产权所有人征收的一种财产税。我国现行房产税采用的是比例税率。由于房产税的计税依据分为从价计征和从租计征两种形式，所以房产税的计税依据有两种情况：一种是对依照房产原值一次减去一定比例（10%～30%）后的余值计算征收，税率为1.2%；另一种是依照房产租金收入为计税依据进行计算征收，税率为12%。从2001年1月1日起，对个人按市场价格出租的居民住房，用于居住的，可暂减按4%的税率征收房产税。2008年3月1日起，对个人出租住房，不区分用途，按4%的税率征收房产税。自2021年10月1日起，单位（包含企事业单位、社会团体以及其他组织，下同）向专业化规模化住房租赁企业出租住房，房产税税率由12%降至4%；对利用非居住存量土地或非居住存量房屋建设的保障性租赁住房，在取得保障性租赁住房项目认定书后，在出租时比照适用上述房产税优惠政策，减按4%税率征税。

房产税按年征收，按期缴纳，具体纳税期限由省、自治区、直辖市人民政府规定，具体征收则由房产所在地的税收机关负责。

（2）车船税

随着2007年我国开始起征交强险，国务院将《车船使用牌照税暂行条例》和《中华人民共和国车船使用税暂行条例》进行了合并修订，发布了《中华人民共和国车船税暂行条例》（以下简称《条例》），对各类企业、行政事业单位和个人统一征收车船税，新的车船税随交强险一同征缴。与原来车船使用税相比，新的车船税在以下几个方面有所改变：一是将车船使用税和车船使用牌照税合并为“车船税”，统一了各类企业的车船税制；二是将其由财产与行为税改为财产税；三是提高了税额标准。根据《条例》，将原车船使用税税额幅度上限提高1倍左右，各地结合本地情况有所不同。四是调整了减免税范围。国家机关等财政拨付经费单位的车船将不再规定免税。同时，自行车等非机动车、拖拉机、养殖渔船等车船增列为免税车船。特别值得一提的是，与过去开征20多年的车船使用税相比，新的车船税在应税范围、税额幅度调整等方面体现出节能环保和公平税负的原则。从2007年开始，中国数亿骑自行车人将不再因骑自行车而交税。2011年2月25日，由中华人民共和国第十一届全国人民代表大会常务委员会第十九次会议通过了《中华人民共和国车船税法》，自2012年1月1日起施行。2019年4月23日，第十三届全国人民代表大会常务委员会第十次会议对该法进行了修正。

旅游企业一般都拥有数量不等的轿车、货车及其他车辆等，有的旅游企业在发展过程中还会逐渐拥有的自己车队、航空公司等。车船税的税额采用在国家规定的幅度内由地方灵活规定的办法，具体税额幅度的规定见表11-2。

表11-2　**车船税税目税额表**

税目		计税单位	年基准税额	备注
乘用车按发动机汽缸容量（排气量）分档	1.0升（含）以下	每辆	60元至360元	核定载客人数9人（含）以下
	1.0升至1.6升（含）		300元至540元	
	1.6升至2.0升（含）		360元至660元	
	2.0升至2.5升（含）		660元至1 200元	
	2.5升至3.0升（含）		1 200元至2400元	
	3.0升至4.0升（含）		2 400元至3 600元	
	4.0升以上		3 600元至5 400元	
商用车	客车	每辆	480元至1 440元	核定载客人数9人以上，包括电车
	货车	整备质量每吨	16元至120元	包括半挂牵引车、三轮汽车和低速载货汽车等
挂车		整备质量每吨	挂车按照货车税额的50%计算	
其他车辆	专用作业车	整备质量每吨	16元至120元	不包括拖拉机
	轮式专用机械车	整备质量每吨	16元至120元	

续表

<table>
<tr><th colspan="2">税 目</th><th>计税单位</th><th>年基准税额</th><th>备注</th></tr>
<tr><td colspan="2">摩托车</td><td>每辆</td><td>36元至180元</td><td></td></tr>
<tr><td rowspan="2">船舶</td><td>机动船舶</td><td>净吨位每吨</td><td>3元至6元</td><td rowspan="2">拖船、非机动驳船分别按照机动船舶税额的50%计算</td></tr>
<tr><td>游艇</td><td>艇身长度每米</td><td>600元至2 000元</td></tr>
</table>

（3）城镇土地使用税

城镇土地使用税是以国有土地或集体土地为征税对象，对拥有土地使用权的单位和个人征收的一种税。现行城镇土地使用税法的基本规范，是1988年9月27日中华人民共和国国务院令第17号发布的《中华人民共和国城镇土地使用税暂行条例》，该条例分别于2006年12月31日、2011年1月8日、2013年12月4日和2019年3月2日进行了四次修订。

城镇土地使用税采用定额税率，即采用有幅度的差别税额，按大、中、小城市和县城、建制镇、工矿区分别规定每平方米城镇土地使用税年应纳税额。具体标准见表11-3。

表11-3 **城镇土地使用税税率表**

级别	人口（万人）	每平方米税额（元）
大城市	50以上	1.5~30
中等城市	20万～50万	1.2~24
小城市	20万以下	0.9~18
县城、建制镇、工矿区		0.6~12

（4）印花税

2021年6月10日，第十三届全国人民代表大会常务委员会第二十九次会议通过《中华人民共和国印花税法》。对于旅游企业来说，印花税是国家对旅游企业在经济活动中书立、领受的凭证而征收的一种税。这些书立、领受的凭证包括赊销、财产租赁、具有合同性质的凭证、营业账簿等。不同的凭证税率是不相等的，具体标准见11-4。

表11-4 **印花税税目税率表**

<table>
<tr><th colspan="2">税 目</th><th>税 率</th><th>备 注</th></tr>
<tr><td rowspan="3">合同（指书面合同）</td><td>借款合同</td><td>借款金额的万分之零点五</td><td>指银行金融机构、经国务院银行业监督管理机构批准设立的其他金融机构与借款人（不包括同业拆借）的借款合同</td></tr>
<tr><td>融资租赁合同</td><td>租金的万分之零点五</td><td></td></tr>
<tr><td>买卖合同</td><td>价款的万分之三</td><td>指动产买卖合同（不包括个人书立的动产买卖合同）</td></tr>
</table>

续表

税 目		税 率	备 注
合同（指书面合同）	承揽合同	报酬的万分之三	
	建设工程合同	价款的万分之三	
	运输合同	运输费用的万分之三	指货运合同和多式联运合同（不包括管道运输合同）
	技术合同	价款、报酬或者使用费的万分之三	不包括专利权、专有技术使用权转让书据
	租赁合同	租金的千分之一	
	保管合同	保管费的千分之一	
	仓储合同	仓储费的千分之一	
	财产保险合同	保险费的千分之一	不包括再保险合同
产权转移书据	土地使用权出让书据	价款的万分之五	转让包括买卖（出售）、继承、赠与、互换、分割
	土地使用权、房屋等建筑物和构筑物所有权转让书据（不包括土地承包经营权和土地经营权转移）	价款的万分之五	
	股权转让书据（不包括应缴纳证券交易印花税的）	价款的万分之五	
	商标专用权、著作权、专利权、专有技术使用权转让书据	价款的万分之三	
营业账簿		实收资本（股本）、资本公积合计金额的万分之二点五	
证券交易		成交金额的千分之一	

3）所得税

（1）企业所得税

企业所得税是对我国境内的企业和其他取得收入的组织的生产经营所得和其他所得征收的一种税。对于旅游企业来说，它是国家直接参与旅游企业利润分配的一种形式。通过征收企业所得税，可以促进企业改善经营管理活动，提升企业的盈利能力；调节产业结构，促进经济发展；为国家建设筹集财政资金。

企业所得税税率是体现国家与企业分配关系的核心要素。企业所得税实行比例税率。比例税率简便易行，透明度高，不会因征税而改变企业间收入分配比例，有利于促进效率的提高。现行规定是：基本税率为25%；符合条件的小型微利企业，减按20%的税率征收企业所得税。国家需要重点扶持的高新技术企业，减按15%的税率征收企业所得税。企业发生的公益性捐赠支出，在年度利润总额12%以内的部分，准予在计算应纳税所得额时扣除；超过年度利润总额12%的部分，准予结转以后三年内在计算应纳税所得额时扣除。

旅游企业计算应纳税所得额时，依照下列公式进行，即：

应纳税所得额=收入总额-不征税收入-免税收入-各项扣除-允许弥补的以前年度亏损

允许扣除项目的金额是指经国家批准的可在纳税前从利润总额中扣除的项目，如分给其他单位的利润、抵补以前年度亏损（5年内）等。不允许扣除的项目，如资本性支出，违法经营的罚款和被没收财物的损失，各项税收的滞纳金、罚金和罚款，自然灾害或意外事故损失有赔偿的部分，各种赞助支出等。

（2）个人所得税

个人所得税是对个人取得的各项应税所得征收的一种税，是政府利用税收对个人收入进行调节的一种手段。个人所得税的征税对象包括以下三类共9项：工资、薪金所得，劳务报酬所得，稿酬所得，特许权使用费所得4项属于综合所得类，适用超额累进税率，税率表见表11-5；经营所得1项属于经营所得类，适用超额累进税率，税率表见表11-6；利息、股息、红利所得，财产租赁所得，财产转让所得，偶然所得4项属于其他所得类，适用比例税率，税率为20%。

表11-5 **个人所得税税率表一（综合所得适用）**

级数	全年应纳税所得额	税率（%）
1	不超过36 000元	3
2	超过36 000元至144 000元的部分	10
3	超过144 000元至300 000元的部分	20
4	超过300 000元至420 000元的部分	25
5	超过420 000元至660 000元的部分	30
6	超过660 000元至960 000元的部分	35
7	超过960 000元的部分	45

注：（1）本表所称全年应纳税所得额是指居民个人取得综合所得以每一纳税年度收入额减除费用6万元以及专项扣除、专项附加扣除和依法确定的其他扣除后的余额。

（2）非居民个人取得工资、薪金所得，劳务报酬所得，稿酬所得和特许权使用费所得，依照本表按月换算后计算应纳税额。

表11-6 **个人所得税税率表二（经营所得适用）**

级数	全年应纳税所得额	税率（%）
1	不超过30 000元的	5
2	超过30 000元至90 000元的部分	10
3	超过90 000元至300 000元的部分	20
4	超过300 000元至500 000元的部分	30
5	超过500 000元的部分	35

注：本表所称全年应纳税所得额是指以每一纳税年度的收入总额减除成本、费用以及损失后的余额。

[相关链接11-1]

税力量助消费　旅游业快速回暖迎客来

随着暑期黄金档到来，文旅、酒店、餐饮等消费需求急速“升温”。各地税务部门主动走访相关企业，问需解难，帮助企业享受退税减税降费政策红利，助力消费市场加快恢复持续发展。

2022年湖南文旅消费季自7月上旬启动以来，网红美食、网红景点人气回升。国家税务总局湖南省税务局第一时间走访文旅企业，问需求，解难题，助力文旅企业快速恢复发展。

华谊兄弟（长沙）电影文化城有限公司主营旅游文化，下设的电影文化城更是长沙“吃喝玩乐住”一站式网红打卡地。受疫情影响，文化城日均接待游客人数一落千丈，经营状况急转直下，公司运营陷入困境。

“留抵退税政策扩围后，税务部门第一时间通过微信联系我们，线上推送政策，线下宣传辅导，帮助我们整理、补充申报材料。”该公司财务负责人夏林说，“到账的338.6万元的存量留抵退税款为接下来的婚纱电音节、‘一梦入戏’沉浸式演艺秀、梦幻城堡游园会等活动提供了资金支持。”

宜章莽山景区旅游开发有限公司也是受疫情冲击较大的企业之一。该公司负责人詹新伟介绍，因为近年来旅游收入急剧下降，公司长期借款增加了1 000多万元。留抵退税政策行业扩围后，税务干部第一时间上门辅导，告知了办理流程。“7月一到，1 378万元的退税款就打到了账户上，公司的现金流一下子就盘活了。”詹新伟对于退税政策扩围带来的转机感慨万千，他打算利用这笔税款还贷后，再购买几台新的旅游巴士，提高暑假旅游的运载量。

入伏以来，上海市气温持续攀升，国家税务总局上海市税务局积极推动新的组合式税费支持政策落地，助力申城点燃“夏日经济”。

“税务部门主动问需，送来‘真金白银’的实惠。今年上半年，我们享受服务业增值税加计抵减60万元。同时，公司享受房土两税困难减免，仅第二季度就节省税费205万元。”上海欢乐谷管理方上海华侨城投资发展有限公司财务负责人邵丽说，税费优惠的红利惠及园区小微企业，“乐园里很多租户是小微企业和个体工商户，我们尽可能减免租金，帮助租户平稳度过困难期。”

税收红利接连到账，让上海欢乐谷整装再出发。邵丽介绍，从6月开园至今，乐园已接待游客9万余人次。

随着疫情防控形势日渐好转，旅游市场也逐渐回暖，热门景区客流明显增多。在云南丽江，税务部门积极落实退税减税降费政策，用“税务速度”、“智税服务”和“高效服务”，助力文旅产业强劲复苏。

丽江和府酒店有限公司是丽江酒店管理行业的龙头，7月以来公司旗下的酒店入住率都有了较大幅度的提升。自大规模增值税留抵退税政策实施以来，丽江市税务部门就多次上门进行最新政策的宣传辅导。“536万元的留抵退税款缓解了企业的资金紧张，让我们的山居系列酒店得以加快建设速度，全力迎接暑期高峰的到来。目前公司多家酒店入住率都有了较大的提升，我们对未来的发展更有信心了。”该公司财务负责人舒晓明说道。

随着客流量增多，丽江千古情景区的演出增加至每天3场。7月初至今，接待游客量达10万人次，超越上年同期，预计演出场次将持续增加。

"增值税留抵退税政策扩大了行业范围，税务人员就第一时间来到现场辅导我们申请退税，让我们享受到了9.42万元的政策红利。退税款我们将用来缴纳员工社保，缓解企业资金压力。"负责经营丽江千古情景区的丽江茶马古城旅游发展有限公司负责人表示。

资料来源 张飞扬.税力量助消费 旅游业快速回暖迎客来［EB/OL］.［2022-08-08］. https://www.chinatax.gov.cn/chinatax/c102095/c5178649/content.html.有删减。

问题：税收政策如何影响旅游业发展？

11.1.3 税收筹划

1）税收筹划的基本含义

税收筹划又称税务筹划或纳税筹划，不同学者或机构对税收筹划的理解和认识不尽相同，荷兰国际财政文献局（IBFD）所编的《国际税收辞典》定义税收筹划为通过纳税人经营活动或个人事务活动的安排，实现缴纳最低的税收。

美国的梅格斯博士认为："在纳税发生之前，有系统地对企业经营或投资行为作出事先安排，以达到尽量少缴所得税，这个过程就是税收筹划。"

总之，税收筹划就是要在不违法的前提下，通过对经营、投资、理财活动中涉税事项的筹划和安排，尽可能地减轻税负以实现财务目标。理解这个概念，需要注意以下几点：首先是不违法性。税收筹划与偷逃税的最大区别就在于它的合法性，因此做好税收筹划需要深入了解和熟练运用国家有关政策法规。其次是计划性。税收筹划与偷逃税的另一区别是事前与事后的区别，前者强调纳税行为事项发生之前要有税收筹划意识和一定的方法准备，而后者是到该纳税时才想起采用什么手段少上税问题，两者的效果截然不同。最后是目的性。税收筹划与偷逃税还有一个不同点是目的性不同，前者目的明确，即减轻税负以实现企业目标，企业目标既有财务目标，也有非财务目标，而后者只关注如何少上税、少支出，可见前者更强调整体效应，后者更强调个别效应。

2）税收筹划的目标

税收筹划的整体目标是追求税务管理工作中风险最低化，收益最高化，根据理财原则中成本收益相均衡、收益风险相均衡的要求，具体来说包括以下几方面：首先是纳税成本最低化，收益最高化。一方面要努力降低纳税过程成本，包括税务登记、纳税申报、税款缴纳、税务检查等整个纳税过程中的时间耗费、经济耗费及心理耗费成本，西方将它称为"履行纳税义务费用"；另一方面要努力降低纳税结果成本，也就是降低税收负担，如绝对减少纳税额，或相对降低纳税额，抑或延迟纳税时间，获取时间价值。其次是规避纳税风险，要处理好纳税义务与权利之间的关系，当为减少纳税而触及法律界限时，就会增大企业风险，付出更大的经济代价和信誉代价。

3）税收筹划的基本原则

为实现以上的筹划目标，旅游企业必须坚持以下几条原则：首先是不违法原则，这是企业谋求长远生存的基础，不能贪一时小利而忘却大目标，这条原则是区别于任何偷、逃、欠、抗、骗税的关键点；其次是整体性原则，税收筹划着眼于长远的整体理财目标，绝不能局限于个别税负的降低，要综合平衡，全面衡量；再次是动态性原则，税收筹划有着明显的时效性和针对性，要随着环境的变化和企业的需要，适时进行调整；最后是成本效益均衡原则，要对税收筹划中的成本进行全面评价，不能只看显性成本，还要评估隐性成本的高低，以防节约了税金却付出更大代价的情况出现。

4）税收筹划的基本技术

税收筹划技术就是指利用不违法、合理的手段使纳税人尽量少缴纳税款的知识和技巧。它一般包括减免税技术、分割技术、扣除技术、税率差异技术、抵免技术、退税技术、延期纳税技术、会计政策选择技术。

减免税技术是指要尽量争取获得减免税待遇，延长减免税期限。

分割技术就是在不违法的情况下，使所得在更多纳税人之间进行分割以降低税基，从而达到少缴税的目的。

扣除技术是在不违法的情况下，增加扣除额以降低税基或调整扣除额在各个应税期的分布而相对节税，可以考虑通过增加扣除项目、提高扣除金额、提前扣除等方式达到目的。

税率差异技术是在不违法的情况下利用税率差异来节减税款，可以考虑寻求税率最低化、投资决策时考虑税率差异的存在等降低税负。

抵免技术是在不违法的情况下增加抵免额来降税，可以考虑增加抵免项目、扩大抵免金额来达到目的。

退税技术是在不违法的情况下，通过出口退税或奖励性退税项目实现节税目的，如我国规定对外方投资者，符合条件再投资的可退还已纳所得税的40%或100%。

延期纳税技术是在不违法的情况下，可以寻求延迟纳税，如企业采用“按年计算，分期预缴，年终汇总清缴”的办法征税，预缴中的少缴不作偷税处理。

选择合适的会计政策也可达到降税节税的目的，如选择存货发出的计价方法、计提折旧方法、固定资产重估价、租赁费核算等。

11.1.4 旅游企业税金的日常管理

旅游企业税金管理是旅游企业财务管理的重要内容，既关系到旅游企业自身的发展，也是政策性极强的一项工作，必须指定专人负责税金的计缴工作。在税金的日常管理中一般要做好以下三方面工作：

1）认真做好纳税申报工作

首先，旅游企业必须在经市场监督管理部门批准开业、领取营业执照起30日内，向当地税务机关申请办理税务登记，内容包括纳税人名称、地址、法定代表人、经济性质、企业形式、核算方式、经营方式、经营范围等，经主管税务机关审核批准后，发给税务登记证。日后若旅游企业发生转业、合并、分设、联营、歇业、停业、破产等事项，须办理变更登记、注销登记等手续。

其次，通过纳税鉴定，明确旅游企业应缴纳的税种、税率，了解如何计算应纳税额等。此项工作主要是通过填写纳税鉴定申报表及其审批来完成的，税务机关通过对纳税鉴定申报表的审核，明确旅游企业适用的税种、税目、税率、纳税环节、计税依据、纳税期限和征收方式等，经税务机关批准的纳税鉴定书具有与税法同等的效力。纳税人经营新的项目或国家修订税法时，都需要在1个月内对原纳税鉴定书作出修订。

最后，根据纳税鉴定书的内容，要在税务机关规定的期限内进行纳税申报，一般在每月终了10天内、年度终了35天内向税务机关报送纳税申报表和会计报表。纳税申报的内容由于税种不同而各异。旅游企业因特殊情况不能按期办理纳税申报的，须上报税务机关，酌情予以延期，先预缴税款，待申报后结算。

2）如实按期缴纳税金

一般来说，税款的征收方式主要有查账征收、定期定额征收、自核自缴及代征、代扣、代缴等。旅游企业应按规定对不同税种采用不同的缴纳方式，如实按期办理税款的缴纳。逾期不报或不缴纳税金的，税务机关除按规定限期追缴外，还要视不同情况处以不同比例的罚款或滞纳金，并将其从旅游企业税后利润中扣除，对偷税漏税行为，一经查出，除处以罚款外，还要追究个人责任甚至法律责任。

3）做好与纳税有关的文档管理工作

无论是纳税前的核算工作，还是纳税后的凭证保管工作，都需要有健全的文档管理工作作为基础。旅游企业必须建立完备的发票和账单的印、领、用、存管理制度，由专人负责如实记录和统计。纳税后保管好这些凭证，以备税务稽核之用。

● 11.2 旅游企业利润管理

11.2.1 旅游企业利润的概念

旅游企业是实行经济核算的经济实体。为了检验企业的经济效益，必须在每个计算期内用企业的收入弥补其支出，计算出企业的经营盈余。企业的经营盈余就是企业的利润，或者说利润是企业的营业收入在扣除企业的营业成本、费用和税金以后的差额，用公式表示则为：

经营利润=营业收入-营业成本-销售费用-税金及附加

营业利润=经营利润-管理费用-财务费用

利润总额=营业利润+投资净收益+营业外收支净额

旅游企业投资净收益是指投资收益扣除投资损失后的数额。投资收益包括对外投资分得的利润、取得的股利和债权利息等。

旅游企业的营业外收入和营业外支出是指与旅游企业生产经营无直接关系的各项收入和支出。营业外收入减营业外支出后的净额为营业外收支净额。营业外收入包括固定资产盘盈和变卖的净收益、罚款净收入、确实无法支付而按规定程序经批准后转作营业外收入的应付款、礼品折价收入、其他收入等。营业外支出包括固定资产盘亏和毁损、报废的净损失，以及非常损失、技工学校经费、赔偿金、违约金、罚息、公益救济性捐赠等。

11.2.2 旅游企业利润管理的意义

利润是旅游企业生存和发展的基础，追逐利润是旅游企业经营的根本动力。利润管理在旅游企业的经营管理中，特别是财务管理中具有重要意义。

1）利润是旅游企业对社会发展作出的贡献

随着经济的发展，我国旅游业的发展也日益凸显出强劲的发展势头。旅游企业作为旅游业发展的主体之一，通过向顾客提供产品及服务获取利润，同时将利润回馈社会。这主要表现在：一方面，旅游企业在提供服务过程中要耗费各种人力、物力、财力等资源，形成旅游企业的成本和费用。在资源相对有限的条件下，各企业都要求对资源进行最有效的配置，即社会只鼓励资源耗费低于产品和服务的价格的企业，尤其赞赏资源耗费水平低于社会平均耗费水平的旅游企业。利润就是社会向旅游企业支付的价格超出企业资源损耗的差额，是社会对旅游企业的一种间接承认方式。另一方面，这也是旅游企业的价值所在。旅游企业利润回馈社会的最主要的方式是向国家纳税，即旅游企业按照国家税法的规定按期足额上缴各项税款，支持国家和社会建设的需要。另外，旅游企业也可以通过各种公益性赞助直接参与社会公益事业，为社会发展作出贡献。旅游企业回馈社会的资金来自旅游企业的利润，旅游企业只有获取更多的利润，才能对社会作出更大的贡献。

2）利润是旅游企业经营管理水平的反映

利润是一项综合性很强的指标，旅游企业经营管理的质量、市场开拓能力、成本费用控制能力与水平、各种财务风险防范水平等最终都会在企业利润上体现出来，因而利润的高低可以在很大程度上反映经营管理水平如何，同时它也是对旅游企业经营状况评估的一项重要指标。

3）利润是旅游企业对股东回报的源泉

股东投资于旅游企业的最主要目的是获取投资收益。旅游企业取得的利润在缴纳所得税以后，是旅游企业的可供分配的利润，按规定应先计提一定比例的盈余公积，所剩余额可以用于向股东发放股利。利润的不断增加，是股利不断增加的前提。旅游企业应以不断增加的股利回报股东的投资。

4）利润是旅游企业扩大再生产的资金保障

无论是对社会多作贡献还是给股东以更多的回报，或者使旅游企业价值得到更大的提高，都要求旅游企业取得尽可能多的利润。旅游企业利润的增加固然可以通过节约成本和费用开支来实现，但成本和费用开支的节约不能以牺牲产品品质为代价，而通过各种途径增加旅游企业的营业收入，从而增加利润则是长远之计。挖掘现有企业的潜力，使现有资源得到更充分的利用，可以为旅游企业带来更多的营业收入。追加投资，也是增加营业收入的重要途径。利用留存收益追加投资，扩大旅游企业的经营规模，不但能给旅游企业带来更多的利润，也有利于提高财务的安全性和实现企业的永续发展。

11.2.3 旅游企业的利润分配

旅游企业利润的分配是财务活动的一个重要方面，是对旅游企业已实现的利润或亏损进行分配和处理的过程。它体现着旅游企业与国家、投资者及职工之间的经济利益关系，因此，必须在兼顾各方利益的基础上进行合理的分配。

按照《中华人民共和国企业所得税法》的规定，纳税人发生年度亏损的，可以用下一年度的利润弥补，如果不足以弥补的，可以在5年内延续弥补，但不得超过5年；若延续5年尚未弥补亏损，就需要用所得税后利润弥补。在社会主义市场经济体制下，企业应自觉地建立起自我约束机制，增强投资的风险意识，于是便出现了税前还贷改为税后还贷的举措，即企业在缴纳了企业所得税后，使用剩余利润来偿还贷款。

按照财务制度的规定，旅游企业在缴纳所得税后的利润，按下列顺序分配：

（1）支付被没收财物损失和各项税收的滞纳金、罚款。

（2）弥补旅游企业以前年度亏损（指超过用所得税前的利润抵补亏损的期限，仍未补足的亏损）。

（3）归还贷款。

（4）提取法定盈余公积，比例为当年税后利润（减弥补亏损）的10%，当法定盈余公积金已达注册资金的50%时可以不再提取。

（5）提取公益金，主要用于职工集体福利设施支出。

（6）向投资者分配利润。旅游企业以前年度未向投资者分配的利润，可以并入本年度分配。国家作为投资者分配的利润，可以并入本年度分配。国家作为投资一方从旅游企业分得投资收益。

对于股份制旅游企业，在提取公益金后按下列顺序分配：

（1）支付优先股股利。

（2）按公司章程或股东会议提取任意盈余公积。

（3）支付普通股股利。

旅游企业当年没有利润时，不得向投资者分配利润，但如果用盈余公积金弥补亏损后，经股东会特别决议，可以按不超过股票面值6%的比率用盈余公积金分配股利。如果这样做，必须保证分配股利后的法定盈余公积金不低于注册资本的25%。如果将盈余公积金转增资本金，剩余盈余公积金也不应少于转增前注册资本的25%。

如果旅游企业经营不善严重亏损，净现金流量不足出现债务危机，有可能会以破产而告终。破产需由清算组执行：首先要清理破产财产，已抵押担保的财产不能作为破产财产；其次审查破产债权有多少；最后按清算方案要求进行有关财产的变卖，将变卖后的所得按求偿顺序进行清偿。

11.2.4 旅游企业的利润考核

利润是一项能全面体现旅游企业经营状况和最终财务成果的综合性指标，对其进行考核可以通过以下几项指标来进行：

（1）利润额。这是反映旅游企业经营成果的绝对值指标。但对于不同的旅游企业，由于经营规模或其他条件不同，有时难以从绝对值上进行比较。

（2）人均利润额。这是旅游企业在一定时期内利润总额与旅游企业全部职工平均人数之间的比率，表示在一定时期内每人平均实现的利润额。人均利润额是一项侧重于从从业人员潜力利用角度评价旅游企业经营效益的综合性指标。

（3）营业收入利润率。这是利润总额与营业收入总额之比，是用以反映旅游企业经营成果的相对值指标。其计算公式为：

$$营业收入利润率=\frac{利润总额}{营业收入总额}\times 100\%$$

（4）总资产利润率。它是指利润总额对总资产平均占用额的比率，反映了利润额与总资金占用额之间的比例关系。其计算公式为：

$$总资产利润率=\frac{利润总额}{总资产平均占用额}\times 100\%$$

11.2.5 旅游企业的利润分析

分析旅游企业营业利润，在于了解影响利润大小的因素，在于分析掌握各项因素对利润影响程度的方法。利润是旅游企业财务成果的最终体现，是企业发展的基础，利润的形成过程反映在旅游企业的利润表上，所以对旅游企业财务成果进行分析实际上就是对其利润表进行分析。旅游企业财务人员应认真地分析企业的盈利状况，说明企业盈利的原因，指出扩大盈利的方向，提出增加盈利的措施。

1）饭店利润分析

饭店利润是由各项经营项目的利润构成的。分析导致饭店不盈利或亏损的原因，提出扭转亏损的方法，是利润分析的目的。在分析的时候通常要编制比较利润表，比较利润表上的比较标准可以是上年同期的结果，也可以是预算指标，如果是与上年结果进行比较，可以发现预算未能完成的原因，从而采取必要的措施克服不利因素的影响。当然也可以与同行业其他饭店进行比较，但是当相比较的饭店在规模上与自己存在很大差异的时候，比较的意义就不大了，这时可以采用百分比差异分析法进行分析。在饭店中，不同项目的利润尽管计算方式相同，但影响各个经营项目的利润的因素不完全相同。下面以和平饭店为例说明饭店如何进行财务成果分析。和平饭店第1年与第2年比较利润表如表11-7所示。

表11-7 **和平饭店比较利润表** 单位：元

项　目	第1年	第2年	变动数
一、营业收入	3 873 000	4 510 280	637 280
减：营业成本	1 316 820	1 578 598	261 778
毛利	2 556 180	2 931 682	375 502
减：销售费用	1 549 200	1 759 009	209 809
税金及附加	213 015	248 065	35 050
二、经营利润	793 965	924 608	130 643
减：管理费用	77 460	67 654	-9 806
财务费用	58 000	76 600	18 600
三、经营利润	658 505	780 354	121 849
加：营业外收支净额	1 000	1 500	500
四、利润总额	659 505	781 854	122 349

从上述比较利润表可以看出，和平饭店第2年实现的利润总额比第1年增加了122 349元，增长了18.6%，从财务成果上看还是不错的。进一步分析利润表上促使利润发生变动的因素，可以将其分为两类：一类是使利润增加的因素，如营业收入的增加、管理费用的下降等；另一类是使利润减少的因素，如毛利率的降低、财务费用的增加等。为了更清楚地反映影响利润的不同因素及其变动情况，可以编制利润增减分析表，如表11-8所示。

表11-8 **和平饭店利润增减分析表** 单位：元

利润总额	第1年	659 505	
	第2年	781 854	
利润总额增加额		122 349	
一、使利润增加的原因			

续表

1.营业收入的增加			
	第1年	3 873 000	
	第2年	4 510 280	637 280
2.管理费用的减少			
	第1年	77 460	
	第2年	67 654	9 806
3.营业外收支净额的增加			
	第1年	1 000	
	第2年	1 500	500
合　计			647 586
二、使利润减少的原因			
1.营业成本的增加			
	第1年	1 316 820	
	第2年	1 578 598	261 778
2.销售费用的增加			
	第1年	1 549 200	
	第2年	1 759 009	209 809
3.税金及附加的增加			
	第1年	213 015	
	第2年	248 065	35 050
4.财务费用的增加			
	第1年	58 000	
	第2年	76 600	18 600
合　计			525 237
利润增加额			122 349

通过表11-8可以看出，使利润增加的因素是营业收入及营业外收支净额的增加，以及管理费用的下降；使利润减少的因素是营业成本、销售费用、税金及附加和财务费用的增加。两者发挥作用的方向相反，相互抵销后使利润只增加了122 349元。

伴随着营业收入的增长，营业成本、销售费用随之增加是必然的，单纯从绝对数上判断它们的增加是构成利润减少的因素是不全面的，这时就需要用相对数来说明用绝对数比较所不能说明的问题，因此要列出比较百分率利润表，如表11-9所示。

表11-9 和平饭店比较百分率利润表 金额单位：元

项目	第1年	第2年	百分比（%）		增减百分比（%）
			第1年	第2年	
一、营业收入	3 873 000	4 510 280	100	100	0
减：营业成本	1 316 820	1 578 598	34	35	1
毛利	2 556 180	2 931 682	66	65	-1
减：销售费用	1 549 200	1 759 009	40	39	-1
税金及附加	213 015	248 065	5.5	5.5	0
二、经营利润	793 965	924 608	21	21	0
减：管理费用	77 460	67 654	2	1.5	-0.5
财务费用	58 000	76 600	1.5	1.7	0.2
三、营业利润	658 505	780 354	17	17.3	0.3
加：营业外收支净额	1 000	1 500			
四、利润总额	659 505	781 854	17	17.3	0.3

通过比较百分率利润表可以发现，使利润减少的原因之一是营业成本在营业收入中所占的百分比上升了1%，虽然看起来在每1元营业收入中，营业成本只增加了1分钱，但是如果不增加这1%，则第2年就可以多获得利润45 102.8元（4 510 280×1%）。营业成本增长率快于营业收入增长率，前者为19.9%，后者为16.5%，所以营业成本的增加使利润下降。从销售费用来看，包括固定费用和变动费用，本例中固定费用为800 000元，则第1年变动费用为749 200元，变动费用占营业收入的比重为19.3%；第2年变动费用为959 009元，变动费用占营业收入的百分比为21.3%，也是呈上升的趋势。变动费用增长率为28%，比营业收入增长率高，所以它也是使利润减少的因素。但是从百分率利润表上看，销售费用是下降的，这是因为在利润表上没有划分变动费用与固定费用，固定费用随着销售量的增加而分摊到单位产品上的份额减少，因而使费用率呈下降趋势。由于变动费用率增长快于营业收入增长，因此使利润减少。管理费用由第1年的2%下降到第2年的1.5%，为利润的增加作出了一定的贡献。但财务费用由1.5%上升到1.7%，两者相抵后下降了0.3%，因而使营业利润率增长了0.3%，增加了121 849元。这说明第2年财务成果较第1年要好。形成以上经营成果的原因通过比较利润表可以寻找出来，但这只是概括性的分析。要进一步寻找导致各项目发生变化的原因，还必须分部门、分项目，用因素分析法逐一进行分析对比，以便发现关键性因素，采取措施，提高饭店利润。

饭店经营的目标是获取利润，只有在取得令人满意的利润时，投资者才能增加投资，债权人才能有信心贷款给饭店。一般来说，衡量和比较饭店创利方面的指标主要有销售利润率、资产总额利润率、股东权益收益率以及成本费用利润率等。下面结合金竹饭店报表情况予以说明，如表11-10、表11-11所示。

表11-10 **金竹饭店比较利润表** 单位：元

项　目	第1年	第2年
营业收入	1 156 000	1 184 700
营业成本	208 080	220 000
毛　利	947 920	964 700
销售费用	433 500	438 300
管理费用	199 600	203 500
财务费用	152 590	145 200
税前利润	162 230	177 700
所得税	53 536	58 641
净利润	108 694	119 059

表11-11 **金竹饭店比较资产负债表** 单位：元

项　目	第1年12月31日	第2年12月31日
流动资产		
现金	13 500	25 900
应收账款	43 600	45 800
有价证券	16 000	2 500
存货	10 500	15 200
预付费用	5 300	5 500
流动资产合计	88 900	94 900
固定资产		
土地	61 000	61 000
建筑物	839 200	881 200
家具和设备	175 400	228 500
减：累计折旧	（331 000）	（422 600）
固定资产合计	744 600	748 100
资产总计	833 500	843 000

续表

项　目	第1年12月31日	第2年12月31日
流动负债		
应付账款	19 900	17 100
应付税金	12 800	21 500
其他流动负债	4 200	4 800
预提费用	1 100	1 300
短期借款	27 500	26 500
流动负债合计	65 500	71 200
长期负债		
长期借款	503 400	477 300
负债合计	568 900	548 500
所有者权益		
实收资本	200 000	200 000
盈余公积	64 600	94 500
所有者权益合计	264 600	294 500
权益总计	833 500	843 000

（1）销售利润率（又称边际利润率）。它是净利润与销售收入之比，表示每元销售收入所提供的净利润的大小。其计算公式为：

$$销售利润率（边际利润率）=\frac{净利润}{销售收入}\times 100\%$$

金竹饭店销售利润率为：

$$第1年销售利润率=\frac{108\ 694}{1\ 156\ 000}\times 100\%=9.4\%$$

$$第2年销售利润率=\frac{119\ 059}{1\ 184\ 700}\times 100\%=10\%$$

从销售利润率的发展趋势看是上升的，说明每元销售额创造的净利润在增加。为了消除不同的债务利息和所得税对利润水平的影响，公式中的分子可以用息税前利润扣除利息和所得税后，代替净利润，将其写为：

$$销售利润率=\frac{息税前利润-利息-所得税}{销售收入}\times 100\%$$

$$=\frac{（息税前利润-利息）\times（1-所得税税率）}{销售收入}\times 100\%$$

（2）资产总额利润率。它是指息税前利润与平均资产总额之比，表示饭店运用全部资产（包括股东资产和债权人资产）的收益率。其计算公式为：

$$资产总额利润率=\frac{息税前利润}{平均资产总额}\times 100\%=\frac{净利润+利息+所得税}{平均资产总额}\times 100\%$$

资产总额利润率是衡量运用资产效率的指标，无论是以股东资金购置的资产还是以借款购置的资产，其功能是一样的，计算时都没有将利息扣除，由此根据扣除利息后的利润额计算的所得税也不应扣除，因此公式中分子应是息税前利润。但如果饭店只提供简明财务报表，而无法获得利息及税金数据的话，也可以用净利润来代替息税前利润。金竹饭店第1年末资产总额为830 000元，第1年支付利息34 134元，第2年支付利息32 910元，则资产总额利润率为：

$$第1年资产总额利润率=\frac{108\,694+34\,134+53\,536}{(830\,000+833\,500)\div 2}\times 100\%\approx 23.61\%$$

$$第2年资产总额利润率=\frac{119\,059+32\,910+58\,641}{(833\,500+843\,000)\div 2}\times 100\%\approx 25.13\%$$

如果用净利润来计算，则第1年和第2年资产总额利润率分别为13%和14.2%。

资产总额利润率可以分解为以下两个构成指标：

$$资产总额利润率=\frac{净利润}{平均资产总额}\times\frac{销售收入}{销售收入}\times 100\%$$

$$=\frac{净利润}{销售收入}\times\frac{销售收入}{平均资产总额}\times 100\%$$

$$=销售利润率\times 总资产周转率$$

$$第1年资产总额利润率=\frac{108\,694}{1\,156\,000}\times\frac{1\,156\,000}{(830\,000+833\,500)\div 2}\times 100\%$$

$$=9.4\%\times 138.98\%$$

$$=13.06\%$$

$$第2年资产总额利润率=\frac{119\,059}{1\,184\,700}\times\frac{1\,184\,700}{(833\,500+843\,000)\div 2}\times 100\%$$

$$=10.05\%\times 141.33\%$$

$$=14.20\%$$

通过计算可以看出，第2年的销售利润率与第1年相差无几，第2年比第1年仅上升了0.65%，但由于第2年总资产周转率上升较快，增加了2.35%，所以资产总额利润率还是上升了1.14%。由此可见，通过对资产总额利润率指标的分解，便于分析造成资产总额利润率变动的原因，从而可有针对性地采取措施，提高资产收益率。

（3）股东权益收益率（又称净值收益率或资本收益率）。它是饭店净利润与股东权益平均额之比。其计算公式为：

$$股东权益收益率=\frac{净利润}{股东权益平均额}\times 100\%$$

股东权益收益率是获利性分析中的一项重要指标，它反映饭店所有者投资获得报酬的高低，在一定程度上也反映了饭店追求财务杠杆利益的高低，该指标越高越好，表示资本运用效果的提高，所有者将它与资金成本进行比较，可以决定是否对饭店继续投资。

金竹饭店第1年末股东权益额为259 800元，则股东权益收益率计算结果为：

$$第1年股东权益收益率=\frac{108\,694}{(259\,800+264\,600)\div 2}\times 100\%=41.5\%$$

$$第2年股东权益收益率=\frac{119\,059}{(264\,600+294\,500)\div 2}\times 100\%=42.6\%$$

计算结果表明，第1年所有者权益每100元可带来41.5元的净利润，而第2年每100元所有者权益可带来净利润42.6元，呈上升趋势。

（4）成本费用利润率。它是饭店利润总额与成本费用总额之比。其计算公式为：

$$成本费用利润率=\frac{利润总额}{成本费用总额}\times 100\%$$

成本费用利润率指标是用来衡量耗费一定量成本费用后所能产出的利润的高低，该指标越高越好。其中成本费用包括所有营业成本、销售费用、管理费用和财务费用，利润总额应是税前利润。金竹饭店成本费用利润率指标的计算如下：

$$第1年成本费用利润率=\frac{162\ 230}{208\ 080+433\ 500+199\ 600+152\ 590}\times 100\%=16.3\%$$

$$第2年成本费用利润率=\frac{177\ 700}{220\ 000+438\ 300+203\ 500+145\ 200}\times 100\%=17.6\%$$

由计算可知，第1年占用100元成本费用可获利16.3元，第2年占用100元成本费用可获利17.6元。从计算结果看呈上升的趋势，这说明第2年的成本费用利润率高于第1年，对企业的发展而言是有利的现象。

2）旅行社经营利润分析

旅行社的经营利润分析，是在与旅行社经营利润有直接影响的收入、成本费用的分析以后进行的。旅行社经营利润的分析，就是测定收入、成本费用等项变动对利润的影响，从而掌握导致旅行社利润增减的主要原因，以便采取措施，改进工作，提高盈利水平。

旅行社利润分析主要包括利润总额分析、利润总额构成因素分析和营业利润分析三个方面的内容。

（1）利润总额分析。它是指旅行社运用比较分析法，将本期的利润总额同上期的利润总额或本期的计划利润指标进行对比，分析其增减变动情况。计算本期利润比上期利润的增长（减少）情况，可用下面的公式：

本期利润比上期增长（减少）额=本期利润总额−上期利润总额

$$利润增长（减少）率=\frac{本期利润总额-上期利润总额}{上期利润总额的绝对值}\times 100\%$$

计算本期计划利润完成情况可用下面的公式：

$$完成计划百分比=\frac{本期利润总额}{本期计划利润指标}\times 100\%$$

超额或未完成计划百分比=完成计划百分比−100%

（2）利润总额构成因素分析。旅行社在分析其利润总额增长情况后，还应对利润的构成因素进行分析，以便发现导致本期利润变化的主要因素，并采取相应的措施。如果发现某项因素的增长比例或绝对额与上期相差较大，则应对其发生的原因进行深入的分析。

（3）营业利润分析。营业利润分析是指旅行社通过对利润计划指标与实际结果进行对比，运用因素分析法找出影响营业利润实现的因素，以便采取措施，加强管理，为进一步增加营业利润指明方向。在营业收入一定的情况下，影响营业利润高低的因素是营业成本、销售费用、管理费用和财务费用。尽可能降低成本费用，特别是严格控制费用的支出是增加营业利润的有效途径。

本章小结

税金是国家财政收入的重要组成部分，是国家为实现其职能，凭借政治权力，运用法律手段无偿地、强制地对社会产品所进行的再分配。目前，旅游企业向国家缴纳的税金主要有增值税、消费税、车船税、房产税、城镇土地使用税、印花税、所得税等。

旅游企业税金管理是旅游企业财务管理的重要内容，既关系到旅游企业自身的发展，也是政策性极强的一项工作，必须指定专人负责税金的计缴工作。在税金的日常管理中一般要做好以下三方面工作：认真做好纳税申报工作、如实按期缴纳税金、做好与纳税有关的文档管理工作。

旅游企业是实行经济核算的经济实体。为了检验企业的经济效益，必须在每个计算期内用企业的收入弥补其支出，计算出企业的利润。利润是企业的营业收入在扣除企业的营业成本、费用和税金以后的差额。

利润是旅游企业对社会发展作出的贡献，是旅游企业经营管理水平的反映，是旅游企业对股东回报的源泉，是旅游企业扩大再生产的资金保障。

旅游企业对实现的利润必须进行合理的分配。利润分配体现着旅游企业与国家、投资者及职工之间的经济利益关系，因此，必须在兼顾各方利益的基础上给进行合理的分配。

利润是一项能全面体现旅游企业经营状况和最终财务成果的综合性指标，对其进行考核可以通过以下几项指标来进行：①利润额；②人均利润额；③营业利润率；④总资产利润率。

旅游企业实现利润的状况如何必须通过对利润的分析才能作出评价。旅游企业通过编制比较利润表对相关指标进行计算，判断利润完成情况以及导致这种情况出现的原因，进而提出改进工作的措施和建议。

关键概念

税金　利润　利润分配　利润考核与分析

基本训练

□案例分析题

1.案例基本情况

“营改增”对旅游行业的影响研究——来自张家界旅游企业的数据证据

随着我国经济的迅速发展，原有的税收制度已经跟不上当今经济的发展形势，“营改增”前的重复征税阻碍了各类企业的发展。相比之下，增值税显得更加科学，其中性税收、逐环节征税、扣税、税基广的特点，能够彻底解决各类企业税负不平衡的问题，促进企业间的公平竞争及发展。对旅游业来说，“营改增”是一项重大的税收改革。然而，自“营改增”实施以来，旅游业并没有达到初始税制改革的预期效果。“营改增”后，旅游业能否真正减轻税负，仍值得进一步探讨。下面对“营改增”给旅游行业带来的影响进行SWOT分析。

（一）“营改增”给旅游行业带来的优势分析（S）

第一，减税降负，促进旅游企业良性发展。“营改增”后，张家界市旅游产业发展迅猛，旅游收入持续增长，但是旅游税收增速远低于旅游收入增速，体现出了“营改增”后旅游企业税负的减少。2019年前三季度，张家界市旅游企业享受减税降费政策，减税达到1.32亿元，占减税降费总金额的33.25%。“营改增”后，企业根据规模大小可分为小规模纳税人及一般纳税人。国家税务总局的数据显示，在“营改增”的纳税人中，小微企业约占90%，小规模纳税人采用简易计税办法，按照3%的征收率进行征收。旅游服务业普遍按照原来的5%税率缴纳营业税，“营改增”后，征收率降为3%，税负明显减少。同时，一系列税收优惠政策的出台盘活了大部分餐饮、住宿企业。例如，对于月收入小于等于10万元、季度收入小于等于30万元的小规模纳税人，可以享受免税政策。“营改增”后的一系列税收优惠政策对于我国当前的经济发展有着重要的促进作用。

第二，消除重复征税。全面实行“营改增”解决了之前重复征税的问题，企业购进服务及不动产等也可以抵扣税收。营业税属于价内税，其征收依据是不扣除成本费用，按照企业收入的总额计税。“营改增”后，旅游企业是以增值税进行纳税的，增值税属于价外税，是按照流转过程中增值额进行纳税的，避免了重复征税的问题。

（二）“营改增”给旅游行业带来的劣势分析（W）

第一，会计核算工作难度会加大，对财务人员提出了挑战。“营改增”前，营业税所涉及的会计科目较少，账务处理时只需用到“营业税金及附加”“应交税费——应交营业税”科目，“营改增”后，增值税有关的科目在“应交税费”下科目较多，对旅游企业的财务人员要求更高。对于需做的进项税额转出等各类账务处理也考验财务人员的专业水平，要求其对企业风险的管控更加严谨细致。企业要在新税制下得到持续、稳定的发展，需要企业自身的财务制度深化改革，财务会计人员必须深入研究，了解“营改增”对企业财务管理的影响，并理性分析其对企业的影响，制定相应的财务管理制度。

第二，税票管理难度加大。一般纳税人由以前开具的营业税发票改为了增值税普票和增值税专票，国家税务总局对于增值税专用发票开具要求严格，增值税发票的管理比营业税发票的管理更加复杂。在“营改增”相关政策实施之前，旅游行业进行营业税的纳税和申报，通常不需要提供详细的税务信息，“营改增”后，在税票开具、领取、验证、抵扣各个环节都需要规范，不仅要掌握增值税专用发票的抵扣原则，对增值税专用发票合理进行认证，还需核实抵扣凭证的真实性，以及进行合理的税收筹划。增值税的处理程序比营业税的处理程序更加复杂烦琐，如果违反了税法的相关要求，企业则很容易受到税务机关的处罚，因此这会大大增加旅游企业的工作量与工作成本。

（三）“营改增”给旅游行业带来的机会分析（O）

优化产业结构。“营改增”全面推行后，重铸了“环环征收，层层抵扣”的链条，将税收优惠落到实处，为旅游行业多元化、专业化、市场化提供了发展空间，并且由于旅游服务业购买应税服务的成本下降，形成了良好的产业导向，能够吸引更多民间资本向多行业聚集，有利于拓展旅游产业范围。传统的旅游业大都指旅游服务业，“营改增”后，旅游服务业已经不能满足旅游行业的发展了，从旅游业分离出更为专业的行业，其中文化旅游产业税收贡献高，如张家界魅力湘西旅游开发有限公司、张家界大庸古城发展有限公司、张家界云顶文化产业发展有限公司、张家界天门洞体育发展有限公司、张家界桃花溪谷旅游开发有限公司税收贡献都已破百万元，使传统形式下的门票经济有了更多的机会。

（四）“营改增”给旅游行业带来的威胁分析（T）

“营改增”对于张家界市旅游企业也存在一些威胁。“营改增”后，张家界餐饮企业数量呈下降趋势。这说明“营改增”虽然在一定程度上解决了重复征税的问题，但在实际中，餐饮企业面临取得的进项发票较少，或者是小规模纳税人不能抵扣，或者无法取得增值税专用发票等诸多困难。这种情况会对餐饮企业的生存产生一定的威胁。同时，一部分餐饮企业在内部管理、财务管理等方面也存在问题，如不能及时收回应收款项、无索取发票的意识等。“营改增”迫使企业提高自身管理水平；同时，在采购方面，餐饮企业大多为小规模纳税人，对方企业则更加注重选择优质的上游企业，从而获得增值税专用发票进行抵扣。

资料来源 邹书问，赵纯.“营改增”对旅游行业的影响研究——来自张家界旅游企业的数据证据[J]. 现代商业，2022（10）：26-28.有删减。

2.问题提出

（1）旅行社取得进项可抵扣发票困难，请举例说明。

（2）你觉得景区可以通过哪些方面抵扣实现税率降低。

□ 实践单元

1.通过对某类旅游企业的抽样调查，了解我国旅游企业在税金管理方面存在什么问题。产生这些问题的原因主要是什么？可以从哪些方面解决这些问题？

2.结合我国国情，根据旅游企业现有状况，请帮助它们建立完善的税务筹划操作制度。

□ 思考题

1.如何做好对税金的日常管理？如何理解税金管理？是不是保证企业不偷税、漏税就是做好了税金管理？为什么？

2.旅游企业如何有效地做好税收筹划？在这方面最重要的问题是什么？

3.旅游企业利润分配的顺序是怎样的？

4.一般旅游企业进行利润分析的目的是什么？

第5篇 旅游企业预算编制与绩效分析

“尔滨”待客之道引燃了这个冬天

2024年1月5日，第40届中国哈尔滨国际冰雪节如约而至，绚丽的烟花在冰雪大世界上空绽放，凛冽的寒风与内心的激情交织在一起，掀起哈尔滨冰雪旅游的新高潮。这个冰雪季，冰城哈尔滨火爆出圈、圈粉无数。元旦假期，全市累计接待游客超300万人次，实现旅游总收入59.14亿元，游客接待量和旅游总收入均达到历史峰值。

连日来，哈尔滨拿出“掏家底儿”的态度迎接游客，被网友们亲切地称作“尔滨”。在社交媒体平台上，“尔滨，你让我感到陌生”“尔滨真把游客宠上天了”等网友造出来的“热梗”一个接一个，热搜话题连连上榜，哈尔滨如同一把“火”，点燃了冬日激情。

漫步在中央大街，随处可见穿着厚羽绒服、哈着气、跺着脚、手拿马迭尔冰棍或冰糖葫芦的外地游客。外地游客的争相涌入，不仅让哈尔滨旅游市场持续火爆，也进一步激发了消费市场活力，释放了“一业兴、百业旺”的乘数效应。

“近期，马迭尔冰棍日均销量2万支左右，元旦假期3天销售量达10万支。”马迭尔集团营销总监刘富彬坦言，没想到这个冬天，哈尔滨能迎来这么多游客。

一大早，索菲亚教堂对面的一家甜品店便排起长队，游客争相购买“索菲亚教堂蛋糕”。甜品店经营者说：“这款蛋糕58元一个，由于制作工艺比较复杂，想要的客人实在太多了，有点供不应求。”

“身为南方人，到东北除了看冰雪，当然少不了洗浴搓澡、吃铁锅炖、穿花棉袄。”福建游客陈瑜说，“我在哈尔滨买了一身棉衣、一双棉鞋，才150多块，既便宜又暖和。东北的洗浴搓澡更是刷新了我的认知。”

“相较于往年，旅游旺季提前了20多天。自去年12月中旬以来，酒店入住率近90%，不少客人提前1个月就线上预订房间。”位于道外区的轻住·华尔街精品酒店共有68间房间，其工作人员向记者介绍，酒店接待的客人大多来自广东、广西、福建，其中大学生和亲子家庭较多。

自带流量的“老字号”马迭尔宾馆更是“一房难求”。“目前，宾馆入住率超过95%，较2019年同期增长超50%。”马迭尔宾馆副总经理邱冬梅说，为更好地迎接游客，宾馆还特别准备了姜糖热饮、发热羽绒服、马迭尔冰棍体验券等。

同时，哈尔滨也吸引着外国游客，入境游市场热度攀升。“目前，旅行社入境游客数量已基本恢复至疫情前同期水平。”哈尔滨雪乡国际旅行社总经理刘士俊说，“近期，我们迎来了入境游客流高峰，接待来自新加坡、泰国、马来西亚的游客较多，平均每天有两三个团，人少的团十几人，多的二十几人，我们对入境游市场加速复苏，甚至超过疫情前的水平充满信心。”

“当下的哈尔滨冰雪旅游热，为东北地区旅游业快速发展、实现新时代东北全面振兴带来更大活力和信心。”北京联合大学旅游学院教授曾博伟说，“近年来，受到产业落后、资源枯竭、人才流失等因素影响，东北全面振兴面临较大困难。哈尔滨的火爆出圈，为以旅游业高质量发展推动东北全面振兴作了生动示范。”

火爆出圈之后，哈尔滨如何更好地接住这“泼天的富贵”、持续火下去，也成为舆论关注的焦点。厉新建认为，所有的发展都要讲效益，如何持续眼下的发展模式，处理好成本与收益之间的关系，尤其是隐性成本与收益之间的关系；如何将“宠游客”持久坚持下去，真正内化到旅游目的地每个市民的行动中；如何让市场层面的“宠游客”在经营层面有“真收获”，这些都是哈尔滨需要思考和突破的问题。

哈尔滨市文化广电和旅游局有关负责人说，机不可失，哈尔滨将乘势而上，倾力打造“冰雪文化之都”，构建全域冰雪产业新格局，把“绿水青山就是金山银山、冰天雪地也是金山银山”理念，落实为更多生动实践。

资料来源　黄高原．“尔滨”待客之道引燃了这个冬天［N］．中国旅游报，2024-01-10. 有删减。

第12章

旅游企业预算编制

学习目标

通过本章的学习，掌握旅游企业预算的含义，明确预算的分类，了解旅游企业预算编制的意义、原则；掌握预算编制的程序和方法；理解并掌握预算编制系统的建立过程及方法。

聚焦党的二十大

党的二十大报告指出，加快发展数字经济，促进数字经济和实体经济深度融合，打造具有国际竞争力的数字产业集群。优化基础设施布局、结构、功能和系统集成，构建现代化基础设施体系。

请结合本章内容思考：旅游企业应当如何进行数字化转型？在预算编制过程中，旅游企业如何借助数字化手段来优化工作流程？

● 12.1 旅游企业预算的含义与种类

12.1.1 旅游企业预算的含义

《礼记·中庸》中有凡事预则立，不预则废。旅游企业预算是利用货币量度，对旅游企业某个时期的全部经济活动正式计划所作出的数量反映。财务预算是对旅游企业未来某个时期财务报表所列项目的计划的一种数量反映。财务预算的含义包含以下内容：

（1）财务预算是用数量形式反映出来的正式计划。

（2）预算所反映的是未来时期的经营活动和财务状况，所以，旅游企业预算应表明其在未来某一特定时期内实施某些行动所获取的预期财务成果。

（3）旅游企业财务预算作为总预算或全面预算是由部门的预算汇总而成的。

（4）财务预算以财务预测为前提，二者既有联系又有区别，只有作出正确的预测，才有可能作出正确的预算。如果从更准确的含义上说，二者是有区别的。财务预测主要是估量未来一定时期内企业某些经济情况和经济活动将会发生什么变化，而财务预算则是在财务预测的基础上，为实现旅游企业目标而编制的用数量形式反映的正式计划，是企业控制的依据和考核的标准。

12.1.2 旅游企业预算期

预算的编制通常是以1年为一期，这样可以使预算期间与会计年度保持一致，以利于预算执行结果的分析、评价和考核。当然在年度预算的基础上，还必须再分成更短期的预算，如季度预算、月度预算，有些甚至还有周预算或日预算。这一方面是为了更有效地实施控制，另一方面也反映了旅游企业经营的波动性。

12.1.3 旅游企业预算的种类

1）资本预算和经营预算

为购置长期使用的资产而编制的预算是资本预算。资本预算的预算期较长，因此要随着时间的推移不断进行调整。经营预算又可分为营业预算和财务预算，前者反映营业决策的结果，包括利润表的各项内容，后者反映财务决策的结果，包括预算现金流量表及资产负债表。经营预算的期限为1年，通常还要划分为更短的时期，以便于日常控制。

2）期间预算和项目预算

以一定的预算期间为对象而编制的预算称为期间预算。以特定项目的全过程为对象编制的预算称为项目预算。

3）部门预算和总预算

部门预算是旅游企业内各部门为完成各自任务而编制的预算。总预算是旅游企业各部门编制的经综合平衡而汇总的预算。

4）短期预算和长期预算

短期预算是指预算期在1年以内的预算，经营预算通常表现为短期预算，它还包括季度预算、月度预算、周预算、日预算等。长期预算是指预算期在1年以上的预算，有时可长达10年以上，资本预算通常表现为长期预算。

5）全面预算和专门预算

全面预算是对企业的全面、综合、总体的预算。它是以财务管理的核心为指导思想，以实现一定的利润为目标，以货币为统一计量形式，对企业业务经营活动全过程进行预算控制，它是企业各方面财务活动的纲领。无论是资金筹集、组织资金供应、进行资金投放和日常资产管理，还是资本费用开支、税金缴纳、利润分配等，都必须以预算为标准。同时，它又为各部门职工指明业务经营活动的财务目标，并协调企业内部各部门及企业与外部的财务关系。因此，它又是企业全体职工参与制定和实施的一种预算。专门预算是对企业某一方面的经济活动的预算，如现金预算、信贷预算等。

12.1.4 旅游企业预算的意义

1）辅助决策作用

旅游企业各个时期作出的经营决策，如企业发展决策、筹资决策、投资决策、成本费用开支决策、利润分配决策等，都要在预算的基础上加以实现，以保证旅游企业在经营决策中减少风险，能够更健康地发展。

2）明确目标作用

科学的预算能指导旅游企业更好地开展业务经营活动。预算为整个旅游企业及旅游企业内各部门分别规定了具体的计划和任务，各部门据此安排各自的经济活动，从不同的角度去完成旅游企业的战略计划。

3）控制财务活动作用

通过预算的编制和执行，贯彻实施国家财经法规和财务制度，控制旅游企业的业务经营活动，使其具有合法性。预算所规定的各项指标是控制生产经营活动的依据，在执行预算的过程中，以预算指标为依据，分析揭示预算与实际之间的差异，采取措施加以改进，保证预算指标顺利完成，从而使预算起到控制日常财务活动的作用。

4）协调工作作用

由于旅游企业各经营部门及职能部门的经济活动之间存在着一个局部与整体的关系，从系统论的观点来看，局部预算的最优化，对全局来说不一定是最合理的。为了实现旅游企业总的战略目标，各部门的行动必须密切配合，相互协调。为此，必须将各部门的预算拿到整个旅游企业进行综合平衡。而预算编制过程正是各部门反复协商、反复平衡的过程，使各部门加深了彼此的理解，避免了相互冲突、互不衔接的现象，使相互间的配合更为协调，使整体服务质量进一步提高。

5）考核业绩作用

实行业绩考核是实行经济责任制的必要条件。衡量业绩单纯用超过历史水平来评价是不够的，因为超过历史水平只能说明有所进步，但不能说明这种进步是否达到应有的程度，相比之下，预算是考核实际工作业绩的更好的标准。但是需要注意的是，在某些情况下，没有完成预算未必是坏事，对预算的某些偏离，也许更符合旅游企业的利益，而预算得到完全执行却不一定没有漏洞，因此要结合实际情况去判断，但作为考核业绩的标准，预算还是非常重要的。

[相关链接12-1]　　编制预算的巨大作用

杨世忠教授认为预算还具有减少风险、提升能力、协调运作、落实责任的作用。

减少风险就是通过对未来的预测及预先安排，大大降低未来的不确定性；

提升能力就是指通过反复的预算编制、执行和考评，人们不断提升对未来的把握能力；

协调运作就是指事先安排好各责任部门的可支配资源，从而大大减少运作中的协调难度；

落实责任就是将预算作为考核责任单位业绩的依据。

● 12.2 旅游企业预算编制的程序与方法

要想使预算具有科学性、先进性、适用性和前瞻性，适应客源市场及旅游企业的实际情况，必须采用科学的方法，按照预定的程序来编制。

12.2.1 旅游企业预算编制的依据和原则

1）旅游企业预算编制的依据

科学预测是旅游企业编制预算的基础和依据，而要做好预测则需要搜集各方面的信息，占有丰富的资料，并对这些原始资料进行一定的加工整理，作出对未来发展的基本预测，为预算的编制奠定坚实的基础。

一般说来，旅游企业预测所需要的资料来源不外乎外部与内部两方面，取得这些资料的途径也无外乎第一手的直接资料的获取和第二手的间接资料的获取。旅游企业财务预算的编制必须符合市场的需要，体现国家发展国民经济的方针和政策，贯彻执行企业制定的经营目标、经营方法和经营决策，并且要尽可能使预算指标先进合理。为此，编制预算所需资料主要包括：

（1）国家制定的国民经济和社会发展计划及旅游业的发展规划与要求

这些资料为旅游企业编制全面财务预算提出了宏观的指导方针和策略，更为旅游企业编制预算时确定筹集资金、投资方向、盈利目标等提供了重要依据。

（2）市场调研资料

旅游企业财务预算是建立在对市场的科学预测基础上的，因此，市场调查和研究资料是编制预算的重要现实依据，主要包括：

①价格水平调研资料，包括各类饭店各类客房的价格、餐饮食品价格、各项娱乐活动收费标准等的调研预测资料，以及饭店经营所需各项物资、人力资源成本等的调研预测资料；各类旅游线路的价格；各车船企业车船票价格及车船状况，各大航空企业机票的价格及折扣情况；各旅游景点、景区门票的价格及折扣情况等各项资料。

②供求关系调研资料，包括对预算期客房出租率及接待人数等的预测，对各客源市场和细分市场的预测和分析，对旅游目的地接待能力的预测分析等。这些资料为编制预算时确定营业收入目标提供了依据。

③竞争对手调研资料，主要掌握本地区各种旅游企业的数量、规模、地理分布、经营方式、业务特点以及它们的产品、质量、价格、促销手段等，以便决定自己的竞争方式，争取更大的市场占有率。

④资金利用效果调研资料，如资金利润率、流动资产周转率、存货周转率、应收账款周转率、总资产周转率等。掌握这些资料，有利于确定本旅游企业预算期收益及资产占有指标。

（3）经济定额及标准资料

旅游企业各项技术经济定额的各项标准是编制预算的直接依据。例如，饭店根据客房数量、预算期天数及客房出租率标准、平均房价标准，就可以确定预算期营业收入指标。

（4）财务分析资料

财务分析既是确定旅游企业经营目标、经营方针和进行经营决策的依据，又是编制财务预算的依据，尤其是对主要财务指标发展趋势的分析。例如，对营业收入、营业成本、销售费用、管理费用和财务费用的发展趋势及内部构成的变动趋势，资金占用及来源的发展趋势及内部构成的变动趋势，资金利润率的发展趋势及与同行业先进水平的差距等都要进行深入分析，不仅要计算出趋势变动值，而且要找出变动的原因，提出改善经营管理的技术组织措施，为编制全面预算提供可靠的依据。

（5）近期财务报表及经济核算资料

编制3年或5年的财务预算，要以近期财务报表和经济核算资料为依据，使预算指标具有现实性。近期财务报表，包括资产负债表、利润表等，是确定预算期财务指标的基本依据。

（6）旅游企业经营目标、经营方法和经营决策

经营目标包括社会贡献目标、市场占有目标、业务发展目标、财务目标等，为具体编制预算提供依据；经营方法是旅游企业为实现经营目标，针对经营中的重大问题而提出的方向性措施和方法；经营决策则是对经营中各项问题如何解决的决断，包括目标问题、措施方法等。旅游企业财务预算所需的一些数据是建立在业务预算基础上的，而业务预算的编制必须从销售预算开始，因为它是编制利润表和资产负债表的关键。利润表中的成本、

费用、税金都与营业收入的变动有直接的关系；资产负债表中的现金、存货、应收账款、应付账款及固定资产投资等项目都与营业收入有关。如随着营业量及营业收入的增加，现销部分造成现金收入增加，赊销部分造成应收账款增加；采购量增加造成负债项下的应付账款增加，存货也随之变化；固定资产在已充分利用的情况下，也可能要增加投资，使固定资产拥有量增加。因此，销售预算是整个预算编制的关键，其他预算的编制需要利用销售预算与其他项目间的比率关系。

2）旅游企业预算编制的原则

（1）以经营目标为前提的原则

旅游企业在编制财务预算时，应以企业明确的经营目标为前提。例如，如果确定了投资目标，在资金需要预算时，就要考虑到投资日标的实现；确定了目标和利润，就能相应地确定目标成本，编制有关营业收入、费用成本的预算。

（2）统筹兼顾的原则

凡是会影响旅游企业经营目标实现的业务、事项，均应以货币或其他计量形式具体地用预算加以反映，统筹兼顾企业业务经营活动各个方面资金的需要与可能，以及资金的投入与产出，全面安排各项财务活动，而不仅仅是财务收支问题。要避免由于预算缺乏周详的考虑而影响目标的实现。有关预算指标之间要相互衔接、逻辑关系要明确，以保证整个预算的全面、完整并体现综合性。

（3）实事求是的原则

旅游企业编制预算，提出预算指标时，必须坚持实事求是的原则。对自身财务活动进行实事求是的分析研究，作出正确的评价，准确区分成绩和问题，谨防弄虚作假、自欺欺人。提出预算指标时，要根据企业业务经营的现实情况，如客房数量、客房出租率、餐饮接待能力、是否具有国际组团资格等，以及企业预算期的市场情况、企业对市场的适应能力等情况，进行实事求是的分析研究。杜绝为了某些需要，凭空捏造虚假数字。

（4）先进合理的原则

旅游企业在编制预算时，要充分估计目标实现的可能性，不要把预算指标定得过低或过高，保证预算能在实际执行过程中，充分发挥其指导和控制作用。为了适应市场变化，预算又必须留有余地，具有一定的灵活性，以免在意外事件发生时造成被动，影响平衡，影响原定目标的实现。

（5）责任落实的原则

预算指标要进行层层分解、层层落实，一直落实到每个岗位、每个员工头上，使每个人都明确自己的财务任务，努力去完成财务任务，企业的财务目标才能实现。指标分解时，要根据部门、单位、岗位的财务管理权责及指标的内在联系来进行，使各个指标完成责任者既有明确的责任，又有相应的权利去完成责任，还应以科学的方法去考核其责任的完成情况，并有相应的一套严格的奖惩办法，这样才能使责任人主动积极地去完成指标任务。指标分解不是一次就能完成的，要反复综合平衡，充分挖掘潜力，以使指标落实。

12.2.2 旅游企业预算编制的程序

旅游企业预算的编制及落实执行是旅游企业运营中的一项重要的系统工程，为此需要有健全的规章制度和组织保证来落实这些工作。规模不大的旅游企业一般由财务部牵头进行预算编制。在国际上，一些大型旅游企业的组织架构中，一般都专设有一个预算委员会，专门负责预算的编制并且监督实施。预算委员会通常由企业供应、生产、销售、财务等部门主管人员以及总会计师或财务总监组成。其主要任务是制定和颁布有关预算制度的全盘政策，审查和协调各部门的预算申报工作，处理有关方面在编制预算时可能发生的矛盾和争执，最后批准预算、下达指标，并随时检查预算的执行情况。

传统的预算编制是“自上而下”式的，各部门未参与预算的制定，因而执行中的积极性和主动性不够；后来改为“自下而上”式的，虽然各部门积极参与了，但都从各自局部利益考虑问题，过分地留有余地，导致效率降低，难以实现旅游企业总体目标。比较好的做法是将这两种做法有机地结合在一起，按“几上几下”的程序编制预算，具体来说包括以下几个步骤：

（1）由总经理提出编制预算的方针和要求，财务部对此进行分析理解，并提出符合编制方针要求的预算指标建议值；财务部将其意见上报预算委员会审议并确定编制方针及建议指标。预算方针的内容如何，将对预算的质量产生直接的影响。为使预算编制得更准确，应尽可能用金额和数量指明旅游企业及其各部门在一个会计期间内开展经营活动的目标。

（2）通过财务部将整个旅游企业编制预算的方针要求下达到各部门，由各部门编制自身的预算草案，各部门预算草案的编制要注意广泛发动群众，征求意见，使预算更全面、更有群众基础，从而更便于贯彻执行。由财务部将各部门预算汇总起来，递交到预算委员会上加以讨论协商，对预算草案提出修改意见。各部门从自身完成预算的角度考虑，有时会留有一定余地，由此可能会出现一些浪费和低效率的现象。旅游企业则需从全局考虑，对各部门预算进行一些调整，以使预算发挥更大的作用。因此，各部门预算草案必须报预算委员会审议，经过综合平衡后，由总经理批准确定下来，再下达到各部门征求意见。

［**相关链接12-2**］ **全员参与预算编制**

参与就等于投入，最佳的管理方式不是你要求部属做什么，而是你和他们一起做。

（3）将各部门反馈意见搜集上来，然后在预算委员会上对原预算进行修改和调整，形成正式的最终预算，将其下达到各部门，以便按预算指标实施。

12.2.3 旅游企业预算编制的方法

1）传统预算法

传统预算法也可称为固定预算法。这种预算方法以历史数据为基数，按预算期内一定的增长率或节约率来编制预算。这种预算的编制形式使各项预算指标固定，便于协调解决预算执行中的问题，也便于考核预算执行的结果，但是缺乏科学性和先进性。如果未来预算期的实际情况与原先的预算差距较大，就会对预算执行和修改造成困难，同时也不利于激励其他各部门努力创收。

【例12-1】某饭店第1年全年营业收入为780万元，预计第2年递增5%，则第2年营业收入预算指标为：

780×（1+5%）=819（万元）

【例12-2】某旅行社第1年车船管理费用支出为20万元，预计第2年管理费用将降低1.2%，则第2年管理费用预算指标为：

20×（1-1.2%）=19.76（万元）

2）零基预算法

零基预算法，顾名思义是指以零为基础编制预算的方法。它要求对预算期内任何一种项目的开支应从实际出发，考虑每项开支的必要性和大小来确定支出额。也就是说，撇开上一年度的开支水平，一切以零为起点来编制预算。这种编制预算的方法由于不受以前现成资料束缚，从零开始，因此编制预算的工作量很大。但也正因为如此，才为旅游企业创造了量力而行、节约开支、提高效益的条件，使预算更充分地发挥控制实际支出的作用。

零基预算法一般适用于对企业管理费用编制预算。通常企业管理费用是在上一年基础上有所增加，但历史上已发生的支出未必都是合理的，这样就使管理费用开支不合理地上升，因此零基预算对控制管理费用是十分有效的，旅游企业可以结合自身实力选择是否运用，在多大范围内运用。

3）滚动预算法

滚动预算法也称永续预算法，是一种随着时间的推移自行延伸从而始终使预算保持在一个特定的期限内的预算方法。例如，第1年全年费用预算已经完毕，当第1年第一个季度的预算已执行完毕时，又续上第2年第一季度的预算，这样始终保持四个季度的预算。采用这种预算方法，由于需要逐期修改编制，因而工作量较大。但正由于它逐期修改，不断适应变化了的情况，从而使费用预算更加符合实际，更加便于控制。

例如，旅游企业第1年全年销售费用预算为300万元，其中第一季度为45万元，第二季度为95万元，第三季度为90万元，第四季度为70万元。当第1年第一季度过去后，要将第2年第一季度的预算提上来，这样使整个预算仍然保持在四个季度，如此反复，连续不断。除了按季度滚动外，还可以按月、按周甚至按日滚动，那样工作量更大。但是随着计算机技术的普及和各种统计软件的应用，有实力的企业完全可以完成这种工作。

4）弹性预算法

这种预算法是以旅游企业预算期内预计业务量为基础，编制出能反映在预算期内多种业务量水平的预算。传统的预算是在某一固定的业务量基础上编制的静态预算，当实际业务量与预算业务量发生显著差异时，难以准确地衡量业绩，控制作用也因此受到削弱。为改变这种状况，就必须编制弹性预算。旅游行业是一个相对脆弱的行业，业务环境变幻莫测，影响旅游企业客源的因素很多，受某些因素的影响，实际完成的销售量或营业收入常与预算发生较大的差异，这样在进行成本费用分析时，对不同业务量水平下的成本费用进行比较的结果便不能说明问题，因此，旅游企业编制弹性预算是非常必要的。

（1）弹性预算具有以下几个显著的特点：

①能适应一系列经营业务量。所谓一系列经营业务量，是指旅游企业可能经常发生的若干级活动水平。它是根据历史资料和发展趋势确定的业务量会发生波动的一个相关区域，在该区域内按5%或10%的间距划分为若干级，从而适应不同业务量水平。

②动态性质。弹性预算有利于随业务量的变动调整其计划，它是按变动成本的变化情况分类排列，据此计算预算期末实际业务活动量的成本预算数额，然后再对实际成果和计划数进行比较，因此它构成了对管理上非常有用的决策工具。

③有利于业绩衡量。与静态预算相比，它不仅能衡量销售方面的业绩，而且能在更加现实和可比的基础上进行成本控制方面的业绩衡量，这对于全面准确地衡量旅游企业及各部门的工作业绩是非常有效的。

（2）编制弹性预算的程序：

①确定预算期内涉及的业务量发生波动的相关范围，一般可控制在正常业务量的70%～120%，范围过大会加大工作量，范围过小又可能找不到相近似的数值进行比较，不便于控制。

②根据成本习性，划分为固定成本和变动成本。

③确定在预算中所包含的各个成本项目的成本特性模式。

④运用成本特性模式，编制弹性预算。

弹性预算成本费用的计算公式如下：

弹性变动成本（费用）=预算期内实际活动量×单位业务量的变动成本（费用）

弹性成本（费用）=固定成本（费用）+弹性变动成本（费用）

【例12-3】某饭店拥有客房600间，年固定费用为10 900 000元，客房出租间天变动费用为50元，近几年来，客房出租率范围控制在60%~90%，据此编制客房费用弹性预算表，如表12-1所示。

表12-1 **某饭店××年客房费用弹性预算表** 金额单位：元

年出租率（%）	60	70	80	90
年出租间天	131 400	153 300	175 200	197 100
变动成本（费用）	6 570 000	7 665 000	8 760 000	9 855 000
固定成本（费用）	10 900 000	10 900 000	10 900 000	10 900 000
合计	17 470 000	18 565 000	19 660 000	20 755 000

编制弹性预算时，业务活动量的计量单位要结合旅游企业的特点进行选择，所选择的计量单位应和成本费用间存在必然的联系，如客房部采用客房出租率，餐饮部和商品部可以用营业收入，接待团体客人可用人次数等，有了弹性预算，旅游企业就可以将其与实际执行结果进行比较，衡量业绩，寻找存在的问题和解决的途径。

[实例12-1] **中国“超级黄金周”即将开启**

国铁集团客运部负责人介绍，今年中秋、国庆假期长达8天，旅客出行意愿强烈，探亲流、旅游流交织，铁路客流呈现强劲增长态势。

1.9亿人次，这一数字将超过近年来的最高值——2019年国庆长假期间，全国铁路累计发送旅客1.38亿人次。民航局9月15日在例行新闻发布会上表示，预计今年中秋、国庆假期将有2 100万旅客乘飞机出行。这一数字预计也将超过近年来的最高值。“还没到假期，‘十一’旅游的热浪就已经掀起来了。这两天，我们公司已经全员出动，忙得不可开交。”

假期前夕，携程、去哪儿、飞猪等旅游平台均发布“十一”出游预测数据，机票、酒店、民宿、租车等多个维度的预订量都超过了2019年同期。去哪儿大数据显示，截至9月15日，去哪儿平台上的“十一”假期国内热门城市机票提前预订量已比2019年同期还要多两成。携程平台数据显示，国内旅游产品“十一”预订量同比上年增长超4倍。北京、上海、成都、杭州、广州占据国内热门旅游目的地前五位。

杭州亚运会产生的赛事经济红利为国庆假期再添“一把火”。在“亚运经济”的加持下，杭州旅游消费溢出效应明显，带动周边地区旅游消费增长。携程数据显示，国庆长假目的地为杭州的旅游订单量同比上年增长542%。

浙江大学国际联合商学院数字经济与金融创新研究中心联席主任、研究员盘和林27日对《环球时报》记者表示，今年国庆长假的热度比过去3年有显著提升，消费需求正逐步复苏，给文旅、酒店产业带来了信心。

世界旅游及旅行业理事会总裁兼首席执行官、世界旅游经济论坛荣誉主席朱莉娅·辛普森近日接受彭博社采访时表示，中国旅游市场强势复苏，中国游客正在探索世界。她认为，今年“十一”长假将成为最热的旅游黄金周。

资料来源 林森，青木，丁雅栀．中国“超级黄金周”即将开启［N］．环球时报，2023-09-28.

问题：案例中用到了哪些预估客流量的方法？大数据时代对旅游业预算编制产生了哪些影响？2020—2022年，旅游业受到了突发疫情的影响，企业在编制预算时很难预见到这类事件的发生，但是一旦发生了这样的事件后，必然会对预算的实施结果产生影响。你认为面对这种不可预见事件的发生，企业在编制预算时应做些什么准备才能更有利于预算管理的实施。

扫描下方二维码查看“分析提示”。

● 12.3 旅游企业预算控制系统

财务预算是企业全面预算的一部分，它和其他预算是联系在一起的，整个全面预算是一个数字相互衔接的整体。预算是计划工作的结果，它既是决策的具体化，又是控制生产经营活动的依据。预算在传统上被看成是控制支出的工具，但新的观念是将其看成“使企业的资源获得最佳生产率和获利率的一种方法”。预算管理系统是由一系列预算构成的体系，各项预算之间相互联系，旅游企业整个预算体系可简单用图12-1表示。

旅游企业应根据长期市场预测和生产能力，编制长期销售预算，以此为基础，确定本年度的销售预算，并根据企业财力确定资本支出预算。销售预算是年度预算的编制起点，根据“以销定产”的原则确定生产预算，同时确定所需要的销售费用。生产预算的编制，除了考虑计划销售量外，还要考虑现有存货和年末存货。根据生产预算来确定直接材料、直接人工和制造费用预算。产品成本预算和现金预算是有关预算的汇总。利润表预算和资产负债表预算是全部预算的综合。

12.3.1 旅游企业销售预算的编制

1）旅游企业销售预算编制的意义

要编制旅游企业财务预算首先需要编制业务预算，因为财务预算所需要的一些数据是建立在业务预算基础上的。而业务预算的编制必须从销售预算开始，没有销售预算，就无法编制利润表和资产负债表。例如，利润表中的成本、费用、税金都与营业收入的变动有直接的关系。资产负债表中的现金、银行存款、应收账款、应付账款及固定资产投资等项目都与营业收入有关，如随着营业量及营业收入的增加，现销部分造成现金收入数增加，赊销部分造成应收账款增加；采购量增加造成负债项下的应付账款增加，存货也随着变化；固定资产在已充分利用的情况下，也可能增加投资，使固定资产拥有量增加。上述这些情况都说明销售预算是旅游企业整个预算编制的关键，必须予以足够的重视。编制出销售预算后，可以利用它与其他项目间的比率关系，编制其他各项预算。正是由于销售预算是旅游企业财务预算的起点和基础，所以把握好销售预算的质量，就能使旅游企业整个财务预算的质量有了可靠的保证。

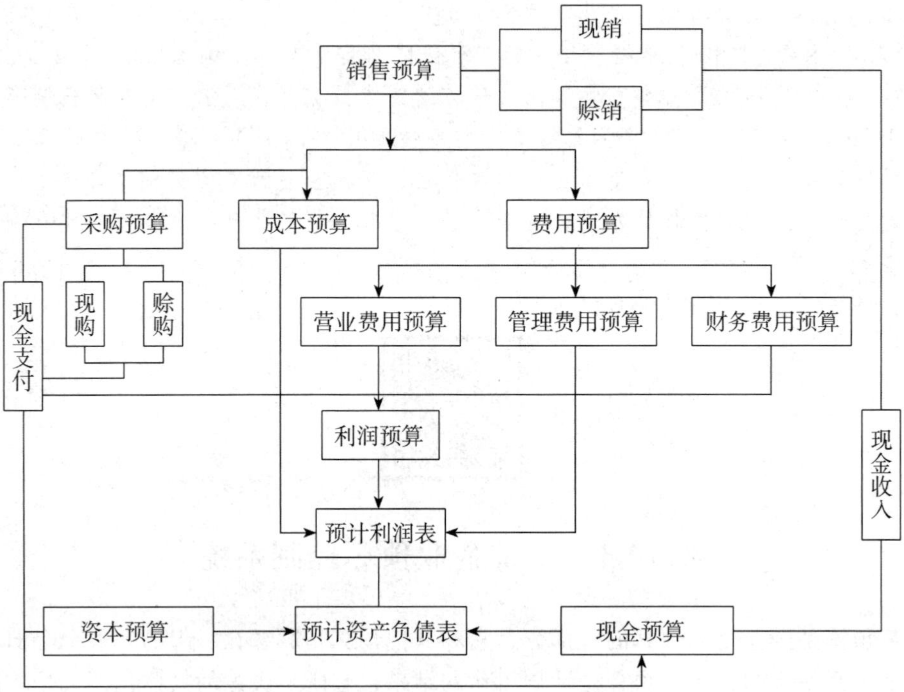

图 12-1 旅游企业预算体系示意图

2）旅游企业销售预算的编制方法

旅游企业销售预算必须以销售预测为基础。销售预测可以分为定性预测和定量预测，前者包括专家意见法、推销人员意见法、德尔菲法、消费者意见法等；后者包括时间序列预测法（算术平均法、移动平均法、指数平滑法）和回归分析预测法。由于预测是假设过去的影响因素及因果关系在未来时期仍继续存在和发生影响，因此在进行预测时，必须掌握大量的历史数据及现实资料。这些需要分析的相关因素，包括以往的销售量和发展趋势、价格和其他经营策略、社会经济发展的周期性变动情况、市场竞争状况及其他影响销售的因素。

反映实际销售量的时间序列，是受多种因素影响的，包括趋势性、季节性、周期性、随机性等，在进行预测时，要加以综合考虑，如采用趋势分析和周期性变动分析，对旅游企业以往各期销售收入进行简单平均或加权平均，将各期收入描绘在坐标图中，将前期与后期计算的两点平均值用直线连接起来，可以看出销售额的变化趋势，再根据周期性变动分析对长期趋势的分析结果进行调整，从而预测下一年度的销售额。旅游企业的销售带有季节性因素，因此可以用季节指数反映季节变动的规律性，对预测值加以调整。下面以旅游饭店几个主要部门为例加以说明。

（1）客房部营业收入预算的编制

客房部营业收入可按下面的公式计算：

客房部预算营业收入=可供出租客房数×预计出租率×预计平均房价×预算期营业天数

【例12-4】金竹饭店有客房300间，预计2024年11月出租率达到85%，预计平均房价为300元，则5月份客房收入预计为：

客房部预算营业收入= 300×85%×300×31 = 2 371 500（元）

决定客房收入的因素主要有客房出租率和房价两个因素。一般情况下，出租率越高，客房营业收入越多；但由于有时客房出租率的增加是以房价降低为代价的，所以总的说来，客房部总的收入并没有明显的改善。客房的出租率和房价都会因为某种内部或外部因素发生变动，因此在编制客房部营业收入预算的时候要将能考虑到的因素考虑周全些，同时预算要做得留有余地，这样才能让预算更加符合实际情况，而不是空中楼阁。

在【例12-4】中，难以根据常理用以往3年的客房部营业收入额来推断销售量的增减情况，因为2019年末突发的新冠疫情对国内旅游行业造成了明显的影响。因此，在不可抗力引发的突发事件来临时，一般将该年（时间单位可以改变，下同）的销售情况进行断开处理，即不以这一年的销售量作为标准，而选择其前后的时间段的营业收入额来作推断。在上面的例子中，就选择2017年11月、2018年11月和2019年11月的销售额（分别为2 086 916元、2 158 063元、2 229 210元），来预测疫情过后经济形势逐渐恢复正常的2024年的销售量。按照以往的销售资料分析，2017—2019年销售量基本保持年递增率3%的水平，而且2024年11月将在该城市举办一次大型体育赛事，这将促使该饭店的客房销售量在正常增加的基础上进一步增加，预计可比上一年（在本案例中参考2019年的数据）增长6%，从而使销售额达到2 371 500元。

如果考虑房间价格调整因素对营业收入的影响，则假设在此期间该饭店有10间VIP客房经过重新装修后增添了设备和家具，房价由300元/间·天上升为400元/间·天，从5月1日起出租，则会增加收入31 000元（100×10×31）。

考虑住房客人消费结构对营业收入的影响，假设在房价为300元/间·天的基础上，按照8.5折的折扣卖给10%的客人，按照9折的折扣卖给20%的客人，则：

5月份营业收入=（300×210+300×30×85%+300×60×90%）×85%×31 =2 288 497.5（元）

综合考虑以上两个因素，5月份客房部预算收入是2 319 497.5元（2 288 497.5+31 000），比2 371 500元少了52 002.5元，所以在预算的编制过程中一定要周全考虑各方面的因素。

将各月营业收入预算额填入营业收入预算表中，则客房部全年营业收入预算就做好了。为了进一步编制现金预算，通常在营业收入预算表下面附上现金收入预算表，它包括从本期销售中获得的现金和从上期应收款中获得的现金。客房部营业收入预算表如表12-2所示。

表12-2 **金竹饭店客房部营业收入预算表（2024年）** 单位：元

	1	2	3	4	5	6	7	8	9	10	11	12	全年
营业收入													
年初应收账款余额													

续表

	1	2	3	4	5	6	7	8	9	10	11	12	全年
1月营业收入													
2月营业收入													
3月营业收入													
4月营业收入													
5月营业收入													
6月营业收入													
7月营业收入													
8月营业收入													
9月营业收入													
10月营业收入													
11月营业收入													
12月营业收入													
合　计													

注：每个月的营业收入中有30%要到下个月才能收到现金。

（2）餐饮部营业收入的预算

制定餐饮部营业收入的预算，一般要结合客房出租量、客人数量及消费水平，结合各种营销策略和促销手段综合考虑，由于一天中早、中、晚餐的座位周转率和人均消费额差别较大，因此要针对不同餐厅、不同时段分别进行计算，然后汇总，可以用如下公式表示：

某餐厅某餐预算营业收入=餐厅座位数×座位周转率×人均消费额×预算期营业天数

【例12-5】金竹饭店餐饮部第2年5月份营业收入预算如表12-3所示，并且将每月营业收入预算汇总成金竹饭店餐饮部第2年营业收入的预算，第2年每月预算见表12-4。

表12-3　**金竹饭店餐饮部营业收入预算表（第2年5月）**　单位：元

部　门	计算依据	金　额
中餐部	早餐：200×40%×20×31=49 600 中餐：200×50%×50×31=155 000 晚餐：200×60%×60×31=223 200	427 800
西餐部	早餐：150×40%×25×31=46 500 中餐：150×40%×50×31=93 000 晚餐：150×50%×50×31=116 250	255 750
宴会厅	早餐：— 午餐：250×10%×60×31=46 500 晚餐：250×30%×70×31=162 750	209 250

续表

部　门	计算依据	金　额
自助餐厅	早餐：80×30%×30×31=22 320 午餐、晚餐：80×30%×50×31=37 200	59 520
咖啡厅	早餐：50×40%×10×31=6 200 午餐、晚餐：50×40%×30×31=18 600	24 800
酒　吧	早餐：— 午餐、晚餐：60×40%×30×31=22 320	22 320
大堂吧	早餐：— 午餐、晚餐：50×30%×20×31=9 300	9 300
合　计		1 008 740

表12-4　**金竹饭店餐饮部营业收入预算表（第2年）**　单位：元

	1	2	3	4	5	6	7	8	9	10	11	12	全年
营业收入													
年初应收账款余额													
1月营业收入													
2月营业收入													
3月营业收入													
4月营业收入													
5月营业收入													
6月营业收入													
7月营业收入													
8月营业收入													
9月营业收入													
10月营业收入													
11月营业收入													
12月营业收入													
合　计													

（3）商品部营业收入预算

商品部营业收入预算的编制，可以根据各类商品预计销售数量和预计售价来计算。其计算公式为：

$$\text{商品部营业收入预算} = \sum\left(\text{某类商品预计销售数量} \times \text{预计销售价格}\right)$$

商品部营业收入预算也可以用另外一种形式表达，即可以将商品部按照其经营品种划分为不同的营业柜组，按照不同的营业柜组编制预算，然后再汇总到一起。这种方法适合于经营规模较大、种类繁多的商品部来进行预算。

【例 12-6】金竹饭店商品部大体分为百货营业柜组、工艺品营业柜组、食品营业柜组、医药营业柜组、办公耗材营业柜组，各营业柜组从第1年到第4年营业收入统计资料如表 12-5 所示。

表 12-5 **金竹饭店商品部历年营业收入表** 单位：元

年份 部门	第1年	第2年	第3年	第4年
百货营业柜组	521 000	634 650	656 320	782 000
工艺品营业柜组	862 000	876 500	920 050	986 000
食品营业柜组	423 600	526 800	582 300	591 000
医药营业柜组	621 500	631 200	614 500	652 800
办公耗材营业柜组	654 300	781 200	802 400	901 200
合　计	3 082 400	3 450 350	3 575 570	3 913 000

根据上述统计资料，用平均发展速度计算方法预测下一年度各营业柜组营业收入额，计算公式为：

$$营业收入预算值 = T_n \sqrt[n-1]{\frac{T_n}{T_1}}$$

其中：T_n——第 n 年营业收入额（离预测年最近的一年）；T_1——第1年营业收入额（离预测年最远的一年）。

根据以上公式，金竹饭店各部门第5年预算收入分别为：

$$百货营业柜组营业收入预算值=782\ 000\times\sqrt[4]{\frac{782\ 000}{521\ 000}}=865\ 564（元）$$

$$工艺品营业柜组营业收入预算值=986\ 000\times\sqrt[4]{\frac{986\ 000}{862\ 000}}=1\ 019\ 693（元）$$

$$食品营业柜组营业收入预算值=591\ 000\times\sqrt[4]{\frac{591\ 000}{423\ 600}}=642\ 311（元）$$

$$医药营业柜组营业收入预算值=652\ 800\times\sqrt[4]{\frac{652\ 800}{621\ 500}}=660\ 868（元）$$

$$办公耗材营业柜组营业收入预算值=901\ 200\times\sqrt[4]{\frac{901\ 200}{654\ 300}}=976\ 298（元）$$

$$商品部第5年营业收入预算值=865\ 564+1\ 019\ 693+642\ 311+660\ 868+976\ 298=4\ 164\ 734（元）$$

采用分营业柜组进行预算，便于实行经营承包责任制，有利于将企业的一些经营项目外包出去，同时便于对营业柜组进行考核和评价。年度预算编制出来后，可以结合不同季度指数，将指标分解为季度预算指标，落实到各营业柜组。

旅游企业其他部门分别编制部门的营业收入预算，将各部门营业收入预算汇总起来便是旅游企业营业收入预算。根据弹性预算法，可以编制不同水平的营业收入预算。

12.3.2 旅游企业成本费用预算的编制

旅游企业成本费用预算是在销售预算的基础上进行的。上节提到销售预算要受到各方面的多种因素的影响，因此旅游企业的销售收入是波动的。为了有效地进行成本费用控制，旅游企业应结合弹性销售预算编制弹性成本费用预算，以适应旅游企业发展的需要。

下面同样以旅游企业中旅游饭店为例介绍弹性成本费用预算编制的过程。

1）客房部成本费用预算的编制

按照会计核算的要求，经营客房的各种消耗和支出，通过“销售费用”科目汇集，因此客房部成本预算也就是费用预算。在制定过程中，首先要将费用项目按照成本习性，分为固定费用和变动费用，分别计算预计发生额，然后再汇总作为客房部销售费用预算。

客房部固定费用主要是指与部门经营活动直接有关的固定费用，包括固定工资、折旧、大修理费、广告宣传费、保险费、服装费等。固定费用由于不受客房出租量的影响，在预算期内比较稳定，可以按相应的计算方法计算和掌握其总额。如按照规定费率计算法计算折旧费、福利费、保险费等，基本计算公式为：

某项费用=收（计）费基数×规定收（计）费率

变动费用是随客房出租量的变化而变化的，如燃料费、洗涤费、水电费、物料用品消耗费、修理费、其他费用等，对这些费用可以根据掌握的资料计算出租率与变动成本之间的关系，即计算出出租单位客房的客额标准，汇总为每间客房每天变动费用额，再乘以预算期内客房出租数量。其计算公式为：

预算期客房变动费用支出额=每间客房每天变动费用消耗额×客房数量×预计出租率×预算期天数

【例12-7】金竹饭店某年5月份预计客房出租率为85%，根据有关资料编制客房部销售费用弹性预算，如表12-6所示。

表12-6 **客房部销售费用弹性预算表（某年5月）** 金额单位：元

业务量						
业务量	出租数	6 510	7 254	300×85%×31=7 905	8 184	8 370
	出租率	70%	78%	85%	88%	90%
占预计出租数的百分比（%）		82	92	100	104	106
变动费用						
燃料费（α=2.8）		18 228	20 311	22 134	22 915	23 436
洗涤费（α=3）		19 530	21 762	23 715	24 552	25 110
水电费（α=8）		52 080	58 032	63 240	65 472	66 960
物料用品消耗费（α=5）		32 550	36 270	39 525	40 920	41 850
修理费（α=2）		13 020	14 508	15 810	16 368	16 740
其他费用（α=1.2）		7 812	8 705	9 486	9 821	10 044
小 计		143 220	159 588	173 910	180 048	184 140
固定费用小计		289 000	289 000	289 000	289 000	289 000
总 计		432 220	448 588	462 910	469 048	473 140

注：α为每间客房出租费用。

有些费用发生后无法准确直接计入某个营业部门，如燃料费、水电费等，对于这些费用，需要按一定的标准分摊到各个部门。具体如何分摊应根据不同的企业情况来确定。如可以采用各部门营业收入占旅游企业总收入的比例分摊，还可以平均分摊到每间客房。

将客房部每月销售费用预算汇总到一起，就成为客房部年度预算。通常在销售费用预算表的下部加列现金支出预算，以便为编制现金预算作准备。

2）餐饮部成本费用预算的编制

餐饮部成本费用由两部分组成：一部分是直接成本，即制作食品菜肴的原材料、调配料及直接销售材料的购入价格；另一部分为销售费用。对于直接成本部分，由于它是随着接待数量及客人消费水平的不同而变化的，事先无法估计，只能通过毛利率来预算成本支出额，因此餐饮部的直接成本预算可用以下公式计算：

预算期预计餐饮直接成本=预算期预计餐饮营业收入×（1-预计餐饮毛利率）

餐饮收入，实际上是由不同餐厅和各类饮料的销售收入构成的。不同的餐厅和在不同地点销售的饮料毛利率是不同的，因此要分别计算，然后汇总为餐饮成本。金竹饭店某年5月餐饮部各餐厅成本预算表如表12-7所示。

表12-7 **金竹饭店餐饮成本预算表（某年5月）** 单位：元

部　门	计算依据	金　额
中餐厅	427 800×（1-55%）=192 510	192 510
西餐厅	65 100×（1-50%）=32 550	32 550
宴会厅	209 250×（1-60%）=83 700	83 700
自助餐厅	59 520×（1-60%）=23 808	23 808
咖啡厅	24 800×（1-70%）=7 440	7 440
酒　吧	22 320×（1-70%）=6 696	6 696
大堂吧	9 300×（1-65%）=3 255	3 255
合　计		349 959

对于餐饮部销售费用中的固定费用，可同客房部固定费用一样计算其总额。对于变动费用，如燃料费用、低值易耗品摊销、洗涤费、水电费、餐具损耗、物料消耗费及其他费用，由于这些费用是随着营业额的变化而变化的，并且其中有些费用的消耗是难以控制的，所以要和餐饮成本一起编制弹性预算。

餐饮部水电能源消耗较大，可以按其营业收入额的百分比分摊。其计算公式为：

餐饮部水电能源费用预算=$A\times B\times(1-\Delta N)$

其中：A——上年全店水电能源费用的实际消耗量；B——餐饮部预算营业收入额占全店营业收入额百分比；ΔN——预算期内水电能源费用降低率。

也可以根据上一年水电能源费用的实际消耗数，结合预算期营业收入增减百分比和水电能源费用降低率加以考虑。其计算公式为：

餐饮部水电能源费用预算=$C\times(1+M)\times(1-\Delta N)$

其中：C——上年餐饮部水电能源实际消耗数；M——预算期内营业收入增减百分比；

ΔN——预算期内水电能源费用降低率。

【例12-8】金竹饭店餐饮部中餐厅编制某年5月弹性成本预算。中餐厅5月份预算营业收入为427 800元，固定费用为60 000元，则餐饮部中餐厅5月份弹性成本预算如表12-8所示。

表12-8 **金竹饭店中餐厅弹性成本费用预算（某年5月）** 金额单位：元

营业额	342 240	385 020	427 800	470 580	513 360
占预算营业额的百分比（%）	80	90	100	110	120
变动成本					
食品材料					
成本率（45%）	154 008	173 259	192 510	211 761	231 012
水电能源消耗（8%）	27 379	30 802	34 224	37 646	41 069
物料用品及其他消耗（3%）	10 267	11 551	12 834	14 117	15 401
小　计	191 654	215 612	239 568	263 524	287 482
固定费用小计	60 000	60 000	60 000	60 000	60 000
总　计	251 654	275 612	299 568	323 524	347 482

注：水电能源消耗、物料用品及其他消耗，根据以往该项费用占营业收入的百分比，加以适当调整确定。比例中两者分别占收入的8%和3%。

餐饮部其他部门可以参照中餐厅的预算格式编制各自的成本费用弹性预算，将各餐厅预算汇总为餐饮部成本费用预算。在对餐饮部成本费用作出预算的基础上，要对各期现金支出作出预测，列在预算表下。注意原料采购费用的计算要考虑现购和赊购的比例，以便确定各期现金支出额。

3）商品部成本费用预算的编制

商品部的营业成本一般是指已售商品的进价成本。商品部经营商品种类繁多，并且毛利率各不相同，如果按照综合毛利率来制定成本预算，可能会使预算的数据与实际产生巨大的差距。因为不同毛利率的商品在总销售量中所占比例不同，会直接影响到商品部的销售额。在进行商品部成本费用预算编制时，应该分别计算各类商品的成本，或者将毛利率相同的商品归为一类，分别计算然后汇总就是营业成本总额，用公式表示为：

$$\begin{matrix}\text{商品部营业}\\\text{成本预算额}\end{matrix}=\sum\left[\begin{matrix}\text{预算期某类商}\\\text{品预计销售额}\end{matrix}\times\left(1-\begin{matrix}\text{该类商品}\\\text{毛利率}\end{matrix}\right)\right]$$

【例12-9】金竹饭店商品部现有五个营业柜组，包括百货类、工艺品类、食品类、医药类、办公耗材类，它们的毛利率分别为30%、50%、35%、40%、45%，则商品部成本预算如表12-9所示。

表12-9 金竹饭店商品部成本费用预算表（某年） 金额单位：元

项目 \ 类别	百货类	工艺品类	食品类	医药类	办公耗材类	合计
预算营业收入	865 564	1 019 693	642 311	660 868	976 298	4 164 734
毛利率（%）	30	50	35	40	45	
毛利额	259 669	509 847	224 809	264 347	439 334	1 698 006
营业成本	605 895	509 846	417 502	396 521	536 964	2 466 728

4）饭店其他部门的预算编制

为了更好地满足客人的需求，一般饭店都设有康乐中心，主要项目有保龄球、桑拿浴、SPA、按摩、美容、卡拉OK、桌球、健身房等。康乐中心营业收入主要受住店客人的影响，一般比较稳定。其预算方法和商品部相同，均可用平均发展速度计算方法加以预算，并用季度指数分解到各个季度。

旅游企业一般还设有洗衣房，不仅满足客人洗衣的需要，而且满足饭店各部门的洗涤需要。为客人洗衣有营业收入，为饭店洗涤是内部行为，所发生费用要进行内部核算，将费用计入销售费用。洗衣房营业收入预算一般是根据平均洗衣价格及对历年住店客人洗衣人数占住店客人人数百分比的分析来确定。

5）管理费用的预算编制

管理费用是旅游企业管理部门发生的费用及一些未分摊到各经营部门的费用。其预算可在上一年费用水平的基础上，结合预算期费用节约的潜力和对各类可能影响因素的综合考虑，对不同的项目分别确定，也可以按照预算包干制确定预算额。例如，办公费用实行预算包干，则由经办单位提出年度开支预算，经批准后，以预算包干为主，实行超支不补、节约有奖的方法。

在各营业部门成本费用预算编制的基础上，可以进行现金支出的预算。因为在成本费用支出额中，有些项目是需要现金支付的，如员工工资、保险等，而有些项目是可以延期支付的，如采购原材料、物料用品等。一般长期批量购买可以现付一部分，赊欠一部分。因此，在一项预算中，现金实际支出额和成本费用发生额是不一致的，其编制方法和前面现金收入的预算法相同。

12.3.3 旅游企业利润预算的编制

旅游企业利润预算是各部门经营活动需要实现的目标，它是在收入预算和成本费用预算的基础上编制而成的。利润预算的编制主要采用以下几种方法：

1）直接计算法

这种方法是根据预算期的营业收入预算、成本费用预算、税金预算，直接计算出利润额的大小。运用这种方法需要区别不同营业项目，分别计算各项目的利润预算额，再汇总为旅游企业的利润预算额。其计算公式为：

某营业部门利润预算额=某营业部门预算收入-某营业部门预算成本费用-某营业部门预算税金

【例12-10】金竹饭店客房部某年预算营业收入为28 458 000元，销售费用为7 979 518元，税金为1 422 900元，则：

客房部利润预算额=28 458 000-7 979 518-1 422 900=19 055 582（元）

根据以上计算出来的结果，即可编制饭店预计利润表，见表12-10。

表12-10 **金竹饭店某年预计利润表** 金额单位：元

项 目	总 额	部 门					备 注
		客房部	餐饮部	商品部	康乐部	洗衣房	
营业收入	42 901 374	28 458 000	7 829 009	4 619 365	1 230 000	765 000	
营业成本	6 821 866		4 199 508	2 466 728		155 630	
毛利	36 079 508		3 629 501	2 152 637		609 370	
毛利率（%）	84		46	47		80	
税 金	2 202 840	1 422 900	422 765	249 445	66 420	41 310	
销售费用	10 809 698	7 979 518	1 874 808	252 144	440 841	262 387	
部门收益	23 066 970	19 055 582	1 331 928	1 651 048	722 739	305 673	
管理费用	2 030 213						
财务费用	2 841 337						
营业利润	18 195 420						
所得税（25%）	4 548 855						
净利润	13 646 565						

2）指标计算法

指标计算法是利用相关指标来预测利润的一种方法，如利用营业收入利润率、费用率来预测利润。

【例12-11】某旅行社预计某年营业收入为980 000元，营业收入利润率预计为20%，则弹性利润预算表如表12-11所示。

表12-11 **某旅行社弹性利润预算表（某年）** 金额单位：元

预计营业收入	784 000	882 000	980 000	1 078 000	1 176 000
完成预算的百分比（%）	80	90	100	110	120
预计利润	156 800	176 400	196 000	215 600	235 200

3）变动成本法

这种方法是在保本点分析的基础上，运用以下公式预测利润，即：

预计经营利润=（预计营业收入-保本点收入）×边际贡献率

【例12-12】某饭店拥有可出租客房300间，固定费用为每月210 000元，客房平均出租房价为300元，每出租一间客房变动费用为50元/日，客房保本点收入为252 000元，如果客房部预计营业收入为390 000元，那么用上面的公式可计算得出：

$$预计经营利润=（390\ 000-252\ 000）\times\frac{300-50}{300}=115\ 000（元）$$

餐饮部也可以用这种方法来预算其经营利润，其计算公式为：

预计经营利润=（预计营业收入-保本点收入）×毛利率

【例12-13】某饭店餐饮部固定费用为200 000元，毛利率为50%，保本点为400 000元，如果预计营业收入为550 000元，则：

预计经营利润=（550 000-400 000）×50%=75 000（元）

无论采用何种预算方法对旅游企业的经营利润进行预测，将各部门预算制定出来后汇总在一起便成为旅游企业一份完整的利润预算。将预算的利润额与营业收入相比便成为利润率指标。

利润预算表（利润表）编制出来后还要制定利润分配预算，它是根据旅游企业董事会或最高决策层的协调和决议对预算期利润总额进行分配和年末分配利润结余的一种方法。

12.3.4 旅游企业现金预算的编制

[相关链接12-3] **强化现金流量管理的“十个一”**

密切银企关系资金增一块；强化应收账款力度资金回一块；压低库存资金多一块；调整资债结构利息支出少一块；资产运作使资金少一块；引进外资转让股份资金进一块；减员增效资金支出降一块；情系企业资金聚一块；压低费用资金支出减一块；用足政策资金流入多一块。

现金预算反映的是预算期内由于预算营业和资本支出引起的一切现金收支的详细情况。如果把旅游企业当作人体来看，那么现金流量就好比是人体的血液，是保证旅游企业正常经营运作必不可少的条件。因此，编制现金预算是旅游企业进行现金管理的一个非常有效的手段。旅游企业要对预算期内的全部现金流量进行预测和估算，其目的在于实现现金余额的最佳化，使之既能满足经营活动的需要，又不至于拥有太多的现金而降低旅游企业的盈利。通常现金预算包括四个组成部分：

（1）现金收入：主要来源是营业收入中的现收部分，由期初现金余额和预算期现金收入组成。

（2）现金支出：是指预算期预计要发生的一切现金支出，既包括成本费用支出，也包括税金、投资、分红等支出。

（3）现金余额：是现金收入与现金支出的差额。差额为正数表示现金盈余，差额为负数表示现金不足，在现金预算表中，对现金不足的数额用括号括起来表示。

（4）现金筹措：通常旅游企业要规定一个现金的最低限额，以保证一定的支付能力。如果可供利用的现金低于这一限额，就需要筹措资金，如向银行、财务公司贷款或出售有价证券；当拥有的现金余额大大超过最低限额时，则需考虑进行短期投资以提高资金利用率。

同时注意现金预算期不能太长，否则就起不到有计划安排现金的作用，一般情况下按季度、按月编制。有的旅游企业为更好地实施现金管理，还要编制周、日的现金预算。将各期预算综合在一起，就称为旅游企业要求的整体时间段的现金预算。

【例12-14】某旅行社要编制某年5月份现金预算，要求每月月末保持不低于50 000元的现金余额。5月份购置一套客户管理软件需要145 000元，归还贷款600 000元，支付利息5 000元，购买短期债券200 000元，则5月份现金预算如表12-12所示。

表12-12 某旅行社5月份现金预算表 单位：元

项　目	金　额
期初现金余额	65 000
加：现金收入	2 390 240
本月现售	1 918 240（2 740 343×70%）
上月应收账款	472 000（1 573 333×30%）
可用现金合计	2 455 240
减：现金支付	
预计购买原材料支付现金	
预计耗用原材料	312 700
加：期末预计存货（下月耗用数×20%）	63 000
减：期初预计存货（本季耗用数×20%）	62 540
预计购入原材料	313 160
当期支付采购金额（预计购入数×60%）	187 896
支付上期采购金额（上期购入数×40%）	114 850
材料采购支付现金	302 746
各项费用支付现金	451 928
工资	187 540
销售费用	176 472
管理费用	87 916
其他支出	746 167
税金及附加	215 267
所得税	385 900
设备购置	145 000
现金支出合计	1 500 841
现金余缺	954 399
归还借款	600 000
支付利息	5 000
购买短期债券	200 000
期末现金余额（最低限额为50 000）	149 399

12.3.5 预计利润表

预计利润表反映旅游企业在预算期内所能获得的利润，因而是整个预算的关键组成部分。预计利润表也要按月编制，所需数据来自业务预算的有关资料。具体预算表参见业务预算中利润预算的编制。

12.3.6 预计资产负债表

资产负债表反映旅游企业在某一特定时期的财务状况。预计资产负债表是对预算期期末资金占用和资金来源状况的安排，它是根据上年年末资产负债表、业务预算表、业务预算、现金预算及其他预算所反映的各项余额的预期增减情况编制的。如果其余额及关系不符合某些要求，如银行要求的最低流动比率等，旅游企业还需对经营计划进行调整，直到符合要求为止。

12.3.7 旅游企业预算控制系统的构建

1）预算控制的概念

预算控制就是通过建立信息反馈系统，以预算编制为基础，检查其执行进度及结果，及时发现偏差及其原因，并采取措施纠正偏差的一系列活动。

2）预算控制系统的构建

预算管理是一种行之有效的全员管理系统。对预算的控制必须以系统论为指导，分清监控主体和客体，确定它们不同的作用，构建四维监控主体和三维监控客体的控制系统，进而提高预算控制的有效性。

（1）四维预算监控主体

预算监控主体是指实施预算监控的组织机构，主要包括预算委员会、财务部门、业务部门、审计监察部门。四个监控主体的基本职责包括：

①预算委员会。它由旅游企业各部门经理构成。其基本职责是确定预算管理原则、预算方针目标，批准预算的调整，对预算的考核予以监控，对预算的有关事项进行审议并作出决策。

②财务部门。依据某个时期会计资料和营业部门经营动态，全面系统地分析各部门完成预算的情况和问题，提供决策需要的信息。

③业务部门。在企业整体方针目标的指导下，编制各部门预算草案，向预算委员会反映本部门的意见和观点，组织落实预算执行过程并进行执行情况的分析。

④审计监察部门。针对业务流程中出现的内部控制问题提出整改意见，对企业重大经济业务实行全程参与的过程监控。

（2）三维预算监控客体

对预算执行过程中的监控可以通过不同的维度，进行全方位监控，包括部门维度、项目维度和流程维度。

①部门监控。部门是旅游企业预算执行的基层单位，通过将预算指标分解落实到各部门业务活动中，实现目标管理。部门监控可以有两种方式：由企业对各部门分设不同的控制标准，并对偏差进行评价和调整；由各部门自行建立相应的控制标准。

②项目监控。根据预算项目，对影响企业预算目标实现和财务运行安全的重点领域实施重点监控，如现金流量项目、利润及成本费用项目等。

③流程监控。就是根据各项作业间的关系，明确各职能部门参与经济业务的先后顺序，规范业务的申请、审核、批准、执行和考评等整个流程。

本章小结

预算管理是旅游企业财务管理的重要手段。所谓预算，就是利用货币量度，对旅游企业某个时期的全部经济活动正式计划所作出的数量反映。财务预算是对旅游企业未来某个时期财务报表所列项目的计划的一种数量反映。

预算的编制通常是以1年为一期，这样可以使预算期间与会计年度保持一致，以利于预算执行结果的分析、评价和考核。

旅游企业预算的种类包括：资本预算和经营预算；期间预算和项目预算；部门预算和总预算；短期预算和长期预算；全面预算与专门预算。

旅游企业编制预算可以起到以下作用：辅助决策作用、明确目标作用、控制财务活动作用、协调工作作用、考核业绩作用。

要使预算的编制更加科学，必须掌握旅游企业预算编制的依据、原则及方法。编制依据主要有：国家制定的国民经济和社会发展计划及旅游业的发展规划与要求；市场调研资料；财务分析资料；近期财务报表及经济核算资料；旅游企业经营目标、经营方法和经营决策。

旅游企业预算编制的原则主要包括：以经营目标为前提的原则、统筹兼顾的原则、实事求是的原则、先进合理的原则、责任落实的原则。

编制预算的方法主要有：传统预算法（固定预算法），即以历史数据为基数，按预算期内一定的增长率或节约率来编制预算；零基预算法，指以零为基础编制预算的方法；滚动预算法（永续预算法），是一种随着时间的推移自行延伸从而始终使预算保持在一个特定的期限内的预算方法；弹性预算法，是以旅游企业预算期内预计业务量为基础，编制出能反映在预算期内多种业务量水平的预算。

预算控制系统是由一系列预算构成的体系，各项预算之间相互联系。要编制旅游企业财务预算首先需要编制业务预算，因为财务预算所需要的一些数据是建立在业务预算基础上的。而业务量预算的编制必须从销售预算开始。销售预算编制后，就可以编制成本费用预算和利润预算以及现金流量预算等。对预算执行过程必须进行有效的控制，建立由四维监控主体和三维监控客体构成的预算控制系统。

关键概念

财务预算　预算编制原则　预算种类　预算编制方法　预算管理系统

基本训练

□案例分析题

1.案例基本情况

数智化转型下的优化与创新　实现高效决策持续增长

全面预算贯穿了整个酒店管理的全生命周期，包括投资开店决策、筹建筹备期、运营期，包括最后退出的一些机制。虽然不同阶段所关注的重点不同，但核心是围绕单店整体收益的决策，以及单店运营能力的预测。

目前大多数酒店集团在做经营预测决策时，一般会采取几种模型：收入预测、成本预测、经营预算、资本支出预测和财务预算。

当前，手工预算管理无法满足酒店快速发展。国内某星级酒店集团过去依靠手工、线下的预算管理方式，已经无法满足业务的规模化、多元化发展和管理需求。预算编制过程无系统支撑，全靠手工处理，编制流程、调整、分析等均存在大量手工操作，效率低、出错率高且无法实时共享信息。从事基础的预算编制、审批、调整、稽核的财务人员较多，无法释放出更多的财务能力进行财务管控、财务分析等，无法给集团带来更大的价值。预算编制审批通过后，未进行有效的预算控制，和实际业务脱节，无法实现预算编制的最终目标。预算未和业务系统、财务核算系统、费控系统等实现联动，导致“预算是预算，实际是实际”，无法将预算落实到日常经营管理中。

数智化背景下，酒店全面预算管理具有以下特点：预算全过程的覆盖。从预算任务的分解到编制，到预算的控制调整及分析，实现线上化处理。一张预算报表实现“二上二下”数据沟通。预算编审进度状态一目了然，不同颜色标识各预算主体编制进度，增加各预算之间的沟通。预算控制无死角，根据各预算主体使用的系统采取不同的控制方式，已上线系统的，预算数据控制报账系统填单，即实现业务前端控制；未上线系统的，预算数据控制总账凭证制单，即实现控制财务入账。

借助数智化技术，酒店全面预算管理可以做到以下方面：整体预算编制时长由过去的半个月缩减到现在的一周内。通过引导式任务流，统一模板，实现各个部门有效协同。打通费用系统、核算系统等多套系统，实际数定时自动获取。在编制过程当中，几上几下可以做多版本数据对比，对于单店效益指标来讲，可以做单店指标偏差的校验和分析。

在预算管控这个环节，通过预算控制无死角的方式，可以实现整体费用管控无预算不支出，并且可以直观地查看预算剩余的额度。基于预算逻辑的搭建，实现多维报表输出，包括把一些管控的点预置在模型当中。

资料来源　文旅君.酒店全面预算：数智化转型下的优化与创新 实现高效决策与持续增长［EB/OL］.［2023-08-25］. https：//mp.weixin.qq.com/s/WmyGiw7XpN30DEE7UiTvaw.

2.提出问题：

（1）你认为采用全面预算管理系统对于酒店来讲体现了哪些方便的便利。现代酒店集团引进大型预算管理系统的意义是什么？

（2）谈谈数智化时代对酒店编制预算的影响。

□实践单元

如果你是某一饭店的财务部经理，你将如何组织所在饭店的预算编制工作？

□思考题

1.什么是旅游企业财务预算？旅游企业预算的种类有哪些？

2.如果你是某旅游企业经理，你如何看待企业编制预算的意义？（可分组讨论，假设是饭店、旅行社等旅游企业）

3.旅游企业预算编制的程序是什么？

4.如何理解旅游企业弹性预算的特点？为什么要采用自上而下和自下而上相结合的方法？

5.预算编制的方法有哪些？为什么旅游企业要特别关注弹性预算法和滚动预算法，请结合旅游企业特点说明。

6.结合工作（实习）实践，试对某旅游企业的相关部门进行预算编制。

第13章

旅游企业绩效分析

学习目标

通过本章的学习，了解旅游企业绩效分析的含义及旅游企业进行成本分析的意义；掌握旅游企业绩效分析的内容和方法；把握现代旅游企业绩效分析的财务分析和非财务分析两个方面，进行全面科学的绩效分析；正确理解不同视角下绩效分析的含义，选取合理的绩效控制方法及绩效控制指标，利用财务和非财务指标对企业经营绩效进行全面分析。

聚焦党的二十大

党的二十大报告指出，必须坚持守正创新。我们从事的是前无古人的伟大事业，守正才能不迷失方向、不犯颠覆性错误，创新才能把握时代、引领时代。我们要以科学的态度对待科学、以真理的精神追求真理，坚持马克思主义基本原理不动摇，坚持党的全面领导不动摇，坚持中国特色社会主义不动摇，紧跟时代步伐，顺应实践发展，以满腔热忱对待一切新生事物，不断拓展认识的广度和深度，敢于说前人没有说过的新话，敢于干前人没有干过的事情，以新的理论指导新的实践。

请结合本章内容思考：（1）守正创新对于现代旅游企业的作用是什么？（2）为什么说“学习与创新”能力是支撑和润养财务回报的源泉？

● 13.1　旅游企业绩效的含义及绩效分析

13.1.1　旅游企业绩效的含义

1）绩效的含义

在不同的学科背景下，人们使用“绩效”一词可以表达不同的意思。从经济学的角度看，绩效与薪酬是员工和组织之间的对等承诺关系，绩效是员工对组织的承诺，而薪酬是组织对员工的承诺。一个人进入组织，必须对组织所要求的绩效作出承诺，这是进入组织的前提条件。当员工完成了他对组织的承诺的时候，组织就实现其对员工的承诺。这种对等承诺关系的本质体现了等价交换的原则。而等价交换的原则是市场经济的基本运行规则。

从社会学的角度看，绩效意味着每一个社会成员按照社会分工所确定的角色承担他的那一份职责。他的生存权利是由其他人的绩效保证的，而他的绩效又保障其他人的生存权利。因此，出色地完成他的绩效是他作为社会成员的义务，他受惠于社会就必须回馈社会。

从管理学的角度看，绩效是企业对其管理目标实施的过程和结果进行控制的主要工具，它提供对已发生的经营结果（实际绩效）和可能发生的预期经营情况（可能的绩效）的测评，帮助企业管理者评估当前组织的经营状况，作出有效的决策并控制经营实体，从而调整经营实体的行为和活动，帮助实现预期的目标。绩效是组织期望的结果，是组织为实现其目标而展现在不同层面上的有效输出。

[相关链接13-1] **绩效的公式表达**

绩效=结果+过程（取得未来优异绩效的行为与素质）

绩效=做了什么（实际结果）+能做什么（预期结果）

2）旅游企业绩效的含义

旅游企业绩效可以理解为对旅游企业管理目标实施的过程和结果进行控制的主要工具，它对企业已发生的经营结果和可能发生的预期经营状况进行测评，从而帮助企业管理者分析评估当前组织的经营状况，作出有效的决策并控制经营实体，从而帮助旅游企业调整经营行为和活动，实现其预期目标。这里的经营结果包括财务和非财务绩效两个方面。

13.1.2 绩效分析历程简述

绩效分析的发展主要经历了三个阶段：传统财务分析阶段、单一绩效分析阶段以及综合绩效分析阶段。

1）传统财务分析阶段

在第一个阶段，企业主要通过单纯的财务尺度衡量业绩。20世纪以来，在全世界企业管理的实践中，越来越多的企业高级经理开始重视企业的绩效分析及考核，几乎所有企业都采取单一的财务指标，所使用的指标主要是从会计报表中直接获取的数据或根据其中的数据计算的。各种财务指标成为当时企业经营成功与否的唯一判断标准。20世纪初，杜邦公司开发使用了投资回报率（ROI），对企业及其分部的绩效进行考核，并创建了杜邦分析系统，杜邦分析系统开始在企业管理中发挥重要作用，从而奠定了财务指标作为评价指标的统治地位。

20世纪20年代末资本主义经济危机发生后，来自会计的准则和各种规范越来越多，使企业将越来越多的注意力集中在编制对外财务报告上。鉴于信息搜集、处理及编制的高成本，企业将向外部利益集团报告的信息作为指导企业内部运营的指标。在前人研究的基础上，1991年斯特恩·斯图尔特公司提出了经济增加值（EVA）理论，得到了理论界和实务界的推崇。

财务指标在企业效益评价中被长期使用一定有它的优点，正确认识这些优点，便于我们在保留其优点的基础上开发完善它。财务指标的优点主要体现在客观性和可比性上，因为财务指标是依据历史数据计算出来的，而这些数据又是建立在会计准则基础上的，因此数据便于获取、指标便于比较。也正是由于财务指标来源于历史数据，才产生了它的滞后性缺点，不利于旅游企业对未来经营状况进行预测。在经营环境日益全球化、竞争越来越激烈的情况下，企业间竞争内容和手段已有很大变化，在今天全球范围的竞争环境中，即使最好的财务指标分析系统也无法涵盖绩效的全部动态特点。

2）单一绩效分析阶段

越来越多的企业管理者意识到了这一点：在现有的竞争性业务环境中，传统的应用财务数据来衡量和管理业务绩效的做法已经不能满足企业的动态绩效变化的需要了。企业要从多维度来衡量自己的运营，通过加大投资来创造企业的未来价值。这一新要求促进了管理工具的发展，融合一些非财务指标的绩效评价系统就发展起来了。为了克服只关注财务指标的局限性，20世纪90年代，很多企业开始在其他方面寻求突破。它们把质量管理作为宣传口号和组织原则，开始竞相把获得的各种质量奖牌、奖杯、证书作为企业追求的绩效目标，如美国的马尔科姆·鲍德里奇国家品质奖（Malcolm Baldrige Award）、日本的戴明奖（Deming Prize）以及欧洲的EFORM奖。与此同时，中国的企业也深受影响，开始追求质量认证的通过，一场场“质量认证”运动开始在中国大地上掀起。企业还纷纷效仿摩托罗拉、通用电气而采取6西格玛计划。但是仅靠质量和仅靠财务指标都不能全面促进企业绩效的提升，那些追求质量认证的企业很快发现它确实不是企业制胜的灵丹妙药。除了财务指标和质量措施以外，一些企业在市场竞争压力面前开始强调以顾客为中心，构建以市场为核心的组织管理模式。

财务、质量、顾客、核心能力、流程、人力资源以及制度的每一个方面都很重要，并且都可以在企业的价值创造过程中发挥重要的作用，但是每一个方面仅仅代表了管理活动及过程中的一个构成部分。管理过程必须产生持续而优异的业绩，仅仅强调管理过程中的某一个方面其实是鼓励次优化，从而妨碍企业整体目标的优化。与此同时，企业所面临的内外部环境也发生了巨变，工业时代的企业竞争模式与假设，已经无法套用在信息时代。例如，有形资产逐渐被无形资产所取代；大量生产与标准化逐渐被弹性大、回应快、创新、顾客定制所取代；功能型、专业化流程逐渐被客户导向企业内部流程所取代；稳定的技术逐渐被持续快速创新、知识经济、信息技术所取代；多角化与垂直整合逐渐被核心专长、策略联盟所取代。在此情况下，企业急切需要一套崭新的衡量绩效的方法，并进行企业再造，以免在未来的竞争潮流下成为被淘汰的企业。

3）综合绩效分析阶段

综合绩效分析阶段侧重于对财务评价不足之处进行多方面的补充和完善，是在财务评价基础上的内容增加而不是替代。这里介绍颇为盛行的平衡计分卡的评价思路。

在竞争的大趋势下，以战略为核心的综合绩效分析及管理体系应运而生。这是一种全面的观点，它可以用来代替任何具体的、短期的衡量尺度，从而使战略居于管理体系的核心地位。基于这一理论，为了更好地确定企业未来的附加价值，建立竞争优势，美国一家名为“Nolan Norton Institute”的研究机构集合来自制造业、服务业、重工业、高科技业的经理人，进行了一项崭新的研究，叫作“未来企业的绩效衡量方法”，开始将“财务、顾客、内部流程、学习与创新”四个方面列入衡量企业绩效的指标，得到了平衡计分卡(balanced scorecard)。随着研究的深入，大卫·诺顿和罗伯特·卡普兰改进并精简了平衡计分卡，由此，这一概念逐渐发展和成熟起来。

平衡计分卡从四个维度评价企业，其中财务维度是企业已采取行动所产生的结果，而顾客维度、内部流程维度和学习与创新维度是未来财务绩效的驱动因素，它们在企业愿景和战略指导下共同组成企业综合评价体系，如图13-1所示。

13.1.3 旅游企业绩效分析的意义

1）旅游企业进行正确决策的保障

旅游企业属于人员密集型行业，各企业之间既相互合作又存在激烈的竞争。企业在竞争中的地位及经营的好坏取决于企业经营决策的好坏。好的决策可以使企业步入正轨，在竞争中占据有利地位；错误的决策往往使企业错失良机，在竞争中处于不利地位。正确的决策是建立在对事物发展规律的正确认识和把握上的，为了作出科学准确的决策，必须对企业的经营情况及经营环境进行分析。

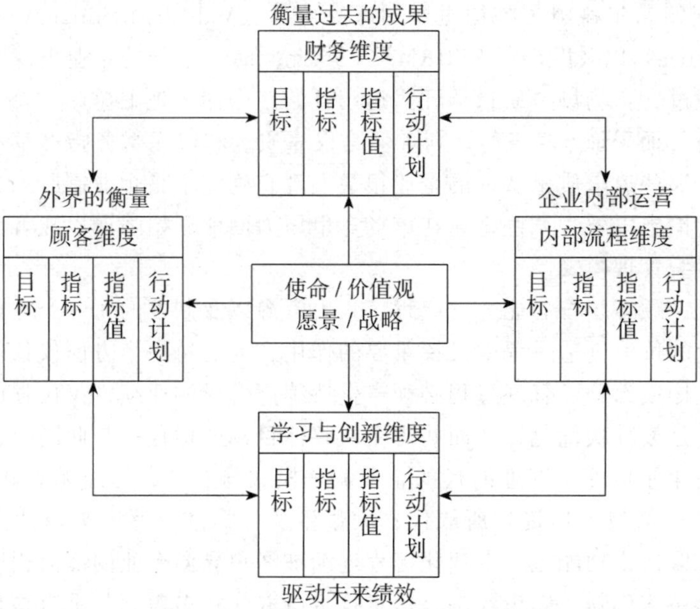

图 13-1 平衡计分卡示意图

2）旅游企业实施科学管理的基础

在旅游企业各项管理的循环中，绩效分析既是终点，又是下一个循环的起点。通过绩效分析，可以总结过去的经验教训，寻找工作中的不足，并提出改进措施，完善和提高旅游企业的管理水平。所以，绩效分析对于提高旅游企业的经营效率及巩固经营成果，保证旅游企业实施科学管理具有重要意义。

3）促进所有者权益最大化目标的实现

通过旅游企业绩效分析，在揭示旅游企业经营状况和财务状况的基础上，可以揭示出经营者管理过程中的成绩和问题，及时采取措施，克服短期行为，引导企业经营活动沿着保证所有者权益最大化的目标前进，促进企业正确处理财务与非财务分析的关系，维护投资者、债权人、协作单位等相关利益主体的合法权益。

● 13.2 旅游企业绩效分析的内容与方法

13.2.1 旅游企业绩效分析的内容

从现代企业综合绩效分析的意义上讲，绩效分析的主要内容可以分为财务部分和非财务部分。其中，财务部分主要是旅游企业管理者为了判断本企业财务状况和经营成果而进行的分析，是对企业财务绩效的诊断性分析。非财务部分是对企业内外部除财务以外的有关利害关系的分析，通过分析获取该企业的全面经营资料而对企业未来的发展进行全面的、正确的指导。

1）旅游企业财务分析的内容

（1）收益性分析。它主要分析旅游企业创造利润的能力及状况，包括营业收入分析、成本费用分析、利润分析等。通过分析了解旅游企业增收节支方面的管理水平及效果，广开财源，堵塞漏洞，从而多创造效益。

（2）营运性分析。它主要分析各类资产的周转利用情况，包括流动资产周转速度、固定资产周转速度及总资产周转速度等。通过分析了解旅游企业的资产结构是否合理、各类资产利用率情况，从而为合理调配现有资产的配置比例、提高资产利用效率创造条件。

（3）偿债性分析。它主要分析旅游企业的偿债能力，包括短期偿债能力和长期偿债能力。通过分析了解旅游企业的融资结构是否合理，衡量旅游企业偿债能力的大小，为旅游企业融资及融资能力的提高提供信息，创造条件。

2）旅游企业非财务分析内容

（1）顾客维度的分析。对于旅游企业来说，顾客是其获得利润的主要来源。顾客维度的分析主要针对旅游企业顾客关系状况及顾客忠诚度高低两个关键性指标。顾客关系管理是赢得顾客忠诚的基础，顾客忠诚的提升不仅稳定了一批老顾客，也增加了企业对新顾客的吸引力。

（2）内部流程维度的分析。旅游企业内部流程维度关注的是关键时刻和流程协调。顾客在消费中获得的体验是一种整体感觉，这种感觉的形成不仅取决于每一个关键时刻顾客价值感觉的高低，而且也取决于众多关键时刻相互连接是否协调和顺畅。

（3）学习与创新维度的分析。学习与创新的实施载体是旅游企业员工，员工素质如何是制约学习结果和创新结果的基本因素。在一个持续增长的企业中，受正确的技巧和方法激励的员工是完成流程、满足顾客期望、最终获取财务回报的关键因素。

13.2.2 旅游企业绩效分析的方法

1）比较分析法

这种方法是将各种指标在同一基础上进行比较，从而发现问题。运用比较分析法，必须选择好比较的标准，常见的比较标准有：

（1）实际指标与预算指标比较。如将实际营业收入和成本与预算营业收入和成本进行比较，将实际客户保有量与预算客户保有量进行比较，由此可以看出预算指标的完成情况。这种比较分析是否有效，关键在于预算指标的制定是否科学和切合实际。

（2）实际指标与上年同期指标或历史最好（最坏）水平指标比较。通过比较可以找到旅游企业经营的差距，进一步分析原因，发现企业经营活动的规律和管理中的问题，为正确作出经营决策提供依据。

（3）本企业指标与本行业先进水平指标比较。通过比较可以找出本企业经营的差距，以便加强管理，向先进水平看齐，提高经济效益。

需要注意的是，在使用比较分析法时，要注意选取的比较指标的可比性。一般来说，其比较内容应该一致，时间段一致，可以从绝对数上进行比较，也可以从相对数上进行比较。比较分析法简单易行，能直观地反映指标间的差距，但是不能说明差距存在的原因。为了进一步分析导致差距的原因，从而提出解决问题的措施，还必须进行因素分析。

2）因素分析法

在旅游企业的经营活动中，有不少指标是由多种因素共同作用构成的，而且众多因素的变动对指标所起的作用是各不相同的。因素分析法就是分析这些因素的变动对某一指标的影响方向和影响程度。

要进行因素分析，首先要确定构成某一经济指标的因素是什么，其次要确定各因素与该指标的关系，再次要分别测定各因素对该指标的影响方向和影响程度，最后综合分析各种因素给该指标所带来的总的影响。

因素分析法的计算方法是以被比较的数值为基础，然后将影响旅游企业经营状况的因素逐个替代。将第一次替代的结果与被比较的数值比较，其差额为第一个因素的影响程度；将第二个因素进行替代时，第一个已经用实际指标替代的因素的数值不再变动，把第二个因素替代的结果与第一个因素替代的结果进行比较，其差额为第二个变动因素结果。这种逐个因素进行替代，并用环比的方式来计算各种因素的影响程度的方法也叫连环替代法。

因素分析法是将各影响因素逐个替代进去，从而分析各因素变化对指标的影响程度。在分析时必须注意以下几点：

（1）所确定的影响因素必须是与指标紧密联系的客观因素，不能随意拼凑。

（2）各因素必须依照它们之间的依存关系排列，也就是按照它们之间的主从关系排列，将主要的、基本的因素排在前面，将次要的因素排在后面。因素的排列不能随心所欲，前后颠倒，否则，分析出来的结果就失去了科学依据，可能得出错误的结论。

在实际工作中，为简便起见，可以不用全部因素或指标金额来进行替代，而是以变化了的因素中的比较数与被比较数的差额来计算该因素变化的影响。

3）比率分析法

比率分析法是旅游企业进行财务分析时常用的一种方法，其基本公式为：a/b×100%。在财务报表中，各个项目之间或者一些指标之间存在着密切关系，将报表中有关的财务数据相比便可计算出不同的比率。通过比率分析，可以研究财务结构的变化及趋势；将同一时期的同一比率与同行业同一比率比较，可以找出本企业的优势和存在的问题。在比率分析中，最重要的比率是结构比率和效率比率。结构比率的公式是：部分/总体，只要符合部分与总体的关系都可运用结构比率分析。通过结构比率分析，可以了解旅游企业各类资产结构、人力资源结构的状况及合理程度，从而有利于找出不合理占用的地方，为进一步挖掘资源潜力提供信息。效率比率的公式是：所得/所费，表示在耗费一定资源下的所得是多少，从而反映经营行为效率的高低，为减少低效率运行、提高投资效益奠定基础。

[**相关链接13-2**] **结构分析的重要性**

总和的数字可能是不可靠的；内容和结构的问题可能是大的、不可见问题的征兆。

4）趋势分析法

这是将相同项目的两期或数期指标进行对比分析，以求得增减变动方向和幅度，从而揭示企业经营状况的变化及趋势的一种方法。这种方法在进行预测、编制预算中是非常有用的。

● 13.3　旅游企业财务绩效分析

13.3.1　旅游企业财务分析的主体

旅游企业财务分析的主体分为内部主体和外部主体。内部主体就是各层级的经营管理者，他们通过日常分析，一方面可以随时了解经营现状和预算完成进度，以便根据情况调整经营策略，努力实现预算目标；另一方面可以随时发现经营过程中存在的不足和问题，即人们常说的发现“短板”之处，以便调整资源配置方向和力度，使各方面能够协调发展。财务分析的外部主体主要是指一些利益相关者，他们对旅游企业的发展都投入了一定的资源，需要了解旅游企业经营状况以规避自身的风险。外部主体主要包括：

1）国家税务部门

它要通过对旅游企业财务状况的了解和分析，判断旅游企业是否按照国家税法的规定，如实按期按量向国家纳税，有无偷漏税行为，以确保国家财政收入的稳定性和充足性。

2）债权人

银行等向旅游企业提供资金支持的单位和个人要通过对旅游企业财务状况的了解和分析，判断旅游企业的偿债能力如何、对其进行贷款的风险大小，以确保贷款的安全性和收益性。

3）投资者

他们要通过对旅游企业财务状况的了解和分析，判断旅游企业经营状况如何、收益性怎样，并根据分析结果调整投资策略，以确保对旅游企业投资的盈利性和取舍性。

4）审计部门

它要通过对旅游企业财务状况的了解和分析，判断旅游企业财务报表的合理性、合法性和有效性，以确保相关利益主体能够得到真实有效的财务信息。

13.3.2　旅游企业财务分析的客体

旅游企业财务分析的客体是其经营活动，具体可以通过三张主要的财务报表体现，那就是利润表、资产负债表和现金流量表。

1）利润表

利润表又称损益表、收益表，它提供了一个会计期内旅游企业经营成果的有关信息，是旅游企业管理者审查营业状况最有用的报表之一。通过对该报表的审查和分析，可以了解这一时期企业的销售总额、支付给员工的工资、营销方面的费用开支、收入与成本之间的关系和盈利状况。如果将连续两年的利润表进行比较的话，还可以发现各项目与上年同期相比有何变化。简化利润表格式如表13-1所示。

表13-1　**简化利润表**　单位：

项目		本年度	上年度
一、营业收入			
减：	营业成本		

续表

项目		本年度	上年度
	税金及附加		
	销售费用		
	管理费用		
	资产减值损失		
加：	投资收益——净额		
加：	财务收入——净额		
	公允价值变动损益		
二、营业利润			
加：	营业外收入		
减：	营业外支出		
三、利润总额			
减：	所得税费用		
四、净利润			
五、其他综合收益的税后净额			
六、综合收益总额			

利润表是一张反映企业利润形成过程的动态报表，它的编制涉及一个时期，而资产负债表则是在该会计期间最后一天编制的，因此利润表反映的是两个资产负债表编制时点之间的企业经营状况。企业的经营结果即某一时期的净利润或亏损，将被加在适当的所有者权益账户上，并在会计期末的资产负债表中反映出来。

由于旅游企业内外部报表使用者对信息的需求不同，一般来说，提供给外部使用者的利润表相对要简洁一些，而提供给内部使用者的利润表要附带更多的子报表或其他数据，以满足决策的需要。表13-2就是除利润表的日报表和月报表外，内部管理者需要的其他信息情况。

表13-2 **管理部门报告**

报　告	报告频率	报告内容	比较对象	报告使用者	报告目的
营业日报	每日一次（以本月或本年度迄今为止的累计数字记）	出租率、平均房价、租金收入和适当的统计数字	本期的经营计划和去年的同期结果	高层管理部门和负责日常运营的主管	作为评估企业运营正常与否的基础
周预测	每周一次	出租的客房数及出租率	前几周水平	高层管理部门和主管	人员安排计划；促销

续表

报　告	报告频率	报告内容	比较对象	报告使用者	报告目的
简报/快报	每月底一次（提前于月财务报表）	收入和直接成本的决定要素、估计的部门间接成本	经营计划和去年的同期结果	高层管理部门和对各职能部门负责的管理人员	为客房部、餐饮部及其他部门提供财务成果的直接信息
现金流量分析	每月一次（以不断循环的12个月为基础）	期间内的收入和支出	当月及当年迄今为止的现金流量计划	高层管理部门	预测经营所需现金的可获性；提供期间内财务需要的信息
劳动生产率分析	每日一次，每周一次，每月一次	货币成本、劳动力每小时费用、与提供产品和服务相关的小时数（如客房出租情况等）	经营计划中承诺的小时数（去年统计的工作时间标准）	高层管理部门和主管	通过预先设定的人员安排情况控制劳动力成本；提高预测的精确性
部门分析	每月一次（在下一个月的上旬进行）	主要收益类目及费用类目的具体情况	经营计划（当月及当年迄今为止）、去年同期水平	高层管理部门和职能部门的主管（如客房部、餐饮部、洗衣房、商务中心，以及其他的利润中心）	了解业务的经营情况，从而采取直接而有效的措施
房价分析	每日，每月，每年迄今为止	按价格类目和客房类型将实际价格同牌价进行比较	经营计划和去年的结果	高层管理部门和销售部及前厅部的主管	如果预期目标没有实现，就要对优劣势进行分析
投资回报率	实际的计算至少要每年两次。计算基于预测，并在年度计划之前进行	作为平均投资或承诺的所有者权益的百分率来表示的盈余	经营计划和去年的同期水平	高层管理部门	如果预期目标没有实现，及时进行优劣势分析
长期计划	每年一次	5年内的收入和费用规划、以财务术语表示的经营计划	去年同期水平	高层管理部门	使员工关注本企业的成败；使资产管理和服务提供的改进计划更贴近实际
例外报告	与月度报告和财务报表同时进行	简要列示与预期标准存在差异的项目	经营预算	高层管理部门和对各职能部门负责的主管	在更详尽的报表分析作出之前，及时发现问题
顾客历史资料分析	至少每半年一次，建议每季度或每月一次	公司业务、旅行社和团队预订情况的历史记录	前期报告	高层管理部门和销售部门	在市场拓展方面提供指导
未来预订报告	每月一次	预订分析	前几年的报告	高层管理部门、销售和市场营销部门、部门管理者	为改变在顾客中的形象提供信息；暴露设备设施的优劣势；指导销售计划和拓展计划

资料来源　科特．饭店业管理会计［M］．徐虹，译．中文2版．北京，中国旅游出版社，2015．

通过对利润表进行分析，可以增强管理者对旅游企业资产运营情况的了解，一般来说通过编制比较利润表来进行分析，见表13-3。

表13-3 比较利润表 金额单位：

项　目	第1年	第2年	差　异	
			金额	百分比（%）
营业收入				
减：营业成本				
销售费用				
税金及附加				
经营利润（亏损以“-”号表示）				
减：管理费用				
财务费用				
营业利润（亏损以“-”号表示）				
加：投资净收益（亏损以“-”号表示）				
营业外收入				
减：营业外支出				
利润总额（亏损以“-”号表示）				

2）资产负债表

资产负债表又称财务状况表，与利润表不同，资产负债表反映的是企业在某一特定时点的财务状况，它是按照“资产=负债+所有者权益”的会计平衡式编制的静态报表。其内容包括：

（1）流动资产，指周转期在1年以内的资产，按照流动性大小排序，主要包括现金、有价证券、应收账款、存货和预付费用。

（2）长期资产，指周转期在1年以上的资产，主要包括长期投资、固定资产、在建工程、无形资产及递延资产等。

（3）负债，指非企业所有者对企业资产的所有权，按照偿还期长短不同，又分为流动负债和长期负债。前者是偿还期在1年以内，后者是1年以上。流动负债包括短期借款、应付账款、其他应付款、应付工资、应付福利费、未交税金、未付利润、其他未交款、预提费用、1年内到期的长期负债。长期负债包括长期借款、应付债券、长期应付款、其他长期负债。

（4）所有者权益，指所有者对企业资产的所有权，主要包括实收资本、资本公积、盈余公积、未分配利润等。

资产负债表的格式有账户式和报告式两种。账户式资产负债表是将资产项目列在表的左方，权益项目列在表的右方，资产负债表的左右两边平衡，见表13-4。报告式资产负债表是将资产、负债、权益项目采用垂直分列的形式，即将负债及所有者权益列于资产下方，这里不再赘述。

表 13-4 **资产负债表**

年 月 日 单位：

资 产	期初数	期末数	负债及所有者权益	期初数	期末数
流动资产			流动负债		
货币资产			短期借款		
短期债券			应付账款		
应收账款			其他应付款		
减：坏账准备			应付工资		
应收账款净额			应付福利费		
其他应收款			未交税金		
存货			未付利润		
待摊费用			其他未交款		
待处理流动资产净损失			预提费用		
一年内到期的长期债券投资			一年内到期的长期负债		
其他流动资产			其他流动负债		
流动资产合计			流动负债合计		
长期资产			长期负债		
长期投资			长期借款		
固定资产			应付债券		
固定资产原价			长期应付款		
减：累计折旧			其他长期负债		
固定资产净值			长期负债合计		
固定资产清理					
在建工程			所有者权益		
待处理固定资产净损失			实收资本		
固定资产合计			资本公积		
无形及递延资产			盈余公积		
无形资产			未分配利润		
递延资产					
无形及递延资产合计			所有者权益合计		
其他资产					
其他长期资产					
资产总计			负债及所有者权益总计		

通过对该报表的审查和分析，可以使管理者了解到：企业的负债总额是多少、期末拥有多少可用现金、内外部融资组合是怎样的、企业的应收账款额是多少、企业欠缴的税金是多少、股东会从企业获得多少利益、企业的财务偿付能力如何等。

虽然资产负债表可以为管理者提供这么多的分析用处，但是该报表的局限性也必须要意识到，否则会误导一些决策的作出。该报表的局限性主要体现在以下几方面：首先是作为一张年末编制的静态报表，缺乏对变化的及时反映，因此分析者必须清楚反映在年末的财务状况可能因变化而用处不大了，如年末现金流量本来很充足，但一周后的固定资产投资或存货的大量购置可能极大地降低了企业资金的流动性和财务灵活性。其次是由于以历史成本为基础编制报表，因此它常常不能反映某些大额资产的现值，尤其是对饭店这类高固定资产投资的企业来讲，这方面的影响很大。如希尔顿饭店集团在其反映市价的某年度报告中披露了该公司资产的现值为40.3亿美元，而资产负债表中所显示的公司资产的账面价值只有18.9亿美元，两者相差达21.4亿美元，资产负债表中反映的资产价值仅是其现值的47%。[①]最后是资产负债表不能完全反映出旅游企业经营中的各种价值要素，尤其是无形资产这一部分对旅游企业经营成功是至关重要的，如优越的地理位置、优秀的人力资源、忠诚的顾客资产等。这些局限性都需要管理者在运用这张报表进行分析判断时加以注意。

通过对资产负债表进行分析，可以增强管理者对旅游企业财务状况的了解，一般来说通过编制比较资产负债表来进行分析，见表13-5。

表13-5 **比较资产负债表**

年 月 日 金额单位：

项　目	12月31日		差异	
	第1年	第2年	金　额	百分比（%）
流动资产				
货币资产				
短期债券				
应收账款				
减：坏账准备				
应收账款净额				
其他应收款				
存货				
待摊费用				
待处理流动资产净损失				
一年内到期的长期债券投资				
其他流动资产				
流动资产合计				
长期资产				
长期投资				
固定资产				
固定资产原价				
减：累计折旧				

① 科特.饭店业管理会计［M］.徐虹，译.中文2版.北京，中国旅游出版社，2015.

续表

项　目	12月31日		差异	
	第1年	第2年	金　额	百分比（%）
固定资产净值				
固定资产清理				
在建工程				
待处理固定资产净损失				
固定资产合计				
无形及递延资产				
无形资产				
递延资产				
无形及递延资产合计				
其他资产				
其他长期资产				
资产总计				
流动负债				
短期借款				
应付账款				
其他应付款				
应付工资				
应付福利费				
未交税金				
未付利润				
其他未交款				
预提费用				
一年内到期的长期负债				
其他流动负债				
流动负债合计				
长期负债				

续表

项　目	12月31日		差异	
	第1年	第2年	金　额	百分比（%）
长期借款				
应付债券				
长期应付款				
其他长期负债				
长期负债合计				
所有者权益				
实收资本				
资本公积				
盈余公积				
未分配利润				
所有者权益合计				
负债及所有者权益总计				

3）现金流量表

现金流量表反映了会计期内企业经营活动、投资活动和筹资活动对现金的种种影响，它解释了会计期内现金方面的变化情况及变化的原因。通过对该报表的审查和分析，可以使旅游企业相关利益者对以下情况有所了解并作出自己的判断：企业未来产生正的净现金流量的能力；企业偿还债务的能力；企业净现金来源及这种来源与业务经营活动的关系；会计期内现金与非现金投资和融资活动的影响。

旅游企业管理者通过对现金流量表的分析，可以衡量企业的流动性如何、财务弹性的大小，为确定企业的利润分配政策和规划投资与筹资需要奠定基础。在旅游企业间竞争日益激烈的环境下，为扩大客源，不少企业增加信用销售比重，进而陷入到收入增长、现金流量下降的尴尬局面，面对这种情况，旅游企业经营管理者更需要格外关注现金流量表的编制和使用，为作出适宜的经营决策提供更准确的现金数据。

现金流量可分为经营性现金流量、投资性现金流量、筹资性现金流量，每类中都包括现金流入和现金流出，图13-2显示了现金流量表的分类。

来自经营活动的现金流量可以用直接法和间接法来编制。直接法是通过销售收入的现金流入和用于费用的现金流出将利润表上各项目从权责发生制转化为收付实现制；而间接法是通过将利润表上的净利润调整为利润表上包括的非现金项目来实现对经营活动的净现金流量的转化，转化调整公式为：

$$\text{经营活动净现金流入（或流出）} = \text{本期净利润} \pm \text{营业外支出（收入）} \pm \text{不动用现金产生的费用或借项（贷项）收入} \pm \text{与营业有关的流动资产减少（增加）数} \pm \text{与营业有关的流动负债增加（减少）数}$$

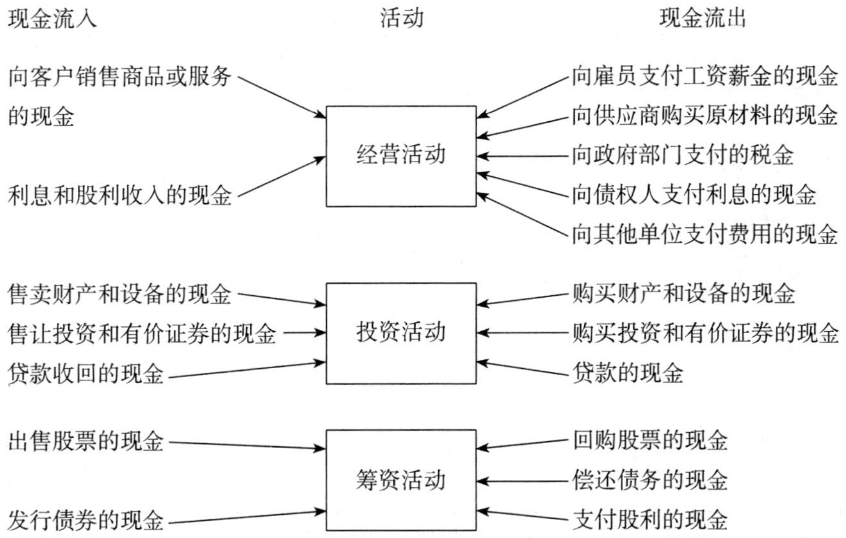

图13-2　现金流量的分类

资料来源　科特.饭店业管理会计［M］.徐虹，译.中文2版.北京，中国旅游出版社，2015.

这两种方法的基本格式如表13-6所示。

表13-6　　**来自经营活动的净现金流量的基本格式**

年度　　单位：元

直接法	流出额	流入额
来自经营活动的现金流量		
来自销售的现金收入		××
利息和股息收入		××
合计		××
现金支出		
工资	××	
存货的采购	××	
其他费用	××	
利息费用	××	
所得税	××	××
来自经营活动的净现金流量		××
间接法	**流出流入量**	**净流量**
来自经营活动的现金流量		
净利润		××
将净利润调整为来自于经营活动的净现金流量		

续表

直接法	流出额	流入额
折旧费用	××	
销售财产所得	(××)	
售卖投资损失	××	
应收账款增加	(××)	
存货减少	××	
应付工资增加	××	××
来自经营活动的净现金流量		××

多数旅游企业愿意采用间接法编制现金流量表，因为这种方法编制报表所需要的信息比用直接法所需信息更易于取得，表13-7就是假设的长虹饭店用间接法编制的现金流量表。

表13-7 **长虹饭店现金流量表**

2023年度 单位：元

项　目	流出流入量	净流量
来自经营活动的净现金流量:		
净利润		550 000
将净利润调整为来自于经营活动的净现金流量:	500 000	
折旧投资售让所得	(110 000)	
应收账款的减少	4 500	
存货的增加	(2 000)	
应付账款的增加	500	
应计工资的增加	1 000	
应付所得税的减少	(1 500)	392 500
来自经营活动的净现金流量		942 500
来自投资活动的净现金流量:		
投资的售让	180 000	
投资的购进	(280 000)	
设备的购进	(120 000)	
来自投资活动的净现金流量		(220 000)

续表

项　目	流出流入量	净流量
来自筹资活动的净现金流量：		
长期负债的支付	（600 000）	
已付股利	（130 000）	
来自筹资活动的净现金流量		（470 000）
2023年现金净增加额		252 500
2023年期初现金		8 000
2023年期末现金		260 500
现金流量信息的附属公开信息：		
本年中已支付的利息		450 000
所得税		281 000

旅游企业财务分析的内容主要包括收益性分析、营运性分析、偿债性分析等。财务分析的对象主要是反映旅游企业经营状况和财务状况的财务报表，最基本的就是资产负债表和利润表，因此，财务分析在某种程度上说就是对财务报表进行分析。通过对财务报表的分析，可以发现企业经营的漏洞，并进一步用因素分析法找出形成漏洞的原因，进而提出弥补的解决措施，以达到加强管理、提高经济效益的目的。

13.3.3　旅游企业收益性分析

1）旅游企业营业收入分析

旅游企业营业收入分析指标是进行经营分析首先要遇到的一项基本指标，它的大小决定了旅游企业利润的多少，同时也反映了旅游企业的经营规模和水平。旅游企业营业收入主要包括客房经营收入、餐饮销售收入、商品销售收入、旅行社组（接）团收入。通过对旅游企业营业收入状况进行分析，一方面可以及时发现各营业部门在经营中存在的问题，找出造成营业收入下降的原因，巩固已有的成果；另一方面可以通过分析为下期确定新的经营措施提供重要依据。

（1）客房营业收入分析

客房营业收入是饭店营业收入的主要来源，因此，从提高旅游企业经济效益的角度来讲，分析客房收入变化情况具有重要意义。

计算客房收入可以用以下公式：

客房收入=可供出租客房数量×计算期天数×出租率×名义房价×平均折扣率

可供出租客房数量反映了饭店的经营规模，通常是个常量。客房出租率是影响客房营业收入的关键因素。一般来说，出租率越高，收入越多。名义房价是对外的公开报价，但饭店对于不同的客人有时会给予不同的折扣，所以名义房价与平均折扣率的乘积才是饭店实收的房价。在名义房价一定的情况下，平均折扣率越高，实际房价收入越低，收入也就越少；在平均折扣率一定的情况下，名义房价越高，实际房价收入越高，收入就越多，具体如表13-8所示。

表13-8 **金竹饭店第1年5月和第2年5月客房收入状况** 金额单位：元

项　目	第1年5月	第2年5月	差　异
出租率（%）	78	80	2
名义房价	125	120	-5
折扣率（%）	90	95	5
实际房价	112.5	114	1.5
收入	1 088 100	1 130 880	42 780

从表13-8可以看出，该饭店第2年5月客房营业收入为1 130 880元，比第1年5月增加了42 780元，增长率为3.93%，进一步分析造成收入增加的因素及影响程度，需要用因素分析法进行分析。

①出租率对收入的影响：

400×31×（80%-78%）×125×90% = 27 900（元）

由于出租率提高，该饭店第2年5月客房收入增加了27 900元，占收入增加总额的65.22%。

②名义房价对收入的影响：

400×31×80%×（120-125）×90% = -44 640（元）

由于名义房价下降，客房收入减少了44 640元。

③折扣率对收入的影响：

400×31×80%×120×（95%-90%）= 59 520（元）

由于折扣率提高，客房收入增加了59 520元。

将三项因素综合起来，客房收入比第1年5月份增加了42 780元。

由上面的分析可以看出，造成客房收入增加的主要原因是出租率提高和房价折扣率提高。出租率提高带来客房收入增加很好理解，在日常经营中也容易被重视。客房价格折扣率的高低也同样是影响客房收入的重要因素。同样高的出租率，折扣率的不同会使客房收入有很大的差别。因此，为全面反映客房经营情况，不仅要重视出租率的高低，还要重视租金收入率的高低。要进一步分析，出租率为什么提高，是因为饭店商誉好，回头客多，还是由于外部经营环境改善所致，抑或是该地举办大型节事活动吸引了大批客人，要视当时当地的具体情况进行分析。

（2）餐饮营业收入分析

在饭店中，除了客房收入外，另一项重要的收入来源就是餐饮收入了。餐饮的经营管理比客房的经营管理要求更高，同时收入增加的潜力也更大。因此，通过对餐饮收入的分析来发现问题、改善管理、提高经济效益具有重要意义。

餐饮营业收入包括酒水和食品的销售收入。

①酒水的销售收入分析。虽然酒水的销售收入在餐饮收入中所占比重不大，但是如果采取有效措施扩大酒水销售，就可以使餐饮部利润有较大的增加，这是因为酒水销售的毛利率比食品销售的毛利率高。

表13-9是金竹饭店第1年5月与第2年5月酒水销售收入情况表。

从表13-9可以看出，酒水销售收入第2年5月比第1年5月增加了12 810元，增长15.57%。造成收入增加的主要原因是由于酒类销售收入增加了15 600元，而酒类销售中又主要是鸡尾酒销售量增加，仅此一项就增加销售收入18 200元，增长85.45%。特别值得注意的是，在酒水销售收入中，软饮料销售收入减少了2 790元，下降了11.44%，其中国产软饮料下降幅度最大，下降了25.61%。

表13-9 金竹饭店酒水销售收入比较表 金额单位：元

品　种	第2年5月销售收入	占总收入的百分比（%）	第1年5月销售收入	占总收入的百分比（%）	差　异	
					绝对额	百分比（%）
一、软饮料	21 600	22.71	24 390	29.64	−2 790	−11.44
其中：国产	7 000	7.36	9 410	11.44	−2 410	−25.61
进口	14 600	15.35	14 980	18.20	−380	−2.54
二、酒类	73 500	77.29	57 900	70.36	15 600	26.94
其中：鸡尾酒	39 500	41.54	21 300	25.88	18 200	85.45
零瓶酒	13 200	13.88	17 500	21.27	−4 300	−24.57
整装酒	20 800	21.87	19 100	23.21	1 700	8.90
合　计	95 100		82 290		12 810	

通过分析可以看出，要增加酒水的销售收入，必须采取措施努力扩大软饮料的销售量，特别是要增加国产饮料的销售量。同时，对于收入增加较多的鸡尾酒要继续搞好销售服务，提高档次，增加品种，以便在更好地满足客人需要的同时增加其销售量。

②餐厅食品销售收入分析。餐厅食品销售包括饭店的各个餐厅就地消费的食品菜肴及供客人购买的各种面包和糕点。但就餐厅收入的主要部分来讲只是指就地消费的那部分收入，所以这里只就餐厅就地消费的那部分销售收入进行分析。

构成餐厅食品销售收入的因素主要有三个：

第一，餐位数量：是指餐厅一次能容纳多少客人同时就餐的座位数。

第二，餐位利用率：是指在一个饭口（开饭时间）或一天之内，每个餐位使用的次数，也可以叫作餐位周转率。餐位数量只能说明饭店的容量，而不能说明实际的就餐人次，因为在一次就餐中也许现有的餐位数量坐不满，也许一个餐位前后要接待多位客人。为便于分清主客观原因，所以要用餐位数量和餐位利用率来说明餐厅的就餐人次。一般情况下，餐位数量是个常数，是个客观因素；餐位利用率是个主观因素，是和餐饮部经营管理的质量直接挂钩的。经营管理得好，餐位利用率就高；反之则低。为增加营业收入，必须从主观上努力，提高餐位利用率。餐位利用率是就餐人次与餐位数之比，其计算公式为：

$$餐位利用率 = \frac{就餐人次}{餐位数} \times 100\%$$

如果计算一天之中早、中、晚每次开餐餐位的平均利用率，可以按以下公式计算：

$$餐位平均利用率 = \frac{一天就餐总人数}{餐位数 \times 3} \times 100\%$$

餐位利用率越高越好，如果餐位利用率突破100%，说明一个餐位在同一用餐时间内接待了一位以上的客人。按照用餐习惯，不统一付费的客人是不在同一餐桌上用餐的（快餐除外），这样就有可能使接待量减少，因此，餐桌的摆设不宜过大，为提高餐位的利用率，必要时可以征得客人的同意将不统一付费的客人安排在一张餐桌上用餐。从卫生的角度出发，客人用餐后，必须把台布撤换下去，以接待下一批客人，通常把这种做法叫作“撤台”，撤台的次数越多，说明餐厅的利用率越高。因此，分析餐位利用率和经营状况的一项十分重要的指标就是撤台率。

第三，餐位平均消费水平：是指每位用餐客人的平均购买力。客人消费水平越高，餐厅的收入就越多。餐厅食品菜肴品种众多，而且价格档次也不尽相同，可以用以下公式计算一个餐位平均消费水平：

$$餐位平均消费水平 = \frac{餐厅销售收入}{就餐人次}$$

根据以上说明，餐厅食品销售收入的计算可以用下列公式表示：

餐厅销售收入=餐位数量×计算期天数×餐位利用率×餐位平均消费水平

金竹饭店第1年5月与第2年5月餐厅食品销售情况如表13-10所示。

表13-10 **金竹饭店餐厅销售收入对照表** 金额单位：元

项　目	第1年5月	第2年5月	差　异
餐位数量	350	350	0
餐位利用率（%）	190	200	10
餐位平均消费水平	40	45	5
收入	824 600	976 500	151 900

从表13-10可以看出，该饭店第2年5月销售收入比第1年5月增加了151 900元，增长了18.42%。导致收入增加的原因是餐位利用率和餐位平均消费水平发生了变化。

其中餐位利用率因素的影响：

350×31×（200%-190%）×40 = 43 400（元）

因餐位利用率提高，营业收入比第1年同期增加了43 400元。

餐位平均消费水平因素的影响：

350×31×200%×（45-40）= 108 500（元）

由于餐位平均消费水平提高，营业收入增加了108 500元。

综合两项因素的影响，第2年5月的餐厅经营状况是比较好的，第2年5月的收入比第1年同期增加了151 900元，增长了18.42%。其中餐位利用率提高，说明餐厅吸引客人的能力增强了，来就餐的人数增加了，这就为增加收入奠定了基础。从好的方面来看，这是餐厅改善经营管理的结果；从不足的方面看，目前的餐位利用率仍然很低，可挖掘的潜力很大。餐位平均消费水平的提高也是由多种原因造成的，可能是餐厅通过主观努力，提高菜品档次，增加品种花样，促使每位客人增加了支付量，也可能是物价上涨，人们收入增加所致。因此，在分析评价时，要对消费水平的变化作进一步的分析，以分清主客观原因的影响。

为了对餐厅的销售收入作进一步分析，掌握餐厅经营规律，为餐厅经营决策提供有利数据，必须建立健全餐厅统计制度，对用餐情况、客源状况、销售形势进行长期的、精确的跟踪统计，使餐厅收入分析建立在资料齐备、准确的基础上。

（3）商品销售营业收入分析

饭店的商品部销售的商品，主要是以住店客人为销售对象的，同时也有一些是面向非住店客人的。影响商品销售收入的因素主要有商品销售的数量和价格。由于商品部销售的商品品种较多，为了便于分析和统计，通常把商品部划分成不同柜组或将商品划分为若干类别，按类别分别计算其销售数量，商品的销售价格也是按类别计算的平均销售价格。其计算公式为：

$$某类商品平均销售价格=\frac{某类商品的销售收入}{同类商品的销售数量}$$

商品部销售收入可以用以下公式计算：

$$商品部销售收入=\sum(每类商品销售数量\times每类商品平均销售价格)$$

表13-11是金竹饭店商品部第2年5月和第1年5月销售收入情况对照表。从表中可以看出，该饭店商品部第2年5月收入比第1年同期增加了68 245元，增长了50.5%。

表13-11 金竹饭店商品部销售收入情况对照表 金额单位：元

商品类别	单位	第1年5月销售量	第1年平均单价	第1年5月收入	第2年5月销售量	第2年平均单价	第2年5月收入	差异	
								绝对额	百分比（%）
首饰	件	40	500	20 000	50	580	29 000	9 000	45
雕刻	件	90	80	7 200	120	95	11 400	4 200	58.3
景泰蓝	件	100	115	11 500	95	115	10 925	-575	-5
丝绸	盒	1 000	90	90 000	1 488	100	148 800	58 800	65.3
服装	件	20	85	1 700	25	82	2 050	350	20.6
工艺品	件	50	15	750	28	15	420	-330	-44
字画	幅	10	400	4 000	2	400	800	-3 200	-80
合　计				135 150			203 395	68 245	50.5

用因素分析法对上述资料进行分析：

①销售数量的影响：

首饰类：（50-40）×500=5 000（元）

雕刻类：（120-90）×80=2 400（元）

景泰蓝类：（95-100）×115=-575（元）

丝绸类：（1 488-1 000）×90=43 920（元）

服装类：（25-20）×85=425（元）

工艺品类：（28-50）×15=-330（元）

字画类：（2-10）×400=-3 200（元）

合计=5 000+2 400-575+43 920+425-330-3 200=47 640（元）

各类不同的商品销售数量有的增加，有的减少，但是增加的数额还是大于减少的数额，因此商品销售收入增加了47 640元。

②销售价格的影响：

首饰类：50×（580-500）=4 000（元）

雕刻类：120×（95-80）=1 800（元）

景泰蓝类：95×（115-115）=0

丝绸类：1 488×（100-90）=14 880（元）

服装类：25×（82-85）=-75（元）

工艺品类：28×（15-15）=0

字画类：2×（400-400）=0

合计=4 000+1 800+14 880-75=20 605（元）

在各类不同的商品销售价格中，有的没有发生变化，如景泰蓝类、工艺品类、字画类等，因此这些商品对销售收入不造成影响。在价格发生变化的各类商品中，除服装类价格下降使收入减少外，其他种类商品价格都呈上升趋势，从而使收入增加。综合起来因价格因素变化使销售收入增加了20 605元，销售数量和销售价格两个因素共同作用使销售收入增加了68 245元。为更好地掌握商品销售规律，挖掘潜力，增加收入，还需对各项因素作进一步分析。对于销售量增长幅度比较大的商品，如雕刻类、丝绸类商品应保证供应，避免由于缺货而丧失销售机会；对于销售量呈下降趋势或下降幅度较大的商品，如工艺品、字画等，要分析其销售量下降的原因，不断拓宽进货渠道，增加品种。对于采取改进措施后收效甚微的商品，则考虑减少进货或根本不进这类商品，以避免占压过多资金。对于销售价格的变化要具体问题具体分析，采取相应措施，才能保证销售收入不断增长。

（4）旅行社营业收入分析

旅行社的营业收入主要来自其组团收入和接团收入。下面将分别从旅行社组团、接团收入的构成来分析影响收入的因素。

①组团收入分析。旅行社组团包括组织境内居民在境内和境外旅游，以及从境外组织游客入境旅游。旅行社组团收入的大小一般取决于参团人数、收费标准和旅行团在目的地停留时间的长短等。组团收入可用以下公式表示：

$$\text{旅行社组团收入} = \sum(\text{某级别旅行团参团人数} \times \text{日均收费标准} \times \text{停留天数} + \text{城市间交通费})$$

从以上公式可以看出，对旅行社组团收入产生影响的因素有：

第一，参团人数。参团人数是决定旅行社组团收入的基础，因为有了旅游者才有收费的对象。没有了这个要素，其他因素就是无本之木、无源之水。旅行社一般根据目标市场推出若干产品，根据旅游者档次的不同组织不同等级的旅游团，各种等级的旅游团有固定的收费标准。在相同等级中又会按人数的多少确定收费标准。旅游者人数的变化给旅行社带来的收入波动是比较大的。需要注意的是，作为计算收入的旅游者人数，不包括享受免费优惠的旅游者。因此，若有享受免费优惠的旅游者，在计算收入时应该剔除。旅游者人数的变化一般受以下几个因素的影响：第一是旅游目的地的吸引力，其中包括导游人员的服务质量及当地旅游基础设施的质量等。第二是收费标准的高低。旅行团收费标准的高低是影响旅游者决策的重要因素。一般说来，同类型的地区相对价格水平较低的旅游线路往往能吸引更多的游客前往。第三是旅游者所在国家的整体发展状况及国际政治局势等。如旅游者所在国整体发展良好，旅游者出行的可能性就会增大；而目的地国如发生战争、自然灾害等会影响旅游者的选择。

第二，日收费标准。它是指综合服务费（简称综费）的收费标准。一般综费以外的交通费是指境外的往返机票和境内城市的机、车票。

第三，停留天数。停留天数即旅游团在目的地的停留天数。在计算旅游收入时，应该按照不同的旅游线路划分不同等级的旅游团。

②接团收入分析。旅行社接团收入是指由于接待其他旅行社或自己组织的旅游团而收取的，由组团社拨入的综费（旅游者城市间交通费由组团社统一收取，接团社代购的机、车票费用以后如数向组团社结算收回）。

接团收入可用以下公式表示：

旅行社接团收入 = ∑（某级别旅行团参团人数 × 日均收费标准 × 停留天数）

从公式中可以看出，接团收入的公式除了交通费一项外与组团收入没有什么区别。但是从各因素对收入的影响来看，接团社所接待的旅游者虽然也有不同等级和同一等级不同人数之分，但没有旅游线路的差别，一般也没有停留时间长短的差别。

接团社除了接待其他旅行社或自己组织的旅游团之外，有时还接待零散旅游者；或接受某些单位、机关的委托，安排客人旅游，办理联运业务。如果这部分业务的收入有较大的变化或在旅行社经营中占有较大的比重，在对旅行社进行全面分析时就要根据实际情况对分析目标予以调整。

表13-12是银龙旅行社第1年5月和第2年同期的接团收入对照表。从表中可以看出银龙旅行社第1年5月的收入为479 840元，第2年5月的收入为520 815元，增加了40 975元，增长了8.54%。

表13-12 **银龙旅行社5月收入情况对照表** 金额单位：元

旅游团等级	接待人数		收费人数		日收费标准		停留天数		收入金额	
	第1年	第2年	第1年	第2年	第1年	第2年	第1年	第2年	第1年	第2年
豪华等	20	26	20	26	280	280	2.5	3	14 000	21 840
普通等2~9人	210	270	210	270	172	172	2	2.5	72 240	116 100
普通等10人以上	900	850	840	825	166	166	2.5	2.5	348 600	342 375
经济等	200	150	200	150	90	90	2.5	3	45 000	40 500
合　计									479 840	520 815

用因素分析法对上述资料进行分析：

第一，接待人数变化的影响：

（26−20）×280×2.5=4 200（元）

（270−210）×172×2=20 640（元）

（825−840）×166×2.5=−6 225（元）

（150−200）×90×2.5=−11 250（元）

合计=4 200+20 640−6 225−11 250=7 365（元）

由于第2年5月豪华等、普通等中的2~9人团的旅游接待人数较之第1年同期增加，旅游收入增加了24 840元，又由于第2年5月普通等中的10人以上团和经济等的旅游接待人数较之第1年同期减少，旅游收入减少了17 475元，增减相抵后，第2年5月旅游收入增加了7 365元。

第二，日收费标准变化的影响：因日收费标准两年间没有发生变化，因此没有对旅游收入带来影响。

第三，停留天数变化的影响：

26×280×（3−2.5）=3 640（元）

270×172×（2.5−2）=23 220（元）

825×166×（2.5−2.5）=0

150×90×（3−2.5）=6 750（元）

合计=3 640+23 220+6 750=33 610（元）

由于部分旅游团队停留天数增加，旅游收入第2年5月较之第1年同期增加了33 610元。

三项影响因素合计，第2年5月较之第1年同期旅游收入增加40 975元。

从以上分析可以看出，造成旅行社收入增加的主要因素是接待人数的变化和停留天数的增加。因此，在实际工作中，要尽量想办法开发新产品吸引更多的旅游者，同时使旅游者能在目的地逗留的时间更长。

2）旅游企业成本费用分析

成本费用是旅游企业的一项重要经济指标。旅游企业经济效益的好坏，既取决于旅游企业收入的多少，也取决于成本费用的高低。对企业来讲，经营成本费用的大小，影响的不仅是利润，还将影响到它与其他旅游企业竞争的地位，成本费用越低，企业竞争的主动性就越大。在收入相等的情况下，成本费用越低，盈利越高。从这个意义上来说，对成本费用进行分析，寻找降低成本费用的途径，是提高旅游企业经济效益必不可少的过程。

（1）客房费用分析

对客房进行费用分析，就是要解剖客房经营费用的内部结构，找出发生变化的原因，合理的费用加以引导，不合理的费用要采取措施来减少其发生。这是加强客房经营管理、提高客房经济效益的重要手段。表13-13是金竹饭店客房部第2年5月与第1年同期费用的对照表。

表13-13 **金竹饭店客房部第2年5月、第1年5月费用对照表** 单位：元

项　目	第1年5月	第2年5月	差　异
工资	8 000	8 000	0
福利费	880	880	0
低值易耗品摊销	55 000	54 500	−500
电话租金	4 500	4 500	0
服装费及其他费用	3 000	3 000	0
固定费用小计	71 380	70 880	−500

续表

项　目	第1年5月	第2年5月	差　异
消耗品	25 000	24 000	-1 000
水费	8 000	9 000	1 000
电费	18 500	20 000	1 500
燃料费	16 000	16 600	600
维修费	7 800	7 000	-800
洗涤费	13 000	11 000	-2 000
可变费用小计	88 300	87 600	-700
合　计	159 680	158 480	-1 200

从表13-13可以看出，金竹饭店客房部第2年5月比第1年同期减少了1 200元，其中固定费用减少500元，是由于低值易耗品摊销费减少所致。可变费用减少700元，是由于客房间天可变费用下降所致。间天可变费用的计算可用以下公式：

$$间天可变费用=\frac{计算期客房可变费用总额}{客房数量\times计算期天数\times出租率}$$

金竹饭店第1年5月间天可变费用为9.13元，第2年5月间天可变费用为8.83元。如果用因素来表示可变费用总额，则可以写成如下公式：

可变费用总额=客房数量×计算期天数×出租率×间天可变费用

用因素分析法进行分析如下：

①出租率因素的影响：

400×31×（80%-78%）×9.13=2 264（元）

由于出租率提高，可变费用总额增加了2 264元。

②间天可变费用因素的影响：

400×31×80%×（8.83-9.13）=-2 976（元）

由于间天可变费用降低，可变费用总额减少了2 976元。饭店经营中对间天可变费用常有定额，将两年间天可变费用进行比较，可以发现经营管理中的问题和成绩。

（2）餐厅费用分析

构成餐厅费用支出的是直接成本和销售费用两部分。直接成本是指餐厅耗用的餐饮原料、调料、配料的支出，它的高低不仅与餐饮制作有关，而且与客人就餐的标准高低有直接关系。客人用餐的标准高，菜肴酒水的成本就高；反之则低。因此，对营业成本的分析一般以毛利率为分析的依据。销售费用包括固定费用和可变费用，这里主要对可变费用进行分析。表13-14是金竹饭店第2年5月与第1年5月餐厅费用对照表。

表13-14　**金竹饭店餐厅费用对照表**　单位：元

项　目	第1年5月	第2年5月	差　异
水费	7 000	5 800	-1 200
电费	9 100	11 200	2 100

续表

项　目	第1年5月	第2年5月	差　异
消耗品	6 700	7 300	600
燃料费	7 800	8 500	700
原材料损失	400	500	100
运杂费	6 000	6 400	400
合　计	37 000	39 700	2 700

从表13-14中可以看出，该饭店餐厅第2年5月费用支出比第1年同期增加了2 700元，增长了7.30%。如果单从费用增加上判断该餐厅费用控制得合理与否是不科学的，应考虑费用增加的多寡是与餐厅接待量的大小有直接关系的。随着接待量的增加，营业收入不断上升，可变费用也会相应地随着增加。但是接待量增加与可变费用增加之间应该有个适当的比例，对于这个比例，应该将营业收入与费用结合起来分析，我们把这个比例称为收入费用率。其计算公式为：

$$\text{收入费用率}=\frac{\text{餐厅费用}}{\text{餐厅食品销售收入}}\times 100\%$$

该公式表明每100元食品销售收入所发生的可变费用额是多少。收入费用率越低，表明实现一定营业收入所发生的费用越少，费用控制得越好。金竹饭店餐厅第1年5月收入费用率为4.49%，而第2年同期收入费用率为4.06%，第2年比第1年下降了0.43%。用收入费用率来分析餐厅费用发生的合理性，虽较费用总额绝对值分析要先进，但是仍然有局限性。因为收入费用率指标是两项指标共同作用的结果：在费用一定的情况下，它会随着营业收入的增加而减少，而营业收入又会受到客人消费水平的影响，客人消费水平高，营业收入增加，收入费用率就下降了，这就掩盖了费用变化的真实情况，从而不能发现问题的实质。为了避免不可比因素的影响，可以对收入进行调整，让相互比较的两期消费水平统一在一个水平上，使收入费用率只反映费用变化的影响。为此，可以用第1年客人消费水平代替第2年客人消费水平，计算出第2年的营业收入。调整后的营业收入为86 800元，用调整后的营业收入计算出收入费用率为4.57%。用新计算方法对两年收入费用率进行比较发现，第2年的收入费用率不仅没有下降，反而上升了0.08%，这接近费用变化的真实情况。如需进一步分析收入费用率上升的原因，还需要对各项费用进行分析，找出问题的原因。从表13-14中可以看出，除水费外，餐厅第2年其他费用都不同程度地增加了，这说明餐厅在可控费用的控制上仍然有不足的地方，需要找出漏洞的来源，加强管理，减少损失。

（3）商品流通费用分析

商品流通费用是指商品在销售过程中，除了商品购进价以外的支出。它包括商品的运输费、包装费、整理费、保管费，还包括人员工资及其他各项费用。这些费用项目同样可以根据其与销售量的关系分为固定费用和可变费用。一般来说，商品流通费用占商品销售成本费用总额的30%左右，虽然比例不大，但却是商品部降低成本费用的主要领域。因为进销差价的大小受毛利率的制约，可伸缩的余地比较小。而商品流通费却是可以通过改善经营管理、严格费用控制而降低的。表13-15是金竹饭店第2年5月与第1年5月商品流通费用对照表。

表13-15 **金竹饭店商品流通费用对照表** 单位：元

项　目	第1年5月	第2年5月	差　异
运杂费	4 500	5 800	1 300
保管费	2 910	3 000	90
商品损耗	800	1 150	350
包装费	3 740	4 820	1 080
合　计	11 950	14 770	2 820

从表13-15中可以看出，第2年商品流通费用中的可变费用增加了2 820元，增长了23.60%。不能单从流通费用增加来判断其增加是否科学合理，应结合其销售收入来判断。商品部第2年5月销售收入比第1年同期增加了68 245元，增长了50.49%，两者同时增加符合其相互依存的关系，进一步分析则用收入费用率指标进行：

$$\text{第1年收入费用率}=\frac{11\,950}{135\,150}\times 100\%=8.84\%$$

$$\text{第2年收入费用率}=\frac{14\,770}{203\,395}\times 100\%=7.26\%$$

从收入费用率上来看，第2年比第1年下降了1.58%，但这并不意味着商品部费用控制已经很完美了，要从每项费用的变化来寻找其不足之处加以弥补。

（4）管理费用分析

前面提到旅游企业的费用部分由销售费用和管理费用组成。其中各营业部门在营业过程中所发生的费用支出为销售费用，将这部分费用从整个费用中分离出来，并按照营业项目单独反映，有利于考核各部门的费用状况，同时也便于落实经济责任制。管理费用是指为了整个企业的经营活动而发生的支出，如管理人员的工资和费用，以及企业的广告费、交际费、绿化费等。它是对企业利润的抵减，因此，通过加强对企业管理费用的分析，可以为加强企业管理费用的控制管理提供依据，对企业增加收入、降低费用具有重要的意义。

分析管理费用的支出，一方面要比较费用总额的变化来达到控制企业管理费用的目的，另一方面对各个项目进行分析，分析企业管理费用的构成及变化，从而找出降低费用的途径。

（5）旅行社成本费用分析

①旅行社组团成本费用分析。旅行社经营组团业务的成本费用总额一般由向接团社拨付的接待费用、城市交通费，以及为开展组团活动而支付的人员工资及各项办公费用即销售费用组成。

组团旅行社拨付给接团社的费用一般包括综合服务费（简称综费）和加项费用。这两部分构成了组团旅行社的成本。综合服务费一般包括客人的吃、住、行、游、娱等各项支出，以及接团社为提供服务而发生的各项费用和合理利润。同时旅游具有明显的季节性和地理集中性，因此，综合服务费是因时、因地而发生变化的一项费用。加项费用是对旅行团中客人特殊需求加收的费用。如客人到达目的地后对住宿条件不满意，要求提供档次更高的住房，或参观游览约定行程以外的景点或项目时，组团社必须按照实际情况将加项费用拨付给接团社。这些加项费用往往有明确的目标和固定的标准，只需按照标准支付即可。

客人在游览期间支付的城市间交通费，由各接团社垫款代办，然后由接团社向组团社报销。

由于综合服务费受参团人数及旅游团级别因素制约，因此组团社组团成本费用总额用以下公式表示：

$$\text{组团社组团成本费用总额}=\sum\left[\left(\text{某级别旅游团参团人数}\times\text{日均收费标准}\times\text{停留天数}\right)+\left(\text{某级别旅游团参团人数}\times\text{人均交通费金额}\right)+\text{销售费用总额}\right]$$

分析组团社成本费用时，可以分析成本费用总额、人数、综费和交通费的变化对成本费用的影响，根据组团旅行社经营的需要来选择不同的影响因素进行分析。

②旅行社接团成本费用分析。旅行社接待旅游团的费用包括旅行社为客人支付的房费、餐费、车费、门票费、行李搬运费等杂费，也包含旅行社自身销售费用和管理费用。

接团社接团成本费用总额用以下公式表示：

$$\text{接团社接团成本费用总额}=\left[\text{某级别旅游团参团人数}\times\left(\text{日人均房费}+\text{日人均餐费}+\text{日人均车费}+\text{日人均杂费}\right)\times\text{停留天数}\right]+\text{销售费用总额}$$

从以上公式可以分析出导致接团成本费用变化的原因。同时，旅行社也根据其经营的需求，分析各项费用的变化情况。例如，对于长线旅游来说，房费的支出一般占整个团费的50%，经营者就可能更希望了解为客人支付的房费变化的情况。房费支出总额一般受到参团人数、住宿天数、房费标准三个因素的影响，用公式可以表示为：

旅游团房费支出总额=参团人数×房费/人·日×住宿天数

通过对这些因素的分析，可以掌握人数、房费标准和住宿天数的变化对房费支出总额变化的影响，并且将人均每日房费支出与同等级旅游团综费中的房费拨款标准进行比较，这样可以达到检验接团活动的经济效果和为修改综费提供依据的双重目的。接团成本中的餐费、杂费支出的分析，均可参照房费分析的办法。

需要注意的是，旅行社是特殊行业，其经营的产品是多个行业产品的集合，因此其各项成本费用具有不易控制的特点。在旅行团行进的过程中，往往会遇到意外的情况，如航班晚点、自然灾害等非人力因素造成的损失带来的成本费用上升，或者是由于人数和性别对车型的租用和房屋安排等带来超出计划的支出。这些都需要旅行社在实际经营过程中采取灵活的应对措施来避免损失。

（6）汽车营运成本费用分析

汽车营运成本费用主要由燃料费、轮胎损耗、车辆维修保养费、行驶里程、司乘人员工资及福利支出、折旧费，以及销售费用和管理费用等构成。决定汽车出租企业营运成本总额的大小除了上述因素外，还与营运车辆的多少及类型有直接关系。因此，汽车营运成本费用总额用以下公式表示：

$$\text{汽车营运成本费用总额}=\sum\left(\text{每类汽车营运成本}\times\text{营运同类汽车数量}\right)$$

随着石油价格的上升，全球能源危机的出现，油耗问题日益成为汽车出租企业成本费用支出的主要部分。因此，在分析成本费用总额的变化后一般要分析燃料费支出的变化。

其计算公式如下：

汽车燃料费=汽车行驶里程×每千米耗油量×燃料单价

汽车的轮胎磨损费及维修养护的费用也是汽车出租企业成本费用的重要支出部分，在经营中对其成本费用变化的分析也是必不可少的。需要特别注意的是，这些成本费用变化和驾驶人员日常的维护保养有很大的关系，带有很大的主观性，因此需要企业在经营过程中不能只重视客观因素而忽略了人的因素对企业成本费用变化的影响。这在非财务性分析中将详细讲解，在这里就不赘述了。

3）旅游企业利润分析

利润是旅游企业财务成果的最终体现，是检验企业经营状况、考核企业管理水平的重要指标之一。利润是企业发展的基础，也是社会经济繁荣的来源。分析企业营业利润，既可以了解影响利润多少的因素，也可以掌握各项因素对利润影响的程度。因此，对企业开展利润分析十分必要。

（1）饭店利润分析

由于饭店利润的形成过程反映在饭店的利润表上，所以对饭店财务成果进行分析实际上就是对其利润表进行分析。在分析的时候通常要编制比较利润表，比较利润表上的比较标准可以是上年结果，也可以是预算指标。表13-16是金竹饭店第1年与第2年比较利润表。

表13-16 **金竹饭店第1年与第2年比较利润表** 单位：元

项　目	第1年	第2年	变动数
一、营业收入	3 873 000	4 510 280	637 280
减：营业成本	1 316 820	1 578 598	261 778
毛利	2 556 180	2 931 682	375 502
减：销售费用	1 549 200	1 759 009	209 809
税金及附加	213 015	248 065	35 050
二、经营利润	793 965	924 608	130 643
减：管理费用	77 460	67 654	-9 806
财务费用	58 000	76 600	18 600
三、营业利润	658 505	780 354	121 849
加：营业外收支净额	1 000	1 500	500
四、利润总额	659 505	781 854	122 349

从上述比较利润表可以看出，金竹饭店第2年实现的利润总额比第1年增加了122 349元，增长了18.6%，从财务成果上看，第2年较之第1年取得了很大的进步。进一步分析利润表上促使利润发生变动的因素，可以初步将其分为两类：一类是使利润增加的因素，如营业收入的增加、管理费用的下降等；另一类是使利润减少的因素，如毛利的降低、财务费用的增加等。为了更清楚地反映影响利润的不同因素及其变动情况，我们编制了金竹饭店利润增减分析表，如表13-17所示。

表13-17　　金竹饭店利润增减分析表　　单位：元

利润总额	第1年	659 505	
	第2年	781 854	
利润总额增加额		122 349	
一、使利润增加的原因			
1.营业收入的增加	第1年	3 873 000	
	第2年	4 510 280	637 280
2.管理费用的减少	第1年	77 460	
	第2年	67 654	9 806
3.营业外收支净额的增加	第1年	1 000	
	第2年	1 500	500
合　计			647 586
二、使利润减少的原因			
1.营业成本增加	第1年	1 316 820	
	第2年	1 578 598	261 778
2.销售费用增加	第1年	1 549 200	
	第2年	1 759 009	209 809
3.税金的增加	第1年	213 015	
	第2年	248 065	35 050
4.财务费用的增加	第1年	58 000	
	第2年	76 600	18 600
合　计			525 237
利润增加额			122 349

从表13-17可以看出，使利润增加的主要因素是营业收入和营业外收支净额的增加，以及管理费用的下降；使利润减少的主要因素是营业成本、销售费用、税金及财务费用的增加。促使营业收入增加和抑制营业收入增加的两方面因素发挥相悖的作用，两相抵销后利润只增加了122 349元。

同时，伴随着营业收入的增长，营业成本、销售费用会随之增加。单纯从绝对数量上判断这些因素的增加是构成利润减少的影响因素是不科学、不全面的，而是要用相对的概念来说明绝对数比较中隐藏的问题。表13-18为金竹饭店比较百分比利润表。

表13-18 金竹饭店比较百分比利润表 金额单位：元

项目	第1年	第2年	百分比（%）		增减百分比（%）
			第1年	第2年	
一、营业收入	3 873 000	4 510 280	100	100	0
减：营业成本	1 316 820	1 578 598	34	35	1
毛利	2 556 180	2 931 682	66	65	-1
减：销售费用	1 549 200	1 759 009	40	39	-1
税金及附加	213 015	248 065	5.5	5.5	0
二、经营利润	793 965	924 608	21	21	0
减：管理费用	77 460	67 654	2	1.5	-0.5
财务费用	58 000	76 600	1.5	1.7	0.2
三、营业利润	658 505	780 354	17	17.3	0.3
加：营业外收支净额	1 000	1 500			
四、利润总额	659 505	781 854	17	17.3	0.3

通过比较百分比利润表可以看出，使利润减少的原因之一是营业成本在营业收入中所占的百分比上升了1%，虽然看起来微不足道，但是如果不增加这1%的营业成本，则第2年就可以多获利45 102.8元（4 510 280×1%）。营业成本增长快于营业收入增长（19.9%>16.5%），所以营业成本的增加使利润下降。从销售费用来看包括固定费用和变动费用，本例中金竹饭店固定费用为800 000元，则第1年变动费用为749 200元，变动费用占营业收入的百分比为19.3%；第2年变动费用为959 009元，变动费用占营业收入的百分比为21.3%，也是呈上升的趋势。变动费用增长率为28%（（959 009-749 200）÷749 200×100%），比营业收入增长率要高，因此变动费用的增加也是使利润减少的因素之一。但是从表13-18可以看出，销售费用第1年至第2年是下降的，这是因为在上述利润表中没有划分变动费用和固定费用，固定费用随着销售量的增加分摊到单位产品上的份额在减少，因而使费用率呈下降趋势。由于变动费用增长快于营业收入增长，因此利润减少。管理费用由第1年年的2%下降到第2年的1.5%，为利润的增加作出了一定的贡献，但是财务费用从第1年的1.5%上升到了第2年的1.7%，财务费用和管理费用的变化相抵后，费用下降了0.3%，相当于利润增长了0.3%，即增长了121 849元。通过比较利润表可以大致寻找出饭店经营成果变化的原因，但是在管理实践中往往需要更进一步寻找导致各项目发生变化的原因。这就要求管理人员分部门、分项目详细地逐一进行分析、对比，以便发现影响原因，采取对策，提高饭店利润。同时注意，还可以针对饭店的不同部门采用该方法进行比较分析，以便更细致地诊断，对症下药。

（2）旅行社经营利润分析

旅行社的经营利润分析是在对旅行社营业收入、成本费用等项因素分析后进行的。在这里从旅行社组团和接团两方面进行利润分析。

①旅行社组团利润分析。旅行社组团的利润，按照收入和成本费用构成可用以下公式表示：

$$\text{组团社经营利润} = (\text{组织人次} \times \text{人均日综合服务费标准} \times \text{平均停留天数}) - (\text{组织人次} \times \text{人均日房、餐、车、杂费支出} \times \text{停留天数}) - \text{销售费用} - \text{税金及附加}$$

组团社组织的人次是旅行社组团的基本因素。平均日收费标准，实际上是组团社对游客的报价标准，在其他因素不变的情况下，收费标准越高，利润就越大。平均停留天数对在境外组织游客的旅行社来说是指旅游者从入境起到离境止的时间，对于组织国内旅游者的旅行社来说是指旅游者从参加旅游团到退出旅游团的时间。旅游者停留天数越多，其花费就越高，从而直接提高旅行社利润。拨款标准是组团社的一项重要支出，是组团旅行社按照一定标准拨付给接团社的款项。组团旅行社的组团收费标准与综合服务费拨付金额的差额，一般就构成了组团社的毛利。通常在不发生重大改变或突发性事件的时候，交通费用既不会有很多节余也不会发生亏损，不是旅游企业盈利的主要来源。此外，税金和税率一般也是固定不变的，因此对旅行社利润变化的影响很小。

销售费用项目在旅行社利润分析中的作用及分析方法同饭店销售费用分析基本相同，只是因行业不同，旅行社销售费用的构成和销售费用中的主要内容不尽相同。一般旅行社可以按照不同的产品（线路）或同一线路的不同等级来划分经营情况，进行利润分析。旅行社应根据本企业的具体需要，有针对性地进行具体分析。

②接团社利润分析。接团社的经营利润，是接待客人收入与接团成本费用、税金及自身销售费用的差额，可以用以下公式表示：

$$\text{接团社经营利润} = (\text{接待人次} \times \text{人均日综合服务费标准} \times \text{平均停留天数}) - (\text{接待人次} \times \text{人均日房、餐、车、杂费支出} \times \text{停留天数}) - \text{销售费用} - \text{税金及附加}$$

接待人次依然是影响接团社利润的主要因素之一。接待人次多，收入上升，利润就会增加。综费标准，前面已经讲过，在这里就不赘述了。与组团旅行社收入一样，接团社的服务与客人停留的时间成正比。

前面讲过接团社的主要成本是为接待客人支付的房费、餐费、车费及杂费。为了分析成本变化对利润的影响，可以分别测定构成接团社成本的各项因素对旅行社利润所带来的影响。由于不同旅游产品的收费档次不同，因此也会带来不同的盈利。在分析的时候要分别分析不同档次团队的利润，并且根据实际需要测定各因素对旅行社利润的影响。

总之，旅游企业各项收入、成本费用、利润的分析是一个整体的联合过程，而不是孤立的部分。在分析的过程中，要因地、因时制宜。对企业的经营过程及效果进行切实的诊断，并且根据诊断结果建立灵活的财务管理机制，使企业随时应对市场及内部的危机。

13.3.4 旅游企业营运性分析

旅游企业的资产只有在运动后才能够实现增值，运动快慢对增值的大小起重要作用。一般来说，资产应具有三个属性：

第一，资产的实质是具有服务潜力。资产只有在被企业利用并将潜力释放出来后，才能为企业带来未来的经济利益，即直接和间接的现金流量。

第二，导致企业取得或实际上能支配这些经济资源的交易或事项已经发生。

第三，具有以上特征的资源应属于企业或处于企业实际支配之下。

营运性分析主要是对旅游企业资产在一定时期内的周转速度进行分析对比，从而提高资产的使用效率和管理效率。营运性分析主要包括以下六个指标：

1）流动资产周转率或流动资产周转天数

流动资产周转率是指旅游企业的销售收入与流动资产平均占用额的比率，反映流动资产的周转速度。其计算公式为：

流动资产周转率=销售收入÷流动资产平均占用额

流动资产周转天数=360÷流动资产周转次数

=流动资产平均占用额÷销售收入×360

=360÷流动资产周转率

在一个会计年度内，流动资产周转率越大，表明流动资产周转速度越快，这样，会相对节约流动资产，扩大资产投入，增强旅游企业的盈利能力；反之，流动资产周转率越小，则周转速度越慢，会降低旅游企业的盈利能力。流动资产周转天数指标的含义与流动资产周转率的含义正好相反。

2）应收账款周转率或应收账款周转天数

应收账款周转率是指赊销收入净额与应收账款平均余额的比率，是反映应收账款变现速度快慢的一项指标，用公式表示为：

应收账款周转率=赊销收入净额÷应收账款平均余额

赊销收入净额=销售收入-现销收入-销售退回-销售折让-销售折扣

应收账款平均余额=（期初应收账款+期末应收账款）÷2

应收账款周转天数=360÷应收账款周转率

其中，应收账款平均余额是用首尾的应收账款相加除以2得到一个大概的平均值，但是需要注意的是，旅游活动具有强烈的季节性特点，所以这个指标可能不能反映企业经营的实际情况。因此，根据实际经营需要可以改用各月或季度数据来计算应收账款平均余额，以提高计算的准确程度。

一般说来，应收账款周转率高，表明应收账款回收期短，应收账款回收速度快，资产的流动性强，企业经营活力就大，坏账损失的风险就小；反之，应收账款周转率低，则应收账款回收速度就慢，资产的流动性弱，经营活力就欠佳，变现能力差，坏账损失的风险加大。折旧意味着企业要为呆账、坏账付出很大代价。

3）存货周转率或存货周转天数

存货周转率表示一定时期内存货更新的次数，是用以考察旅游企业购入存货、投入生产、销售收回等各环节管理状况的综合性指标。它是企业一定时期，通常为1年内销售成本与平均存货之间的比例关系，通常用周转次数和周转天数两种方式表示。其具体计算公式如下：

存货周转率=本期销售成本÷本期平均存货

本期平均存货=（期初存货余额+期末存货余额）÷2

存货周转天数=360÷存货周转率

一般来讲，存货周转率高，表明占用在存货上的资金少，经营利润大，但是存货周转率过高，并不一定都是好的经营效果，它可能意味着有存货供应不足的危险。旅游企业一旦发生存货短缺，不能满足客户的消费需求，就可能导致企业的信誉受到影响，反复多次，只会丧失客户，使企业失去很多获取利润的机会。存货周转率慢，占用资金就多，会影响资金使用效率，对于旅游企业的经营同样是不利的。存货周转天数的意义正好与存货周转率相反。

4）固定资产周转率

固定资产周转率是销售收入净额与固定资产平均占用额的比率（净值）。其计算公式为：

固定资产周转率=销售收入净额÷固定资产平均占用额

固定资产平均占用额=（期初固定资产占用余额+期末固定资产占用余额）÷2

旅游企业中饭店的固定资产比例较大，其利用程度如何关系到饭店的盈利，因此要有效地利用固定资产，必须关注固定资产周转率的高低。若该指标过低，则表示旅游企业未能有效地利用其所拥有的固定资产，需要进行详细分析，及时对未充分利用的固定资产作出处理。但要注意的是，由于计算固定资产周转率用的是净值，那么折旧方法的不同会造成周转率高低不等，对一个选择加速折旧法的饭店企业来说，在其他条件不变的情况下，能快速收回投资成本，其固定资产周转率会提高。

5）总资产周转率

总资产周转率又称为总资产周转次数，是销售收入净额与平均资产总额之比所确定的一个比率。它反映资产总额的周转速度，可以集中反映旅游企业总资产的营运能力。其计算公式为：

总资产周转率=销售收入净额÷平均资产总额

平均资产总额=（期初资产总额+期末资产总额）÷2

该指标反映资产总额的周转速度。通常，总资产周转率越高，则旅游企业的资产使用就越有效。若该比率有下降趋势，则要进一步分析，是否资产占用过多，使用效率不高，若是上述情况，则需要对不需用固定资产及时处理。

6）所有者权益周转率或周转天数

所有者权益是指企业投资人对企业净资产的所有权，在数量上它等于企业的全部资产减去全部负债后的余额，即企业净资产的数量。所有者权益周转率就是用来衡量企业对这部分净资产的利用程度。它反映了企业在一定时期内，通常为1年内销售收入净额与所有者权益平均余额之间的比例关系。其计算公式为：

所有者权益周转率=销售收入净额÷所有者权益平均余额

所有者权益平均余额=（期初所有者权益余额+期末所有者权益余额）÷2

所有者权益周转天数=360÷所有者权益周转率

13.3.5 旅游企业偿债性分析

合理的负债经营是旅游企业发展的必然要求，负债后能否按期偿还直接影响旅游企业的未来发展，因此企业的偿债性也成为旅游企业财务分析的重点之一。负债分为短期负债和长期负债，因此偿债性分析也包括企业的短期偿债能力分析和长期偿债能力分析。

1）短期偿债能力分析

短期偿债能力是旅游企业近期财务状况是否稳定的重要判断标准之一。如果旅游企业的短期偿债能力不强，即使经营成果较好，也会由于支付困难而导致旅游企业破产，因此进行短期偿债能力分析是企业财务管理的重要内容。短期偿债能力主要分析指标有流动比率和速动比率。

（1）流动比率

流动比率是旅游企业的流动资产与流动负债之比，用以衡量旅游企业短期内清偿债务的能力。其计算公式如下：

流动比率=流动资产÷流动负债

上面的公式中，流动资产包括现金、应收账款等，流动负债包括应交税费、短期借款等。

如果旅游企业的大部分资产的投资者为银行，则其短期偿债能力就成为银行关注的重点，因此流动比率也称为“银行家比率”。对旅游企业而言，要时刻关注流动比率的大小，以防止因企业短期的支付困难而造成财务危机。很多国内外知名企业，由于在其经营过程中过分重视企业的扩张速度，而忽视了企业的短期偿债能力，以至于一夜间企业帝国大厦瞬间坍塌。

例如，金竹饭店的流动比率为：

金竹饭店第1年流动比率=88 900÷65 500=1.36

金竹饭店第2年流动比率=94 900÷71 200=1.33

该比率表明，该饭店每1元的流动负债分别有1.36元和1.33元的流动资产作为偿还保证。该指标的理想标准被认为是2，但是由于各行业的经营性质不同，营业周期各异，因此衡量标准也应该视具体情况而定。饭店的流动比率一般为1.5左右，就具备偿还短期债务的能力。如果比率过高，表示饭店流动资金呆滞，影响资金利用效果，企业经营就缺乏灵活性。如果比率过低，则表示饭店偿债能力较弱，是财务状况不良的危险信号。上例中第2年较之第1年流动比率下降，这是否是危险信号要结合该企业流动负债、流动资产的构成内容和周转速度等情况来进行分析。如果企业能通过合理的融资、经营的方法及时地用收回的资金来偿还负债，即使流动比率低于1，也会避免发生无法偿还债务的情况，反之亦然。

（2）速动比率或速动资产够用天数

速动比率是指旅游企业的速动资产与流动负债的比率。其计算公式为：

速动比率=速动资产÷流动负债

其中，速动资产是指旅游企业资产中易变现的流动资产，是流动资产扣除存货等非速动资产后的余额，主要包括货币资金、有价证券、应收账款、应收票据、其他应收款等。一般认为，速动比率达到或超过1，对流动负债的偿还比较有保证。

速动资产够用天数=速动资产÷预计每天营业支出

预计每天营业支出=（预计全年营业支出−非现金支出）÷360

还以金竹饭店为例：

金竹饭店第1年速动比率=（13 500+43 600+16 000）÷65 500=1.12

金竹饭店第2年速动比率=（25 900+45 800+2 500）÷71 200=1.04

该比率表明金竹饭店每1元流动负债分别有1.12元和1.04元速动资产来保障支付。上例中该饭店第2年较之第1年速动比率有下降的趋势，但仍在标准以内。该比率太高说明资金有呆滞现象，太低则说明立即偿付债务的能力不强。应该注意的是，不管是流动比率还是速动比率都会随着行业和经营项目的不同而发生变化。旅游企业经营有很强的季节性和地理集中性，旅游旺季到来时，需求量增加，库存量也会增加，对货币资金需求量大增，往往会超过流动负债的近期数额。另外，还要考虑应收账款的变现速度问题及坏账损失问题，从而使速动资产更准确地反映旅游企业的实际情况。

2）长期偿债能力分析

长期偿债能力反映的是旅游企业长期财务状况是否良好。负债经营是现代企业资金营运的普遍形势，伴随着负债经营规模的扩大，负债的风险也在加剧。如何控制负债经营风险、保证债务的按期偿还就日益成为旅游企业的所有者及债权人共同关心的问题。

长期偿债能力分析一般可以通过资产负债率、股东权益比率、负债-权益比率、利息保障倍数等指标来进行。

（1）资产负债率

资产负债率也称负债比率、举债经营比率，是旅游企业负债总额与资产总额之间的比率。其计算公式为：

资产负债率=负债总额÷资产总额

通过公式可以看出，这一比率反映的是负债在总资产中所占的比重大小。该比率越小，则表明饭店只有一小部分资产是由债权人提供的，贷款的安全程度就越高；反之，该比率越大，筹资风险就越大，对债权人的保障程度就越低。

例如，金竹饭店第1年及第2年资产负债率分别为：

金竹饭店第1年资产负债率=568 900÷833 500=0.68

金竹饭店第2年资产负债率=548 500÷842 000=0.65

从上例中可以看到，该饭店第1年每1元资产中有0.68元是由债权人提供贷款购置的，第2年下降至0.65元，可以看出该饭店的资产负债率在这两年内是呈下降趋势的。

（2）股东权益比率

股东权益比率是指股东权益总额与资产总额之间的比率。其计算公式为：

股东权益比率=股东权益总额÷资产总额

它反映旅游企业资产中所有者投入占总资产的比重大小。该比率越小，企业所承担的财务风险就越大，反之越小。

（3）负债-权益比率

负债-权益比率又称为债务资本比率或负债股权比率，它是指负债总额与股东权益总额之间的比率。其计算公式如下：

负债-权益比率=负债总额÷股东权益总额

旅游企业资产是由股东和债权人共同所有的。资产总额一定的情况下，股东权益与债权人权益是此消彼长的关系。通过上述分析可以看出两者之间的对比关系，保护旅游企业债权人利益不受损失的比率临界值为1。

以金竹饭店为例，该饭店第1年及第2年负债-权益比率分别为：

金竹饭店第1年负债-权益比率=568 900÷264 600=2.15

金竹饭店第2年负债-权益比率=548 500÷293 500=1.87

在上例中，金竹饭店第2年的负债-权益比率和第1年的负债-权益比率都超过1，说明在资产总额中债权人提供了较多的资金，在利润率大于资金成本率的情况下，该饭店能获得较大的财务杠杆利益，当然这时企业的经营风险和债权人的风险都比较大。不过从这两年的对比来看，第2年该比率由第1年的2.15下降为1.87，下降了0.28，表明该饭店的自有资金比率上升，而负债比例在下降。这对于债权人来说是有利的，债权人的风险降低，饭店的偿债能力增强。如果这一比率过低，虽然风险小了，但说明企业未能有效利用财务杠杆使所有者权益达到最大化。

（4）利息保障倍数

利息保障倍数是指旅游企业息税前利润与利息费用之比。通过息税前利润相当于利息费用的倍数高低来衡量旅游企业的长期偿债能力。其计算公式为：

利息保障倍数=息税前利润÷利息费用

息税前利润=净利润+ 利息费用 + 所得税

这一指标值越大，表示旅游企业支付利息的能力越强，反之则越弱。通常情况下，该比率要大于1才能举债筹资。如果低于1则说明企业实现的利润不足以支付其当期费用，说明企业有了较大的财务风险。

例如，金竹饭店第1年及第2年利息保障倍数为：

金竹饭店第1年利息保障倍数=（159 600+114 000）÷114 000=2.4

金竹饭店第2年利息保障倍数=（177 700+92 000）÷92 000=2.9

通过上例可以看出，第1年该饭店每1元利息支出后会有2.4元收益作保障，第2年则上升为2.9元，说明该饭店偿债能力有所增强。通过上述对比分析可以看出，一个旅游企业的盈利能力如何对其偿债能力有重要的影响，因此要增强企业的偿债能力，关键是要提高企业的效益、增大现金净流量。

3）基于债务资金运用过程的偿债能力分析

旅游企业偿债能力大小不仅要从与资产之间的比例上是否适当来进行衡量，更重要的是要从债务资金形成的不同阶段寻找到管理的重心，以便于各环节相互照应、相互制约，形成全过程的债务资金管理链条，为按期偿还债务奠定基础。

（1）债务资金形成阶段的管理

此阶段的管理重心是加权平均负债资金成本率。影响该指标高低的有两项指标：资产负债率和流动负债所占比率。

（2）债务资金使用阶段的管理

此阶段的管理重心是总资产利润率。影响该指标高低的有两项指标：销售利润率和总资产周转率。影响总资产周转率的指标有：流动资产占总资产比重和流动资产周转速度。而流动资产周转速度又受两个因素影响：存货周转率和应收账款周转率。

（3）债务资金偿还阶段的管理

此阶段的管理重心是净现金流量和当期债务之间的比率。影响该指标高低的有两项指标：利息保障倍数和利息本金保障倍数。

[相关链接13-3]　　赚钱和拢住现金是最重要的

《伟大的商业游戏》一书向我们传递了一个简单的命题：最好的，也是最有效、最丰厚的商业操作方式莫过于向公司的每个员工说明公司靠什么运转，它与财务状况好坏利害攸关。公司的管理者要懂得企业财务只有两个关键因素：一个是赚钱，另一个是拢住现金。这两个是最靠得住的，所有其他的事都是达成此目的的手段而已。

[实例13-1]　　冬奥场馆赛后利用将与文旅产业发展相结合

2022年1月13日，国务院新闻办公室举行新闻发布会，介绍北京冬奥会和冬残奥会绿色冬奥和可持续发展工作情况。据介绍，在冬奥场馆赛后利用方面，北京冬奥组委将积极推动三个赛区的场馆、冰雪运动资源联动发展，与京张沿线的大众冰雪设施、体育设施、自然文化旅游资源充分整合，借助京张高铁、京礼高速，打造京张体育文化旅游带，带动周边区域高质量发展，从而实现冬奥场馆的反复利用、综合利用以及持久利用。

北京冬奥组委总体策划部部长李森介绍，北京冬奥会使用了6个2008年的奥运场馆，新建场馆均制定了赛后利用计划。这些场馆赛后将积极申办、举办高水平赛事，并全面向社会公众开放。为实现场馆四季运营，山区山地场馆在规划建设中利用赛区的人文历史和自然生态优势，建立户外运动项目，加快发展区域特色旅游休闲等产业。此外，场馆的赛后利用将融入地区发展，如延庆赛区依托冬奥场馆、世园会、长城三张金名片，以全域旅游为主导，大力发展特色体育、文化旅游产业；张家口赛区依托场馆打造全民、全季、全时、全域冰雪旅游度假目的地。

据介绍，延庆高起点、高标准制定了赛后利用与产业发展实施方案及任务清单，各项工作正在有序推进。目前，延庆奥林匹克园区已获得国际奥委会批准，将于2022年五一开园。延庆海陀山地区入选了首批国家级滑雪度假旅游地，延庆将加快建设最美冬奥城，让冬奥会的红利最大限度惠及百姓。

张家口则努力把崇礼打造成国际冰雪旅游目的地和高端会议会展中心，坚持体育牵引、文化赋能、旅游带动，努力创建一批有代表性、有影响力的运动休闲、研学团建、康养旅游精品线路，打造体育文化旅游产业融合发展载体。

资料来源　崔哲. 国新办发布会：冬奥场馆赛后利用将与文旅产业发展相结合［N］. 中国旅游报，2022-01-14.

问题：从财务分析的角度，谈谈你对大型赛事场馆合理经营的认识。大型赛事场馆的经营给我国旅游企业带来的理财启示是什么？

扫描下方二维码查看“分析提示”。

● 13.4　旅游企业非财务绩效分析

旅游企业是服务性企业，主要生产过程体现在人对人的服务过程当中。其经营绩效的好坏除了经济性外，还有社会性等非经济的属性，具体表现在绩效分析上，就是非财务方面的因素同样对旅游企业经营绩效有着不可小觑的作用。非财务指标分析是旅游企业财务分析的补充和完善，但是很大一部分非财务指标是主观体验的结果，不易用公式计算，只能通过顾客访谈获取消费后的评价或通过行业惯例来衡量。目前对如何准确衡量非财务指标的研究尚不够深入，这里列出的是一些参考指标。

[相关链接13-4]　　**假日旅馆获取优越绩效的五大生意经**

1. 一切为顾客着想。处处从顾客实际需要出发，为他们提供周到的服务。

2. 严格控制，一丝不苟。公司编印了《假日旅馆手册》，每个旅馆一本，各自都有自己的编号，严格保密，不得遗失或外传。

3.重视员工教育。培育“假日旅馆精神”，即“朴实无华可靠，坚持不懈乐观，加之以一种复兴者的激情的综合体”。

4.精打细算，千方百计降低成本。为了减少熨烫费，公司不购买起褶皱的床单，处处注意节约。

5.不遗余力搞促销。公司更名后，为使公众尽快了解这些变化，自1985年起开展大规模促销活动，总预算达500万美元。

13.4.1 顾客维度的评价指标

对旅游企业来说，顾客关系状况及顾客忠诚度高低是顾客维度的两个关键性指标。顾客关系管理是赢得顾客忠诚的基础，顾客忠诚的提升将不仅稳定企业的一批老客户，同时也增加吸引新客户的概率。这方面的指标可以考虑以下几方面：

（1）顾客服务要求的反应时间：是指顾客从提出服务到接受服务之间的间隔时间，它反映了旅游企业服务或服务补救的效率，如顾客电话铃响三声内必须回复，顾客点菜后十分钟内第一道菜必须上桌等。

（2）花在顾客身上的时间：是指用于了解、服务于顾客的时间占工作时间总数的比例，以此衡量旅游企业在顾客关系管理中投入成本的高低。

（3）顾客品牌认知度：是指知道本企业品牌的顾客占旅游企业目标顾客的比率，用于衡量旅游企业开拓培育顾客关系的各项措施的效果如何，它是提高企业市场辐射面的基础。

（4）顾客保持率：是与顾客流失率相对应的指标，是指一定时期内保留或维持同老客户的业务关系比例，是企业当期客户或业务量与当期新增客户或业务量之差与上期客户或业务量之比。该指标越高，说明顾客关系和顾客忠诚度越好，从而导致顾客关系的平均持续时间越长。

（5）顾客关系的平均持续时间：是指旅游企业拥有的各类顾客的保持时间之和与企业拥有顾客的比例，它是顾客流失率与保持率综合的结果。

（6）顾客回访率：是指旅游企业回访顾客数占服务顾客总数的比例，它衡量旅游企业在关心顾客消费效果和保持顾客关系方面的投入程度。顾客回访也是更好地了解顾客需求和旅游企业满足这种需求的能力的有效途径。

（7）顾客回头率：是指旅游企业重复来消费的顾客数占服务顾客总数的比例，从中可以观察到顾客对旅游企业的忠诚度。

（8）顾客投诉率：是指投诉的顾客占服务顾客总数的比例。该指标反映一次服务的失败比例，失败固然有损顾客关系，但关键是服务补救效率和效果如何，做得好的话可以部分挽回不良影响，提高顾客忠诚度。

（9）顾客获利率：是指企业从顾客处获得利润的水平，某一顾客获利率等于该顾客的净利润与该顾客服务成本之比。企业通过该指标可以找出应该满足的服务对象，因为根据20/80原理（或金字塔原理），只有少量顾客为企业创造大量利润，一个企业不可能也没有必要满足所有顾客的所有需要，因此旅游企业基于顾客维度设立的指标必须从满足顾客和企业盈利需要多角度考虑取舍。

13.4.2 内部流程维度的评价指标

[相关链接13-5] **流程评价的重要性**

把我们的注意力从企业各个不同的功能部门转移至企业各个不同的流程之上。与功能部门相比，流程所包含的范围较大，而且更为重要，此外，流程还可以传递出顾客所重视的结果。

内部流程维度应主要关注两方面，即关键时刻和流程协调。顾客在旅游企业消费获得的体验是一种整体感觉，这种感觉的形成不仅取决于每一个关键时刻顾客价值感觉的高低，而且也取决于众多关键时刻相互连接是否协调和顺畅。基于这两方面考虑，内部流程维度的评价指标可以考虑以下几方面：

（1）顾客预订保障率：是指预订企业产品后能被如期满足的顾客占预订顾客总数的比率。这是顾客与旅游企业接触第一个关键时刻的体验感觉，它对今后体验价值感知大小影响较大。在不能保证服务供应时采取何种方式弥补也是重要的，如万豪饭店集团采用“积分营销”进行弥补效果就很好。

（2）缺货率：是指由于缺货不能满足顾客需要的数量与顾客需要总量之比。企业既要考虑成本控制的需要，又要考虑缺货带来的损失，缺货率偏高反映了旅游企业计划准确性不够，既丧失盈利机会，又使顾客关键时刻体验价值大打折扣。

（3）设备设施完好率：是指一定时期内完好的设备设施数与全部设备设施数之比。该指标值越高，说明对客服务质量的保障程度越好，为顾客在各流程关键时刻的良好质量感知奠定了基础。

（4）顾客投诉率：是指投诉顾客占服务顾客的比例。这是反映其他方面运行质量的滞后性指标，投诉率高要分析原因，找出是流程节点上的原因还是节点间相互衔接上出了问题，针对问题提出解决对策。

（5）服务补救时间：是指从顾客提出投诉到问题解决之间的时间长度。顾客在企业消费的短暂性决定了服务补救要快捷，顾客正是通过补救效率高低来衡量旅游企业是否真心为顾客服务，是否值得进一步在该企业内消费。

（6）跨职能协调效率：是指当业务活动涉及不同部门时相互配合协作的耗时程度，希望通过该指标的衡量改善目前旅游企业部门分割、流程不畅、价值降低、效益不高的状况。例如，里兹·卡尔顿饭店实行的首位责任制是将顾客真正放在首位的服务制度。顾客购买的是饭店整体服务而不是客房、餐饮、康乐的分割服务，要让顾客忠诚于饭店，饭店就必须解决好分工带来的协作问题，真正实现饭店“无障碍服务”。

13.4.3 学习与创新维度的评价指标

学习与创新的实施载体是旅游企业员工，员工素质如何是制约学习效果和创新高低的基本因素。在一个持续增长的企业组织中，受正确的技巧和方法激励的员工是完成流程、满足顾客期望、最终获取财务回报的关键因素。正像平衡计分卡因果关系图中显示的那样，员工素质就像一棵枝繁叶茂的大树的根，是支撑和润养财务回报的源泉。[①]学习与创新维度的评价指标可以考虑以下几方面：

（1）员工培训次数：是指一年内员工接受培训的次数。培训是员工素质和生产力提高

① 尼文.平衡计分卡实用手册［M］.胡玉明，等译.2版.北京：清华大学出版社，2013.

的主要途径，也是员工对旅游企业满意与否的主要影响因素。

（2）员工培训费用：是指旅游企业对员工一定时期内培训投入的多少。企业应把培训投入作为投资来看待，而不能作为费用来控制，员工培训费用的多少反映了企业对员工智力投资的状况，管理得好可以提高员工知识水平，进而提高旅游企业创新能力。

（3）交叉培训员工数：是指采用交叉培训的员工与培训员工总数之比。旅游企业是多部门服务的集合体，不同部门业务分布不均，交叉培训不仅可以缓解某些部门业务高峰时的人员紧张状况，而且可以提升员工工作兴趣和多种技能。

（4）员工知识水平：是指反映全体员工中不同学历的员工分别占有的比重。虽然学历高低并不能完全反映员工素质高低，但学历高意味着接受教育的程度高，应该说在一定程度上也反映了其素质的高低。

（5）员工流动率：是指一定时期内流动的员工数占员工总数的比例。该指标越高，说明旅游企业用于培训方面的投入损失越大，员工服务技能和水准的波动性就越大。旅游企业作为劳动密集型企业，员工长期服务中的经验积累极其重要，过高的流动率不利于企业将这些宝贵经验保留下来，对旅游企业生产力高低有较大的影响。

（6）员工建议能力：是指员工对企业经营管理等各方面问题提出建议的数量及频率。它反映了员工参与管理的积极性和能力，是旅游企业可持续发展的保证。

（7）技术开发人员比例：是指技术开发人员占企业员工数的比例。它反映了旅游企业创新意识和创新能力的高低。

13.4.4 旅游企业绩效分析的平衡计分卡指标体系

将旅游企业绩效分析的财务指标与非财务指标整合在一起，按照平衡计分卡的原理，可以形成一套整合性指标体系。在这里需要说明的是，这套指标体系并不是一个平面，而是一个纵深的多层次的网络交叉系统。同时，这个指标体系也不是唯一的标准，各旅游企业可依据自身经营特点和需要，创建适合自身需要的指标体系。下面提供的这个指标体系是可供参考的一套旅游企业平衡计分卡绩效分析指标参考体系，如图13-3所示。

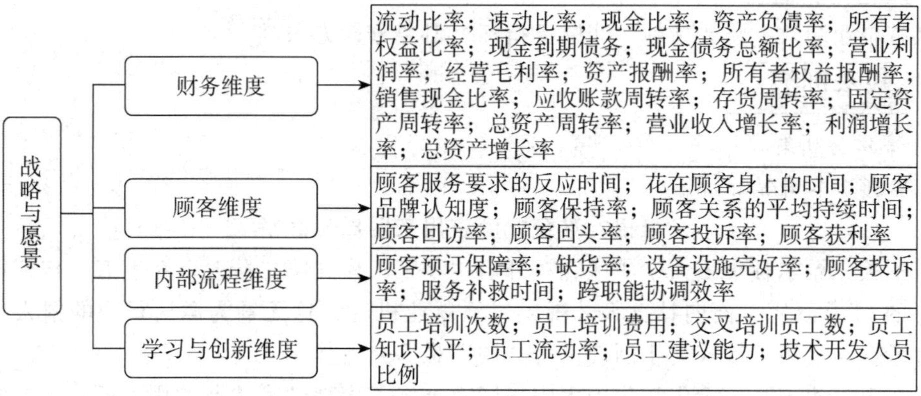

图13-3 旅游企业平衡计分卡绩效分析指标参考体系

本章小结

旅游企业绩效可以理解为为实现旅游企业管理目标，对实施过程和结果进行控制的主要工具，它对企业已发生的经营结果和可能发生的预期经营状况进行测评，从而帮助企业管理者分析评估当前组织的经营状况，作出有效的决策并控制经营实体，从而帮助经营实体调整经营行为和活动，实现其预期目标。这里的经营结果包括财务绩效和非财务绩效两个方面。

绩效分析的发展主要经历了以下三个阶段：传统财务分析阶段、单一绩效分析阶段以及综合绩效分析阶段。

旅游企业绩效分析的意义表现在：它是旅游企业进行正确决策的保障，是旅游企业实施科学管理的基础，可促进所有者权益最大化目标的实现。

旅游企业绩效分析的内容可以分为财务部分和非财务部分两个方面。其中，财务部分主要是旅游企业管理者为判断本企业财务状况和经营成果而进行的分析，是对企业财务绩效的诊断性分析。非财务部分是对企业内外部除财务以外的有关利害关系的分析。通过分析获取判断该企业的全面经营资料而对企业未来的发展进行全面的、正确的指导。

旅游企业财务分析内容包括：(1) 收益性分析。它主要分析旅游企业创造利润的能力及状况，包括营业收入分析、成本费用分析、利润分析等。(2) 营运性分析。它主要分析各类资产的周转利用情况，包括流动资产周转速度、固定资产周转速度及总资产周转速度等。(3) 偿债性分析。它主要分析旅游企业的偿债能力，包括短期偿债能力和长期偿债能力。从债务资金形成的不同阶段来看，可以从债务资金形成、使用和偿还三个阶段寻找管理重心和评价指标。

旅游企业非财务分析内容包括：(1) 顾客维度的分析。顾客维度主要是针对旅游企业顾客关系状况及顾客忠诚度高低两个关键性指标进行分析。(2) 内部流程维度的分析。旅游企业内部流程维度关注的是关键时刻和流程协调。(3) 学习与创新方面的分析。学习与创新的实施载体是旅游企业员工，在一个持续增长的企业组织中，受正确的技巧和方法激励的员工是完成流程、满足顾客期望、最终获取财务回报的关键因素。

旅游企业绩效分析的方法包括比较分析法、因素分析法、比率分析法、趋势分析法。

关键概念

旅游企业绩效　财务指标　非财务指标　财务分析方法

基本训练

□ 案例分析题

1.案例基本情况

难招？难管？酒店用工困局怎么解

前不久，希尔顿集团大中华区宣布开启“零工”模式第二阶段，在上海、杭州两个试点城市的11家酒店，面向社会人才提供灵活就业机会，这无疑为酒店行业的招人用人提供了参考。灵活用工模式对于酒店破解“用工难”究竟作用几何？

早在2022年9月，希尔顿集团大中华区就推出了内部“零工”的用工模式，鼓励员工工作之余到集团旗下同区域的试点酒店尝试不同职位。“随着会议、婚宴等需求的不断复苏，我们切实感受到‘零工’模式给酒店运营带来的益处，北京地区在今年春节期间就完成了26单‘零工’任务。对酒店而言，这不仅优化了用工结构、打破了用工壁垒，也为员工的成长创造了更多实践机会。”希尔顿集团北京及河北地区总经理刘浩然介绍。

如今，不少酒店引入了灵活用工模式，应对基层岗位招聘难、人工成本高的问题。

南京金陵饭店总经理周蕾介绍，目前，酒店内部正式员工和灵活用工的比例分别为70%和30%。“基础性、辅助性岗位酒店会采用劳务派遣、服务外包、实习生、临时工替补等方式，确实弥补了用工缺口，缓解了阶段性客情高峰时的人员需求。灵活用工可以帮助酒店根据实际经营需要和季节性工作节奏灵活调控用工人数，灵活性、可操作性很强。”

有业者坦言，酒店通过灵活用工平台把招聘、保洁、人事管理等事务外包出去，可以较多地节约招聘、奖金、培训等成本，减少的工资支出也不是一笔小数目。

记者了解到，此次希尔顿开启的“零工”模式第二阶段，面向社会开放了23个基础岗位，以简单易上手为前提，邀请社会面专业人士参与，以此来提升社会资源匹配率。

有业者说，灵活用工仿佛是酒店经营的一把双刃剑。虽然能够帮助酒店实现降本增效，但也在一定程度上造成了临时用工人员服务意识低、专业性不足、服务质量下降等问题，无法彻底根除酒店的人才困境。比如有的酒店甚至出现“到点甩手就走”的临时用工人员，他们不仅缺乏服务知识，服务意识和责任感也较差。而这又该如何破解呢？

建立长效机制进行管理是解决灵活用工“上手难、效率低、风险高”问题的关键。周蕾认为，酒店在引入灵活用工时须建立相应的管理规定和标准服务流程，让临时用工人员能够最快、最简单地开展酒店服务。同时，岗位技能和文化意识培训一个也不能少，按照工作经验、技能类型、服务满意度等维度对其进行分类管理，让与企业文化、岗位需求高度匹配的员工上岗。如果是劳务外包人员，与合作方进行密切沟通也非常重要，这样才能保障临时用工人员的稳定性、可持续性。

“保证服务质量是酒店灵活用工的命门，用工是灵活的、工作是碎片的，但为客人提供的服务是一体化和高品质的。”为避免服务意识不强、服务水平不高的问题，周泉红说，在酒店临时用工人员上岗前，相应的岗位管理人员会对其召开“班前会”，进行简单培训。此外，此类人员上岗时一定要有酒店老员工的引领，尽量让他们从事接触客人少的岗位，既能避免临时用工人员因业务不熟悉造成的顾客投诉，又能起到对他们的监督和帮带作用。“做好对临时用工人员的维护和培训也很重要，让他们遵守酒店的制度，认同酒店的文化，更有责任心、归属感和品牌意识。”

希尔顿集团相关人士建议，酒店在引入灵活用工时，要建立标准的服务流程，确保其符合酒店的运营标准及操作规范，此外，临时用工人员的岗位设计也要注重简约原则。“把传统岗位中的工作拆分出来，创建出新的、更精细化的用工任务和环节，这就降低了用人的技能要求，经过简单培训后即可快速上岗。”

有业者提醒，在灵活用工模式下，企业与从业者之间的关系由签订劳动合同的雇佣关系转变为合作关系，如果相关政策法规支撑不到位、相关部门监管有缺失，企业与从业者就较容易产生劳动纠纷，造成双方合法权益的损害。因此，要保障酒店及临时用工人员的权益，就要让专项法律法规以及管理方案及时匹配到位。

如今，不少酒店业者也开始了更多尝试，不仅将临时用工人员引进来，还希望让更多优质人才留下来。灵活用工的从业人员对良好的工作环境与企业福利有着同样的渴望，如何留住他们，实现效率与价值的最大化，是企业需要认真思考的问题。

王晓蓉介绍，为了让临时用工人员尽快上手，酒店对开放的岗位进行了适配外部人才的职能重构，为“零工”就业降低门槛，令其尽快熟悉工作。舒适的工作环境、可口的工作餐、时薪秒结的结算方式等对临时用工人员比较有吸引力，上海奉贤前昇希尔顿酒店准备了“零工”上岗欢迎卡，以简单明了的方式帮助临时用工人员快速融入工作环境和上手新工作。

想要留住人心，人文关怀必不可少。“对于可以长期在酒店兼职的人员，我们会提供免费食宿，让他们感受到酒店大家庭的温暖，感受到‘在家靠父母、在店有我们’的氛围，让他们更加愿意融入我们、真正加入我们。”周泉红说。

随着充满个性、喜欢自由的00后相继进入职场，酒店业者也在根据其思维习惯、需求特点作出策略调整。“00后更看重工作氛围与环境，对自己的职业规划也较为明晰，不想做‘工具人’的意识更为强烈。为此，即使是灵活用工，也不能用‘老模式’‘旧思路’，要更多地让他们发挥主观能动性，激发热情、展示才能，实现自我价值，这才是稳住员工的有效途径。年轻群体看待职场更为理性，只有通过酒店扎实的品牌基础以及优厚的福利待遇才能留住他们。”周蕾说。

“我们常说，要把酒店办成一支部队、一所学校、一个家庭，通过组织咖啡、茶艺、化妆、摄影、VIP管家服务等专业项目的周期性培训，提升包括临时用工人员在内的多岗位、多层级的职场技能，他们对于酒店的归属感也会随之增强。”周泉红说。

“解决用工问题，治标更要治本。灵活用工本身并不是酒店的目的，关键是保障服务质量、留住专业性人才、提供客人满意的服务。归根结底还需要从源头解决企业的经营问题，提高对人才的吸引力。”日出·东山海海岸度假区总经理唐伟良提醒。

“无论主动或被动，灵活用工已经被酒店行业越来越多地应用。但是，酒店行业是以经验为主导的劳动密集型行业，灵活用工对于提升酒店服务质量、产品质量等仍有拓展的空间。”一位业者总结道。

资料来源 唐伯依.难招？难管？酒店用工困局怎么解［N］.中国旅游报，2023-03-19.

2.问题提出

（1）如何看待酒店“灵活用工”这一举措？

（2）灵活用工对旅游企业实施绩效管理产生了哪些影响？

□实践单元

1.结合对我国旅游企业实际状况的了解，你认为我国推行绩效评价的平衡计分卡有什么困难？旅游企业需要做哪些准备工作？

2.你认为应该如何更好地评价旅游企业的偿债能力？

□思考题

1.如何认识旅游企业绩效分析？

2.如果你是一家饭店的财务总监，如何实行营业收入的日常管理和分析？

3.旅游企业增加利润的途径有哪些？

4.简述旅游企业财务分析的基本方法。

5.旅游企业财务分析的基本内容有哪些？

6.旅游企业为什么要进行非财务分析？非财务分析和财务分析相矛盾吗？

主要参考文献

［1］卡普兰，诺顿.组织协同运用平衡计分卡创造企业合力［M］. 刘俊勇，等译.北京：中国人民大学出版社，2021.

［2］黄海玉.旅游会计学［M］. 大连：东北财经大学出版社，2015.

［3］王化成，佟岩.财务管理（第7版·立体化数字教材版）［M］. 北京：中国人民大学出版社，2024.

［4］王君彩.中级财务会计［M］. 7版.北京：经济科学出版社，2019.

［5］COTE R.饭店业管理会计［M］. 徐虹，译.2版.北京，中国旅游出版社，2015.

［6］KING J H，CICHY R F.饭店业质量管理［M］. 徐虹，译.北京：中国人民大学出版社，2015.